中国社会科学院老学者文库

回到神话本身的神话学

神话学的民俗学现象学——先验论革命

上册

吕微 著

A Mythology Which Returns to the Myth Itself
Research Lectures on the Phenomenological-Transcendentalistic
Revolution of Mythology by Way of Folkloristics

中国社会科学出版社

图书在版编目（CIP）数据

回到神话本身的神话学：神话学的民俗学现象学—先验论革命：全二册／吕微著.—北京：中国社会科学出版社，2023.4

（中国社会科学院老学者文库）

ISBN 978-7-5227-1624-4

Ⅰ.①回… Ⅱ.①吕… Ⅲ.①神话—研究 Ⅳ.①B932

中国国家版本馆 CIP 数据核字（2023）第 046405 号

出 版 人	赵剑英
责任编辑	王丽媛
责任校对	党旺旺
责任印制	戴 宽

出　　版	中国社会科学出版社
社　　址	北京鼓楼西大街甲 158 号
邮　　编	100720
网　　址	http://www.csspw.cn
发 行 部	010-84083685
门 市 部	010-84029450
经　　销	新华书店及其他书店
印　　刷	北京君升印刷有限公司
装　　订	廊坊市广阳区广增装订厂
版　　次	2023 年 4 月第 1 版
印　　次	2023 年 4 月第 1 次印刷
开　　本	710×1000 1/16
印　　张	47.25
字　　数	736 千字
定　　价	278.00 元（全二册）

凡购买中国社会科学出版社图书，如有质量问题请与本社营销中心联系调换
电话：010-84083683
版权所有　侵权必究

神话，为这个本无意义的世界赋予了意义。神话，是赋予我们存在以重要性的叙述方式。这种存在的意义，无论是如萨特所认为的那样，是我们依据个体意志所赋予的，还是像克尔凯郭尔所主张的，是需要我们去发现的，结论都一样：神话是我们发现这些意义与特质的方式。神话就像房屋的梁柱：虽然从外部看不见，但它们是房子得以整合的构架，有了梁柱，房屋才能供人们居住。

——［美］罗洛·梅《祈望神话》①

灵性信仰（spirituality）具有自我指涉的特点……个体的内在灵性信仰生活一直以来都是敬虔（religiosity）一个不可或缺的组成部分……但是，这种倾向和趋势不应脱离宗教的主要任务，即在一个结构化的道德伦理体系中向超自然［supernatural］力量祈祷，从而培育一种与神交流的……个体层面宗教信仰……尽管宗教正日益碎片化为个体选择，但是，每一个社会仍然是一个道德共同体，从而需要一种关于神圣、道德和伦理的观念体系（即使看上去不那么具有宗教色彩）来整合其成员的意识……各种宗教类型都具有这种［道德的］内在神圣性（不管是否以超自然的形式表现出来），这与宗教的超验（transcendent）神圣性并不冲突，而是相互补充的，是一种为个体生存提供意义和价值的符号体系……即人们接受超自然实体的存在，承认它能影响、干预世俗世界和人类活动，并让道德体系服从善有善报、恶有恶报这个规则……从世俗化的角度看，我们可以得出这样的结论：［当今世界］衰落的是"宗教"——即那些与超自然力量及其组织化表现形式相关的信仰实践，而"神圣信仰"经受住了考验，继续繁衍生息，只不过发生了一些转型，融入了当代社会环境。

——［英］亨特《宗教与日常生活》②

神话最重要的地方，乃在它有回溯既往，瞻顾当前而自成活的实体那种性质。在土人看来，神话既不是虚构的故事，也不是死的过去

---

① ［美］罗洛·梅：《祈望神话》，王辉等译，中国人民大学出版社2012年版，第2页。
② ［英］亨特：《宗教与日常生活》，王修晓、林宏译，中央编译出版社2010年版，第23、34—36、240页。

的记录，乃是关于更大的实体的陈述。这实体，既包已往，又包现在——还活着的现在。

——［英］马林诺夫斯基《巫术 科学 宗教与神话》①

职责啊！好一个崇高伟大的名称。你丝毫不取悦于人，丝毫不奉承人，而要求人们服从，但也决不以任何令人自然生厌生畏的东西来行威胁，以促动人的意志，而只是树立起一条［出于纯粹理性情感神圣意志的］法则，这条法则自动进入心灵，甚至还赢得不情愿的尊重（无论人们如何并不经常遵守它），在这条法则面前，一切禀好尽管暗事抵制，却也无话可说：你尊贵的渊源是什么呢？人们又在何处找到你那与禀好傲然断绝一切亲缘关系的高贵谱系的根源呢？而人类唯一能够自己给予自身的那个价值的不可或缺的条件，就是出身于这个［神圣］根源的［高贵谱系］。

——［德］康德《实践理性批判》②

拥有宗教是人对自己的［道德］义务。

——［德］康德《道德形而上学》③

认定上帝的此在，在道德上是必然的。

——［德］康德《实践理性批判》④

我们能够完满地证明的东西对我们来说，是与我们因亲眼目睹而确信的东西一样可靠的。

——［德］康德《实践理性批判》⑤

---

① ［英］马林诺夫斯基：《巫术 科学 宗教与神话》，李安宅译，中国民间文艺出版社1986年版，第109页。
② ［德］康德：《实践理性批判》，韩水法译，商务印书馆1999年版，S.86，第94页。
③ ［德］康德：《道德形而上学》，张荣、李秋零译，载《康德著作全集》第6卷，中国人民大学出版社2007年版，S.444，第455页。
④ ［德］康德：《实践理性批判》，韩水法译，商务印书馆1999年版，S.125，第137页。
⑤ ［德］康德：《实践理性批判》，韩水法译，商务印书馆1999年版，S.147，第160页。

总目录

（上册）

关于本书的说明	（3）
内容提要	（6）
神话与形式：重建神话学的阐释维度和伦理学价值（代序一）	
……………………………………………… 户晓辉	（11）
"神圣叙事"作为概念的可能性（代序二） …………… 陈连山	（45）
导　论　神话：人的本原、本真存在的神显辩证法 …………	（63）
第一章　神话学革命始于"神话"定义的"最后见解" ………	（89）
第二章　清除理论神话学实证主义最后的遗迹 ………………	（162）
第三章　神话学革命的理论概念—实践理念转折点 …………	（267）

（下册）

第四章　神话：人的本原、本真的存在方式 …………………	（375）
第五章　神话学革命的目的论与方法论 ………………………	（589）
附录一　柏拉图：muthos（神话）是好的假故事 ……………	（664）
附录二　神话信仰—叙事是人的本原的存在 ………………	（682）
附录三　神话作为方法	
——再谈神话是人的本原的存在 …………………	（707）
参考文献	（713）
结　语	（734）
后　记	（738）

Contents

(Volume I)

About This Book ·· (3)
Table of Contents ··· (6)
Myth and Form: Re-establishing the Hermeneutical Dimension
   and Ethical Value of Mythology (By Way of the Frist Preface
   by HU Xiaohui) ··· (11)
The Possibility of "Sacred Narrative" as Concept (By Way of the
   Second Preface by CHEN Lianshan) ····································· (45)
Introduction Myth: The Hierophany/Epiphany Dialectic of the
   Original and Authentic Existence of Human Beings ················ (63)
Chapter 1   The Mythological Revolution Begins from a
            Nutshell about the Definition of "Myth" ···················· (89)
Chapter 2   Eliminating the Last Vestige of the Positivism of
            Theoretical Mythology ·· (162)
Chapter 3   The Theoretical Concept-Practical Idea
            Turning Point of Mythological Revolution ················ (267)

(Volume II)

Chapter 4   Myth: The Original and Authentical
            Way of Human Existence ······································· (375)
Chapter 5   The Teleology and Methodology of
            Mythological Revolution ·· (589)
Appendix 1   Plato Muthos is a Good but Untrue Story ················ (664)
Appendix 2   The Mythical Belief-Narrative is the Original
             Existence of Human Beings ································· (682)

Appendix 3　Myth as Method: Re-discussing Myth is the
　　　　　　　Original Existence of Human Beings ……………… (707)
Bibliography ……………………………………………………… (713)
Conclusion ………………………………………………………… (734)
Epilog ……………………………………………………………… (738)

目　　录

（上册）

关于本书的说明 …………………………………………………… (3)

内容提要 ……………………………………………………………… (6)

神话与形式：重建神话学的阐释维度和伦理学价值（代序一）
　　　　…………………………………………………… 户晓辉 (11)

"神圣叙事"作为概念的可能性（代序二） ………… 陈连山 (45)

导论　神话：人的本原、本真存在的神显辩证法 ……………… (63)

第一章　神话学革命始于"神话"定义的"最后见解" ………… (89)
　　第一节　理论神话学"神话"概念经典定义的二论背反 …… (89)
　　第二节　"神话"概念的虚构性理论意义与真实性
　　　　　　实践价值 ……………………………………………… (105)
　　第三节　神话学家对"神话"定义双重标准的跨文化质疑 … (121)

第二章　清除理论神话学实证主义最后的遗迹 ……………… (162)
　　第四节　现象学语言学视界中的共同体叙事制度 ………… (162)
　　第五节　"中国神话历史化"命题与"格林定义"纠正案 … (197)
　　第六节　搁置分析范畴以还原本族体裁分类体系 ………… (236)

第三章　神话学革命的理论概念—实践理念转折点 ………… (267)
　　第七节　本族体裁与表演框架 ……………………………… (267)

第八节　表演的责任与判断力的职责 …………………… （274）

第九节　技术性实践与道德性实践 ………………………… （292）

第十节　主观的文化伦理准则与客观的普遍道德法则 ……… （308）

第十一节　自律的道德责任与自由的信仰义务 …………… （318）

Contents

(Volume Ⅰ)

About This Book ·· (3)

Table of Contents ··· (6)

Myth and Form: Re-establishing the Hermeneutical Dimension and Ethical Value of Mythology (By Way of the Frist Preface by HU Xiaohui) ·· (11)

The Possibility of "Sacred Narrative" as Concept (By Way of the Second Preface by CHEN Lianshan) ································· (45)

Introduction Myth: The Hierophany/Epiphany Dialectic of the Original and Authentic Existence of Human Beings ············· (63)

Chapter 1　The Mythological Revolution Begins from a Nutshell about the Definition of "Myth" ············· (89)
 Section 1　The Antinomy within the Classic Definition of the Concept of "Myth" in Theoretical Mythology ············ (89)
 Section 2　The Fictious Theoretical Meaning and the True Practical Value of the Concept of "Myth" ············ (105)
 Section 3　The Cross-cultural Doubts of Mythologists about the Double-Standard in Defining "Myth" ············ (121)

Chapter 2　Eliminating the Last Vestige of the Positivism of Theoretical Mythology ⋯⋯⋯⋯⋯⋯⋯⋯⋯⋯⋯⋯⋯⋯ (162)

　　Section 4　The Community Narrative Constitution within the Horizon of Phenomenological Linguistics ⋯⋯⋯⋯⋯ (162)

　　Section 5　The "Historization of Chinese Myth" Thesis and the Amendment of "Grimm Definition" ⋯⋯⋯⋯⋯⋯ (197)

　　Section 6　Suspending Analytical Categories so as to Restoring the Classification System of Native Genres ⋯⋯⋯⋯⋯⋯ (236)

Chapter 3　The Theoretical Concept-Practical Idea Turning Point of Mythological Revolution ⋯⋯⋯⋯⋯⋯ (267)

　　Section 7　The Native Genres and Framework of Performance ⋯ (267)

　　Section 8　The Responsibility of Performance and The Duty of Judgment ⋯⋯⋯⋯⋯⋯⋯⋯⋯⋯⋯⋯⋯ (274)

　　Section 9　The Technical Practice and The Moral Practice ⋯⋯⋯⋯ (292)

　　Section 10　The Subjective Cultural Ethical Maxims and The Objective Universal Moral Law ⋯⋯⋯⋯⋯⋯⋯ (308)

　　Section 11　The Moral Responsibility of Autonomy and the Duty of Free Belief ⋯⋯⋯⋯⋯⋯⋯⋯⋯⋯⋯⋯ (318)

上　册

关于本书的说明

本书的主旨虽说是关于神话学学科理论的,但同时也是关于民间文（艺）学—民俗学学术实践的。本书的问题意识,一方面出自神话学学术史上代际师承的理论思考,另一方面也来自民间文（艺）学—民俗学在当下的诸多实践关怀,因而不仅仅是神话学的纯粹学术,同时也是当代中国学科体制下民间文（艺）学—民俗学"学术—伦理"的神话研究。因此,在回答了内在于神话学实然的基础理论专题的同时,也回应着相关于民间文（艺）学—民俗学应然的普遍实践主题,① 例如,传统的民俗（民间文学、民间文化特别是民间信仰）进入现代社会的合理性与合法性是什么？"俗民"（自然主体）作为拥有天赋的自由（平等）权利与自律（道德）能力的公民（自由主体）是如何可能的？进而,能否在还原了民间共同体的纯粹实践理性情感自由意志无条件条件的超验基础上,让民间社会参与民主社会—公民共同体的公开性、公共性、公正性、公平性建构？因此,民俗—民间文学与民间文（艺）学—民俗学在当代中国和世界范围内的实践"也一定要经常作为［直观的］前提浮现在［理论］表象面前"② 并构成了与本书先验地相关且内在于神话及神话学"因缘时生的环境"③ 的先验课题语境。④

---

① "我在这里满足于把理论知识解释为一种我用来认识'这是什么'的知识,而把实践知识解释为一种我用来设想'这应当是什么'的知识。据此,理性的理论运用就是那种我借以先天地（作为必然的来）认识到某物存在的运用；但实践的运用则是那应当发生的事情借以先天地被认识到的运用。"［德］康德：《纯粹理性批判》,邓晓芒译,人民出版社2004年版,A633/B661,第499—500页。

② ［德］马克思：《〈政治经济学批判〉导言》,载《马克思恩格斯选集》第2卷,人民出版社1972年版,第104页。

③ ［德］康德：《实践理性批判》,韩水法译,商务印书馆1999年版,S.96,第104页。

④ 吕微：《民俗学的哥白尼革命——高丙中的民俗学实践"表述"的案例研究》,《民俗研究》2015年第1期,收入吕微《民俗学：一门伟大的学科——从学术反思到实践科学的历史与逻辑研究》,中国社会科学出版社2015年版,"二 '公民社会'：民俗学实践研究的先验语境",第527页。

于是，有心的读者完全可以将本书的关键词"神话"替换为"民俗"（"民间文学""民间文化"特别是"民间信仰"）。为此，笔者特别感谢二十多年来一同共事的中国民间文（艺）学—民俗学的学界同人（恕不一一列举名字），是你们卓有成效的田野与案头工作，启发并给予了笔者讨论神话理论与实践问题的灵感与信心。但在本书中，笔者的关心除了人的实践的主观偶然（或或然）现实性动力（动机），① 更是人（从逻辑上自相矛盾到逻辑上不自相矛盾）的道德实践的客观"法则作为动力"② "道德法则成为动力"（动因）③ 的必然可能性。但这样一种主观间客观性动力（动因）也就是我们每一个人或所有的人心中先验地就拥有的道德良知与理性信仰的天赋自由（平等）权利与自律（道德）能力。现在，如果"良知（它也被称为 religio［宗教］）"④ 和"信仰"（它也被称为"反思"）⑤ 就是自由主体道德实践的普遍逻辑—意向形式的形而上学结构，⑥ 那么，出于良知的信仰也就是人的本原性（实践的道德神圣性）、⑦ 本真性（信仰的超验真

---

① 高丙中：《一座博物馆—庙宇建筑的民族志——论成为政治艺术的双名制》，《社会学研究》1997 年第 2 期，收入高丙中《民间文化与公民社会——中国现代历程的文化研究》，北京大学出版社 2008 年版，第 293 页。高丙中：《民间的仪式与国家的在场》，《北京大学学报》（哲学社会科学版）2001 年第 1 期，收入高丙中《日常生活的文化与政治——见证公民性的成长》，社会科学文献出版社 2012 年版，第 181 页。陈泳超：《背过身去的大娘娘——地方民间传说生息的动力学研究》，北京大学出版社 2015 年版，"传说动力学"，第 128 页。

② ［德］康德：《实践理性批判》，韩水法译，商务印书馆 1999 年版，S.78，第 85 页。

③ ［德］康德：《实践理性批判》，韩水法译，商务印书馆 1999 年版，S.72，第 78 页。

④ ［德］康德：《道德形而上学》，张荣、李秋零译，载《康德著作全集》第 6 卷，中国人民大学出版社 2007 年版，S.440，第 450 页。

⑤ "反思的信仰。"［德］康德：《纯然理性界限内的宗教》，李秋零译，载《康德著作全集》第 6 卷，中国人民大学出版社 2007 年版，S.52"注释♀"，第 53 页。

⑥ "哲学……就其只从先天的原则出发阐明其学说而言，可称做纯粹的哲学……如果它限于知性的那些确定对象上，就叫做形而上学。"［德］康德：《道德形而上学奠基》，杨云飞译，邓晓芒校，人民出版社 2013 年版，S.388，第 2 页。"纯粹的、不依赖任何直观条件的理性概念的一个体系，亦即一种形而上学。"［德］康德：《道德形而上学》，张荣、李秋零译，载《康德著作全集》第 6 卷，中国人民大学出版社 2007 年版，S.375，第 387 页。"一个先验的原则，就是借以表现事物惟有在其下才能成为我们知识的一般客体的那种普遍先天条件的原则。与此相反，一个原则如果表现的是其概念必须被经验性地给予的客体惟有在其下才能被先天地进一步规定的条件，就叫做形而上学的。"［德］康德：《判断力批判》，李秋零译，载《康德著作全集》第 5 卷，中国人民大学出版社 2007 年版，S.181，第 190—191 页。"先验的原则是讲知识何以可能，形而上学的原则讲知识怎么构成的。"邓晓芒：《康德〈判断力批判〉释义》，生活·读书·新知三联书店 2008 年版，第 127 页。

⑦ "道德的神圣性必定始终是理性存在者在其每一种状况中的举止的原型。"［德］康德：《实践理性批判》，韩水法译，商务印书馆 1999 年版，S.129，第 141 页。

实性）① 存在方式，即人（类）之所以能够作为人（类）、成为人（类）而应然地存在的无条件条件，即人的纯粹理性善良意志出于敬重情感的超验综合反思性与纯粹实践理性情感神圣意志"以爱命令人的法则"② 的先验综合规定性双向逻辑—意向形式的神话原型，也就是：人的存在的奇迹。

2012 年 1 月，2020 年 6 月，2021 年 5 月，于文学研究所

---

① "本真性"（authenticity），语出 R. Bendix，*In Search of Authenticity*：*The Formation of Folklore Studies*，The University of Wisconsin Press，1977。参见［美］本迪克丝《〈探求本真性：民俗研究的形成〉绪论》，李扬译，载李扬《西方民俗学译论集》，中国海洋大学出版社 2003 年版，第 70—93 页。英文名词 authenticity 的意思是：可靠性、确实性、真实性。形容词 authetic 的意思是：可靠的、可信的、权威性的、有根据的，即：genuine；known to be true。动词 autheticate 的意思是：证实、鉴定、使生效，即：prove to be genuine；prove beyond doubt the origin，authorship。《新英汉词典》（增补本），上海译文出版社 1985 年新 2 版，第 73 页；*Oxford Advanced Learner's Dictionary of Current English*，Oxford University Press，1974，p. 51. 因此，当描述作为神圣法典或神圣典据的神话的"权威的真实性"时，authenticity 是一个非常合适的词语。"神圣首先就是真实。一个人的宗教性越强，就越真实，就越能摆脱无意义变化的非真实。"［美］伊利亚德：《神圣的存在：比较宗教的范型》，晏可佳、姚蓓琴译，广西师范大学出版社 2008 年版，第 430 页（注：本书中伊利亚德又译为埃利亚德，生于罗马尼亚，后移居美国，本书所引其著作在国内译本作者国籍及姓名与引著保持统一）。民俗学家借助 authenticity 的概念来讨论民俗的真实性问题，在本书中，笔者借用 authenticity 这一词语表达了对"神话作为人的本体（noumenon）或本原存在的真实性"的理解，而不是如一些民俗学家使用 truth 或 true 表达了对"伪装在隐喻之中"的"神话作为人的存在现象的真实性"的理解，即便这种"伪装在隐喻之中"的真实性是"真实的最高形式"，也仍然只是表象了作为存在现象的真实性。［美］邓迪斯《导言》，载［美］邓迪斯编《西方神话学读本》，朝戈金等译，广西师范大学出版社 2006 年版，第 1 页；Alan Dundes，*Introduction*，*Sacred Narrative*：*Readings in the Theory of Myth*，Edited by Alan Dundes，University of California Press，1984，p. 1.

② "诸如爱上帝甚于一切和爱邻人如爱己这样一类命令的可能性与法则是完全符合一致的。因为它正是作为命令，要求敬重那条以爱命令人的法则，而非听任随意的选择使爱成为原则。"［德］康德：《实践理性批判》，韩水法译，商务印书馆 1999 年版，S. 83，第 90 页。"一个与创造者的只能以爱为根据的意图。"［德］康德：《道德形而上学》，张荣、李秋零译，载《康德著作全集》第 6 卷，中国人民大学出版社 2007 年版，S. 491，第 501 页。

内容提要

回顾已往，神话学已经成为一门经验论—实证论的理论认识科学。瞻望未来，神话学是否还应该作为一门现象学—先验论的"实践认识"或"实践研究"①"严格的科学"？②自康德以来，就一直是摆在神话学

---

① 实践研究，德文为 praktischen Untersuchungen，英文为 practical investigation。［德］康德：《实践理性批判》，韩水法译，商务印书馆 1999 年版，S. 26，第 26 页。Immanuel Kant, *Kritik der praktischen Vernunft*, Siebente Auflage, Verlag von Felix Meiner, Leipzig, 1920, S. 26, p. 34. Immanuel Kant, *Critique of Practical Reason*, Translated and Edited by Mary Gregor, Cambridge University Press, 1997, S. 26, p. 24. 实践认识，德文为 praktischen Erkenntnis，英文为 practical cognition。［德］康德：《实践理性批判》，韩水法译，商务印书馆 1999 年版，S. 57，第 61 页；S. 103，第 113 页。Immanuel Kant, *Kritik der praktischen Vernunft*, Siebente Auflage, Verlag von Felix Meiner, Leipzig, 1920, S. 57, p. 75; S. 103, p. 133. Immanuel Kant, *Critique of Practical Reason*, Translated and Edited by Mary Gregor, Cambridge University Press, 1997, S. 57, p. 50; S. 103, p. 86. "实践认识"的结果就是"实践知识"。"在实践知识里面，即在单纯处理意志的决定根据的知识里面。"［德］康德：《实践理性批判》，韩水法译，商务印书馆 1999 年版，S. 20，第 18 页。"这种认识能够自己成为对象实存的根据，通过这种认识，理性在理性存在者之中具有因果性；也就是说，它关涉纯粹理性，这个理性能够被看作一个可以直接决定意志的能力。"同上引书，S. 46，第 49 页。"从概念出发先天地规定认识（这里便是纯粹实践理性的认识）。"同上引书，S. 73，第 79 页。"实践理性并不处理对象以求认识它们，而是处理它自己（根据关于这些对象的认识）现实地实现这些对象的能力，亦即处理乃系一种因果性的意志，只要理性包含了这种因果性的决定根据。"同上引书，S. 89，第 97 页。"通过纯粹实践理性所能已经具有的认识的内容。"同上引书，S. 91，第 99 页。"对这样一种先天知识可能性的诠释。"同上引书，S. 93，第 102 页。"在实践方面拓展纯粹认识。"同上引书，S. 134，第 146 页。"为了纯粹实践原理的科学认识。"同上引书，S. 151，第 165 页。"理性［具有］这种乐意对所提出的实践问题进行极其精细考察的倾向。"同上引书，S. 154，第 168 页。康德也将"实践研究"与"自然研究"相对称为"人的研究"。"自然研究和人的研究。"同上引书，S. 148，第 161 页。

② "哲学也是一个严肃工作的领域，哲学也可以并且也必须在严格科学的精神中受到探讨""哲学就是指向绝对意识的意向""哲学本质上是一门关于真正开端、关于起源、关于万物之本的科学"。"尽管作为严格科学的哲学仍然还是一个'无限遥远的点'，胡塞尔的哲思方法却仍然直接而具体地向我们指示着严格性的实例。"而"将这个（作为严格科学的）哲学加以展开，它便意味着，一方面，向最终论证、最终奠基的回溯被理解为向认识主体上的'意义给予'之成就的回溯，这种回溯是直接进行的，是自身负责的，任何间接的中介都必须被排除在外。另一方面，在获得了经过最终论证的真理之后，哲学的任务还在于，将这种真理付诸于实践并且根据这种真理而承担起主体性的责任与义务，这也是一门哲学伦理学和价值论的中心任务。在对哲学的这一理解中无疑包含着胡塞尔对理论与实践的奠基关系的理解。"［德］胡塞尔：《哲学作为严格的科学》，倪梁康译，"译者前言"，第 6—8 页。

家们面前的一个问题。但是，面对康德必然可能（尽管并非现实）的提问，现代以来，职业神话学家们少有人理会。① 本书从理论神话学"神话"概念的经典定义即"格林定义"入手，指出，理论神话学"神话"定义的双重标准，即故事题材内容质料规定性与信仰叙事体裁形式界限规定性——马林诺夫斯基称之为人类学关于神话的"最后见解"（李安宅译法，马林诺夫斯基的原文是 a nutshell）——因理论地规定神话实践现象（并非因为非普遍性的西方理论对特殊性的非西方经验的遮蔽）而产生的理性二论背反的自相矛盾、自我冲突，最终导致"神话"定义在神话学家们（博尔尼、博厄斯、鲁迅、顾颉刚、马伯乐、茅盾、马林诺夫斯基、普罗普、列维-斯特劳斯、汤普森、袁珂、巴斯科姆、阿默思、鲍曼……）手中自行瓦解。当然，神话学家们在解构"神话"概念的理论定义的同时，也揭示了神话学作为一门用主观性观念直观和客观性理念演绎的现象学—先验论还原方法实践地研究纯粹实践理性善良意志的超验综合反思性与纯粹实践理性情感神圣意志先验综合规定性双向逻辑—意向形式——及其自我"补充"② 而"先天所与"③ 的先验意向相关对象——人作为自由主体—道德本体的本原性（实践的道德神圣性）、本真性（信仰的超验真实性）神话原型存在方式为认识目的的"严格的科学"的必然可能性。这样，在理论神话学与实践神话学的目的

---

① 尽管少有人理会，但是仍有人理会，例如卡西尔（Ernst Cassirer，1874—1945）、罗瑟夫（Aleksei Fyodorovich Losev，1893—1988）、莫恩（Jürgen Mohn）……。户晓辉：《返回爱与自由的生活世界——纯粹民间文学关键词的哲学阐释》，江苏人民出版社 2010 年版，"三 神话"，第 200、234、267 页。但无论是卡西尔、罗瑟夫还是莫恩，在通过神话现象直观神话本质的同时，都没有对他们自己的本质直观、本质还原方法给出清晰的逻辑说明，因而都停滞于现象学神话学独断的神秘主义。

② "对质料加以限制的法则的单纯形式，同时就是将质料补充给意志但并不以其为先决条件的根据。"［德］康德：《实践理性批判》，韩水法译，商务印书馆 1999 年版，S. 34，第 36 页。

③ "作为自在之物的先验质料（事实性、实在性）。"［德］康德：《纯粹理性批判》，邓晓芒译，人民出版社 2004 年版，A143/B182，第 142 页。"纯粹实践法则的目的是理性完全先天地给出的。"同上引书，A800/B828，第 609 页。"道德上受决定的意志运用于其先天所与的客体（至善）。"［德］康德：《实践理性批判》，韩水法译，商务印书馆 1999 年版，S. 4，第 2 页。"先天的客体。"同上引书，S. 58，第 63 页。"纯粹理性……设定这些客体是所与的。"同上引书，S. 65，第 70 页。"虽系质料却纯客观的决定根据。"同上引书，S. 75，第 82 页。"仅仅出于这个根据的客体。"同上引书，S. 78，第 85 页。"不是关于所与的超感性对象的认识的拓展。"同上引书，S. 135，第 148 页。

论与方法论的双重视野下，神话就呈现为神话现象与神话本体（或神话本身、神话自身）即神话原型这两种不同的存在方式——也就是人的两种不同的存在方式——的双重表象。神话学的实践认识、实践研究通过对神话经验性现象的超验条件即神话本体、神话原型的现象学—先验论还原，直观并且演绎地阐明了人作为自由主体—道德本体的本原性、本真性神话原型存在方式。① 人之所以能够成为、作为人自身、人本身而本原、本真地存在，端赖于人的双向逻辑—意向形式的形而上学结构的神话原型存在方式。② 而人的神话原型存在方式，作为人的经验性现象的存在方式的超验条件，③ 不是建立在人的非理性信仰情绪（现象）甚至一般理性信仰心理（现象）的偶然或或然现实性条件之上，而是奠基于人的纯粹理性善良意志和纯粹理性情感神圣意志的超验综合反思与先验综合规定的双向逻辑—意向形式的必然可能性条件，后者构成了人以及人类社会（空间）、历史（时间）中文化生活的历时性主观准则（特殊文化规则）的共时性客观法则（普遍道德原则）的自由前提和自律基础。由此，以神话本体（原型）为无条件条件的神话现象（摹本）才必然可能在人类社会、历史的文化生活中被现实地用作主体（个体）以及主体之间（共同体）的（先验或准先验）神话"宪章"。④ 由于以自由、自律为

---

① "当我们进入到人类心智的底层，就会惊奇地发现神话的存在。"［美］罗洛·梅：《祈望神话》，王辉等译，中国人民大学出版社 2012 年版，第 65 页。

② "'意志'是人类意识的一个区域，包括期望、渴望、想象、信仰这些与产生动机的情感的固有维度相关的所有因素。"［美］罗洛·梅：《祈望神话》，王辉等译，中国人民大学出版社 2012 年版，第 52 页。"自我意识的呈现要归功于我们以神话方式进行思考的能力。"同上引书，第 65 页。

③ "一种对神的意识：就其真实而特定含义而言，人类意识是一种并非拥有外在之神的意识，而是一种在其内部包含与神关联的意识——虽然不凭借知识和意志、不凭借幻想的自由作为而宁可说是依其本性。"［德］卡西尔：《神话思维》，黄龙保、周振选译，柯礼文校，中国社会科学出版社 1992 年版，第 8 页。"神话是一种超越行为。"［美］罗洛·梅：《祈望神话》，王辉等译，中国人民大学出版社 2012 年版，第 56 页。"神话……是通向超越于个人具体存在之上的普遍性的途径。"同上引书，第 77 页。"神话增加了普遍性的维度。"同上引书，第 199 页。"在歌德的作品中有一种不朽的元素，也有一种真正运用神话的判断力。他在作品中向神圣世界延伸，他的作品似乎总是在与超验的存在保持联系。"同上引书，第 265 页。"铺展神的存在方式以及神与人的密切关系。"户晓辉：《返回爱与自由的生活世界——纯粹民间文学关键词的哲学阐释》，江苏人民出版社 2010 年版，第 259 页。

④ "神话对我们生活的重要贡献，在于以下四个方面。第一，神话可以回答'我是谁'这个问题，从而给予我们个体以认同。……第二，神话使社群感成为可能。……第三，神话支撑起我们的道德价值。……第四，神话是我们解释创世神迹的一种方式。"［美］罗洛·梅：《祈望神话》，王辉等译，中国人民大学出版社 2012 年版，第 19—20 页。

"存在理由"①（发生条件）的神话原型既表象了人的善良意志和任意对道德法则所从出的神圣意志在主观上出于敬重情感而超验综合地反思的纯粹理性信仰，②也表象了神圣意志在客观上通过道德法则而先验综合地规定善良意志和任意的纯粹理性情感"实际的、实践的善意"，③实践神话学有理由称神话本体、神话原型为一个康德式的"纯粹实践理性情感信仰的事实"④——纯粹理性情感神圣意志强制人的纯粹理性善良意志和任意的必然可能性经验事实的客观类型，以及人的纯粹理性善良意志和任意出于敬重情感理性地信仰纯粹理性情感神圣意志的必然可能性经验事实的主观类型——这样，以神话原型为判断标准，因主体（个体）理性的任意决定以及主体之间（共同体）理性的任意约定而被用作文化宪章的神话现象，可能是逻辑上自洽（出于或合于法则）的道

---

① "单是对义务的清楚表达，在与爱好的一切要求的对立，就已经必然导致了自由的意识。"[德]康德：《纯粹理性批判》，邓晓芒译，人民出版社2004年版，BXXXⅢ，第24页。"尽管自由不是某种依据自然规律的意志的属性，但它并不因此就是无法则的了，相反，它必定是某种依据不变的、不过是特殊种类的法则的原因性；否则一个自由的意志就会是荒谬之物了。"[德]康德：《道德形而上学奠基》，杨云飞译，邓晓芒校，人民出版社2013年版，S.446，第89—90页。"如果预设了意志自由，那么仅仅通过剖析它的概念就能从中得出德性及其原则。"同上引书，S.447，第90页。"自由概念的实在性既然已由实践理性的一条无可争辩的法则证明……自由是现实的这个事实得到了证明，因为这个理念通过道德法则展现了自己……因为它是我们所知道的道德法则的条件……当我现在把自由称为道德法则的条件，而在随后的著作里面又声称道德法则是我们能够最初意识到自由所凭借的条件时，为了使人们不误以为在这里遇到了前后不一贯，我只想提醒一点：自由诚然是道德法则的存在理由（ratio essendi），道德法则却是自由的认识理由（ratio cognoscendi）。因为如果道德法则不是预先在我们的理性中被明白地思想到，那么我们就决不会认为我们有正当的理由去认定某种像自由一样的东西（尽管这并不矛盾）。但是，假使没有自由，那么道德法则就不会在我们内心找到。"[德]康德：《实践理性批判》，韩水法译，商务印书馆1999年版，S.3—4，包括"注释①"，第1—2页。"所有理智的东西，除了（借助道德法则的）自由之外，对我们都根本没有实在性，而且即使自由也只在它是一个与那条法则不可分的先决条件的范围之内，才有实在性。"同上引书，S.70，第76页。

② "如果道德是根据其法则的圣洁性来认识极大的敬重的对象，那么，它在宗教的层次上就是根据最高的、实施那些法则的原因来想象崇拜的对象，并以崇拜的庄严性表现出来的。"[德]康德：《纯然理性界限内的宗教》，李秋零译，载《康德著作全集》第6卷，中国人民大学出版社2007年版，S.6—7，第9页。

③ "实际的、实践的善意。"[德]康德：《道德形而上学》，张荣、李秋零译，载《康德著作全集》第6卷，中国人民大学出版社2007年版，S.452，第462页。"实际的善意。"同上引书，S.450，第461页。

④ "神话导致了事实，而非相反。"[美]罗洛·梅：《祈望神话》，王辉等译，中国人民大学出版社2012年版，第83页。

德神话，也可能是逻辑上不自洽（悖于法则）的自然神话。① 但是，由于神话原型作为必然可能的经验事实既是人的道德实践（普遍逻辑形式）的客观必然性动力（作为法则的动因），同时也是人的道德实践（意向形式）的主观必然可能性动力（作为准则的动机），② 就决定了人类社会、历史的文化生活中在逻辑上不自洽的自然神话现象应自觉地承担起向逻辑上自洽的道德神话现象发展的信仰义务，也就是神话现象应自觉地承担起向神话原型还原的宗教职责；相应地，神话学和神话学史也就应自觉地自我建构成一门能够承担起让神话现象还原为神话原型的道德责任的实践科学和实践科学学术史。当且仅当神话学家们把神话学和神话学史建构成道德目的论—实践认识方法论的神话学和神话学史，神话学家们才必然可能以实践神话学的学科身份和学术方式，"站在未来的立场上"③ 运用"道德性实践"的道德目的论—实践认识方法论范畴而不是"技术性实践"的功利结果论—理论认识方法论概念，广泛而深刻地介入人的当下神话生活——而不是"当神话与现实生活之间产生距离"——的"活的实体"（live actuality）④ 当中，参与个人的此在以及人类存在的多元文化价值或意义的无条件条件——先验自由与自律实践的道德性即神话原型（反思的信仰和良知的宗教）的存在方式——的理想重建。

2019 年 3 月，2020 年 6 月，2021 年 5 月，于文学研究所

---

① 欧美神话学家或不能区分逻辑上自洽与不自洽的神话，故有"神话的价值在于其模糊性"的错误说法。[美]罗洛·梅：《祈望神话》，王辉等译，中国人民大学出版社 2012 年版，第 63 页。但康德区分了"自然神学"与"道德神学"："自然的神学从这个世界上升到最高的理智，要么把它作为一切自然秩序和完善性的原则，要么把它作为一切道德秩序和完善性的原则。在前一种情况下就叫做自然神学，在后一种情况下则叫做道德神学……自然神论者相信一个上帝，一神论者则相信一个活着的上帝。"[德]康德：《纯粹理性批判》，邓晓芒译，人民出版社 2004 年版，A632—633/B660—661，第 499 页。"自然神学是理性从自然的种种目的（它们只能经验性地被认识）推论到自然的至上原因及其属性的尝试。"[德]康德：《判断力批判》，李秋零译，载《康德著作全集》第 5 卷，中国人民大学出版社 2007 年版，S. 436，第 455 页。"那个高高在上的有理智的世界原因的确定概念，因而一种神学的可能性，仍然是取决于这个目的的确定理念的。"同上引书，S. 437，第 456 页。"按照理性应用的纯然理论的原则（自然神学仅仅基于这些原则），永远不能发现足以使我们对自然作出目的论判断的神祇概念。"同上引书，S. 440，第 458 页。"自然目的论虽然教促我们去寻找一种神学，但却不能产生出一种神学。"同上引书，S. 440，第 459 页。

② "神话是价值与伦理的基础。"[美]罗洛·梅：《祈望神话》，王辉等译，中国人民大学出版社 2012 年版，第 16 页。

③ 黄裕生：《站在未来的立场上》，生活·读书·新知三联书店 2014 年版。

④ [英]马林诺夫斯基：《巫术 科学 宗教与神话》，李安宅译，中国民间文艺出版社 1986 年版，第 109 页；Bronislaw Malinowski, *Myth in Primitive Psychology*, London, 1926, p. 78.

神话与形式：重建神话学的阐释维度和伦理学价值[*]

（代序一）

户晓辉

在现代民间文学研究史上，神话是被反复讨论过的一个热门话题，但从学术的内在理路来看，神话的一些基本问题并没有因此得以澄清。例如，在不同学科的学者纷纷从各自的角度和立场把神话解说一番之后，我们对神话本身似乎并没有增加多少认识和理解，反倒更加莫衷一是、无所适从，我们甚至不无疑虑：这样的做法是离神话更近还是更远了？尽管学者们对"神话"这个发源于古希腊的概念是否具有指涉其他文化的普适性提出过质疑，但怎样才能找到一个具有普适性的神话概念，并没有得到相对完整的思考。

为了继续思考，仍然需要以学术史为依托，但我主要在先验的层面上检视以往学者"看"神话的方式，而不再把讨论的维度限制在经验研究领域。因为事实表明，以往实证科学意义上的经验研究无法找到一个具有普适性的神话概念。这里首先需要讨论的问题是：神话究竟是概

---

* 本序原载户晓辉《返回爱与自由的生活世界——纯粹民间文学关键词的哲学阐释》，江苏人民出版社 2010 年版，第 192—285 页；收入谭佳主编《神话中国：中国神话学的反思与开拓》，生活·读书·新知三联书店 2019 年版，第 85—112 页。原文内容提要："神话研究的根本任务是在不同民族或文化的神话现象之间建立正确的沟通和相遇关系，而达成这一目的的关键在于它的形式问题。本文首先区分作为理论概念的神话（Mythos）和作为具体现象的神话（Mythen），继而认为作为概念的神话只是对作为现象的神话的突出称呼或命名，其基本目的在于用本质直观和领会的方式接近作为事物整体存在意义的神话现象。神话研究的方向不应该是从内容上对神话概念作科学定义，而是追寻神话作为不同民族或文化对生活世界的前科学理解的形式特征和形式意义，并以此为基础来达成对作为本源经验形式的神话现象的理解。这种理解需要从存在论上重新建立神话研究的诠释学维度和伦理学价值。"

念还是现象？有没有必要对此做出区分？

一　作为"概念"的神话与作为"现象"的神话

众所周知，汉语"神话"是 19 世纪末一部分留学日本的中国学人从日文 Shinwa（神话）借用的一个外来词。① 在这样的学术背景下，不但欧洲学者率先把一个外来的"神话"概念用于中国的"材料"，而且中国学者自身也纷纷以国外学者对"神话"的理解和定义为参照来理解这个汉语概念。20 世纪初，中国学者主要受自然学派、人类学派神话观的影响来理解汉语的"神话"概念。新中国成立以来，中国学者大多根据马克思对希腊神话的有关论述来界定"神话"这个概念，并且从体裁的角度来界定"神话"。但正如后来逐渐被人们意识到而现在让我们看得更清楚的是：一、"神话"作为一个外来词，最初被直接指认为中国文化中的某些"现象"。经过 20 世纪 80 年代关于中国神话"特殊性"的激烈讨论，学者们逐渐开始怀疑："神话"这个外来概念是否适合中国的情况？或者说，"神话"的概念是否有普适性？二、尽管上述学者实际上采取了描述的方法来说明神话，但他们的初衷是要界定"神话"这个概念。可是，这些学者对神话的界定不尽相同，但他们都能够轻而易举地从"现实材料"中找出他们的神话概念的"对应物"，从而使自己的界定显得能够"自圆其说"。尽管在每一种界定之外可能都存在着大量的例外现象，但由于这些"矛盾"不直接出现在他们各自的论域之内，因而也就使学者们各行其是而又"相安无事"。三、"神话"是否仅仅是一种民间文学叙事体裁？民间文学学者当然有权利仅仅从学科研究的领域出发，把神话当作一种叙事体裁来研究，或者仅仅从叙事体裁的角度来研究神话，但这并不是说神话就仅仅是一种叙事体裁。非体裁神话现象的存在日益暴露出"神话"的体裁概念所具有的"削足适履"的倾向。

美国学者贝齐·鲍登（Betsy Bowden）在《民俗与文学百科全书》的"神话"词条中写道："民俗学者们把神话界定为一种神圣的叙事，

---

① 这一点，已经有多位学者指出，参见柳存仁《神话与中国神话接受外来因素的限度和理由》，载李亦园、王秋桂主编《中国神话与传说学术研讨会论文集》，（台北）汉学研究中心 1996 年版，第 1—2 页；叶舒宪《海外中国神话学与现代中国学术：回顾与展望》，载陈平原主编《现代学术史上的俗文学》，湖北教育出版社 2004 年版，第 415—416 页。

它起源于口头传统并关注人类与神圣世界的互动关系";他指出,myth 这个词直到 1830 年才从晚期拉丁语 mythos 或 mythus 进入英语;它的同语族的词包括法语 mythe,西班牙语 moto,德语 Mythe 和俄语 Muo。在基督教早期时代,人们从希腊语中采用了 mythos 来当作 fabula("逸事""故事")的同义词。学者们应该警惕以欧洲为标准来扭曲非西方国家"神话"的发展情况,尽管目前不可能很快就有一个能够让所有学科都同意的有限定的神话定义。①

鲍登的描述告诉我们:西方主要语言中的"神话"一词大都来自希腊语,但它最初的意思"不一定是叙事",还包括"语词、话、故事、虚构等等"。显然,他已经认识到这一西方概念的相对性,因此建议非西方国家用自己的术语来描述自己的神话现象。但我们在此不能仅仅从民族主义的层面上来理解"神话"概念的相对性,因为这种相对性更多地不是来自民族主义意义上的西方概念不适合非西方,而是来自概念本身在定义上的相对性和有限性。为了解除这一困境,有些学者用描述的方法提供了多个"选项"。

我在此无意罗列中外学者有关"神话"的定义,② 不是因为这些定义不胜枚举,而是因为定义神话的做法本身就有问题。当我们试图通过归纳法对神话做出"理性的解释"时,恰恰忘记了神话无法以归纳法让我们穷尽,谁也不可能看见所有神话然后给它下一个根本的定义。这不仅表明根据归纳法给神话下定义是此路不通,而且表明:当我们这样做时,恰恰遗漏了当下的神话现象。当我们试图透过神话的表面现象来挖掘其深层意义的时候,说不定神话只有表层而舍此无他。

20 世纪后半叶以来,学者们越来越多地意识到神话这一概念的复杂性及其涉及问题的丰富性,并且有了划分神话概念与神话现象的自发倾向,即无论神话概念是否外来,学者的神话概念与学者所面对或指称的神话现象都应该有所区别。例如,台湾学者柳存仁认为,"中国古代

---

① Mary Ellen Brown and Bruce A. Rosenberg (ed.), *Encyclopedia of Folklore and Literature*, ABC-CLIO, Inc., 1998, pp. 431–434.
② 锺宗宪曾列举了国内外 15 位学者有关神话的定义。锺宗宪:《中国神话的基础研究》,(台北)洪叶文化事业有限公司 2006 年版,第 50—54 页。

虽然没有神话一词，但是我们说的神话之事，古人却不是不知道。"①
这似乎已经暗含了将神话的概念与神话的现象分而视之的意思。法国学
者马塞尔·德蒂耶纳的公式则承认"神话是一种找不到的体裁"。② 这
实际上也意味着神话的概念与所谓实际的现象不可等而视之。美国的民
俗学者一般倾向于把神话看作学者的分析概念。例如，威廉·巴斯科姆
认为，神话、传说和民间故事并非意在成为被普遍认可的范畴，而是能
够被有意义地进行跨文化使用的分析概念。③ 丹·本－阿默思指出：
"如果神话、传说和民间故事这样的形式是分析概念，那么，它们就是
每个故事只能接近的一些理想类型。但理想类型不能接受信仰的态度也
不能有文化的语境——只有单个的故事可以如此"。④ 美国民俗学者的
这些论述都显示出把神话看作学者的分析概念从而与被研究的神话现象
区分开来的共同特点。显然，做出这样不自觉的划分是基于学者们日益
感觉到了神话概念与现象之间的距离。

尽管汉语用神话指具体的神话，而用神话学指对具体神话的收集、
整理和研究，但神话一词本身并不能显示作为概念和作为现象的神话之
间的区别。英语的 myth（神话）和 mythology（神话学）同汉语的情况
类似。但在德语中，却有 Mythos 和 Mythe 两个词，它们都表示神话，字
典上说它们可以互换使用。当我们需要区分作为概念的神话和作为现象
的神话时，德语的这两个词恰好可以派上用场。近年，德国学者于尔
根·莫恩在《神话理论：对神话和文化间性的一个宗教学研究》一书
中正是利用了这两个词来对作为概念的神话和作为现象的神话做出了有
意识的区分。莫恩面临的基本问题是：我们如何面对和谈论不同宗教与
文化中的神话现象？我们怎样才能避免用此文化或宗教的神话概念来削
足适履地宰割另一文化或宗教中的神话现象？这实际上是神话研究者们
越来越清醒地意识到的一个问题。莫恩认为，神话研究并非要寻找新的

---

① 柳存仁：《神话与中国神话接受外来因素的限度和理由》，载李亦园、王秋桂主编《中国神话与传说学术研讨会论文集》，（台北）汉学研究中心 1996 年，第 1—2 页。
② ［法］维罗尼克·热利：《神话与文学：当前的视野》，刘晖译，载《国际文学人类学研究·人文新视野》第五辑，百花文艺出版社 2006 年版，第 202 页。
③ William Bascom, "The Forms of Folklore: Prose Narratives", in Alan Dundes (ed.), *Sacred Narrative: Readings in the Theory of Myth*, University of California Press, 1984, p. 10.
④ Dan Ben-Amos, "Introduction", in Dan Ben-Amos (ed.), *Folklore Genres*, University of Texas Press, 1976, pp. xxy – xxvi.

或真正的神话，而是要寻求历史上能够具体确定的某个神话对人们及其宗教、文化和社会所具有的意义。① 我们不应该进一步构建任何本质定义式的关于神话的神话了，因为在这样的工作中相应的问题不是什么是神话，或者关于神话的本质定义，而是：我们怎样谈论神话和具体神话？我们将来想怎样和能够怎样有意义地谈论和评判神话和具体神话？谈论神话或者把某物判定为一个神话，尤其是从比较角度来看对宗教科学有什么样的启发价值？我们谋求的不是概念的实际语言应用，而是元语言意义上的启发式应用。这是因为定义都暗含了不同的前提，从而缩短了从一个概念的定义到问题域的出路。为了使神话这个概念不被简缩为一个定义，就必须由一个开放的理论（offenen Theorie）来概括。只有这样一种［神话的］理论，而非神话的概念才能把方法的多元主义引向一个新的、自我反思的描述系统。只有在这样的描述中才能通达［开启］神话，即让其作为神话的现象来构成自身。②

莫恩在此从根本上认识到：定义神话概念不仅不可能，而且根本不是神话研究的任务，因为定义的方法不仅无法把握神话的本质，更会遮蔽神话的问题域，换言之，神话的定义不过是对神话的问题域的简化，是一种偷懒的办法。要避免这种局面，就必须抛弃神话的简单定义，转向一种作为描述系统的神话理论，这种理论的特征是敞开性或开放性，其根本目的在于通过描述来通达神话或开启神话，即让其作为神话的现象来构成自身，也就是让神话自己出场或呈现出来，这实际上暗含着回到神话自身这一重要思想。莫恩不仅提倡神话"理论"，反对神话概念，而且进一步把作为科学研究元语言的神话与作为具体现象的神话区分开来：

> 换言之，一种构成主义的神话概念必须1）依靠当前的——跨学科的——**语言惯用法**，它必须2）保持意识的**敞开**，不能给出任何本质的定义，而且它必须3）试图认识一种跨文化的现象，即蔓延在不同文化和宗教中的一种现象。为此，它必须作为**被构造的**概

---

① Jürgen Mohn, *Mythostheorien. Eine religionswissenschaftliche Untersuchung zu Mythos und Interkulturalität*, Wilhelm Fink Verlag, 1998, S. 35.
② Jürgen Mohn, *Mythostheorien. Eine religionswissenschaftliche Untersuchung zu Mythos und Interkulturalität*, Wilhelm Fink Verlag, 1998, S. 37 – 43.

念而**能够启发性地使用**。

重要的是对**神话（Mythos）现象**和**具体神话（Mythen）的现象领域**做出明确区分：Mythos 并不描述自成一类的现象，Mythos 不能通过一个真实的定义来把握，因为它涉及的是一门科学元语言的一个专门术语，据此，Mythos 也是这种元语言本身的一种现象并且不属于对象语言的范围：**神话这个概念是一种科学现象，因为它在元语言的意义上起着构成作用。相反，具体神话展示了具体的宗教现象和文化现象。**

一种神话理论并不构成任何客体和任何对象，而是创立一种理论——想像的话语，这种话语允许对人的某个——可能的——**建构**有所言说。这种人类学的**建构**并不像对那个人来说的"物"一样简单地在"那里"，他可以把自己的目光投向它。它涉及的毋宁说是从理论观望同由此产生和发现的东西之间出现的一种现象……但复数的具体神话（Mythen）是一种文化的、宗教的或世界观的现象，属于作为单数概念的神话的另一个现象领域。Mythos 是一个科学的构造，借助它，一个全然不同的现象领域被构造出来，同时还可以声称这个领域是跨文化的：即"人的具体神话"。①

莫恩的这段论述中至少有这样几层意思：一、作为科学元语言的神话（Mythos）与作为具体现象或对象语言的神话（Mythen）不同，应该有所区分；二、它们二者都是现象，但作为具体现象或对象语言的神话（Mythen）是由作为科学元语言的神话（Mythos）构造起来的一个现象领域。这里显示出莫恩的现象学思路：即作为科学元语言的神话是科学家或研究者意向中出现的现象，而具体的神话则是科学家或研究者用元语言的神话现象构造或发现的现象；三、作为科学元语言的神话（Mythos）概念不能被定义，而只能作为"被构造的概念而能够启发性地使用"。换言之，它只是我们进行理论观望（theoretischer Hinblicknahme）的一个启发性工具，借此，作为具体现象或对象语言的神话（Mythen）才被呈现或构造出来。因此，当我们探讨 Mythos 一词在希腊

---

① Jürgen Mohn, *Mythostheorien. Eine religionswissenschaftliche Untersuchung zu Mythos und Interkulturalität*, Wilhelm Fink Verlag, 1998, S. 55.

人那里的含义时，"这种不仅是[神话这一]语词的解释，而且希腊人对神话现象的解释也是和某种理论联系在一起的，就像它今天被发展的那样。问题不在于希腊的语词用法是反驳还是证实了神话这个元语言的概念，而是我们如何以及是否也可以针对希腊人对此概念的不同用法而对他们的文化和宗教的某些东西有所体验。因为这同样适用于后一种概念。我们对它的用法并不出现在希腊人和罗马人那里。我们在此能够发现的是一些现象，即当我们用这一概念从文化史上来操作时所意指和瞄准的现象。但这些现象首先是在科学家的问题和研究中被构成的。它们并非为了单纯被发现而自在自为地被给定的"。①

显然，莫恩并不认为具体的神话现象（Mythen）是自在自为地被给予的，而是必须借助作为元语言的神话概念（Mythos）才能被发现和构成。但他做出这个区分的目的是避免将二者混淆甚至用后者遮蔽或取代前者。莫恩在此无疑又暗示了另一个要点：即作为科学元语言的神话（Mythos）概念是一个纯形式概念，因为

> 为了不把神话概念局限于文化内容，比如某种特定的思维或某个特定的时间概念，以使其具有跨文化的有效性，就必然要把它形式化……
>
> 在有了新旧神话研究复杂而相互参照的支持之后，我们应该可以清楚地理解：反思是针对现象和神话概念，而非针对具体的神话本身，即必须寻求通达有关一种形式理论的神话现象，它应该避免内容上的假设，因为这种假设总是从一个或更多的相似文化的范例中获得的。只有一个形式的概念才能保证形成一个跨文化的概念，才能为比较的——也包括比较神话的研究——方法首先准备好一般的基础。②

可见，莫恩反对的只是单纯定义的逻辑概念，但并不反对现象学意义上的纯粹形式概念，因为纯粹形式的神话概念不仅能够包容具体的神

---

① Jürgen Mohn, *Mythostheorien. Eine religionswissenschaftliche Untersuchung zu Mythos und Interkulturalität*, Wilhelm Fink Verlag, 1998, S. 71.

② Jürgen Mohn, *Mythostheorien. Eine religionswissenschaftliche Untersuchung zu Mythos und Interkulturalität*, Wilhelm Fink Verlag, 1998, S. 158.

话现象，而且能够"让其作为神话的现象来构成自身"。莫恩的提示恰恰反证出以往绝大多数神话研究的几个致命弱点：一、未能有意识地和有效地区分作为科学元语言的神话（Mythos）与作为具体现象或对象语言的神话（Mythen），因而把二者混为一谈；二、急于给不能定义的神话概念下定义；三、未能从纯粹形式上来认识神话概念的跨文化有效性，因而往往陷于神话内容的文化相对主义泥淖而难以自拔；四、神话之所以不能定义，是因为它是一个描述性的概念，而非以往学者自觉不自觉地认定的那种形式逻辑概念。这就意味着：作为科学元语言的神话（Mythos）的主要功能和作用是，让作为具体现象或对象语言的神话（Mythen）在研究者的直观中自己构成并显现出来，让它们来和研究者照面或相遇。只有这样的"神话"概念才能真正为比较神话学研究奠定一般的基础。在这个意义上，莫恩把神话（Mythos）界定为"构成性概念"容易引起误解，因为尽管作为具体现象或对象语言的神话（Mythen）要经过作为科学元语言的神话（Mythos）才能显现出来，但莫恩的意思并不是要用后者直接去构成前者，而是通过后者的开放框架和描述理论，使前者自己显现出来。因此，我更愿意把莫恩的具体神话（Mythen）称为一个有内容的构成性概念，而把他的作为科学元语言的神话（Mythos）称为一个纯形式的引导性概念。后者的目的并不是直接构成具体的神话现象，而只是引导并促成不同文化传统的神话现象的出场和自我显现。只有这样，即使当某个具体的文化传统中没有神话这个名称时（莫恩似乎没有讨论这种情况，但它绝非无关紧要），我们仍然可以借助作为科学元语言的神话（Mythos）来使该文化传统的具体神话现象显现出来，因为作为科学元语言的神话（Mythos）只是纯粹形式，它不涉及神话现象的具体内容。

  莫恩对作为科学元语言的神话（Mythos）与作为具体现象或对象语言的神话（Mythen）的区分，不仅让我们"看到"了这两种原来在绝大多数学者眼里浑然未分的现象之间的差别，而且也让我们思考二者之间的关联。换言之，莫恩所主张的神话"理论"（希腊文的"理论"一词的本义正是看）类似现象学意义上的一种"看"或本质直观的方式。他在认为神话理论并不"构成任何客体和任何对象"而只是创立一种能够对人的某种建构有所言说的理论—想像的话语的同时，又强调：这样的建构并非人可以随时投以目光的现成物，而是一种"从理论观望同由此产生和发现的东西之间出现的一种现象"。也就是说，这种神话现象"并非自在而自为地被给定的，而是变成了单纯被发现的"现象。那么，我们似乎可以说，神话的本质并不在于这种被发现或构造的现象的具体内容，而在于它被发现或构造的方式。换言之，神话的理论也好，神话的概念也好，其真正本然的任务应该是一种敞开的理论或开放的概念，即让神话现象自身在我们作为研究者或观察者的直观或意识中自己显现出来。表面上看是我们发现或构造了这些现象，实际上，它们是在我们的直观或意识中自我构造和自我发现的结果。这样，判断一种神话理论或概念的标准就变成了看它是否有助于让神话现象自己显现出来，自己构成起来，甚至是否让神话现象本身显现出来或构成起来。

当我们以这样的眼光来看以往的神话研究史的时候，已经意味着我们对自己的目光做了重要的转向和重大的调整：我们主要不再关注人们已经为神话规定的具体内容，而是把注意力集中在人们关注或者看神话的方式上。这就意味着我们首先要对以往人们研究或看待神话的方式做再度研究或审视，这是看之看，也就是一种先验的反思。这可能仍然是一种认识论意义上的"看"，但它已经有了存在论的维度，它所看的不仅是以往学者和研究者所看的方式，也包括被研究者看神话的方式，并且力图让被研究者眼中或意向中的神话自己显现出来，并且把这一点当作神话研究的根本目的。因为当研究者区分了自己看到的神话（作为概念的神话）与被研究者看到的神话（作为现象的神话）时，才有可能在这种区分的基础上来思考和处理这两种神话现象之间的关系问题。而一旦不做这样的区分，就往往将它们混为一谈，或者认为自己看到的神话就是被研究者所看到的神话，或者用自己看到的神话代替或遮蔽被研究者所看到的神话。在这方面，我主张区分作为概念的神话与作为现象的神话或者研究者看到的神话与被研究者看到的神话，并非意在把二者截然对立起来或者否认二者的相同和相通之处，而是为了避免将它们混为一谈，或者用一个遮蔽甚至取代另一个。研究神话的根本任务是如何用作为概念的神话包容作为现象的神话，如何在研究者看到的神话中让被研究者看到的神话自身显现出来。这是对神话做出区分的根本意图和目的所在。

二 从列维-布留尔到马林诺夫斯基：向神话现象的回归之路

一旦从研究者看神话的方式或者神话的给予方式着眼，我们就会发现：以往许多有关神话的定义有一个共同的特点，即总是从神话的背后看神话，或者从非神话的方面来看神话。这些理论的着眼点不在神话本身，而在于用别的东西来断定神话。但这样的研究是解释神话，而不是看神话，因为它回答的问题是："什么是神话？"从本质上说，无论这些研究怎样认识神话，都是把神话置入了"神话是……"的判断关联之中，因而无论研究者给出怎样的答案，都是有关神话属性的判断，这样的研究或判断，对于神话本身仍然很少有所言说。这是否意味着，长期以来神话一直被当作别的东西来看待，而唯独没有被当作它自身呢？也不尽然。因为当我们以看之看的眼光回望学术史的时候，确实发现前辈学者已经在不自觉地朝着神话本身不断地回归了。尽管这条回归之路漫长而艰辛，但毕竟让我们看到了希望和光明。

让我们首先以法国社会学家列维-布留尔（Lucién Lévy-Bruhl, 1857—1939）的研究为例。列维-布留尔的研究首先要求终止以往对神话所做的逻辑判断——因为在他看来，神话和所谓原始人的"集体表象"一样，是"前逻辑的"（prélogique）或"原逻辑的"。应该说列维-布留尔的研究本来可以为我们开启一个新的方法来研究神话甚至所谓的"原始"心智的现象，并且以此进一步开启一个新的存在世界。在新方法的促动下，他从"原始人"的知觉入手，全面展示了"互渗律"的特征及其各种表现形式。因此，在谈到神话时，列维-布留尔说：

> 当我们把神话与作为它们的来源的社会集体的思维［心智，mentality］联系起来考察时，我们就会得出同一些结论。在个体与社会集体的互渗仍然被直接感觉到的地方，在一个集体与周围集体的互渗实际上被体验着的地方，亦即在继续着神秘的共生的时期中，神话的数量很少而且内容贫乏（如在澳大利亚土人、中部和北部巴西的印第安人等等那里）。相反的，在比较进步的一类社会集体中（如在朱尼人、易洛魁人、美拉尼西亚人等等那里），神话的枝叶越来越繁茂。那么，能不能把神话看成同样是原始思维［心

智，mentality］的产物，它们是在这个思维［心智，mentality］力图实现那种已经不再被直接感到的互渗时出现的，是在这个思维［心智，mentality］求助于中间环节、媒介，以确保那个已经不再是活生生的现实的互渗［共享，communion］的时候出现的呢？这样的假设可能显得大胆，因为我们看待神话，与那些在神话中反映了自己的思维［心智，mentality］的人们［类］是不一样的。我们在这些神话中看见了他们所没有看见的东西，看见了他们所想像的而我们已经体会不到的东西。比如说，当我们读着毛利人的、朱尼人的或者其他部族的神话时，我们读的是译成了我们自己的语言的神话，而这个译文本身就是一次背叛。因为原作中的词对原始人来说具有彻底神秘的气氛，但在我们的思维中，这些词则主要是引起一些来源于经验的联想，更不用说句子结构了，因为译文中的句子即使从词序上说也是反映我们思维的习惯。我们思维和说话都要借助概念。但对原始人来说，词，特别是那些表现了神话中描写的集体的观念的词，则是神秘的实在，而其中每一个实在又决定着一个力场。从情感上看，就是听神话，对他们来说和对我们来说，也是根本不同的。他们在神话中听到的东西在他们身上唤起了一种和声的全音域，但在我们这里却不存在这种现象。（汉译本，第435—436页；英译本，第368—369页）

列维-布留尔对神话的直观不仅强调作为研究者的"我们"的直观，更强调神话的讲述者和聆听者对神话的直观和感受。因为"我们在这些神话中看见了他们所没有看见的东西，看见了他们所想像的而我们已经体会不到的东西"，而他们的心智就"反映"在神话中，或者说神话是他们的直观和心智的自我显现。只要我们不以未加证明的理论前提来蒙蔽自己的眼睛，就能够在神话中看到他们的看法。但这些看法并不像我们的思维那样是"客观的"和"单声部的"，而是"全音域"性质的。正因如此，神话在我们眼里才显得是"神（奇之）话"，而在其讲述者和聆听者那里，或许是全然不同的东西，也未可知。列维-布留尔本人仍然在自己的新方法与进化论之间游移不定。这一点也反映出列维-布留尔的矛盾和不一致之处，因为他并没有彻底摆脱进化论这一时代精神的束缚或影响。但他向神话自身以及向神话的讲述者和聆听者眼中的神话的还原或"回归"的努力为神话研究预示了一条崭新的道路，这应该是他这本书能够成为现代学术经典的一个最重要的因素。

与列维-布留尔有异曲同工之妙的是波兰裔英国人类学家马林诺夫斯基（Bronislaw Malinowski，1884—1942）的神话研究。在我看来，马林诺夫斯基强调的田野观察，其意义本来不仅仅在于对所谓理论的验证和修正，而是在于突出了对活生生的当下意义的直观与再现的重要性和可能性。这一点，在神话研究方面体现得尤为明显。马林诺夫斯基认为，"神话研究只限于文本的考察对于恰当地理解其特征来说是致命的。从古代典籍、东方的古代圣书以及其他类似来源传给我们的神话形式已经失去了活生生的信仰语境，没有可能再获得真正的信仰者的评价，失去了有关其社会组织、实践道德、流行习俗的伴生知识，至少失去了现代田野工作者唾手可得的那种完整的信息。而且，毫无疑问，在其当前的文字形式中，这些故事在转写人、注释者、博学的牧师和神学家的手上经受了非常大的变化。要在研究某个仍然存活的神话时了解其生命的秘密，就必须返回到原始（本源）神话——在它变成祭祀智慧的木乃伊之前，在它被供奉在僵死的宗教的坚不可摧却毫无生气的墓室中之前"。[①] 神话的文本研究对于理解神话来说之所以是致命的，不仅是因为文本中的神话丧失了神话的"语境"和信息的完整性，而且在于它失去了对神话的经验直观的直接性。文本形式的神话可能经过许多人的主观意向的改造，从而使其本源的意义丧失殆尽。在这个辗转流传的过程中，神话的活生生的意义可能变成一个空壳或木乃伊，因为"一个野蛮人的共同体中存在的神话，也就是说在其活生生的原始形式中，并不仅仅是一个被讲述的故事，而是被激活的现实。它没有我们今天在小说里读到的那种虚构的性质，它是一个活生生的现实，人们相信它在原始时代曾经发生过，而且会继续影响世界及人类的命运"。[②] 在马林诺夫斯基看来，原始神话是直接的现实，神话中不存在虚构的东西，因为神话并不区分现实与非现实（虚构）、存在与非存在，它本身就是活生生的、直接的现实和存在。马林诺夫斯基正是在撇开了我们对现实与非现

[①] Bronislaw Malinowski, "The Role of Myth in Life", in Alan Dundes (ed.), *Sacred Narrative: Readings in the Theory of Myth*, University of California Press, 1984, pp. 198 – 199.

[②] Bronislaw Malinowski, "The Role of Myth in Life", in Alan Dundes (ed.), *Sacred Narrative: Readings in the Theory of Myth*, University of California Press, 1984, p. 198.

实（虚构）、存在与非存在的区分而直接面对原始神话、直观神话之时，才发现这一点的。因此，"如我们即将看到的那样，从活生生的方面来研究，神话就不是象征的，而是其主题的直接表达；它并非为了满足科学兴趣的解释，而是原始现实的叙事性复活，是为了满足深切的宗教愿望、道德渴望、社会屈从和主张，甚至实际需求而讲述的。神话在原始社会中发挥着不可缺少的功能：它表达、强化并规范了信仰；它保护和强化了道德；它保证了仪式的效力并包含着指导人的实践准则。因此，神话是人类文明必需的一个成分；它并非一个没用的故事，而是被努力创造出来的一种积极力量；它不是智力的解释或艺术的形象，而是原始信仰和道德智慧的一个实用的特许状"。① 在这里，马林诺夫斯基显然反对从象征角度寻求神话背后的意义，他强调，活生生的神话"是其主题的直接表达"，这实际上是说，神话不是为了表达其他东西才产生的，神话本身就是现实的存在，神话是自在而自为的存在。马林诺夫斯基对研究活生生的神话或者从活生生的方面来研究神话的强调，其根本意义并不仅仅在于强调了神话的语境，而是强调了神话在活生生的当下语境中的意义开显，强调了研究者对这种意义开显的本质直观。这时候，研究者可以根据自己对活生生的当下中所开显出来的本质的直观把握到神话的本质或理论。当然，这样的本质直观并非一次完成的，而是要经过反复，"与物理学家或化学家观察物体的运动、物质的反应或电磁场的变化并且记录物体、力和能量的反复出现的典型行为一样；田野工作者也同反复出现的情景和活动打交道并且记录他们的范型或模式"。② 这些"反复出现的情景和活动"实际上就是现象，马林诺夫斯基认为，每门科学的基本任务是建立其现象的同一性，但在文化科学中，仍然缺乏真正的确认标准，也就是没有观察什么和怎样观察、比较什么和怎样比较的标准，马林诺夫斯基所提出的功能理论正是田野作业和对各种文化中的现象进行比较分析的先决条件。③ 而这样得出的理论

---

① Bronislaw Malinowski, "The Role of Myth in Life", in Alan Dundes (ed.), *Sacred Narrative: Readings in the Theory of Myth*, University of California Press, 1984, p. 199.

② Bronislaw Malinowski, *A Scientific Theory of Culture and Other Essays*, The University of North Carolina Press, 1944, p. 152.

③ Bronislaw Malinowski, *A Scientific Theory of Culture and Other Essays*, The University of North Carolina Press, 1944, pp. 69 – 70, 175.

与马林诺夫斯基语焉不详的那种实证科学意义上的理论是不同的，由此得出的这种现象学意义上的经验与实证科学意义上的经验也是不一样的。马林诺夫斯基于1926年出版的《原始人心理中的神话》(*Myth in Primitive Psychology*)一书的标题恰好可以反映他的这种游移状态：他试图把神话还原到所谓"原始人"的心理中，使其成为人的主观中呈现出来的现象，但他说的心理，更多地仍然是客观科学意义上的心理而非现象学意义上的纯粹心理或意识。这就使马林诺夫斯基的神话研究没有能够区分实证科学意义上的经验与现象学意义上的经验之间的不同，这不仅削弱了他自己的理论和方法的新颖之处，使它与神话自身的意义失之交臂，同时也使后来的人类学有了顾此（实证科学意义上的经验）失彼（现象学意义上的经验）的危险。

可以说，造成马林诺夫斯基这一失误的原因之一在于他对所谓形而上学问题的回避，这就使他仍然游移在矛盾和不彻底的认识状态之中。实际上，马林诺夫斯基对神话功能的关注主要是一种形式研究，也就是说，功能是对叙事现场中的神话形式的直观，这时候，讲述神话的人与其说是神话文本持有者、占有者，还不如说是神话的创造者和直接的赋义者。因此，马林诺夫斯基倡导的田野作业不应该是到田野里复原神话的"语境"或者在实证的意义上做出归纳，而是以意逆志，以研究者的主观去"会"被研究者或神话讲述人（使用者）的主观。神话的功能研究之所以是一种纯粹形式研究或描述，恰恰因为它给这样的主观间的风云际会预留了空位。因为神话的功能研究问的问题是：神话是干什么的？讲述神话的人、使用神话的人、发明神话的人想用神话来干什么？神话在被讲述或使用的共同体中有什么作用？这实际上也是把神话还原为现象，即关注它在人的主观意向中所呈现或者被赋予的意义。因此，神话的功能不是客观的，它既是讲述、使用、发明神话的人想让神话起到的作用或者为神话赋予的意义，也是研究者通过直观"看"出来的东西。功能的形式意义在于它可以让神话出场来显现或者直接来与我们照面。

但可惜的是，马林诺夫斯基本人对这些问题并没有清晰的认识。所幸，马林诺夫斯基的经验研究对神话现象的忽视在卡西尔的神话理论中获得了很大程度的补救。

三 卡西尔：神话的批判现象学

卡西尔（Ernst Cassirer，1874—1945）首先是一位新康德主义哲学家，而非神话学家。但正如美国学者唐纳德·菲利普·维莱纳所指出，卡西尔是 20 世纪唯一发展出一种神话理论的重要哲学家。① 他于 1922 年发表了《神话思维的概念形式》（Die Begriffsform im Mythischen Denken, Warburg Institute）一书；1923 年又发表了《精神科学结构中的符号形式的概念》（Der Begriff der Symbolischen Form im Aufbau der Geisteswissenschaften, Warburg Institute）；1925 年，卡西尔首次出版了他的《符号形式的哲学》（Die Philosophie der Symbolischen Formen）第 2 卷《神话思维》（Das Mythische Denken）。这部著作无疑是继谢林（F. W. Schelling）《神话哲学引论》（Einleitung in die Philosophie der Mythologie, 1856）之后最重要的一部神话哲学著作。在卡西尔后来的一系列著述和演讲中，神话一直是一个核心论题。我在此不准备全面讨论他的神话理论，而只是关注他怎样看神话。

作为《康德全集》的编辑者和研究者以及新康德主义学派的重要代表人物，卡西尔显然想继承并推进康德哲学的问题。他想思考的问题是：康德的批判哲学或先验的观念论中所蕴涵的新的思想因素如何能够为文化哲学准备一条新的道路？他说：

> 康德的问题并没有局限于研究逻辑的、科学的、伦理的或美学的思维的特殊形式。我们不用改变其性质就可以把它应用于思维、判断、认识、理解甚至感觉的所有其他形式，人类心理试图借助这些形式把宇宙设想为一个整体。这样一种宇宙总览，这样一种综合观正是神话、宗教、语言、艺术和科学的目标所在。它们都不能被描述为在感觉材料中被给予的东西的单纯复制。所有这些形式不仅反光；他们有自己的光。它们就是光源。如果我们在这个意义上来理解这个问题，那么，显然，语言、艺术、科学、神话思维和宗教思维中所包含的所有各式各样复杂的符号系统不仅能够接受哲学分

---

① Donald Phillip Verene (ed.), *Symbol, Myth, and Culture*: *Essays and Lectures of Ernst Cassirer, 1935 – 1945*, New Haven and London: Yale University Press, 1979, p. 13.

析,而且它们还呼唤这样的分析。它们必须不仅被理解和解释为向各个方向辐射的人类心理的单纯外显,而且(姑且这么说)分散在我们心理生活的各个领域。尽管有差异,但它们有内在的统一性。的确,这种统一性不能像系统形而上学那样被构想为一个简单的和不可分的实体。不能用单纯的实体性来描述它。必须用功能术语——这就意味着以关系、操作和行为的术语——来理解和界定它。这种统一性(我习惯上称之为符号思维或符号表象的统一性)不能从其各种显现中抽象出来。它不能被构想为一个单一的、自存的、孤立的存在。它是心理的一切构成过程的一个条件,是遍布我们的一切心理操作和能量的一种力量;但我们一定不要把这种力量实体化,我们一定不要把它设想为一种孤立的物理学的或形而上学的实存。①

《符号形式的哲学》第 2 卷《神话思维》正是仿照康德的《未来形而上学导论》那样要成为《未来文化哲学导论》的一部分。卡西尔首先把康德探讨人类经验形式条件的方法扩展到文化诸领域,这就相当于问:人类文化如何可能?或者具体来说:神话如何可能?神话得以产生的条件是什么?但他的目标不仅如此,还在于建立一种"人类文化的现象学",其中,神话占据着核心地位,因为在卡西尔那里,"神话被看作参与并协作构成我们人类世界的所有各种能量的一个共同背景和共同基础"。② 对于本文的论旨而言,卡西尔从什么角度和立场切入神话,尤其重要。我们可以注意到,卡西尔研究神话的方式有这样几个特点:

(一)和康德的哥白尼革命一样,卡西尔对神话的关注也发生了一次从客体(对象)向主体的转向。卡西尔认为,以往许多研究神话的学者大都试图从外部的自然界或对象世界找到神话的起源,这从一开始就决定了他们不可能成功,"所有那些以为通过探究经验领域、通过探究**客体**世界便可以找到神话起源的理论;所有那些以为神话是从客体中产生,并在客体中发展和传播的理论,都必定是片面的,不充分的。众

---

① Donald Phillip Verene (ed.), *Symbol, Myth, and Culture: Essays and Lectures of Ernst Cassirer, 1935–1945*, New Haven and London: Yale University Press, 1979, pp. 70–71.

② Donald Phillip Verene (ed.), *Symbol, Myth, and Culture: Essays and Lectures of Ernst Cassirer, 1935–1945*, New Haven and London: Yale University Press, 1979, p. 87.

所周知，这类理论屡见不鲜（我们可以找到一大堆这种说明神话制作的终极根源和真正核心的学说），其多其杂，几乎不亚于客体世界本身"。① 在此，我们可以进一步理解，那些从所谓客体世界或对象世界来寻找神话的原因和意义的做法自一开始就弄错了方向，无异于缘木求鱼。"因为，神话式表述是不能如此简单地通过确定它直接而原始地集中表述的客体就可以理解和领会到的。它现在是并将永远是心灵的奇迹；现在是并将永远是一个谜……"② 但卡西尔并非要把神话归因于人的心理，相反，他认为以往人们总是让神话受心理学和心理主义的支配，这等于否认了神话是一种独立的现实。

（二）卡西尔关注的是神话的"形式"，在《符号形式的哲学》第2卷《神话思维》的"前言"和"导论"中，他也称之为神话的内在形式（inner form）或纯粹形式（pure form）。③ 因而，卡西尔的神话理论本质上是一种不涉及具体神话内容的形式理论。

（三）卡西尔的方法是批判的现象学（kritische Phänomenologie/critical phenomenology）或者批判的分析（critical analysis）。他认为，神话研究的路径或方法有三种：一是谢林和黑格尔式的辩证方法；二是经验的自然科学和经验心理学的方法；三是他所赞同的研究神话形式的现象学方法。在卡西尔看来，神话的本质问题并不能被转换为神话的经验的或发生学的问题，而过去多数的神话研究恰恰以对神话的经验的或发生学的研究取代了对其本质的研究。因此，"批判的分析居于形而上学演绎和心理学归纳之间。像后者一样，它常常必须从给予之物出发，从在经验上建立起来的文化意识的事实出发；但它不能止于这些单纯的资料。它必须从事实的现实往回追寻其可能性的诸条件"。④

（四）尽管卡西尔的基本立场是认识论，但对神话本身的还原使他发现了神话是一个本源经验的世界。

---

① ［德］恩斯特·卡西尔：《语言与神话》，于晓等译，生活·读书·新知三联书店1988年版，第37—38页，重点原有。

② ［德］恩斯特·卡西尔：《语言与神话》，于晓等译，生活·读书·新知三联书店1988年版，第38页。

③ Ernst Cassirer, *The Philosophy of Symbolic Forms*, Volume Two: Mythical Thought, translated by Ralph Manheim, p. xviii, New Haven and London: Yale University Press, 1955, p. 13.

④ Ernst Cassirer, *The Philosophy of Symbolic Forms*, Volume Two: Mythical Thought, translated by Ralph Manheim, p. xviii, New Haven and London: Yale University Press, 1955, pp. 10–11.

事实上，卡西尔在自己的著述中曾不止一次提到胡塞尔现象学方法对他的启发和触动。例如，在《符号形式的哲学》第 2 卷《神话思维》的"导论"中，他用一个长注写道：

> 埃德蒙德·胡塞尔现象学的基本贡献之一是再次加深了我们对文化"结构形式"的多样性的感知并且在心理学方法之外指出了一个新的研究它们的方法。心理"行为"与它们所意向的"对象"之间的明确区分尤为重要。胡塞尔本人从《逻辑研究》（2 卷本，哈勒，1913—1922）到《纯粹现象学观念与现象学哲学》（哈勒，1928）的发展逐渐清楚地表明：现象学的任务，正如胡塞尔所看到的那样，并非要穷尽对认识的分析，而是要根据它们［行为］"意指"的内容而不考虑其对象的"现实"来提出的对全然不同的对象领域的结构的研究。这样的研究应该包括神话的世界，这不是为了通过对民族学的和民族心理学的经验杂多的归纳来提取其特殊的现实性，而是为了用纯粹的观念直观分析来理解它。但是，据我所知，在现象学和神话学研究中都还没有人做这样的尝试，在这些领域，发生心理学的研究方法仍然占据着无可争议的支配地位。①

这样看来，卡西尔的神话研究不仅有康德的影响，也有了胡塞尔的"影子"。因此，无论从哪方面说，卡西尔所谈论的神话形式都不同于实证科学的经验研究或心理学从具体神话中归纳出来的所谓形式。卡西尔的神话形式是把纯粹的观念直观分析方法用于神话而发现的纯粹形式，实际上就等于神话的本质（Wesen）或纯粹现象（reines Phänomen）。正如克里斯蒂安·默克尔在《符号的简洁——一个现象学概念？论恩斯特·卡西尔的符号形式哲学与埃德蒙德·胡塞尔的现象学之间的关系》一文中所指出，符号形式的哲学与现象学之间在先验哲学方面的共同性意味着卡西尔把形式（本质、纯粹现象）的优先性与其杂多的（经验的）显现对立了起来。卡西尔的符号形式和符号的简洁概念受本质论/本质直观（Eidetik/Ideation）和意向性观念的影响。卡西

---

① Ernst Cassirer, *The Philosophy of Symbolic Forms*, Volume Two: Mythical Thought, translated by Ralph Manheim, New Haven and London: Yale University Press, 1955, p. 12, Note 7.

尔和胡塞尔一样，感兴趣的是理论思维的结构，而非其起源。卡西尔认为，精神形式的统一性既不能作为具体的统一从经验—归纳上来把握，也不能通过概念演绎而得出，因而精神符号形式的纯粹内容并不由其经验性变易（Werden）及其发生的心理条件等问题来决定。批判的现象学是有意识地综合了认识批判（Erkenntniskritik）和现象学而形成的，符号形式的哲学中安放的现象学本质认识应该从胡塞尔的意义上来认识，它指向纯粹的现象、内在的本质（immanente Wesen）和先天的规范（apriorische Normen）。① 所谓内在的（immanent），原来表示和超验的或超越的（transzendent）相对，指经验、意识或知识范围之内的。由此来看，卡西尔所说的神话本质或形式也应该在内在的即经验、意识或知识范围之内的意义上来理解。

事实上，卡西尔在《符号形式的哲学》第 2 卷《神话思维》的"前言"中首先批判了哲学观念论（philosophical idealism）把存在（being）的观念作为其本源问题和基本问题却把神话世界贬低到非存在（nonbeing）领域的做法，他认为，神话世界似乎被超越和遗忘了。只有到了浪漫派和谢林，这种局面才有所改观。卡西尔不仅要让神话在哲学中占有一席之地，而且要回到神话世界，所以他不断谈到神话自身的领域（myth in its own realm），谈到神话的客观化或对象化（Objektivierung/objectivization），也叫客观性或对象性，但他强调，神话的客观性或对象性不能像物（实体）那样来界定，而只能从功能上来界定："这种客观性［对象性］既不在形而上学的'现实'中也不在它**后面**的经验—心理学的'现实'中，而是在于神话本身所存在［是］和达成的东西中，在它完成的方式和**客观化**［**对象化**］的形式中"。② 这样，我们从卡西尔的神话研究中看到了康德和胡塞尔的某种结合，这种结合的契机就在于它们的哲学主要都是一种认识论。因此，卡西尔一方面明确

---

① Christian Möckel, Symbolische Prägnanz-ein phänomenologischer Begriff? Zum Verhältnis von Ernst Cassirers Philosophie der Symbolischen Formen und Edmund Husserls Phänomenologie, in *Deutsch Zeitschrift für Philosophie*, 40 Jahrgang, 1992, Heft 9. 恩斯特·沃尔夫冈·奥尔特在《埃德蒙德·胡塞尔和恩斯特·卡西尔眼中的文化统一性和多样性》一文中也详细讨论了胡塞尔和卡西尔之间的联系，参见 Ernst Wolfgang Orth, Einheit und Vielheit der Kulturen in der Sicht Edmund Husserls und Ernst Cassirers, in Christoph Jamme und Otto Pöggeler（Hg.），*Phänomenologie im Widerstreit. Zum 50. Todestag Edmund Husserls*, Suhrkamp Verlag Frankfurt am Main, 1989。

② Ernst Cassirer, *The Philosophy of Symbolic Forms*, Volume Two: Mythical Thought, translated by Ralph Manheim, New Haven and London: Yale University Press, 1955, p. xviii, p. 14.

表示,他的出发点和归结点是认识论的,他说:"我们必须毫不犹豫地假道于形式逻辑和认识论,因为唯有在此基础上我们可望准确地确定这种观念作用的**功能**,并把它与理论思维所运用的概念形式明白无误地区别开来"。① 但另一方面,他又强调,在认识的时候,"我们不应该把心智诸形式看作是其它东西的单纯摹本;相反,我们必须在每一种心智形式的自身内部发现一种自发的生成规律,找到一种原初的表达方式和趋向,而这种方式和趋向绝非只是单纯地记录那从一开始便以实存的固定范畴所给定的某种事物。从这样一种观点来看,神话、艺术、语言和科学都是作为符号(symbols)而存在的,这并不是说,它们都只是一些凭借暗示或寓意手法来指称某种给定实在的修辞格,而是说,它们每一个都是能创造并设定一个它自己的世界之力量。在这些它自己创造并设定的世界中,精神按照内在规定的辩证法则展现自身;并且,唯有通过这种内在规定的辩证法则,才能有任何实在,才能有任何确定的、组织起来的'存在'。"② 神话有"自己的世界",这是"它自己创造并设定的世界",它可以自己"展现自身"。因此,卡西尔才强调运用纯粹描述的方法研究神话的重要性。正因为卡西尔把神话还原到自身,才使他看到了一个纯粹的神话世界,这是一个纯粹的神话现象的世界,同时也是神话本质的世界。或者说,只有将神话的外部世界或所谓现实世界还原掉,神话自身的(内部)世界才能展现在我们面前。卡西尔写道:

> 这样,神话的客观性[对象性]主要就在于在那里似乎离事物的现实——离天真的现实主义和独断论——最远,这种客观性[对象性]不是物质资料的复制,而是一种特殊而典型的构成模式,意识借此脱离了自身而面对感觉印象的单纯接受性。
>
> 可以肯定,这种关系的证明不能从上面通过纯粹的构造来完成,而是要以神话意识的事实、比较神话学和比较宗教的经验材料为前提。这种材料,尤其是自 19 世纪中叶以来问世的材料的逐渐

---

① [德] 恩斯特·卡西尔:《语言与神话》,于晓等译,生活·读书·新知三联书店 1988 年版,第 51 页。

② [德] 恩斯特·卡西尔:《语言与神话》,于晓等译,生活·读书·新知三联书店 1988 年版,第 35—36 页。

增多已经极大地拓展了神话哲学的问题。①

卡西尔虽然也使用了比较神话学和比较宗教的经验材料，但他使用的方式却与实证研究者使用这些材料的方式不同，也就是说，他并不在实证经验的意义上使用它们。卡西尔认为，历史学家、语文学家、语言学家、民族学家、神话和宗教史的研究者都与文化的诸形式打交道。但哲学在此必须再往回退一步并且把提问方式推进到一个新的和更深入的层次。他必须从这些形式出发来追问已经产生并且使人类精神的这些形态得以可能的构成力量以及精神功能和能量的类型。②在这方面，卡西尔要问的毋宁说是与康德同样的问题：文化形式如何可能？神话如何可能？在这样的追问中，神话呈现出来的现象或本质是什么呢？

首先，卡西尔的神话不仅仅指狭义上的故事或特殊的叙事体裁。正如威廉·舒尔茨在《卡西尔和朗格论神话：一个引论》一书中所指出，当许多学科把神话界定为故事、小说或幻想式理论时，卡西尔却从广义上来理解神话。"对卡西尔来说，神话包括故事，但也包括梦幻、感受、直觉、概念、行为以及把所有这些东西织入整个社会制度和生活方式的活动心理。卡西尔想发现所有经验中可能呈现的并且可以说产生了这些经验的某种独特的模式。"③约翰·迈克尔·克洛伊斯在《恩斯特·卡西尔的神话概念》一文中认为：一般来说，神话在卡西尔那里意味着一种显示了直观和思维的特殊形式的生活形式。这种生活形式涉及人类学家和民族学家描述的一些现象如马纳、④塔布（禁忌）、图腾主义、巫术操作、献祭和其他祭祀仪式，最终也涉及充满幻想的口头流传的故

---

① Ernst Cassirer, *The Philosophy of Symbolic Forms*, Volume Two: Mythical Thought, translated by Ralph Manheim, New Haven and London: Yale University Press, 1955, p. 15.

② Donald Phillip Verene (ed.), *Symbol, Myth, and Culture: Essays and Lectures of Ernst Cassirer, 1935–1945*, New Haven and London: Yale University Press, 1979, p. 56.

③ William Schultz, *Cassirer and Langer on Myth: An Introduction*, New York & London: Garland Publishing, Inc., 2000, p. 55.

④ Mana, 李安宅译作"摩那"。[英] 马林诺夫斯基：《巫术 科学 宗教与神话》，李安宅译，中国民间文艺出版社1986年版，第5页。丁由译作"邪气"，似有科学主义色彩，不妥。[法] 列维-布留尔：《原始思维》，丁由译，商务印书馆1981年版，第6页。

事,即我们所说的神话。① 换言之,神话在卡西尔这里相当于一种本质性的经验方式或经验世界。

其次,正因如此,卡西尔所说的神话思维（das mythische Denken）并不能从逻辑思维的意义上来理解,即这里的思维（Denken）不是纯粹抽象和推演意义上的,而是并非纯粹抽象和推演式的另一种思维——"在神话的概念过程中,事物并不是被理解为它们间接意味的东西,而是被看作它们直接的呈现;事物被看作纯粹的显现,并在想像中得以具相【象】。显而易见,这样一种实在化必然会在对待口说的语词及其力量和内容的问题上,导致一种全然不同于推演式思维的态度。"② 在这个意义上,我们可以把卡西尔的神话思维理解为前科学或前逻辑的思维,也就是他本人说的前谓词的思维。卡西尔在《符号形式的哲学》第2卷《神话思维》的"前言"里指出,神话是一个直接的世界,在观念的而非时间的意义上,只有表明了科学如何从神话的直接性（mythical immediacy）领域脱胎出来,我们有关科学发展的洞见才是完整的。③ 他在神话思维与科学思维对比的意义上反复强调了这一思想。在这个意义上,卡西尔所说的神话思维或神话世界不是科学的因果世界或物理世界,这也就意味着我们不能以科学思维或物理思维来看待和研究神话。

再次,神话之所以在卡西尔的哲学中占有举足轻重的位置,因为在他看来,神话是一个本源的经验世界,是人类经验的初级形式。在卡西尔的描述中,这个世界至少呈现出这样几个特点：（1）这是一个**本源的**感知世界："神话仿佛具有一副双重面目。一方面它向我们展示一个概念的结构,另一方面则又展示一个感性的结构。它并不只是一大团无组织的混乱观念,而是依赖于一定的感知方式。如果神话不以一种不同的方式感知世界,那它就不可能以其独特的方式对之作出判断或解释。我们必须追溯到这种更深的感知层,以便理解神话思想

---

① John Michael Krois, Der Begriff des Mythos bei Ernst Cassirer, in Hans Poser（Hg.）, *Philosophie und Mythos: Ein Kolloquium*, Berlin und New York: Walter de Gruyter, 1979, S. 199.

② ［德］恩斯特·卡西尔:《语言与神话》,于晓等译,生活·读书·新知三联书店1988年版,第78页。

③ Ernst Cassirer, *The Philosophy of Symbolic Forms*, Volume Two: Mythical Thought, translated by Ralph Manheim, New Haven and London: Yale University Press, 1955, p. xvi.

的特性。"①（2）这是一个情感和交感的世界："神话的最基本特征不在于思维的某种特殊倾向或人类想象的某种特殊倾向。神话是情感的产物，它的情感背景使它的所有产品都染上了它自己所特有的色彩。"②（3）这是一个直接经验而非有关事物第二性质的世界，在这方面，神话和艺术是一致的，因为"我们在艺术中获得的并不是所谓事物的第二性质。……关于第二性质的观念不过是一种认识论上的抽象——这种抽象可能对建立完整连贯的知识论，对建立科学哲学极有成效甚至完全必要——而已"。③ 所谓直接经验的世界是为了强调神话不是一般意义上的感知世界，而是更本源意义上的感知世界。（4）这是一个与语言交织在一起的世界："语言和神话联系得如此紧密，以至乍一看上去两者似乎是不可能彼此分开的。也就是说，语言思维充满着和渗透着神话思维。我们越是追溯到语言的更为原始的阶段，这一点就越是显而易见。即使是在我们自己的高度发达的语言中也仍旧浸透着神话思维。"④ 神话与语言之所以具有这样密切的关系还因为"语词首先必须以神话的方式被设想为一种实体性的存在和力量，而后才能被理解为一种理想的工具，一种心智的求知原则，一种精神实在的建构与发展中的基本功能"。⑤ 正是在这里，卡西尔已经把我们带到了一个更重要的认识境地：在此，我们已经看到了神话与语言不仅在认识论上具有同等重要的地位，而且它们在存在论上也具有相同的重要性——"唯有现时此刻的实在，按照神话或语言所强化所具形的样子，注满了整个主观领域。经验的这一个内容一定是实际统治了整个的经验世界。在它旁边抑或它之外，不存在任何可以用来衡量它或与它比较的东西；它的在场即构成了全部存在的总和"。⑥ 卡西尔对神话世界的这种描述实际上为我们展示

---

① ［德］恩斯特·卡西尔：《人论》，甘阳译，上海译文出版社 1985 年版，第 97—98 页，重点原有。
② ［德］恩斯特·卡西尔：《人论》，甘阳译，上海译文出版社 1985 年版，第 105 页。
③ ［德］恩斯特·卡西尔：《语言与神话》，于晓等译，生活·读书·新知三联书店 1988 年版，第 166 页。
④ ［德］恩斯特·卡西尔：《语言与神话》，于晓等译，生活·读书·新知三联书店 1988 年版，第 157 页。
⑤ ［德］恩斯特·卡西尔：《语言与神话》，于晓等译，生活·读书·新知三联书店 1988 年版，第 83 页。
⑥ ［德］恩斯特·卡西尔：《语言与神话》，于晓等译，生活·读书·新知三联书店 1988 年版，第 79—80 页。

并开启了一个重要的神话自身的世界：**这个世界不仅仅是认识论意义上的，同时也是存在论性质的世界**。换言之，尽管卡西尔主要采取了现象学的认识论立场，但这种立场把他（和读者）引到了存在论的边缘，使他和我们都窥见了神话与语言除了认识论之外的存在论价值或位置。因为在神话和语言中，我们并不与事物或人发生认识和被认识的对象关系，即神话和语言中不存在马丁·布伯说的那种"我与它"的关系，而是"我与你"的关系，这是一种非认识的相遇关系，在这种关系中，人与事物各就其位，以其自身来与我们相遇或者彼此相遇。因此，卡西尔称神话中的这种特征或关系为表现式的特征（Ausdruckscharakter）或表现式的现象（Ausdruksphänomen）。他在《符号形式的哲学》第3卷中说："我们把感觉追溯得越远，就越是能够在其中发现'你'的形式先于'它'的形式的优先性；其纯粹的表现特征就越明显地压倒了其实物特征和事物特征。'对表现的领会'在根本上要早于'对事物的认识'"。①

当卡西尔从认识论角度不断向回追寻的时候，他终于发现了一个被还原的神话世界，但在这个"直接知觉的"世界，在这个"更低的原初层"的本源世界里，认识论所看到的已经不是一个认识的世界，因而认识论在此止步了——它在此已经完成了自己的使命，他在神话的世界里已经派不上多少用场。因为我们和卡西尔一起发现，神话和语言本身的世界是一个存在的世界，这就是卡西尔所说的"表现"的世界，而在这个世界中，人和事物自己表现自己，自己显现自己，它们的存在就是它们的显现或表现。这里只有诺贝尔特·博尔茨所说的命名的魔力或神话命名的力量，即"言说和命名，而非算计和认识"（sagen und nennen, statt rechnen und erkennen）。② 神话的这一特点典型地体现在卡西尔所说的神话的原谓词现象（mythische Urprädikation）上。卡西尔把"马纳"（Mana）这样的神圣现象称为神话的原谓词现象。在这个层面上，我们可以进一步理解神话与逻各斯（言说、语言）之间更深层次

---

① 转引自 Jürgen Mohn, *Mythostheorien. Eine religionwissenschaftliche Untersuchung zu Mythos und Interkulturalität*, Wilhelm Fink Verlag, 1998, S. 93, Fußnote 5.

② Norbert W. Bolz, "Odds and ends. Vom Mensch zum Mythos", in Karl Heinz Bohrer (Hg.), *Mythos und Moderne. Begriff und Bild einer Rekonstruktion*, Suhrkamp Verlag, Frankfurt am Main, 1983, S. 475.

的联系。因为在神话中就像在逻各斯（言说、语言）中一样，人的身份首先并非主体，即人不是以主体的身份来与被认识的对象"相对"而立，或者说，在神话或逻各斯（言说、语言）中，人才能够解除自己作为主体身份与事物发生的认识关系。在这里，"人不是作为主体而是通过逻各斯来让其被决定的，这就意味着没有（主体的）**设定**，只有（说着的）**让显现**"。① 卡西尔对神话的命名世界的揭示恰好可以印证这一点：神话的语词具有创世的功能，"语词（逻各斯）在起源上居于首，因而在力量上也位于尊，与其说它是神本身，倒不如说它是神的名称，因为神名似乎才是效能的真正源泉。"② 在这里，语词（逻各斯）的功能首先不是对事物的判断和认识，而是让事物作为自身来显现和照面。

我在此同样不准备讨论卡西尔神话理论的得失，只是想强调：他通过向纯粹神话现象的回归或还原已经为我们展示了一个作为本源经验形式的神话世界。这样一个作为本源经验形式的神话世界为我们讨论神话提供了一个新的基点。

四 神话自身的言说或者让神话自己说话

神话的意义不在神话之外，正如神话的本质不在神话现象之外。要追寻神话的意义和本质，就必须回到神话的现象，让神话自身言说，让它自己显现。所幸，这一点早已被俄罗斯哲学家和古典学者阿列克谢·罗瑟夫（Aleksei Fyodorovich Losev，1893—1988）意识到了。1930 年，他在莫斯科出版了《神话的辩证法》一书。罗瑟夫在书中首先着眼于神话的原初被给予方式，也就是我在上文中分析的作为现象的神话相对于作为概念的神话（虽然它也是现象）的优先性。他认为，在分析"神话"这个概念之前，我们就可以喜欢或者憎恨某个神话，我们必须对神话有一种直观，才能对它采取一种有意识的态度。从逻辑上说，无论神话学研究的是什么，在这种研究之前，神话本身就已经在那些以科

---

① Norbert W. Bolz, "Odds and ends. Vom Mensch zum Mythos", in Karl Heinz Bohrer (Hg.), *Mythos und Moderne. Begriff und Bild einer Rekonstruktion*, Suhrkamp Verlag, Frankfurt am Main, 1983, S. 475.

② ［德］恩斯特·卡西尔：《语言与神话》，于晓等译，生活·读书·新知三联书店 1988 年版，第 72 页。

学的、宗教的、艺术的或社会的方式与它打交道的人的意识中出现了。因此，应该对神话的意义采取一种独立的分析，这也就意味着使用一种现象学的分析方法。① 作者在此的研究意图是把神话还原到人的意识中来加以研究，并以此使作为理性理解艺术的辩证法与作为故事的神话达成和解。作者不仅给我们提供了一个不同于以往的神话研究路径，而且在思考和研究的深度方面也有重要的推进。

在罗瑟夫看来，在对神话下各种判断以前，也就是在"以科学的、宗教的、艺术的或社会的方式与它打交道"之前，我们对神话已经预先有所领会了，也就是说，神话先"存在"（预先被给予我们的意识），然后才"是"，即我们才能以各种认识的方式来对待它。在认识神话之前，我们已经有了对于神话的直观。当我们直接以各种认识的形式（即"以科学的、宗教的、艺术的或社会的方式"）来理解神话时，恰恰变成了一种间接的形式，因为我们遗漏或者遗忘了神话被原初给予我们的直接方式。所以，罗瑟夫主张，要撇开以往所有的认识神话的间接方式，回到通达神话的直接方式上来。因此，他不谈论（悬搁）神话理论，而是谈论（还原）神话本身。他采取了不断排除和悬搁的方法，逐一论证神话不是一个发明（invention）、虚构（fiction）或幻想的编造（fantastic fabrication），不是理想的存在（ideal being），不是科学的或原始科学的构造，不是形而上学的构造，它既非图式（shema）也非比喻（allegory），不是诗歌作品（poetic work），不是宗教独有的创造（an exclusively religious creation），不是宗教教义（religious dogma），不是一个历史事件本身（an historical event as such）。在做了一系列排除之后，罗瑟夫认为，神话是一个奇迹（a miracle），神话是人格性的存在，或者更确切地说，是人格性存在的形象，人格的形式，**人格的容貌**（第69页）。无论神话故事涉及什么内容，最重要的是，神话是世界本身在人类心理着迷的一瞥面前的出现（第46页）。神话意识更可能反映了一些罕见而空前的、引人注目而又独一无二的现象，它并不给这些现象提供因果解释，而是以一种富有表现力的和生动的方式描绘它们。自然法则的恒久以及对它的观察所论及的既非神话的本质也非神话的发生（第

---

① Aleksei Fyodorovich Losev, *The Dialectics of Myth*, Translated by Vladimir Marchenkov, London and New York: Routledge, 2003, p. 5. 以下只注页码。

22页）。罗瑟夫在此使用的"是"不应该被理解为逻辑意义上的系词，而是描述性的概念。换言之，这不是在经过现象学还原之前的客观逻辑意义上的判断系词，而是还原之后神话在人的主观意向中的状态描述。因此，对神话本身的注视使罗瑟夫发现：

> 神话纯粹而全然地是真实而客观的；**它从来不会提出相应的神话现象是否真实的问题**。神话意识只同真实的对象以及完全具体的和实存着的现象打交道。我们的确可以在神话客观性的领域发现有**不同程度的现实**的在场，但这与用纯粹科学公式意指的时候现实的完全不在场没有任何共同之处。例如，我们在神话世界中发现了各种巫术变形；帽子可以使佩戴者隐形，人和神的死而复活，等等。所有这些都是**各种强度的存在的事实，是各种程度的现实的事实**。而且，我们在此发现的并非超乎存在的特性，而是**存在特性本身的生活**，是各种程度的存在现实的游戏。在科学中根本没有这类的事情。即使后者谈到了空间的各种张量（比如，在现代相对论中），它感兴趣的仍然不是这种张量或存在本身，而是关于这种存在的**理论**，这样一种不均匀的空间的公式和规律。但神话就是存在本身、现实本身和存在的具体性本身。（重点原有，第23页）

神话的"真实和客观性"之所以"纯粹而全然"，是因为在神话中不存在不真实（虚假或虚构）和非客观（主观）。神话只有一个平面：即存在的平面，神话中的事物尽管千姿百态、光怪陆离，但都活动在这个存在的平面上，因而它们都同样真实，同样"客观"。这里的"真实"和"客观（性）"都是现象学意义上的，即不是与人没有关系的、独立于人的意识的，而是人所"认为"的、在人的意向中的"真实"和"客观（性）"，因而与客观科学中的真实和客观（性）具有本质的不同。

罗瑟夫的层层剥离无非是要剥除我们视野上的蔽障，超越我们的科学世界观那种超脱于存在或遗忘存在的态度，让我们不再仅仅注目于事物的所谓第二属性，从而展现出神话的另一个世界，或者更准确地说，是让神话的另一个世界自己绽放出来，让神话自己说话：在这里，事物有命名而没有属名，它们以自身的唯一者身份出场。这是一个事物以自身的意义出

现的世界，但

> 事实上，它［神话］甚至不是一瞥，而是意识对事物的本源反应，是后者与其环境的最初相遇。在这个阶段，**神话的分离与这种对事物的本源式直观反应是难以区分开来的**，因为整个差别大概就在于意识对存在的这种本源的—生物的—直觉的态度的程度或细分。我们甚至可以说，除去一切诗性的内容，神话无非是**人与事物一般的、最简单的、前反思的和直观的相互反映**。（重点原有，第64页）

这样一种"最初相遇"和"相互反映"需要通过语言（包括言说，而不仅仅是文字）来显现，也只有通过语言才能达成。正是在神话中，我们才真切地看到了语言是存在的家园。在神话中，人和事物居于自己的家中。因此，神话又是一个纯粹语言的世界。

但是，神话这个世界的语言与其他世界的语言有什么不同？人和事物如何在神话的语言中存在或者自在地言说？神话的语言如何让人和事物出场或者让出它们的存在呢？1929年，德国学者安德烈·约勒斯（1874—1946）在《简单的形式：圣徒传说、传说、神话、谜语、格言、案例、回忆录、童话、笑话》一书中做出的精彩论述，似乎早已经为我们的问题准备好了答案。我们首先要问：什么是约勒斯所说的"简单的形式"？为什么这些形式是简单的？它们在什么意义上才是简单的呢？

约勒斯试图从语言形态学上对包括神话在内的民间叙事诸形式做出划分和解释，他在歌德的意义上理解 Gestalt（形态、形状、外形）这个德语词，即"事物的具有某种特殊规定性的形态学现象以及在一切事件中起作用的潜力"[①]。在这个意义上，约勒斯的形态学就是要看事物显现的典型形态或本质形态。对于我们已经习惯了"复杂"思维并且总是从事物背后寻求其意义的人来说，这些形态或形式是"简单"的，简单到了我们反而不容易理解甚至可能根本就对它们视而不见的地步。但当约勒斯向神话本身看去的时候，他首先看到了神话是语言的创造，

---

① ［德］安德烈·约勒斯：《简单的形式：圣徒传说、传说、神话、谜语、格言、案例、回忆录、童话、笑话》，户晓辉译，河北教育出版社2018年版，第8页。以下只注页码。

而且这种创造是"以双重的方式:首先,一切被生产、被创造、被解释的东西都被语言命名。但是,其次——如果我们在此更深入地加以把握的话——语言本身也是一个能生产的、能创造的和能意指的东西,是其中最本己地发生整理、重整和调整的东西"(第18页)。神话的创造作用来自语言,因为语言在神话中自行创造,它以命名的方式使万物存在,因为有名乃万物之始,这里的语言是初始的和本源的言语上的语言,它类似上帝或神造物和创世时说的那种神圣的语言,它说出事物的同时就让事物存在——上帝说要有光,于是就有光。因此,神话不仅是关于神的话,也是"神"说的话,归根到底是神性的语言自己在说话,"语言产生了某种东西,语言是一粒能够发芽的种子,它本身是能产的。我们知道这一点,而且尤其是在我们担心语词会产生某种不受欢迎的东西时,更要注意其素朴的和天性的方面。我们通常说它'未经授权'或'未经许可',试图通过某种行为来阻止语词的这种生产力。我们称之为迷信,但我们必须清楚一点,即在这种所谓的迷信中蕴含着这样一种认识:一个词可以借此得以实现"(第18—19页,重点原有,下同)。神话中的语言永远是朴素而纯真的处子,它永远保持着创世之初的新鲜活力和永恒的创造力,因而永远有其神性和值得让人敬畏的特性,它永远以让事物存在为己任并以此充实自身,"人们通常用实证主义糟糕地理解并被更糟糕地误用的术语'巫术'来命名的东西——在此却被我们理解为语言的生产性工作,语言被理解为生产者。而且这里的生产还是一种整理,它不妨碍事物的自然进程,但它进入并融入了人类的生活。那么,语言如何生产,它也就如何创造;一个词能够如何实现,它也就能够如何产生重新整理着的新东西。语言创造形态,语言——我们在本意上使用这个词——由此进行创作"(第19页)。神话中的语言不仅通过从无到有的创造显示自己的魔力,而且也使神话由一般的话语转变为"神(圣的)话(语)"。

对于神话,我们"要时刻追踪其素朴的和天性的方面",也就是其"简单的"方面,而这就使我们和约勒斯一起"看到"了神话的"创(造)世(界)"现象——神话用语言创造世界,在神话中,语言在行使创造世界的功能,或者,神话直接就表现为语言创造世界。"我们已经说过,在 Mythe 中,对象从提问与回答中自己创造出来——我们也可以这样来表述这一点:在 Mythe 中,一个东西就其性状而言变成了创造"(第112—113页)。换言之，神话以自问自答的方式创造对象，"在这种情况下，哪里以这种提问与回答的方式为人创造了世界——那里就设定了这种形式，我们就称之为神话"（第 108 页）。或者毋宁说，神话是人用语言的问答形式为自己创造的一个属人的世界。由此看来，神话并不一定和"神"有关，也不一定是"神"的"话"，而是"每个现象都有自身的 Mythus——但现象被神话集合在一起，这个 Mythus 每次都以同样的表情出现"（第 112 页）。在此，约勒斯对 Mythe 和 Mythus 做了不同于莫恩的区分："Mythe 是我们的精神活动产生的简单形式，相反，每次个别地摆在我们眼前的形式则是 Mythus 或一个 Mythus"（第 112 页）。但更重要的是约勒斯把认识或知识与神话对立起来，因为神话并不是认识或知识，因而也就不是科学，因为"认识和知识作为过程，是主动加工世界的意志，它突入世界中，为自己获取有关世界性状的洞见——每个不是对象自身在创造而是对象被产生出来的过程，都与 Mythe 处于不断的斗争状态之中"（第 113 页）。这样，神话即使不是与科学或认识"处于不断的斗争状态之中"，它们至少也应该是平行的或并列的关系：

> 知识的意愿趋向于把握存在和事物的性状；知识指向对象，它试图洞察事物的关联，它想规定客体及其关系的存在和如此存在。知识以判断来表述自身。每一个判断都应该具有普遍的有效性。因此，知识真正的功效在于它从它的各种条件中生产出它的对象。
>
> 但在知识意愿的旁边还有一种精神活动，它从想被问和问中、从要求回答和准备回答中产生了世界。在知识旁边有一种形式，它从言辞中，从真实说出的东西中最本己地创造出事物及其关系。
>
> 在要求普遍有效的判断之旁有恳求令人信服的神话。（第 122—123 页）

这无异说，神话是一个前判断的世界，因而也就不是一个对象的世界。由于神话不追求普遍有效的认识或知识，因而它不通达对事物属性或性质的科学认识。正因为它不是事物属性或性质的世界，所以"Mythe 的世界不是这样的世界，其中今天这样明天那样，某物可以来也可以不来；这是一个寻求固定的世界，一个稳定的世界"（第 125 页）。这就意味着，神话是一个自由的世界，因为在这里，事物摆脱了其属性或性质的可变性和多变性，而永远作为其自身来出场和显现。"'哪里的事件把必然预示为自由'，那里的事件就变成了神话"（第136页）。神话是一个可能的世界，因而永远是一个必然自由或者有着自由的必然世界。

这时候，不仅神话已经不是认识或知识，而且我们对神话的"认识"或"知识"也已经不是认识或知识，神话自身也要求我们不能用传统的认识论式的认识或知识去"认识"它。那么，我们如何才能走近神话或者"看"神话呢？

五 从神话认识论走向神话存在论的可能性

既然神话不以认识为旨归，那么，在神话的世界中，存在就优先于认识或知识。这样，我们就可以进一步看到，由于定义旨在认识或者指向知识，因此，以定义的方式寻求神话的意义永远有缘木求鱼的危险。在经历了向神话世界自身不断回归和还原的过程之后，我们已经越来越清晰地看到了这个世界的本相，或者更确切地说，神话自身越来越清晰地显现在我们的眼前。对于这样的世界，我们一方面只能采取本质直观的方法进行观察，另一方面要用现象学的描述方法对它进行研究或分析。在胡塞尔的现象学意义上，所谓本质直观，一方面不同于感性直观，另一方面又以感性直观为基础和出发点，但本质直观可以超出感性领域而提供本质性的"认识"。[①] 这种"认识"，我在下文中将称之为领会。对神话的直观不同于对神话的单纯经验的直觉，它需要对神话的本质有直接的领会和把握，而这又与描述方法是分不开的。我说的方法类似胡塞尔现象学的描述（Beschreibung/beschreiben）方法，这实际上是一种本质直观的描述分析，即一种本质描述（Wesenbeschreibung），它与解释（Erklärung）相对立，即描述必须限制在直观领域之内，而解释则可以越出直观范围而

---

① 倪梁康：《胡塞尔现象学概念通释》，生活·读书·新知三联书店1999年版，第39页。胡塞尔认为："经验的或个体的直观可以转变为本质直观（观念直观）——这是一种可能性，它本身不能被理解为经验的可能性，而只能理解为本质可能性。"［德］埃德蒙德·胡塞尔：《现象学的方法》，倪梁康译，上海译文出版社1994年版，第85页，重点原有。在胡塞尔的先验还原和本质还原中，还原的剩余物是一个完全先验的或绝对的自我（纯粹意识），这个自我已经根本不是经验意义上的自我，更不是肉体意义上的自我，因而这个自我已经全然脱离了世间性，他的看是纯粹的看或本质的看。但胡塞尔对现象学还原的剩余物与自我的关系问题的看法，前后期不一致甚至有矛盾。本文借用胡塞尔的"还原"等术语，仅做如上提示，但暂不讨论"究竟是什么样的自我在看或者谁在看？"这样的问题。

带有构造性质。① 换言之，对神话的描述仍然不能不使用概念，但尽量"运用那些产生于被直观之物本身之中的概念来表述被直观之物"，这就意味着我们所使用的概念将保留被直观之物（例如神话）自身的成分或现象。我们的目的是让神话自身显现，让它自身作为自身在概念中存在，这大概正是黑格尔说的真理就是事物的存在符合其概念的深意所在！当然，这里的概念已经不仅仅是形式逻辑和认识论意义上的概念，而是存在论意义上的描述性概念。这样，我在本文第一节中所划分的作为现象的神话与作为概念的神话之间的关系就可以得到进一步的理解：作为概念的神话只是对作为现象的神话的突出的或别具一格的称呼或命名。因而，神话不仅有真理，而且它是另一种真理，是"看"出来或者"说"出来的活生生的真理。神话之"神"，不一定体现为人格神，而是事物相对于人的认识或知识的神奇与鲜活之处。汉语的"神"字所强调的恰恰是事物（不仅仅是所谓"神"的）特别高超、出奇和令人惊异之处，因此，神话恰恰是有关事物存在的特别高超、出奇和令人惊异之处的"话"或言说。这样看来，神话的特别之处也恰恰在于它"高"于、"超"于我们的认识或知识，它越出人类认识的边界，因此，才格外"令人惊异"。具有人格的各种神灵只不过是事物的这种特别高超、出奇和令人惊异之处的人格化或具象化而已。所以，《孟子·尽心下》说："圣而不可知之之谓神。"② 换一个角度来看，神话不仅本身不属于认识领域，而且它本身向我们显示了事物的存在意义。它在逻辑上而非时间上先于我们的认识。奥托（W. F. Otto）说："我们可以得出结论：本源的和真正的神话，在其出现的地方和方式中，是**真实的**。而且：它并非和其他也是真实的东西并列的单纯真实，而是它就是**真理**，因为它并非单纯暂时地关涉更广泛的正确之物，而是把事物存在的形式带入光明，并且是作为一切形式中的形式，即作为神性的东西带入光明"。③ 神话是关于事物"神性"的话语，它"神"就"神"在将人与事物的整体呈现出来，而不像在认识或知识（其发展的典型或极致就是

---

① 倪梁康：《胡塞尔现象学概念通释》，生活·读书·新知三联书店 1999 年版，第 85 页。

② （宋）朱熹：《四书章句集注》，中华书局 1983 年版，第 370 页。

③ 转引自 Jürgen Mohn, *Mythostheorien. Eine religionswissenschaftliche Untersuchung zu Mythos und Interkulturalität*, Wilhelm Fink Verlag, 1998, S. 76, Fußnote 1.

近代科学的经验认识或实证知识）中那样总是把人和事物分割为片面的东西。认识或知识必须以片面切割为前提，必须把人和事物对象化，但神话不以这样的认识为目的，因而它不是一个认识对象的世界，而是一个领会事物存在意义的世界，也就是一个生活世界。① 已经有学者敏锐地意识到了这一点。例如，德国学者安东·格拉布纳－海德尔在《神话的结构：一个生活世界的理论》一书中专门讨论了神话与生活世界的关系问题，他指出："神话是人的秩序化的生活世界，它以创造性的方式与其力场一起存在，它表现了人的情感生活史，正如它带来了理性的知识"。② 曾著有《神话与现代性》（*Myth and Modernity*，1994）一书的米尔顿·斯卡伯勒在《神话与现象学》一文中运用实存主义现象学的方法和"生活世界"的观念分析了《创世记》和柏拉图的《蒂迈欧篇》（*Timaeus*），并试图以现象学的视野调解神话与哲学之间的张力。③ 他指出，神话"是一个最根本上以故事的形式来表达的世界"（上引书，第61页）。"对于已经成为实存主义的现象学来说，神话首先是一种意向性的形式，主要是一种操作的意向性，它旨在完成对生活世界的整体理解。它在语言中最初的表达就采取了故事的形式，这反映了那个世界的活生生的特点。它意在更好地把握这个世界并且更有效地生活在这个世界之中"（上引书，第62页）。

对于这样一个生活世界，我们只能用领会的方式而非认识的方式接近它或把握它。这就意味着我们需要以本源的方式来对待神话的本源世界，以领会的方式进入神话。领会是带着尊重和赞赏来相遇，而非像认识那样任意处置或使用对象，这就决定了每次领会都是一次新的相遇，都是一次新的开始，都是当下视域的重新开启，都是第一次看世界，因而永远带有初次的惊喜和战栗。德语 verstehen（领会）的字面意思可以理解为"让［使］……站立［出］"，这样，领会就是让……站出来与

---

① 户晓辉：《民俗与生活世界》，《文化遗产》2008年第1期。
② Anton Grabner-Haider, *Strukturen des Mythos. Theorie einer Lebenswelt*, Verlag Peter Lang GmbH, 1989, S. 17.
③ Milton Scarborough, "Myth and Phenomenology", in Kevin Schilbrack (ed.), *Thinking through Myths: Philosophical Perspectives*, London and New York: Routledge, 2002；王怀义：《神话现象学的逻辑原则》，《文学评论》2015年第2期；［美］桑福德·柯罗利克：《神话研究为什么需要现象学》，周争艳译，《长江大学学报》（社会科学版）2018年第1期；胥志强：《论现象学的神话观》，《民族文学研究》2019年第3期。

我们相遇，就是让……存在着来与我们照面，就是不断地打开视域，每次领会都是新的可能性的开始和开启。神话的领会不是一个已经完成的或封闭的世界，而是一个开放的和自由的世界，这同时也就决定了我们对神话的领会永远不可能结束或终结。但由于采取了领会的态度而非认识的专断方法，我们就已经对神话所提出的伦理要求做出了深切的回应：即在神话的世界中，人与事物不以主体与对象的身份出场，而在我们的领会中，神话也同样不成为我们的"对（立之）象"。因为"领会不是在主观主义—笛卡儿意义上被理解为对认识对象的占有性攫取，而是在交谈理论意义上的对话"。[①] 领会让神话自身作为自身出来与我们照面和相遇，这是神话"研究"的至高境界。这实际上意味着我们有必要从以往的神话认识论走向神话的存在论，让神话的存在世界自身向我们开显出来。

[①] Jürgen Becker, *Begegnung—Gadamer und Levinas. Der Hermeneutische Zirkel und die Alteritas, ein ethisches Geschehen*, Frankfurt am Main · Bern, Peter D. Lang, 1981, S. 31.

"神圣叙事"作为概念的可能性*
（代序二）

陈连山

中国古代历史上曾经出现很多神话作品，但是一直没有出现神话的概念。这是一个值得思考的问题。但是，自从1902年梁启超第一次使用日本学者发明来用于翻译英语中myth的"神话"一词，1903年蒋观云在《新民丛报·谈丛》发表第一篇神话学论文《神话、历史养成之人物》以来，中国现代神话学已经走过了104年的历史进程。而学者们始终没有正面思考上述问题。中国古代为什么没有"神话"概念？现代神话学者为什么接受了西方的神话概念却不考虑中国古代是否存在相应的概念？由此产生的后果是什么？这是本文关注的核心。为了弄清原委，本文将考察中国现代神话学发展过程中发生的相关问题。

一 中国现代学者用西方现代"神话"概念看待中国神话资料

中国现代神话学是顺应所谓"新文化运动"而出现的一门学术。晚清时代中国遭受了西方军事入侵和文化挑战。为了救亡图强，为了更新文化，激进的中国知识分子中开始兴起西化潮流，大量引入西方文化，其中就包括了神话学，以期建立中国新文化。梁启超和蒋观云都是当时在日本的中国学者。主张新文化的知识分子们大多对神话怀有浓厚兴趣。新诗人郭沫若欣赏神话，反传统的鲁迅为了利用神话，茅盾为了彻底了解欧洲文学而钻研西方古典神话，以顾颉刚为代表的古史辨学派和

---

* 本序原载谭佳主编《神话中国——中国神话学的反思与开拓》，生活·读书·新知三联书店2019年版，第141—161页。原题目是"走出西方神话的阴影——兼论神圣叙事作为概念的可能性"。

郑振铎为了给中国史学另辟门户而研究神话。这些学者都是为了建设中国新文化、反对传统文化而开始研究神话的。所以，中国现代神话学是西方文化与中国文化互相碰撞的产物，而且这种碰撞是在西强中弱的条件下进行的。这对中国神话学是有着很深影响的。

首先，我大略回顾一下西方神话概念的发展过程。

目前，中国神话学界一般都把神话理解为"神的故事"。但是，这个来自西方的神话概念实际上只是现代神话学的一个"分析的范畴"，而非"原生的范畴"。① 在西方，它也并非自古皆然，一成不变的。在古代希腊语中"神话"的意思是关于神祇和英雄的故事和传说。② 其实，古代普通的希腊人并不严格区分神话和历史，他们把英雄神话当作"古史"，并且为神话编定系统，为神话人物编定年谱。③ 另外，希腊神话主要依靠荷马史诗保存下来。在荷马史诗中，神灵的故事和英雄的传说也是交织在一起的。在荷马心目中，神话和历史是交织在一起的。当然，在希腊神话故事中，神和人在身份上彼此不能转换，存在着一定的区别。④

公元前3世纪，欧赫麦尔认为宙斯是从现实的人被神化为主神的。看来他也没有严格区分神和人的关系。后来的基督教只承认上帝耶和华是神，异教的神都是假的。为了维持这种一神教信仰，打击异教，基督徒引用欧赫麦尔理论贬斥异教神灵都是虚构的，这显示出基督教把神与人的关系做了彻底区分。

18世纪，西方理性主义觉醒，历史学家开始严格区分神话与历史。⑤ 所以，在西方现代神话学中，myth的意思一般只包括神祇的故事，而删除了古希腊"神话"一词中原有的英雄传说部分。这种做法固然有一定的根据，超自然的神和现实的人之间的确存在差异，但是毕竟过分夸大了希腊神话中神和人之间的差异，同时忽略了古代希腊人把

---

① 关于"分析的范畴"和"原生的范畴"之间的差异，参见［美］阿兰·邓迪斯编《西方神话学读本》，朝戈金等译，广西师范大学出版社2006年版，第5页。
② ［苏联］鲍特文尼克等：《神话辞典》，黄鸿森等译，商务印书馆1985年版，第268页。
③ 王以欣、王敦书：《希腊神话与历史——近现代各派学术观点述评》，《史学理论研究》1998年第4期。
④ 这和中国神话人物有时候是超自然的神，有时候是古代帝王的情况存在着一定的差异。
⑤ 王以欣、王敦书：《希腊神话与历史——近现代各派学术观点述评》，《史学理论研究》1998年第4期。

神话看作上古历史的思想。西方现代神话学的神话概念并不能真正反映希腊神话的实际。

现代神话概念与古代希腊社会的神话概念之间的差距，是个十分棘手的问题。德国的希腊神话专家奥托·泽曼在其《希腊罗马神话》中一边承认古希腊神话概念——"神话是讲述古老的、非宗教性质的神和英雄或者半人半神的诞生及其生平事迹的"，一边却又企图使用现代神话概念，他说："人们默契地达成共识，把叙述神的生平、事迹的称为神话，而把讲述英雄事迹的称为传说。"① 他遵循古代希腊的传统，在其著作中同时叙述了神的故事和英雄的故事，但是这些英雄故事时而被他称作"神话"，时而被他称作"传说"。因此，他的著作中，神话和传说这两个概念之间几乎是一笔糊涂账。其他西方神话学家（例如弗洛伊德②、列维－斯特劳斯）偶尔也把希腊英雄传说（例如俄底浦斯王的传说）当作神话看待，结构主义神话学大师列维－斯特劳斯就认为：神话与历史之间的鸿沟并不是固有的和不可逾越的。③

中国学者引入的神话概念通常都只包括"神的故事"，不包括英雄的传说，因此，中国神话学界通用的神话概念只是西方神话学界主流的一个分析的范畴。只有吕微曾经注意到西方神话学中神话概念的不统一，可惜对此没有深究。④ 严格地说，中国现代神话学引入的神话概念只是西方启蒙主义运动以后的神话概念，是西方现代神话学根据自己的需要总结古希腊神话作品的结果。

下面，我们讨论引入西方现代神话概念之后研究中国古代文献引发的问题。

---

① ［德］奥托·泽曼：《希腊罗马神话》，周惠译，上海世纪出版集团、上海人民出版社2005年版，第1页。

② 本书所引用的弗洛伊德著作，作者名有弗洛伊德和佛洛伊德两种不同译法，正文统一用弗洛伊德，注释遵所引著作译法。

③ 列维－斯特劳斯在晚期著作《神话与意义》中既承认神话与历史之间的区别，同时也指出二者还存在着联系与相同。他说："……我们发现神话与历史之间的对立，并不是我们所认为的那样界限分明，在它们中间还有一个中间层次。""……存在于我们头脑之中的神话与历史之间的裂沟应当是可以被克服的，如果我们在研究历史时，不把它从神话中分割开，而是把它看作是神话的接续。"叶舒宪编：《结构主义神话学》，陕西师范大学出版社1988年版，第98、100页。

④ 吕微：《现代神话学与经今、古文说——〈尚书·吕刑〉阐释的案例研究》，载陈泳超编《中国民间文化的学术史观照》，黑龙江人民出版社2004年版。

当中国学者学了西方现代神话概念以后，回头面对中国古代叙事著作的时候，发现中国上古时代的叙事著作主要是历史文献，当时没有荷马史诗那样的叙事文学体裁，自然也没有荷马史诗中那样系统完整的神话叙事。胡适在《白话文学史》中说，中国古代没有荷马史诗那样的叙事诗，这是中国古代缺乏神话的一个重要原因。因此，学者们只能从一些杂史著作和类书（如《山海经》《风俗通义》《艺文类聚》等）中发现所谓的盘古开天辟地、女娲造人补天等超自然故事，视之为神话，并且给予高度评价，置于文学史源头的地位。现代学者们的无数本《中国文学史》无不从远古神话开始讲起，就是模仿西方文学史模式以建立中国新的文学史模式努力的结果。引入西方现代神话概念，在中国古代文献中发现了神话，使中国人找到了与西方文化的共同点。这对致力于师法西方文化以建设中国新文化的激进知识分子来说是一个巨大鼓励，极大刺激了新文化运动的发展。

以顾颉刚为代表的古史辨学派的历史学家们也特别关注中国上古历史，他们甚至在正式的历史叙述中也发现了神话。他们发现，正式的上古史中越是远古时代的人物（例如盘古、三皇、尧、舜等）在历史记录中出现越晚，由此推定他们是后人编造的。① 而通过与其他文献对比，发现这些人物身上往往神性十足，于是推定他们原来都是神话人物。中国古人十分崇拜的上古史实际上含有大量神话，是所谓"伪造的古史"。古史辨学派借助于西方现代神话概念，打破了中国传统文化十分神圣的历史观。神话观念的引入，对于中国反对传统文化，建设接近于西方现代文化的中国新文化的影响是非常重大的。

上述两种研究都是以西方文化作为标准进行的，其中都隐含着对于中国传统文化的批判和对于以西方文化为榜样建立新文化的努力。在这种情况下，人们无暇反思这个借来的神话概念是否符合希腊神话的事实，在中国使用是否符合中国古代文献的实际，是否需要对概念做什么修正的问题的。自然也想不到要在中国古代文化中寻找与神话相应的概念。这是和中国神话学建立的时代背景密切相关的，是西强中弱的现实的反映，也是激进的中国现代知识分子的一种自觉不自觉的文化策略

---

① 顾颉刚：《与钱玄同先生论古史书》，载《古史辨》第1册，中编，朴社1926年版，第59—65页。

选择。

由于神话概念来自西方，对于中国神话的研究从一开始就是在比较研究的基础上展开的。蒋观云《神话、历史养成之人物》非常重视神话比较，他认为：印度神话"深玄"，希腊神话"优美"，而中国神话（如盘古化身宇宙万物）则"最简枯而乏崇大高秀、庄严灵异之致"。[①]后来中国神话学也一直非常注重神话比较。据不完全统计：到1999年为止，中国有8部著作、341篇论文专门探讨中外神话的比较问题。[②]其中核心是中国神话与西方神话（古希腊、古罗马神话和北欧神话）的比较。可是，中国的神话比较研究是直接用希腊神话作标准来展开的，从来没有顾及中国文化的特点。而且，很多学者都是为了反对中国传统文化、建立新文化而研究神话的，所以根本不会顾及尊重中国古代文化特点的问题。中国神话学者最为关注的是如何让中国古代神话具有和希腊神话同样的形态。既消除西强中弱而引起的民族自卑感，满足民族虚荣心，又建立所谓"新文化"，满足现代生活的需要。从茅盾到袁珂、张振犁、谢选骏都致力于研究中国神话的体系，其中袁珂积数十年努力最终编成了一部自己理解的中国神话的系统故事汇编——《中国神话传说》，[③]成为常年畅销的著作。对于神话体系的追求在中国现代生活方式的建设方面具有正面意义，但是它忽略了中国传统文化的独立性。

可以想象，用古代希腊记录在叙事文学体裁（史诗）中的神话直接和中国记录在历史著作中的神话进行比较，缺乏合理的比较基础，所以其比较的结果的客观性是无法得到保障的。其中最常见的结论有两个：中国神话零散不系统、中国神话经过了历史化改造。由这两个结论生发出来的问题更加严重。胡适从中国神话零散推论出华夏民族生活艰辛，不善于幻想，无法创作出神话，于是引起鲁迅、茅盾的坚决反对。现在，很多的学者大体认为中国古代应该存在很多神话，只是古代知识分

[①] 马昌仪编：《中国神话学文论选萃》（上），中国广播电视出版社1994年版，第18—19页。

[②] 贺学君、蔡大成、［日］樱井龙彦：《中日学者中国神话研究论著目录总汇》，中国社会科学出版社2012年版，第565—594页。

[③] 袁珂：《中国神话传说》，中国民间文艺出版社1984年版。后来，台湾和北京多次再版。

子没有尽到认真保存神话的义务，才导致中国古代神话零散的状态。"古史辨"这个历史学派对于中国神话学直接的影响就是关于中国古代神话被"历史化"的结论。现在，中国神话历史化似乎已经成为神话研究的一个确定不移的结论，连法国的马伯乐和美国的杰克·波德都用这个观点解释问题。① 而以孔子为代表的儒家对神话的"忽视"和"歪曲解释"就成为破坏神话的罪人。直到近年才有神话学者怀疑这个结论。

中国现代神话学是引进西方现代文化的结果，对于中国神话的研究必然是在"中西比较"的眼光下进行的；而西强中弱的现实则使人们自觉、不自觉地以西方文化为学习的榜样，于是把西方神话概念作为标准来看待中国神话材料，不能以平等的眼光对待西方神话和中国神话。在超过一个世纪的漫长历史中，西方神话及其概念似乎完全笼罩了中国神话学研究。

二 走出西方神话的阴影

西方神话学界的神话概念主要是依据古代希腊神话建立的，而且夸大了希腊神话中人与神之间的区别。准确地说，希腊神话即使严格区分人、神关系，也只是人类各类型神话之中的一种特殊情况。所以，神话就是"神的故事"这个概念远不能概括人类所有的神话作品。

当20世纪人类学的相对主义理论兴起以后，西方中心主义开始受到怀疑和批判。西方学术界开始从其他文化的立场来重新观察非西方神话材料。以结构主义理论家列维-斯特劳斯《神话学》中研究的美洲博罗罗印第安人的神话《水、装饰和葬礼的起源》（代号M2）为例：村长贝托戈戈杀死妻子，结果小儿子变成一只鸟到处寻找母亲，并在贝托戈戈的肩膀上排泄粪便。粪便发芽，长成大树，压得贝托戈戈难以行动，大受羞辱。于是，贝托戈戈离村流浪，每当他停下休息的时候，就会产生江河与湖泊。因为此前大地之上没有水，所以每产生一次水，肩上的树就小一点，直至完全消失。但是，此时贝托戈戈却不愿回到村子去，他把村长职位交给父亲。后来，副村长追随贝托戈戈。他们在流亡

---

① [法]马伯乐：《书经中的神话》，冯沅君译，商务印书馆1937年版。[美]杰克·波德：《中国的古代神话》，程蔷译，《民间文艺集刊》第2集，上海文艺出版社1982年版。

中发明了许多服饰、装饰品和工具。二人最后成为文化英雄巴科罗罗和伊图博雷。由于这个故事解释了水、装饰和葬礼的起源,显然属于世界起源和文化起源的神话。其主人公也具有很大的超自然力量,但是他的身份却是一个十分普通的人。黑瓦洛印第安人关于日、月和夜鹰的神话更是把日、月都当作远古时代普通的男人。[①] 其他土著神话中人神混合的情况还很多,此处不赘。由此可见,神话主人公可以兼具神和人的身份,神性和人性并不是绝对互不相容的。这是区别于西方神话"人、神对立"模式的另外一种神话模式——"人、神混合"的模式。既然存在两种神话模式,那么根据文化相对主义的立场,就不能援用一种神话模式去要求另外一种神话模式。我们不能假设博罗罗印第安人和黑瓦洛印第安人的神话原来都是完全超自然的神,后来经过了"历史化"。

　　同样,从中国文化的立场出发,中国古代神话实际上属于非西方神话类型之一,其中神和人的关系呈现出和西方神话神人对立关系的不同面目。春秋战国时代文献中出现的黄帝,在《山海经》和《尸子》中呈现出最高神的模样,有四张脸,住在与人世完全隔离的昆仑山。可是,他在蚩尤作乱的时候竟然无法对付风伯、雨师的大风雨,只好请女魃下凡。这分明又像个人间帝王。在《尸子》的记录中,孔子就认为黄帝四面实际上是指黄帝派了四个替身去治理四方。因此,春秋战国时代黄帝身上是同时兼有神、人两种身份的。后来,在《史记》等其他古籍中,黄帝成为远古帝王,人类属性更加突出。至今,陕西桥山还有他的陵墓。盘古神话最早记录在三国时代吴徐整的《三五历纪》中,盘古起源于混沌,开天辟地。《五运历年纪》说他死后变化为宇宙万物。看来,盘古似乎是宇宙大神。但是,在梁代任昉的《述异记》中,盘古死后受到人们纪念,坟墓极大。这也说明,盘古在人们心目中是同时兼有神灵和人类两种属性的。作为反面人物的蚩尤也是这样。他有时候是苗民首领,山东、山西、河北等地至今还有所谓"蚩尤坟";有时候他却是发明兵器的战神,铜头铁额,吃沙石。由于相对而言,在时间较晚的记录中,这些神话人物的人类属性似乎增加了,似乎更加"历史化"了。但是,这种所谓的"历史化"其实远在商代就开始了,并非

[①] Levi-Strauss, *The Jealous Potter*, Tr. by Benedicte Chorier, The University of Chicago Press, 1988, p. 14.

以孔子为代表的儒家所开创。吕微曾经比较了《吕刑》《汤诰》《非攻》《楚语》和《山海经》中记录的蚩尤作乱神话，结果显示："成书于商朝初年、早于《吕刑》近千年的、同样讲述'蚩尤——三后'神话的《汤诰》就已经充分'历史化'了，这提示我们，中国神话的'历史化'性质可能原本就是汉语神话的'本来面目'之一。"①的确如此。历史学家钱穆1939年写成的《中国古史大纲》第一章"近代对上古史之探索"对顾颉刚的方法与结论进行了五个方面的批判。其第一方面是："（某些）古史实经后人层累地遗失而淘汰。"就是说许多上古史已经丢失，时代越早丢失越多。这是对顾颉刚作为主要证据的"越是远古的人物记录越晚"的质疑。因为文献遗失，今天见到的上古史记录不全，所以才被误以为是后人伪造。其第三方面是："……神话有起于传说之后者，不能因神话而抹杀传说。"钱穆所谓的"传说"就是历史传说。在中国历史上，有些历史人物的确逐步被人们崇拜为神灵。关羽成为伏魔大帝就是最明显的例证。这些事实的存在，实际都是中国古代文化特点的表现——不严格区分神和人类，神和人相互转化的情况非常普遍。因此，从中国文化的立场出发，从中国文献的实际出发，而不是从西方现代神话概念出发，就不需要假设所有中国上古史是由神话经过历史化转化而来，也不需要假设中国神话经历了普遍的历史化。因为，中国神话本来就和历史交融在一起。只是历史家强调其人类身份，宗教家和巫师强调其神灵身份，并且各自做了记录而已。

从文化相对主义的立场，倡导尊重中国古代文化的独立性，其实可以更好地全面认识人类神话的普遍性，纠正西方现代神话观的片面性。而过去的中国神话学实践却深陷西方现代神话概念之中，以之为唯一标准，就丧失了利用本国资料修正有关人类神话的普遍理论的机会。②

三　中国古代为什么没有"神话"概念

按照常理，当人类创造了某种现实，就会塑造相应的概念来指代这

---

① 吕微：《现代神话学与经今、古文说——〈尚书·吕刑〉阐释的案例研究》（摘录），载陈泳超编《中国民间文化的学术史关照》，黑龙江人民出版社2004年版，第1—3页。引文中的这句话仅见吕微的未刊原稿。

② 吕微：《现代神话学与经今、古文说——〈尚书·吕刑〉阐释的案例研究》（摘录），载陈泳超编《中国民间文化的学术史关照》，黑龙江人民出版社2004年版，第1—3页。

种现实。既然中国古代有神话，应该也有相应的神话概念。可是，为什么没有呢？

中国古代文化一直非常注重历史叙事。与其他国家相比，中国的历史叙述即使不是最丰富的，至少也是最丰富中的一个。官修的二十四史自不必说，民间各种野史更是汗牛充栋。不少学者因此把中国文化归结为"史官文化"。这是中国文化的一个特征。孔子阐述自己主张，不用抽象概念，而是使用历史事实加以论证。一部《春秋》的写作，褒贬寓于文字叙述之中，其中包含了孔子很多的道德评价。于是，《春秋》不仅仅是客观的历史记录，更是儒家神圣的经典，传达着孔子的价值观。由于中国的古代历史著作普遍使用"春秋笔法"，其中包含着大量的价值观念，因此历史著作在中国古代文化中就不单单是一个客观事实的叙述，而是蕴涵价值观念的"神圣叙事"。历代朝廷都把持着修史的权力，实际就是把持这种神圣的叙事权力，为自己政权的合法性进行证明。这和马林诺夫斯基所主张的"神话是社会生活的宪章"的神话功能非常一致。中国古代社会中历史叙事的社会功能正和其他社会中神话的社会功能相近似。中国古代的历史著作具有替代神话著作的作用。

但是，古人并非不重视神话。他们重视的是和历史交融在一起的那种神话。让我们回到文献现场去了解一下那些记录神话的作者的看法，看看他们如何看待我们今天所说的神话。《尸子》记录的孔子歪曲解释黄帝四面，实际上表明孔子是把神话当作被歪曲的历史看待的，他把神话看作历史。孔子的"歪曲"解释不能证明孔子之前没有兼具神性和人性的黄帝神话——离开了人性的黄帝神话传统，孔子的"历史化"解释如何能够说服其他人？他是一直强调"述而不作"的，不太可能完全独出心裁地做出上述解释。《淮南子》是公认记录神话比较多的著作。其《览冥训》记录女娲补天神话的时候，把这个神话的发生时代称为"往古之时"，就是遥远的古代。其《修务训》记录神农教民播种五谷、品尝百草的时代也是称"古者"。前者是典型的超自然内容，后者是一般的农业起源神话，近似于传说，但是作者对其时代都是泛泛地称为"古代"。这说明《淮南子》作者并没有严格区分神话和历史。许慎《说文解字》云："娲，古之神圣女，化万物者也。"也是把这个女神看作古代的真实存在。既然古人把神话当作历史的一部分，那么就没有必要单独创造一个"神话"概念来指代这种叙事内容。

在如此重视历史叙事的环境下，完全超自然的和历史无关的神话很难在中国古代社会获得希腊神话在希腊社会中享有的那种地位。司马迁是历史学家中反对把超自然内容写进历史的。他认为那些内容"不雅驯"，所以《史记》作为通史，却只从《五帝本纪》开始；而且，《五帝本纪》对于当时社会上流传的有关黄帝的超自然性质的传说（例如《史记·封禅书》中记录的公孙卿所说黄帝在鼎湖乘龙登天的故事）一概不予采信，直言"黄帝崩，葬桥山"。司马迁对于更早的所谓"三皇时代"则完全付之阙如。这种做法当然是为了符合一般的历史写实要求。但是，在上古史中完全回避神话事实上是做不到的，司马迁还是记录了他人口中关于黄帝的神奇故事。后人也为《史记》补作了《三皇本纪》。司马迁既然把神话视为不雅驯之言，是不好的"历史"，当然也没有必要为神话单独创造一个词汇。

看来，中国古人是把神话当作远古历史看待的。只是有人认为它是好的历史，另外的人则认为它是不好的历史而已。

中国现代神话学曾经不加反思地全盘接受了一个"分析性的"、相当狭隘的现代西方神话概念，并根据这种概念研究中国神话材料，结果出现了一些似是而非的结论。走出狭隘的现代西方神话概念，站在中国古代文化的立场，则发现中国古代并非只有神话作品而没有神话概念，只不过中国古代人把"神话"称为远古历史而已。他们直接把神话当作历史，用"历史"的概念包括了"神话"的概念。所以，我们需要创造一个新的视域研究中国神话现象。

四　从生硬的"神话"走向"神圣叙事"的概念

神圣叙事，本来是现代神话学界常见的神话定义。美国学者阿兰·邓迪斯编纂的西方神话学论文选集的英文原名即 *Sacrad Narrative*：*Readings in the Theory of Myth*。他在该书"导言"中开宗明义地说："神话是关于世界和人怎样产生并成为今天这个样子的神圣的叙事性解释。"[①]他把"神圣性"看作神话定义中最重要的形容词，借此，他把缺乏信仰背景的其他叙事形式都排除在外。这个定义非常重视神话的信仰背景

---

① ［美］阿兰·邓迪斯编：《西方神话学读本》，朝戈金等译，广西师范大学出版社2006年版，第1页。

及其社会功能。

我们可以说"神话是神圣叙事"。那么,是否也可以说"神圣叙事就是神话"呢?在西方文化语境下,这似乎不是问题,因为在那里,神话的确是最主要的神圣叙事形式,甚至是唯一的神圣叙事形式。但是,在中国,是否也可以呢?本文将依据中国神圣叙事的事实来回答这个问题。

(一)目前的"神话"概念无法反映中国文化中神圣叙事的实际

人类的社会与文化生活是外在于其生物本能的。为了使社会与文化生活的秩序与价值内化为社会成员的个人心理需要,必须采用神圣叙事来证明社会与文化生活是古已有之的合理的事实。在这个意义上,神圣叙事乃是人类社会赖以存在的基础之一。

神话是目前我们最熟悉的一种神圣叙事形式。中国学术界使用的神话概念并非中国固有名词,而是晚清以来引入的西方现代神话学概念。对这个概念,学术界有两种定义方法。其一,主要依据神话的叙事内容来定义。例如,获得杨利慧支持的美国民俗学家汤普森1955年所下的"最低限度的"神话定义:"神话所涉及的是神及其活动,是创世以及宇宙和世界的普遍属性。"[①] 其二,是基于神话的社会功能的定义,其代表人物是马林诺夫斯基。马林诺夫斯基说:"神话在原始文化中具有不可或缺的功能:它表达、增强并理顺了信仰;它捍卫并加强了道德观念;它保证了仪式的效用并且提供引导人的实践准则。因此,神话是人类文明很重要的组成部分,它不是聊以消遣的故事,而是积极努力的力量;它不是理性解释或艺术幻想,而是原始信仰与道德智慧的实用宪章。"[②] 吕微深受马林诺夫斯基影响,其论著中一直坚持这种观点。[③]

尽管以上两种定义方法之间有冲突,但是它们也有一个共同点——神灵是神话的主角。而这正是目前学术界对神话认识的最普遍一致的看法。神话学界普遍认为神话是中国上古社会主要的叙事形式。

[①] 杨利慧:《神话一定是"神圣的叙事"吗?》,《民族文学研究》2006年第3期。

[②] [英]马林诺夫斯基:《神话在生活中的作用》,载[美]阿兰·邓迪斯编《西方神话学读本》,朝戈金等译,广西师范大学出版社2006年版,第244页。

[③] 吕微:《神话编》,载祁连休、程蔷主编《中华民间文学史》,河北教育出版社1999年版,第3—4页。

问题在于这种看法跟中国神圣叙事的历史实践之间不相符合。

中国古代没有神话概念，但是，存在神话创作的实践。因此，学者们以古代希腊神话为样板，以西方现代神话学的概念为指引，利用中国古籍中一些超自然性质的叙事情节（即神话）建构了作为本民族文化源头的中国神话。一百多年来，这种建构取得了很大影响。可是，这种建构给中国神话学界带来两个无法克服的困难。

第一，符合神话概念的中国古代神话记录大多是不完整的片段，神话的分布非常零散，而且各个神话作品之间不成体系。中国早期叙事形式主要是历史，而历史是记录人类活动的叙事形式，其中涉及神灵的内容十分稀少。在中国，能够表现神话叙事内容的史诗和戏剧的产生时代比较晚，无从记录古典神话。因此，研究中国古代神话的学者们不得不从古代的非叙事性著作中寻找所谓的"神的故事"。人们发现，记录神话最多的是地理志《山海经》、哲学著作《庄子》《淮南子》和抒情诗《天问》等。它们后来都被各种文学史著作冠以记录神话最多的古籍的美名。其实，上述古籍限于自身的性质，根本不可能系统地记录完整的神话。因此，神话学者搜寻到的，或者说他们建构起来的中国神话只能是零散无体系的。鲁迅《中国小说史略》云："神话大抵以一'神格'为中枢，又推演为叙说……然自古以来，终不闻有荟萃融铸为巨制，如希腊史诗者……"[①] 针对这种状况，胡适、鲁迅、茅盾等学者纷纷探讨其原因，并提出各种解说。他们或者归咎于中国特定的地理环境，或者将矛头指向"子不语怪力乱神"（《论语·述而第七》）[②] 的儒家。当时，没有人认为这个困境实际是现代神话学家贸然借用西方神话概念带来的。

第二个问题则更加致命。随着神话学家不断努力发掘中国神话的价值与影响，人们最终发现：除了无从考证的远古时代，中国文明史以来的神话在历史发展过程中发挥的影响力是有限的，始终没有获得崇高的文化地位。中国神话在历史上长期沦为"小说家言"，[③] 甚至被冠以"怪力乱神"的恶谥。而古希腊神话在西方文化历史上发挥了极大影

---

① 鲁迅：《中国小说史略》，载《鲁迅全集》第 8 卷，人民文学出版社 1957 年版，第 16 页。

② 杨伯峻：《论语译注》，中华书局 1980 年第 2 版，第 72 页。

③ （东汉）班固《汉书·艺文志》。指记录街谈巷议一类的书籍。

响，具有崇高的地位。对比之下，中国神话处于十分尴尬的境地。由此连带中国神话学研究本身的存在价值也大打折扣。

上述两个困境的存在，还会引发更深层次的问题。根据人类社会本身需要神圣叙事加以肯定的原理，如此薄弱、地位低下的中国神话根本无法为中国传统社会提供足够的自身合理性证明。一个缺少自身合理性证明的社会与文化是难以为继的，而这又跟大家公认的中国传统社会具有"超稳定结构"[①]或超强延续性的看法不符合。由此可以推定，中国现代神话学的上述两个结论一定存在着某种偏差或错位。

我以为，问题就出在我们受西方神话学的影响，把神话当作了唯一的神圣叙事形式，进而忽视了中国神圣叙事的真实历史实践。其实，周代以来的所谓古史才是承担中国传统社会"原始信仰与道德智慧的实用宪章"[②]功能的主要神圣叙事形式。中国神话学将全部力量都用在挖掘"神的故事"上，忽略了作为中国古代主要神圣叙事形式的关于远古帝王的历史叙事，这是一个失误。

回顾中国神话学的开山之作，我发现蒋观云1903年发表的《神话、历史养成之人物》就包含了一个很有启发性的猜想，那就是历史同样可以成为神圣叙事："一国之神话与一国之历史，皆于人心上有莫大之影响。……神话、历史者，能造成一国之人才。然神话、历史之所由成，即其一国人天才所发显之处。其神话、历史不足以增长人之兴味，鼓动人之志气，则其国人天才之短可知也。"[③]

这里所谓的神话和历史（文中专指历史叙事文本）能造成一国之人才，显然是说它们都是神圣叙事。不过，蒋观云在《神话、历史养成之人物》中认为中国古代神话缺乏"崇大高秀、庄严灵异之致"，而古代历史又是"呆举事实"，所以都需要重新改进。这说明蒋氏并未真正理解中国传统社会的上古历史写作，他的历史作为神圣叙事的说法还停留在猜想的层面。

[①] 金观涛、刘青峰：《兴盛与危机——论中国封建社会的超稳定结构》，湖南人民出版社1984年版。金观涛：《兴盛与危机：论中国社会超稳定结构》，法律出版社2011年版。
[②] ［英］马林诺夫斯基：《神话在生活中的作用》，载［美］阿兰·邓迪斯编《西方神话学读本》，朝戈金等译，广西师范大学出版社2006年版，第244页。
[③] 蒋观云：《神话、历史养成之人物》，载马昌仪编《中国神话学文论选萃》，中国广播电视出版社1994年版，第18页。

而顾颉刚分析古代历史文献，发现了中国古史是"层累"地形成的，由此确认古史传说是当时的"真神话"，并揭示了这些古史跟当时国家政治的密切关系。① 由此可知，中国古代社会即便缺乏西方神话学意义上的神话，但是，并不缺乏社会文化自我证明的神圣叙事，只是我们的神圣叙事采用了上古历史叙事的形式而已。

因此，我们需要走出神话学把神话视为人类唯一神圣叙事的误区，重新考察中国历史的叙事实践，才能正确理解中国文化及其叙事基础——作为神圣叙事的以三皇五帝为代表的古史传说。

（二）"神圣叙事"作为概念的优越性

前文已经说明：中国古人心目中的上古史在功能上实际等同于神话。如果止步于此，仍然存在一个问题——古史与神话之间的界限似乎消失了。而这种把古史等同于神话的表达有悖于学术概念彼此不能混淆的基本要求。

事实上，古史与神话的叙事内容存在很大差距。古史作为历史叙述，其主人公都是人类；而神话的主角则是神灵。尽管古史传说有时候也包含一定的超自然性，但是，毕竟跟神话的超自然性在规模和深度上都存在天壤之别。所以，孔子在回答黄帝是否真是"四面"（即长着四张脸）的问题时，就不得不消除黄帝的超自然性，把"四面"解释为黄帝派了四个"合己者"（即长相跟自己一样的人）代表自己去治理四方。② 司马迁《史记》是中国通史，但他开篇却不写神话色彩过于浓厚的三皇，而直接以比较接近历史的《五帝本纪》开始。

既然如此，那么只有在抛弃了神话和古史叙事的内容标准的前提下，专以这两种叙事形式的社会功能为根据，分别加以定义，然后我们才能说古史和神话都是神圣叙事，或者说在社会功能上，中国古史与神话相同。吕微就是这样做的，他认为神话的本质在于其社会功能形式，不在于其叙事内容。在抛开了叙事内容差异的情况下，吕微认为，中国古史传说是原始神话被历史化的结果，"……但古史传说依然保留了神话的信仰性质，并继续发挥着神话作为权力话语、价值依据等多重功

---

① 顾颉刚：《与钱玄同先生论古史书》，载顾颉刚《古史辨自序》，河北教育出版社2003年版，第4页。顾颉刚：《三皇考》，同上引书，第169页。

② 《尸子》，（宋）李昉：《太平御览》第一册，中华书局1960年版，第369页。

能。在此意义上，我们说，古史传说是中国汉语古典神话的特定言说方式。"① 在《中华民间文学史·神话编》的第三章，吕微令人信服地论证了东周时代，古史传说的帝系如何发挥其神圣叙事功能。由于增加了限定条件，所以吕微说"……古史传说是中国汉语古典神话的特定言说方式"是完全合理的。不过，这句话中的"中国汉语古典神话"实质已经蜕变为中国神圣叙事的同义语。在学界依然普遍坚持神话与古史之间界限的语境下，吕微的上述表达仍然不能令人满意。

我们需要一个能够囊括神话和古史这两种叙事形式的概念。"神圣叙事"一词可以担当这个责任。

神圣叙事一词，原本就是基于神话的社会功能所下的定义。那么，我们将这个词组改造成一个新的概念——所谓神圣叙事，是指一种社会文化赖以存在的基本叙事形式。它通过叙述远古时代的先例，论证社会秩序与价值的合理性，是该社会文化的"原始信仰与道德智慧的实用宪章"。由于社会文化的差异，神圣叙事可以采取不同的叙事形态。它可以是神话，可以是史诗，也可以是所谓的古史。

在这个基于叙事形式的社会功能的概念之下，神话和古史传说分别作为神圣叙事的两种基本形式，依然保持着各自叙事内容方面的差异性，从而保留了一般学术界在古史与神话之间划定的界限。根据这个定义，我们可以说中国古代存在两种神圣叙事，一种是比较零散无体系的神的故事（即神话），另一种是具有完整体系的古史传说，而后者占据更加主流的地位。

当我们把古史传说视为中国传统社会的神圣叙事的时候，可以更加清晰地认识中国古代社会的叙事基础，以及该基础强大的社会影响力。古史传说中的三皇五帝所代表的国家、民族与文化价值观实际是中国传统社会的文化基础。作为远古时代的圣贤，他们的故事奠定了中国古代的人格模式、社会结构和国家体制。因此，三皇五帝在中国历史（包括文学）上的作用远远超过神话的作用，完全可以和古代希腊神话在西方历史上的作用相媲美。使用神圣叙事概念研究中国古代社会的叙事基础——古史传说，将彻底解决本文第一部分所指出的使用神话概念研究

---

① 吕微：《神话编》，载祁连休、程蔷主编《中华民间文学史》，河北教育出版社1999年版，第4页。

古代社会关于"神的故事"带来的两大困境——与零散无体系,而且文化地位低下的神话相比,古史传说体系完整,功能强大,为中国古代社会提供了充分的合理化论证,强化了中国古代社会的结构。

另外,把古史视为神圣叙事,也可以解决历史研究中存在的问题。古史辨派在辨析了古史传说的虚构性质之后,大多数学者都基于历史学的科学原则将之视为统治者伪造的历史而弃置不论。这种做法当然是科学的,因为古史作为人为创作的叙事的确不是真实发生的历史事件的忠实记录;但是这种科学做法却是不完善的,因为它忽略了古史作为神圣叙事所包含的社会功能和价值观。古史虽然是人为创作的,但是为什么这种伪造的东西竟然得到当时社会的肯定和支持,并长期流传?显然,它符合了当时的社会需求,得到了大众认同,因此其中必然包含着当时社会结构和人类精神生活的某种特殊机制。假如将这些材料弃置不用,历史学家很难深入理解古代社会。而当我们以神圣叙事概念来看待古史,不仅研究其叙事内容本身的真假,而且研究其神圣性的社会功能,必能挽救这些曾经被学界弃置不用的宝贵史料,进一步推动史学研究。

(三)"神圣叙事"概念辨疑

神话学界对于把神话定义为神圣叙事是存在疑问的,这种疑问当然会影响到我所主张的囊括了神话和古史的神圣叙事概念。所以,有必要在此对相关诘难进行回应。

首先讨论在神话领域使用神圣叙事概念的问题。杨利慧认为神话的神圣性质并非普遍存在,神圣性并非神话本质之所在。因此,她判断:把神话定义为神圣叙事无助于中国古典神话的研究,因为这些神话片段、零散而且往往缺乏上下文语境,无法确定其神圣性。如果坚持神圣叙事的定义,会引起命名和材料事实不符的"名实"矛盾;另外也将排斥许多流传在现代民众之中的缺乏神圣性的口头神话。所以,她主张使用汤普森提出的"最低限度"的神话概念。[①] 的确,如果把神话的神圣性扩大到必须由巫师讲述,必须在仪式上演述,那当然是不当的。在这个层面,我赞同她的意见。但是,杨利慧对神圣叙事的批评不止于此。她上述针对古典神话和民间神话研究的批评的依据就不够充分,不

---

① 杨利慧:《神话一定是神圣的叙事吗?》,《民族文学研究》2006 年第 3 期。

尽合理。中国古典神话不容乐观的保存状态，的确使得探索其神圣性十分困难。但是，这不是神圣叙事定义造成的，而是历史造成的典籍材料缺陷（这种材料在马林诺夫斯基看来是被后人改造过的神话的"木乃伊"①）。因此，把"名实不符"归罪于神圣叙事定义是不合理的。另外，在古籍材料缺乏的条件下，更应坚持神圣叙事定义才能提醒研究者注意材料自身的不完整、不充分，在得到充分资料之前，尽力避免过深的解释。如果为了顾及材料的缺乏而采用"最低限度"的神话定义，反而更容易开启随意解读的方便之门。目前中国古典神话早已成为各家的自由跑马场，任意解读成风。在我看来，这正是忽视神话的神圣性造成的。现代民众对于神话的信仰程度不一，导致口头神话在不同讲述人那里神圣程度不一，甚至还会出现具有戏谑调侃叙事风格的情况。这是事实，但这个事实同样不足以否认神话的神圣性。我们把那些非神圣性质的口头材料看作对神话的借用就足以应付这个问题。

为了实现一个既不过严，也不过宽的具有实用性的神话定义，杨利慧后来把汤普森的"最低限度的"神话概念略有扩大："神话是有关神祇、始祖、文化英雄或神圣动物及其活动的叙事（narrative），它解释宇宙、人类（包括神祇与特定族群）和文化的最初起源，以及现时世间秩序的最初奠定。"② 这个定义事实上是暗含着神话的神圣性质的。神祇、始祖、文化英雄或神圣动物，哪一种不是具有神圣性的？万物起源和现时世间秩序的最初奠定如果脱离了神圣性，它们跟童话故事中神奇故事的界限如何确定？刻意地回避神圣性，可能使自己处在很困难的理论境地。

神话面向全体民众，呈现多重的面相，发挥多方面的社会功能。神话研究涉及多个学科，各学科出于自身的需要探讨神话的不同面相，并对神话有不同定义，是正常、合理的。比如，古典文学研究强调文本分析、象征分析，所以，古典文学界的神话定义较少考虑神圣性是可以理解的。不过，人类学、民俗学需要面对人类文化与生活的总体。如果我们在定义中抛开了基于神话社会功能的神圣性，那么我们就会丧失分析

---

① ［英］马林诺夫斯基：《神话在生活中的作用》，载阿兰·邓迪斯编《西方神话学读本》，朝戈金等译，广西师范大学出版社2006年版，第244页。
② 杨利慧：《神话与神话学》，北京师范大学出版社2009年版，第5页。

神话与社会生活关系的理论依据，至少也会丧失我们学科在神话研究中的很多特长和优势。

其次，讨论在古史研究中运用神圣叙事概念的问题。

当我们把中国古史看作神圣叙事的时候，一定会遭遇一个诘问：古史是神圣叙事，那么后来的历史是不是神圣叙事呢？从后来历史叙事的写作目的和社会功能看，它们当然也是神圣叙事。

历史写作，从来都不仅仅是单纯地记录客观发生的事件。孔子作《春秋》，有所谓"春秋笔法"，就是在叙述事实过程中通过选择褒义词或贬义词加入自己的道德评价。所以，《孟子·滕文公下》说："孔子成《春秋》而乱臣贼子惧"。[①]《春秋》不仅仅是客观的历史记录，更是体现了孔子价值观的神圣叙事！《春秋》成为儒家经典之一，充分验证了这部史书的神圣叙事性质。其实，不仅古史，即便是后来的中国历代国史也都是神圣叙事。这也是历代朝廷一定要垄断国史写作的原因。[②]

---

① （战国）孟轲《孟子·滕文公下》，《十三经注疏》（下），中华书局1980年版，第2715页。

② 陈连山：《走出西方神话的阴影》，《长江大学学报》（社会科学版）2007年第6期。

导论　神话：人的本原、本真存在的神显辩证法*

"神话的研究与神话的没落是同时开始的。只有当神话与现实生活之间产生距离，神祇与人类之间趋于疏远，人对神祇的信仰发生动摇的时候，人们才有可能或多或少客观地对待神话……于是，神话世界逐渐远去，神话成为观察的对象，神话与理性（逻各斯）相遇，有了这些条件，便有了神话本身的没落和神话研究的发端。"① 以上这段话是日

---

* "导论"初稿发表于《当代比较文学》第四辑，华夏出版社2019年版，第17—31页。其"内容提要"云："神话以现象和本体两种方式存在，但在经典神话学的理论视野中，人们总会不自觉地把关于神话本体的理念原理用于神话现象领域，由此引发了'神话'概念内部的自我矛盾，并导致了经典'神话'定义的自行瓦解，陷入康德所谓'二论背反'的理论困境。这种困境并非起源于'文化间'的外部关系，也并不能因之而被解决，但却由此而获得了解决的契机。本文通过揭示'神话'定义的在神话现象的存在领域中因超验使用而暴露的二论背反，让神话显现自己的本质规定性、立足于胡塞尔现象学的康德先验论的立场，就神话是人自身作为自由主体的存在方式的超验意向性结构，是人的信仰心理和理性思维的先验条件。神话与神话学并非时间上的先后关系，理论神话学甚至实践神话学都以神话本身也就是人自身的本体论存在方式为条件，这是神话学成为面向当下的学科的必要理论前提。""神显的辩证法"语出伊利亚德。[美]伊利亚德：《神圣的存在：比较宗教的范型》，晏可佳、姚蓓琴译，广西师范大学出版社2008年版，第10页。

① [日]大林太良：《神话学入门》，林相泰等译，中国民间文艺出版社1989年版，第1页。大林太良的说法同雅斯贝斯："神话时代及其宁静和明白无误，都一去不返。"[德]雅斯贝斯：《历史的起源与目标》，魏楚雄、俞新天译，华夏出版社1989年版，第9页。"怎么能理解雅斯贝斯用'神话时代'与'轴心时代'相互对照的做法呢？……对于任何一个古文明而言，如果没有和神话时代一刀两断的明显契机，所谓'轴心突破'或'哲学突破'就没有发生的条件……正是在与神话分道扬镳，让神话时代'一去不返'的语境中，哲学和科学的话语权威才得以建构起来。当然，这是一个转变过程。若没有哲学家出面将神话代表的思想传统作为自己的对立面，神话学也不会孕育和诞生……如果说，神话作为一种研究对象，是由于哲学和科学将其作为对立面，才有独立的神话学出现，那么，中国有神话而没有神话学的最好解释，就是中国传统中从来没有哲学和科学的权威……所谓'内在超越'，如果仅仅发生在个别思想家的内心，对社会与时代没有起到决定性的影响，那又何须夸大其词去强调(转下页)

本神话学家大林太良《神话学入门》一书的开场白。大林太良表达了古希腊以来在学者们中间流行的一种普遍看法，这种看法源自人们根据历史和现实的经验现象的事实表象而形成的理论知识（并为日常知识所接受）的成见。例如，古希腊研究专家韦尔南就说过几乎同样的话："哲学在希腊的出现标志着神话思维的没落和某种理性认识的开始。"①美国民俗学家邓迪斯也说过："从严格意义上讲，'神话'这一术语属于过去时代，虽然它对今天继续有巨大的冲击力。"②而成见的力量竟如此强大，以至于新康德主义神话学家卡西尔都深受其影响而未能免俗。

> 毫无疑问，可以把作为一门[理性]科学学科的哲学史看成为实现与神话[信仰]的分离和解脱而展开的延续一贯的斗争。这种斗争的形态由于理论性自我意识的发展阶段不同而有所不同，但普遍趋势清晰可见。……科学只有排斥了一切神话的和玄学的成分才能达到它自己的形态。③

"未能免俗"的意思是，作为康德主义者的卡西尔也没能准确地把

（接上页）'轴心突破'呢？……科学或哲学的诞生，要看其对神话思维的替代过程，是否能够成功地出现并从此确立下来……从神话到理论，是一场翻天覆地的思想革命。没有这样一种翻天覆地的大变革，传统的魔法或巫术力量不会自动退出人们的神话世界观。试问：在天人感应的神话因果叙事盛行之处，岂容哲学和科学的理论存在？"叶舒宪：《"神话中国"vs"轴心时代"："哲学突破"说及"科学中国"说批判》，载谭佳主编《神话中国——中国神话学的反思与开拓》，生活·读书·新知三联书店2019年版，第6、17—18、23、25—26页。如果仅仅视"轴心突破"或"哲学突破"为认识论突破，叶氏的论断不无道理，但问题在于，"轴心""哲学"并不仅仅是理论认识的突破，更是信仰实践的突破；因此，即便没有哲学、科学（包括神话学），神话本身也可能自我突破，雅斯贝斯"突破论"就包括了（古希伯来）的宗教道德实践信仰的理性突破，而哲学和科学的理论认识并非理性突破的唯一途径。

① [法]让-皮埃尔·韦尔南：《希腊思想的起源》，秦海鹰译，生活·读书·新知三联书店1996年版，第90页。"从神话的没落到理性知识的诞生的演进过程。"同上引书，第2页。"从神话到理性的思想演变。"同上引书，第7页。"神话作为虚构故事的特征逐渐凸显出来，与被当作有效的、有根据的推理的逻各斯形成越来越鲜明的反差。"同上引书，第12页。

② [美]邓迪斯：《巴斯科姆〈口头传承的形式：散体叙事〉按语》，朝戈金译，载[美]邓迪斯编《西方神话学读本》，广西师范大学出版社2006年版，第7页。

③ [德]卡西尔：《神话思维》，黄龙保、周振选译，柯礼文校，中国社会科学出版社1992年版，第1、6页。

握康德，把主体的理性思维与信仰心理都作为现象来处理了。于是，理性作为"思维的自然"对于信仰作为另一种"精神性的自然"①的"分离和解脱"就是无可否认（并非必然而是偶然或或然）的经验事实——一种比较普遍性而不是严格"普遍性的经验"②事实——尽管这并不意味着，在人作为自由主体—道德本体（人本身或人自身）的存在方式（事物本身、事情本身）中，理性能够与信仰"分离"而单独地存在。③恰恰相反，如果我们还原人类理性思维现象和信仰心理现象的本体论基础，④而不是把本体当作现象，那么我们将不得不承认，

---

① "精神性的自然……思维的自然。"［德］康德：《纯粹理性批判》，邓晓芒译，人民出版社2003年版，A684/B712，第533页。"表象者或思维者，只不过是人格这一本原自我的一个理论性的身份或角色。如果没有人格这一本原自我，那么诸如表象自我、思维自我、知觉自我等各种'自我'都将不可能获得统一而成为一个真正的自我。"黄裕生：《一种"情感伦理学"是否可能？——论马克斯·舍勒的"情感伦理学"》，《云南大学学报》（社会科学版）2015年第14卷第5期。

② ［德］康德：《道德形而上学》，张荣、李秋零译，载《康德著作全集》第6卷，中国人民大学出版社2007年版，S.216，第222页。"根据共有的而非普遍的原则（secundun principia generalia, non universalia）。"同上引书，S.216，第222—223页。"普遍的经验主义体系。"［德］康德：《实践理性批判》，韩水法译，商务印书馆1999年版，S.13，第11页。"有条件的普遍性。"同上引书，S.34，第33页。"通常切合平均数的规则。"同上引书，S.36，第38页。"就比较而言配称自由。"同上引书，S.101，第110页。"原则的普遍性（universalitas/universality）就变成了单纯的普适性（generalitas/generality）。"［德］康德：《道德形而上学奠基》，杨云飞译，邓晓芒校，人民出版社2013年版，S.424，第57页。

③ "我们在这里看到理性及其概念已经转移到另外一种应用，而与理性在那里应用这些概念的方式完全不同了。"［德］康德：《实践理性批判》，韩水法译，商务印书馆1999年版，S.7，第5页。

④ "本体构成所谓现象的基础。"［德］康德：《实践理性批判》，韩水法译，商务印书馆1999年版，S.6，第5页。"人们可以假定，最普通的知性也可以形成这种意见，尽管可能是按自己的方式，通过他称之为情感的那种判断力的模糊区分而做到的，这种意见就是：一切无须我们的任意就获得的表象（如感官的表象），给我们提供认识的对象只能通过这些对象刺激我们，在此它们自在地可能是什么仍然不为我们所知；所以关于这类表象，即使带上知性哪怕总是能添加给它们的最辛苦的注意力和清晰性，我们由此还是只能达到关于现象的知识，而绝不能得到关于自在之物本身的知识……人们必须承认并假定在现象背后毕竟还有某种另外的并非现象的东西，即自在之物，尽管我们自己安于这一点：既然自在之物绝不可能被我们所知，而是永远只能如它们刺激我们的那样为我们所知，我们就无法接近它们，也绝不能知道它们自在地是什么……进行反思的人必定会对一切可能出现在他面前的事物得出上述的结论；也许甚至在最普通的知性中也可以发现这个结论，众所周知，最普通的知性非常倾向于在感官的对象背后，总还期望有某种不可见的东西，自身能动的东西……"［德］康德：《道德形而上学奠基》，杨云飞译，邓晓芒校，人民出版社2013年版，S.450—452，第96—97页。

"作为本体的事物"①"事物本身""事情本身（超感性的东西）"②"存在者本身"或"人本身""人自身"的"理性信仰"，或者按照康德的完整说法"纯粹实践理性的信仰"，即人作为自由主体—道德本体的超验综合反思—先验综合规定的双向意向形式（天赋能力—权利）及其相关意向对象的形而上学结构，是无论人的信仰心理（神话现象）抑或人的理性思维（神话学现象）等经验性条件的超验无条件条件。这就是说，在理性的尽头，如若没有理性自由、自律地"对理性［自身］的信念"③甚至理性自身自由、自律地对理性情感（神圣意志）的信仰，④理性无以自在、自为地存在。以此，神话本身、神话自身——不是所谓"原始神话"⑤——作为信仰自律的自由，既是在时间上（在人类历史上）最早出现的自由，也是逻辑上（在人的精神上）最先产生的自由。由于"理性的信仰"（rational faith）⑥，是我们能够在逻辑上先验地认识的主体"内在状态的自由"⑦ 本体的表象，而信仰心理（包括

---

① ［德］康德：《实践理性批判》，韩水法译，商务印书馆1999年版，S.42，第45页。
② ［德］康德：《实践理性批判》，韩水法译，商务印书馆1999年版，S.56，第60页。
③ 林达：《如彗星划过夜空——近距离看美国之四》，生活·读书·新知三联书店2006年版，第217页。"杰佛逊……对原则之正当性的信心，不是来自无神论式的纯理性推论，而是来自信仰。在他脑子里，信仰和思想是一致的。"同上引书，第217页。
④ "亚当斯……不能接受'将理性作为一种信仰'的主张……对于亚当斯来说，人必须有最后的一点敬畏之心，人必须对自己的人性弱点有起码的认识和待赎之心。一个完全撤去这条界限的国家，是可怕的……亚当斯直到最后都认为，他的人生观和信仰，'就是接受上帝的审判'。"林达：《如彗星划过夜空——近距离看美国之四》，生活·读书·新知三联书店2006年版，第232页。
⑤ ［德］卡西尔：《神话思维》，黄龙保、周振选译，柯礼文校，中国社会科学出版社1992年版，第6页。
⑥ ［德］康德：《道德形而上学奠基》，杨云飞译，邓晓芒校，人民出版社2013年版，S.462，第113页；Immanuel Kant，*Groundwork of the Metaphysics of Morals*，A German-English Edition，Edited by Jens Timmermann，English Translation by Mary Gregor，Revised by Jens Timmermann，Permission of Cambridge University Press，First published，2001，S.462，p.153.
⑦ 林达：《如彗星划过夜空——近距离看美国之四》，生活·读书·新知三联书店2006年版，第214页。"我们必须先天地指明的，不是道德法则何以在自身给出了一个动力，而是它作为一个动力，在心灵上产生了（更恰当地说，必须产生）什么作用。"［德］康德：《实践理性批判》，韩水法译，商务印书馆1999年版，S.72，第78—79页。"作为动力的道德法则的作用仅仅是否定的，并且这个动力本身是能够被先天地认识的。"同上引书，S.72，第79页。"我们能够先天地洞见到。"同上引书，S.72—73，第79页。"在这里我们有了第一个，也许唯一的情形，在这种情形下，我们能够从概念出发先天地规定认识（这里便是纯粹实践理性的认识）与快乐或不快的关系。"同上引书，S.73，第79页。"所以它同时就是敬重的（转下页）

信仰心理的"没落")和理性思维(包括理性思维的"发端")都只是主体作为实体的现象的表象,①维特根斯坦才有理由断言:"怀疑[现象]出现在[本体]信念之后。"② 就像康德说的,"没有人能够确定地设想一个否定却不把那个相对立的肯定作为基础"。③ 以此——类似笛卡尔"我思故我在"④——维特根斯坦所谓"之后"就并非仅仅是时间上而首先是逻辑上的"之后",即人的理性情感信念之后,理性思维怀疑的"发端"现象和信仰心理的"没落"现象在逻辑上都以人的理性情感信仰的超验综合反思意向形式为本体论基础。现在,面对信仰心理(神话)现象和理性思维(神话学)现象的共同的本体论基础的理性情感信仰,神话学家们没有理由不称呼"理性情感信仰"为神话现象和

(接上页)对象,因为它针对主观的对抗,亦即我们之中的禀好削弱自负,并且因为它甚至平负自负,亦即贬损自负,它就是最大敬重的对象,从而也就是一种并无经验渊源而被先天地认识的肯定的情感的根据。于是,对于道德法则的敬重是一种情感,它产生于理智的根据,并且这种情感是我们完全先天地认识的唯一情感,而其必然性我们也能够洞见到。"同上引书,S.73,第80页。"……是能够先天地洞见到的。"同上引书,S.74,第81页。"现在这种限制在情感上发生了一种作用,产生了不快的感受,这是能够依据道德法则先天地认识到的……于是,这个法则对于情感的作用就单单是贬损,后者我们虽然能够先天地洞察……一言以蔽之,依据法则的理智原因,对法则的敬重就是一种可以先天地认识的肯定情感。"同上引书,S.78—79,第85页。"我们所能先天地洞察到的确只限于:在每一个有限的理性存在者那里,这样一种情感是与道德法则的表象不可分割地联结在一起的。"同上引书,S.80,第86—87页。

① "仅仅被看做一个思维着的自然(灵魂)""精神性的自然"。[德]康德:《纯粹理性批判》,邓晓芒译,人民出版社2003年版,A684/B712,第532—533页。"思维着的实体""思维着的主体"。同上引书,A690/B718,第537页。"内感官的一切现象。"同上引书,A682/B710,第532页。"能思维的存在者……理性心理学毋宁说只是内感官的人类学,也就是说,是我们生命中的能思维的自我的知识,作为理论知识也依然只是经验性的。"[德]康德:《判断力批判》,李秋零译,载《康德著作全集》第5卷,中国人民大学出版社2007年版,S.460—461,第481页。

② [奥]维特根斯坦:《论确实性》,张金言译,广西师范大学出版社2002年版,"160条",第28页。"知识总是伴有怀疑的可能性(第480条),换句话说,知识与怀疑是共存的,两者只有结合起来才有意义……维特根斯坦总结说,从逻辑上讲'知识和确实性属于不同的范畴'(第308条)。换句话说,知识总是可能有怀疑和错误,而确实性则排除了怀疑和错误。确实性不需要理由根据,因为确实性本身就是被我们当作理由根据的东西。"张金言:《〈论确实性〉译者序》,同上引书,第4—5页。

③ [德]康德:《纯粹理性批判》,邓晓芒译,人民出版社2003年版,A575/B603,第460页。

④ "最后必须做出这样的结论,而且必须把它当成确定无疑的,即有我,我存在这个命题,每次当我说出它来,或者在我心里想到它的时候,这个命题必然是真的。"[法]笛卡尔:《第一哲学沉思集》,庞景仁译,商务印书馆1986年版,第23页。

神话学现象的"神话本体"("神话本身""神话自身")或"神话原型"。这样,立足于先验论的立场看待理性神话学与非理性神话的关系,就不是神话的本体论研究即实践神话学以神话现象在时间中的"没落"为"发端"条件,而是神话现象和神话学——这里仅指理论神话学而不是实践神话学——现象在逻辑上都以神话本体也就是作为自由主体—道德本体的人本身、人自身理性情感信仰的神话本身、神话自身,即神话原型的存在方式为起源条件。没有理性情感信仰的天赋自由权利和自律(道德)能力,就没有理性思维和信仰心理现象的任意能力与权利;就像没有普遍立法的自由意志,何来任意选择的自由意志?于是,一位持本体论立场的实践神话学家就完全可以一反大林太良而理由充分地说,"只有当神话与现实生活之间[并没有]产生距离,神祇与人类之间[并没有]趋于疏远,人对神祇的信仰[并没有]发生动摇的时候","人们才有可能"通过尚且活着的神话本体(不是已经死了的神话现象)"客观地对待神话"。因而现代神话学即经典神话学(包括大林太良神话学)的失误就在于失误地认为神话研究只有唯一一种理论地认识神话现象(作为理论神话学)的可能性。所以大林太良会说:"[唯当]神话世界逐渐远去,神话成为观察的对象,神话与理性(逻各斯)相遇,有了这些条件,便[才]有了神话[现象]本身的没落和神话研究的发端",而我们现在却要反过来指出神话研究的另外一种实践地认识神话本体的实践神话学的必然可能性:唯当神话世界没有远去(作为人的本体存在方式,神话世界与人类世界相始终),在神话成为外在的观察对象[逻辑上的]之前,理性(logos/逻各斯)与信仰(muthos/秘索思)① 在人的本体存在方式中内在地相遇,有了这些条件,才有了神话本体研究的发端即对人作为自由主体—道德本体的神话原型存在方式(神话自身、神话本身)的自觉。以此,实践神话学的任务就不仅仅是理论地认识神话现象,而是要进一步"悬置[理论神话学对神话现象的理论]知识,以便给[实践神话学还原的神话本体的纯粹实践理性情感]信仰腾出位置",② 即通过还原神话本体的纯粹实践理性情

---

① 在本书中,笔者取陈中梅译法,将 muthos 音译为"秘索思"。陈中梅:《言诗》,北京大学出版社 2008 年,"muthos 与 logos",第 146 页;"第三章 秘索思",第 291 页。
② [德]康德:《纯粹理性批判》,邓晓芒译,人民出版社 2004 年版,"第二版序",BXXX,第 22 页。

感信仰的超验综合反思与纯粹实践理性情感先验综合规定的双向意向形式及其相关意向对象的形而上学结构,将单纯以认识神话现象(原始神话与当代神话现象)为经验性目的的理论神话学,建立在以思想神话本体(人作为自由主体—道德本体的神话原型)为先验目的的实践神话学基础上,而这正是笔者主张的实践神话学与现代经典的理论神话学在目的论与方法论上的"理论"(立论)差距。

让人们暂时搁置(并非取消)关于"神话是人的非理性信仰心理现象"(并非错误)的理论知识以及因理论知识(学识)而产生的日常知识(常识)是非常困难的,因为人们通常并不能既从人作为现象的存在方式同时也从人作为本体(自由主体)即人本身或人自身的神话原型存在方式的双重立场提出并思考问题。站在康德将人的存在划分为本体和现象这两种存在方式暨关系领域的立场上看,如果说"神话是人的非理性信仰心理现象"尚未失其经验上的合理性甚至合法性;那么,说"神话是人的非理性信仰"就是十分偏颇即缺乏超验维度的不合理甚至不合法的成见。因为后一说法完全拒绝了神话原型可能是人自身或人本身作为自由主体—道德本体的理性信仰情感的存在方式的合法性甚至合理性。但是现在,如果我们设定神话原型是逻辑上(而不是时间上)先于神话现象的人自身或人本身作为自由主体—道德本体的理性情感信仰存在方式,那么现在,我们如何可能通达这一人自身或人本身本原、本真地存在的纯粹实践理性情感信仰的本体论神话世界呢?当然,通往神话原型世界的大路、小路不止一条,而笔者选择的只是其中的一条脚下现成的道路,即现代经典神话学(主要是民间文[艺]学—民俗学的神话学)理论地使用"神话"概念经验性地认识神话实践现象时陷入的二论背反。当然,这里必须指出,认定理论神话学"神话"概念的现代经典定义在理性的理论使用中自我暴露的"相互冲突的概念"[①]表象,并不是笔者个人的独断,而是晚近诸多民间文(艺)学—民俗学的神话学家们根据经验现象(特别是田野案例的经验现象)而给予的比较普遍性(而不是严格普遍性)判断。按照康德的说法,理性的二论背反(表现之一就是理论[狭义的理性即知性]概念的自我矛盾)之所以会发生,乃是因为人们混淆了物和人作为现象的存在方式

---

① [德]康德:《实践理性批判》,韩水法译,商务印书馆1999年版,S.15,第13页。

暨关系领域以及作为本体的物自体和人自身或人本身的存在方式暨关系领域。于是，当人们（主要是学者）把只能用来说明现象的理论概念用来阐明本体，或者反过来，把本应用来阐明本体的实践理念用来说明现象，理性的二论背反就会发生。以此，所谓"理性的二论背反"说的是理性（无论理论理性还是实践理性）在没有意识（认识）到物或者人在现象和本体这两种不同的存在方式暨关系领域中存在的认识条件下，无意识地把本该用于人的本体存在方式暨关系领域的理念原理（例如"自由""道德"理念）误用作人的现象存在方式暨关系领域的概念原理（例如"自然""技术"概念）——或者反过来地误用——时产生的理性"辩证论"或"辩证法"。①

  无论我们从其［理论］思辨的应用或从其实践的应用来考察纯粹理性，纯粹理性任何时候都有其辩证论；因为它对所与的有条件者要求绝对的［无条件者］条件总体……于是，条件总体（从而无条件者）这个理性理念运用于现象时，一个无可避免的假象产生了：仿佛现象是事物本身［，或者反过来说，仿佛事物本身是现象］；但是，由于理性在将其为一切有条件者设定无条件者的原理运用于现象［，或者反过来将一切有条件者（现象）的原理运用于无条件者］时的自相冲突，这个假象自行暴露，倘非如此，它原本是决不会被人看出它的虚假的。②

---

① "自然的辩证论。"［德］康德：《道德形而上学奠基》，杨云飞译，邓晓芒校，人民出版社2013年版，S.405，第29页。"辩证论。"同上引书，S.405，第29页。"理性的辩证论。"同上引书，S.456，第103页。

② ［德］康德：《实践理性批判》，韩水法译，商务印书馆1999年版，S.107，第118页。"为有条件者寻找无条件者。"同上引书，S.104，第114页。"这些先验理念……被误会而被视为关于现实之物的概念。"［德］康德：《纯粹理性批判》，邓晓芒译，人民出版社2004年版，A643/671，第506页。"人们按照通常的偏见把现象认作了自在的事物本身。"［德］康德：《纯粹理性批判》，邓晓芒校，人民出版社2004年版，A740/B768，第571页。"最普通的知性非常倾向于在感官的对象背后，总还期望有某种不可见的东西，自身能动的东西，然而，他们又立刻通过把这不可见的东西感性化，也就是说，想使它成为直观的对象，而败坏了它，从而他们并未由此而变得更聪明一点点。"［德］康德：《道德形而上学奠基》，杨云飞译，邓晓芒校，人民出版社2013年版，S.450—452，第96—97页。"把经验的对象当作物自身。"［德］康德：《实践理性批判》，韩水法译，商务印书馆1999年版，S.53，第56页。"人们把时间之中的物的实存的规定认作物自身的规定（这是人最为习惯的表象方式）。"同上引书，S.94，第102—103页。"人们把现象之间的关系当作物自身与这些现象之间的关系。"同上引书，S.115，第126页。

神话以现象和本体这两种存在方式暨关系领域（也是人的两种存在方式暨关系领域）而存在，但是，在现代经典神话学的理论视野中，人们总误以为神话仅仅以现象的存在方式存在于现象的关系领域。然而，理论神话学关于神话现象的这种虚假的表象（假象）终将自行暴露，这是因为，神话理论会不自觉地把关于神话本体的存在方式暨关系领域的理念原理，以理性的理论认识使用方式用于神话现象的存在方式暨关系领域——"仿佛现象是事物本身"，① 或者反过来说，仿佛事物本身是现象——于是在以理论地认识神话现象为鹄的的理论神话学"神话"概念的定义内部就隐藏并透露了神话是人本身或人自身作为自由主体—道德本体的存在方式暨关系领域的超验—先验论消息，如果理论神话学也试图"认识"神话的本质规定性即神话存在的"有条件者"（现象）的"无条件者"或"条件总体"（本体）。正因如此，在现代神话学（理论神话学）关于"神话"概念的经典定义中，其"能指"形式及"所指"内容，② 就在直接地指涉了神话现象的同时，也间接地指向了神话本体或神话本身、神话自身即神话原型——即不自觉地把神话本体当作了神话现象或者反过来说把神话现象当作了神话本体——从而引发了"神话"定义的概念

---

① "人们把时间之中物的实存的规定认作物自身的规定（这是人最为习惯的表象方式）。"［德］康德：《实践理性批判》，韩水法译，商务印书馆1999年版，S.94，第102—103页。

② 在索绪尔语言学中，"能指"和"所指"是语言符号的两个构成要素，"能指"指符号的语音或文字形式，而"所指"是指符号的概念内容，而作为"所指"的概念内容，其所指并非外在于概念内容的实质性对象，而是作为纯粹观念对象的概念内容本身。正是据此，索绪尔指出，语言符号不具有实质性的规定，其规定性仅仅是形式化的。索绪尔在讲课中"常把'观念'和'符号'以及'所指'和'能指'这些术语交替运用，不加区别"。［瑞士］索绪尔：《普通语言学教程》，高名凯译，岑麒祥等校注，商务印书馆1980年版，第112页"校注②"。参见索绪尔对能指、所指和符号这三个概念的讨论。同上引书，第102页，以及［瑞士］索绪尔《1910—1911索绪尔第三度讲授普通语言学教程》（简称《第三度教程》），小松·英辅编辑，张绍杰翻译，湖南教育出版社2001年版，第83页。法语 signifiant、signifié，中国学者（如高名凯）多译作"能指""所指"。［瑞士］索绪尔：《普通语言学教程》，高名凯译，岑麒祥等校注，商务印书馆1980年版，第327—328页。陈嘉映译作"施指"、"所指"。陈嘉映：《语言哲学》，北京大学出版社2003年版，第72页。在英语世界，signifiant（能指）、signifié（所指）过去多译作 signifier（表义者）、signified（被表义者），哈里斯在1983年出版的《普通语言学教程》英译本中把 signifiant（能指）、signifié（所指）译为 signal（指号，或即信号）和 signification（指称，或即意义）。Saussure, *Coure in General Linguistics*, English translated by Roy Harris, Gerald Duckworth, London, 1983；外语教学与研究出版社2001年版，F28。而在1993年出版的《第三度教程》（法英对照本）中，哈里斯又将 signifiant、signifié 改译为 signifying element（表义成分）和 signified element（被表义成分），哈里斯在"英译者前言"中写道：此种译法"可提醒我们注意法语分词暗含并为索绪尔明确强调的一个问题：即 signifiant 和 signifié 只作为关联成分而存在，没有独立存在的地位"。［瑞士］索绪尔：《1910—1911索绪尔第三度讲授普通语言学教程》，小松·英辅编辑，张绍杰翻译，湖南教育出版社2001年版，p. xiv。

内部的自我矛盾、自相冲突并最终导致了理论神话学"神话"概念经典定义的自行瓦解。当然这同时也就暗示了，通达神话本体即神话本身或神话自身亦即神话原型的道路可能就存在于理论神话学关于"神话"概念的经典定义当中；因此，理论神话学"神话"概念经典定义的二论背反才成为实践神话学的神话研究"所能陷入的最富裨益的困境"。①

长期以来，理论神话学"神话"概念（能指）的经典定义（所指）——"神的故事"的叙事题材内容质料规定性以及"对'神的故事'的信仰"的体裁形式界限规定性的自洽统一性——被神话学家们用作理论地认识神话现象的表象工具或手段，但是，正如神话学学术史所揭示的，起源于古代希腊文化的"神话"（muthos）实践理念的传统命名进而产生于现代西方学术的"神话"（myth）理论概念的经典定义，自始便蕴涵着内在的自相矛盾、自我冲突乃至自行瓦解的理论—实践可能性。换句话说，无论古代的"神话"实践理念—命名还是现代的"神话"理论概念—定义，一旦被理论地用作经验地认识神话现象的表象工具或手段，就会陷入康德所谓"二论背反"（"悖论""辩证论""辩证法"）的理性困境，只要神话学家们试图以此认识神话现象的本质（本体即条件总体）规定性。近代以来，这一理性困境因"神话"概念的跨文化理论认识使用而对神话"文化实践"②或神话"文化实践理性"③现象的遮蔽与僭越而日益凸显，以至于"神话"概念经典定义的跨文化理论认识使用的"不适应性"，④被晚近各国的神话学家们裁

---

① ［德］康德：《实践理性批判》，韩水法译，商务印书馆1999年版，S.107，第118页。
② ［美］阿默思：《民俗学中类型的概念》，载《民俗概念与方法——丹·本-阿默思文集》，张举文编译，中国社会科学出版社2018年版，第99页。
③ ［美］萨林斯：《文化与实践理性》，赵丙祥译，上海人民出版社2002年版。
④ "民俗学的'类型'体系常常与被研究对象所固有的'类型'体系扞格不入。以民俗学的术语体系分析对象，与其说是一种阐释与理解，不如说是一种遮蔽与误解……美国人类学派民俗学家们很早就发现，早在民俗学成为一门专门的学科之前，民俗学的类型术语就已经存在了。民俗学家们把这些术语从它们'自然的语言'情境当中剥离出来，作为科学的术语来使用。可是，这些术语在被作为专业术语使用之前，一般都是多义的，而专业术语又要求自身具有清晰的意义与明确的内涵与外延。于是，在'自然的术语'与'科学的术语'之间就存在着明显的不一致。而民俗学家们把'自然的术语'转化为'科学的术语'时，这种模糊性依然存在。此外，当民俗学扩展自己的研究视野，运用民俗学的'科学的术语'来描述不同的社会群体，尤其是在描述非西方社会群体的讲述行为与文本时，这种'科学的术语'的不适应性表现得更加明显。"王杰文：《从"类型"到"类型的互文性"》，《表演理论：口头艺术的诗学与社会学》，学苑出版社2016年版，第69页。

定为因理论认识的普遍"分析概念"（analytical concept）遭遇文化实践的特殊"本土范畴"（native category）①等"自然语言"②的文化"抵抗"而导致的认识论失效。但笔者对此持以谨慎的异议。笔者认为，"神话"概念的跨文化理论认识使用只是更充分地暴露"神话"概念的定义内部理性自我悖论的晚近契机，其理性悖论的深层根源则仍然是理论神话学"神话"概念的经典定义——作为理论理性概念定义的认识论术语和实践理性理念命名的日常性或"常识性"③词语（而不是仅仅作为文化性"自然语言"）——的"混血的解释""混合的定义"④的使用方式，混淆并扭曲了神话（现象和本体）在不同关系领域的不同存在方式所造成的。于是，理论神话学的一项看似自洽实则自反的"神话"概念经典定义才自我（并不一定要通过跨文化理论认识使用才）暴露了其原本就内在地蕴涵的（神话实践理性与神话学理论理性）二论背反。但与此同时，理论神话学"神话"概念的经典定义也就自我揭示了克服其内在辩证论（或辩证法）的必然可能性条件，即，如果所谓"二论背反"是指，所有双方相互冲突的命题在同一存在方式暨同一关系领域中不可以同时都是真的；反过来说，"所有双方相互冲突

---

① ［美］巴斯科姆：《口头传承的形式：散体叙事》，朝戈金译，载［美］邓迪斯编《西方神话学读本》，广西师范大学出版社2006年版，第12页；Sacred Narrative: Readings in the Theory of Myth, Edited by Alan Dundes, University of California Press, 1984, p.10. native：出生的、出生地的、本土的、本国的、土生的、土人的、土著的、天生的、天然的、自然的、朴素的、不做作的……native category，朝戈金译作"原生范畴"。

② 在《民俗学中类型的概念》（1976）一文中，阿默思讨论了 genre（体裁，张举文译作"类型"）、type（类型）、form（形式）、category（范畴，张举文译作"类别"）、classificatin（分类）、pattern（模式）、gesalt（完形、格式塔）、relation（关系）等概念。［美］阿默思：《民俗学中类型的概念》，载《民俗学概念与方法——丹·本-阿默思文集》，张举文编译，中国社会科学出版社2018年版，第83—85、95页。

③ "我们的失败是常识性的，毫不奇怪。"［美］阿默思：《民俗学中类型的概念》，载《民俗学概念与方法——丹·本-阿默思文集》，张举文编译，中国社会科学出版社2018年版，第84页。

④ "混血的解释……混合的定义。"［德］康德：《道德形而上学》，张荣、李秋零译，载《康德著作全集》第6卷，中国人民大学出版社2007年版，S.227，第234页。"混血儿。"［德］康德：《道德形而上学奠基》，杨云飞译，邓晓芒校，人民出版社2013年版，S.426，第59—60页。"它与后者的些许混合就会摧毁它的力量和优越性。"［德］康德：《实践理性批判》，韩水法译，商务印书馆1999年版，S.25，第24页。

的命题在不同的［存在方式、］关系［领域］中可以同时都是真的";①那么，在一项同时表象了现象和本体的不同存在方式暨不同关系领域的命题中，如果"纯粹思辨［即理论］理性与纯粹实践理性［从不同存在方式暨关系领域中］联结成一个认识时，假定这种联结不是偶然的和任意的，而是先验地以理性自身为基础的，从而是必然的，实践理性就占据了优先地位。因为若无这种隶属次序，［理论理性一旦在实践理性存在方式的关系领域中僭越了实践理性的优先地位，］理性就会发生自相冲突"；②但是，如果让实践理性在其本己的存在方式的关系系域中对理论理性保持隶属次序的优先地位，就可能避免因不同理性命题在同一关系领域中因不同存在方式而导致的二论背反。

所谓"同一存在方式的同一关系领域"和"不同存在方式的不同关系领域"，依据人类学开展异文化"实地工作"（field-work）③ 以来的文化间视角，往往被学者们经验性地解读为西方文化的内部关系（同一关系），以及西方文化与非西方异文化之间的"外部关系"④（不同关系）。正如有学者指出的，现代经典神话学的"神话"概念理论定义，是随着"西方社会对［非西方社会］异文化［‘其他的传统’（威廉斯）⑤的‘地方性知识’（格尔茨）⑥］的了解日益增长"（史密斯），⑦即在考虑了西方文化与非西方异文化之间外部关系（不同关系）的理

---

① ［德］康德：《纯粹理性批判》，邓晓芒译，人民出版社 2004 年版，A560/B588，第 450 页；邓晓芒：《康德〈纯粹理性批判〉指要》，人民出版社 2001 年版，第 341 页。

② ［德］康德：《实践理性批判》，韩水法译，商务印书馆 1999 年版，S. 121，第 133 页。

③ field-work，李安宅一般译作"实地工作"，有时也译作"实地研究""人类学实地研究（anthropological field）"。Bronislaw Malinowski, *Myth in Primitive Psychology*, London, 1926, pp. 19, 45, 126–127；［英］马林诺夫斯基：《巫术 科学 宗教与神话》，李安宅译，中国民间文艺出版社 1986 年版，第 84、95、128 页。field-work，汉语学界一般译作"田野作业"，也有译作"田野研究"。

④ ［德］康德：《道德形而上学》，张荣、李秋零译，载《康德著作全集》第 6 卷，中国人民大学出版社 2007 年版，S. 375，第 387 页。

⑤ ［英］威廉斯：《关键词：文化与社会的词汇》，刘建基译，生活·读书·新知三联书店 2005 年版，第 314 页。

⑥ ［美］格尔茨：《地方知识：阐释人类学论文集》，商务印书馆 2014 年版。

⑦ 转引自彭牧《Religion 与宗教：分析范畴与本土概念》，《中国民俗学》第一辑，广西师范大学出版社 2012 年版，第 132 页。"意识到宗教在世界范围内的多样性却不是最近的事。早在殖民时期，在世界各地发现的各种宗教就让早期的人类学家惊讶不已……19 世纪和 20 世纪早期的人类学研究扩展了（西方社会）关于宗教、信仰和灵性活动之多样性的认识。"［美］亨特：《宗教与日常生活》，王修晓、林宏译，中国编译出版社 2010 年版，第 15—16 页。

论认识条件下才提出的。例如，没有马林诺夫斯基根据原始信仰的心理条件之于神话宪章目的—效果的功能论经验论理论认识，我们反而难以理解格林兄弟为何以及如何（主要通过功能形式而不是实体内容）区分信仰的神话、半信仰的传说与非信仰的童话等叙事体裁。以此，马林诺夫斯基才特别得意于研究"蛮野神话"的"蛮野神话学"之于研究"文化高的神话""高等文明的神话"的"较高文化……的神话学"的反哺效应。① 但即便如此，当"神话"概念的经典定义被理论地用于认识西方文化与非西方异文化之间的外部关系或不同关系时，"神话"（myth）概念理论定义的二论背反不仅没有避免而是依然持续；而在西方文化自身的内部关系即同一关系中，也早就发生过 muthos（神话）这一古代希腊词语因理论认识和信仰实践的混用而导致的柏拉图所谓"好的假故事"。② 以此，尽管我们可以经验地证明"神话"悖论产生于

---

① "我再声述一下，本书所讨论的神话，是蛮野神话（savage myth），不是文化高的神话（the myth of culture）。我相信，研究神话在原始社会以内的功能与运用，应该预料到研究高等文明（higher civilizations）的神话所得的结论。这等高等文明的神话材料，到了我们底手里已是孤立的文学记载（only in isolated literary texts），没有实际生活底背景（setting in actual life），没有社会底上下文（social context）。这就是西洋古代民族与东方死文明中所有的神话。典据的学者研究神话，应该由人类学家学点甚么。当代活的较高文化（living higher cultures）中，如印度、日本、中国，以及欧、美所有的神话学（the science of myth），本可因原始民俗信仰（primitive folk-lore）底比较研究，而有会心；另一方面，文明社会也可对于蛮野神话学（savage mythology）加以重要的补充与解说。"［英］马林诺夫斯基：《巫术 科学 宗教与神话》，李安宅译，中国民间文艺出版社 1986 年版，第 126—127 页；Bronislaw Malinowski, *Myth in Primitive Psychology*, London, 1926, p. 122. 李安宅译 the myth of culture 为"文化高的神话"，甚得马氏（living higher cultures）原义。social context（社会的上下文），马氏或作 the context it remains lifeless（社会关系作上下文）、the sociological context（社会［学的］上下文）、context in the social and cultural life（社会生活、文化生活各方面的上下文）、the context of social life（社会生活的上下文）、the three-dimensional reality of full life（立体的实地丰富生活）。同上引书，中文版，第 89、91、100、127—128 页；英文版，pp. 29, 34 - 35, 55, 124, 126.

② 见本书"附录一"《柏拉图：muthos（神话）是"好的假故事"》。"他们虽然一土所生，彼此都是兄弟，但是老天铸造他们的时候，在有些人的身上加入了黄金，这些人因而是最可宝贵的，是统治者。在辅助者（军人）的身上加入了白银。在农民以及其他技工身上加入了铁和铜。但是又由于同属一类，虽则父子天赋相承，有时不免金父生银子，银子生金子，错综变化，不一而足。所以上天给统治者的命令最重要的就是要他们做后代的好护卫者，要他们极端注意在后代灵魂深处所混合的究竟是哪一种金属。如果他们的孩子心灵里混入了一些废铜烂铁，他们决不能稍存姑息，应当把他们放到恰如其分的位置上去，安置于农民工人之间；如果农民工人的后辈中间发现其天赋中有金有银者，他们就要重视他，把他提升到护（转下页）

"同一关系"（西方文化的内部关系）之中——但并非如阿默思所言，产生于西方文化内部的亚文化例如民族、阶级、职业甚至性别差异……之间——但与此同时，我们也同样可以经验地证明"神话"悖论无法克服于"不同关系"（西方文化与非西方异文化之间的外部关系）之间。这看起来尽管有悖于康德所言"相互冲突的命题在不同的关系中可以同时都是真的［因而可以消除］"的命题；但实际上反而证明："文化内"的"内部关系"作为"同一关系"既不是"神话"辩证法的发生之源；"文化间"的"外部关系"作为"不同关系"也不是"神话"辩证论的克服之道。即，无论西方文化之内的"同一关系"还是西方文化与非西方异文化之间的"不同关系"，都还只是康德意义上神话现象的同一存在方式的同一关系领域，即"神话"概念的理论定义的同一使用方式的同一关系领域；还不就是康德意义上神话现象和神话本体的不同存在方式的不同关系领域，即"神话"理论定义—概念和"神话""实践命名"—理念的不同使用方式的不同关系领域。而

（接上页）卫者或辅助者中间去。须知，神喻曾经说过'铜铁当道，国破家亡'。"［古希腊］柏拉图：《理想国》，郭斌和等译，商务印书馆1986年版，第128—129页。对"好的假故事"的柏拉图命题，后人或者站在实践的立场上，其评价是正面的；或者站在理论的立场上，其评价是反面的。(1) 正面的评价如："苏格拉底承认，即使在虚构性的叙述中也可能有真实的成分，这强调了真实这一概念的复杂性与含糊性。寓言可能会传达道德真理，但它仍然是虚构性的。宗教叙事中可能会有从属于信仰的真理，但这不是实证主义的证明。人们在自己的文化知识与世界感知的框架中区分叙述的真假，在这一框架内部，这样的区分是绝对的……在真实与虚假之间也不存在任何中间位置。对某一特定叙事自身真实性的挑战，并不会损害这一区分本身，它仍然是首要的、核心的以及普遍性的……建立在真实与虚假之间存在区分的基础之上。"［美］阿默思：《我们需要理想的（民俗）类型吗？——致劳里·航柯》，载《民俗学概念与方法——丹·本－阿默思文集》，张举文编译，中国社会科学出版社2018年版，第149页。"柏拉图……认为理想国的文化教育要从神话，而不仅仅是事实以及所谓理性开始。"［美］罗洛·梅：《祈望神话》，王辉等译，中国人民大学出版社2012年版，第16页。(2) 反面的评价如："柏拉图曾因感到神话会引人步入歧途而反对它是确有其事的。"［美］邓迪斯《导言》，朝戈金译，载［美］邓迪斯编《西方神话学读本》，广西师范大学出版社2006年版，第1页。"在这里，如果同时也发动了心灵的道德动机，并且增添上这些动机的一种生动的旨趣以及雄辩的力量（这些动机也很配得上这种力量），那么，从中就产生出一种具有证明的客观充足性的臆信和一种（在这种证明的应用的大多数场合）也有益的幻相，这种幻相完全摆脱了对证明的逻辑清晰性的一切检验，甚至对此心怀厌恶和反感，就好像它们都是以一种渎神的怀疑为基础似的。"［德］康德：《判断力批判》，李秋零译，载《康德著作全集》第5卷，中国人民大学出版社2007年版，S. 462，第482—483页。

根据康德的理论，只要"神话"理论定义的概念和"神话""实践命名"的理念被以不同方式同时使用于神话现象的同一存在方式—关系领域或者神话本体的同一存在方式—关系领域，"神话"悖论都会发生。反过来说，唯当"神话"理论定义—概念和"神话""实践命名"—理念被分别（或以相应的优先次序）使用于神话现象和神话本体的不同存在方式—关系领域，"神话"悖论才有可能消减（根据康德，"神话"悖论无法"消除"，只能"消减"）。因此，为了消减"神话"悖论，就需要神话学家们既弄懂"神话"理论定义—概念和"实践命名"—理念的不同使用方式，也弄清神话的不同存在方式即"神话"理论定义—概念和"实践命名"—理念理应使用的不同关系领域。以此，尽管笔者并不赞同"神话"悖论起源于"文化间"的说法，却还是承认，通过"文化间"考察"神话"悖论的做法，自有其意外效果。这就是说，"文化间"的说法，虽然掩盖了"神话"悖论的真正起源，却因"神话"概念的过度（"混血""混合"）使用，也把"神话"悖论进一步放大了。这是因为，作为文化主体的神话实践，毕竟在神话学家们"神话"概念的理论视野中被表象为神话现象而为神话学家们经验地直观到。但是，如果面对文化主体的神话实践，神话学家们执意使用理论概念单单将神话现象从客观上规定为可认识的文化客体（现象）；那么神话学家们就会有意无意间在主观上遮蔽了神话实践的自由主体（本体），于是"神话"概念定义与理念命名的理性悖论就在其理论误用或理论—实践的混用当中产生了。而与此同时，神话学家们因意识到进而认识到"神话"悖论的理性困境，也就产生了走出"神话"悖论的实践要求，从而为"神话"概念—定义的理论使用向"神话"理念—命名的实践使用的过渡，提供了理性契机。

于是，现在就用得着维特根斯坦的一项命题："命题只有在使用时才有意义"，[①]"一个词的一种意义就是对于该词的一种使用"。[②] 进而，我们还可以根据康德扩展地修正维特根斯坦的说法（或许康德才是最早

[①] ［奥地利］维特根斯坦：《论确实性》，张金言译，广西师范大学出版社2002年版，第3页。

[②] ［奥地利］维特根斯坦：《论确实性》，张金言译，广西师范大学出版社2002年版，第11页。

地提出了该命题的"先驱者之一"①）：命题只有在不同的关系领域的不同使用方式中才有不同意义。或者：一个词语（命名的理念）或术语（定义的概念）的不同意义就是该词语或术语在不同关系领域中的不同使用方式。而这就意味着，如果我们在某一对象的某一关系领域中使用了本该在不同关系领域中以不同方式使用的命题或词语、术语，就会因命题（或词语、术语，下同）的不当使用而导致意义和价值悖论。但是，如果先于命题的使用，先验地揭示出导致该命题被不当使用的可能原因，我们或许就能够经受住（但不可能完全避免）命题因不当使用而发生的意义和价值悖论。这就是说，命题的不同使用方式，并不只是在命题的使用过程中才能够被区分开来，而是先于命题的使用，人们就可以先验地认识到命题能够在不同的关系领域中以不同的方式被使用。对此，也许我们可以称之为"命题在对象的经验性关系领域中的经验性使用方式"（无论西方与非西方的"外部关系"还是西方自己的"内部关系"在时间中都首先表象为经验性现象存在）和"命题在对象的先验关系领域中的先验使用方式"（无论西方还是非西方自己的"内部关系"在逻辑上都起源于对象的先验本体存在）——后者正如马林诺夫斯基所言：叙事实践的功能目的（而非功能效果）"并不是说故事的时候才经验得到，乃是故事底相对部分……得以建立的时候便也经验得到［not only when the story is told, but also when……the counterpart of the story is enacted］。"② 这是因为，"所有人都能区分诗和散文，都能分辨谚语和史诗……所有人都能将音乐、动作和词语组合搭配在一起，以唱歌跳舞的方式来展示他们的内心世界。这些其实都是人类与生俱有的［'表演性'（performative）③

---

① "正如或许是康德最早系统地加以论证的那样，许多'陈述'，尽管其语法形式无懈可击，但被证明纯属胡说……譬如说，'伦理命题'也许全然地或部分地被用于表露情感，或规范行为，或以特殊的方式影响行为。在这里，康德也是先驱者之一。"［英］奥斯汀：《如何以言行事——1955年哈佛大学威廉·詹姆斯讲座》，杨玉成、赵京超译，商务印书馆2013年版，第6页。

② ［英］马林诺夫斯基：《巫术 科学 宗教与神话》，李安宅译，中国民间文艺出版社1986年版，第127页；Bronislaw Malinowski, *Myth in Primitive Psychology*, London, 1926, p. 124。

③ 我们可以接受王杰文的建议，用performative（表演性）这一由奥斯汀最先学术地使用的概念，来界定实践（表演）的先验能力。奥斯汀performative，杨玉成等译作"施行式"。［英］奥斯汀：《如何以言行事——1955年哈佛大学威廉·詹姆斯讲座》，杨玉成、赵京超译，商务印书馆2013年版，第9页注释③。王杰文译performative为"表演性"。王杰文（转下页）

先验］能力"①——而这并不违背维特根斯坦的命题。正因如此，我们才有可能先于"神话"概念在经验对象的关系领域中理论地认识神话现象的经验性使用方式，就通过"神话"理念在先验对象的关系领域中实践地认识的神话本体或神话本身、神话自身的先验使用方式，阐明"神话"这个词语或术语原本是一个起源于神话自身或神话本身在其本体存在的关系领域中实践主体的"先验自由"或主体先验的"实践自由"②"任意约定"

（接上页）《表演研究：口头艺术的诗学与社会学》，学苑出版社2016年版，第77页。"在实践的概念之上还附加了它的如经验所教导的实施。"［德］康德：《道德形而上学》，张荣、李秋零译，载《康德著作全集》第6卷，中国人民大学出版社2007年版，S.227，第234页。"'实施'（perform）……表明发出话语就是实施一个行为。"［英］奥斯汀：《如何以言行事——1955年哈佛大学威廉·詹姆斯讲座》，杨玉成、赵京超译，商务印书馆2013年版，第10页。Perform的名称形式performance，中国民间文（艺）学—民俗学界多译作"表演"（杨利慧、安德明），也译作"演述"（巴莫曲布嫫）。"从理论上说，表演可以从以下四个关系来考察：存在，行动，展示行动，对展示行动的解释""存在就是在行动，但仅仅是存在和行动还不能构成表演""我们人类表演学的表演是日常生活中的表演""某些特别种类的动物，特别是人类（但不仅仅是人类）还会有意识地展示自己的行动，那就是表演。当我仅仅在街上走路的时候，我不是在表演，但当我走给你们看的时候，这就是表演，我在表演走路。街上有很多人并不是有意识地展示走路，但是因为有你或者很多人在看，你们你和那些看的人就把他们的走路变成了表演""所有的客观存在都是存在，所有的存在都在行动中，凡是自我指涉的行动就是表演"。谢克纳：《什么是人类表演学》，The Drama Review Performance Studies（TDR，即《戏剧评论》）之《人类表演学系列·谢克纳专辑》，文化艺术出版社2010年版，第3—4页。"'叙事'与现实是会有距离的，试图用叙事的方式来控制现实就是我所谓的表演性。"谢克纳：《人类表演学的现状、历史与未来》，同上引书，第10页。

① ［美］阿默思：《民俗思想辨析》，载《民俗学概念与方法——丹·本-阿默思文集》，张举文编译，中国社会科学出版社2018年版，第253页。"我们不得不认为，神话和自我意识在某种程度上是同一的。只要有意识存在，就有神话存在。"［美］罗洛·梅：《祈望神话》，王辉等译，中国人民大学出版社2012年版，第26页。

② "我们通过经验而认识到，实践的自由是自然原因之一，也就是理性在对意志作规定时的原因性，而先验的自由却要求这个理性本身（就其开始一个现象序列的原因性而言）独立于感官世界的一切起规定作用的原因……"［德］康德：《纯粹理性批判》，邓晓芒译，人民出版社2004年版，A803/B831，第610—611页。"凭借这种能力，先验自由从现在起也就确立了起来，而且这里所谓自由是取其绝对意义而言的……自由概念的实在性既然已由实践理性的一条无可争辩的法则证明……因为这个理念通过道德法则展现了自己。"［德］康德：《实践理性批判》，韩水法译，商务印书馆1999年版，S.3—4，第1—2页。"这样一个意志……这样一种独立性在最严格的意义上，亦即在先验的意义上称为自由。因此，一个只有准则的单纯立法形式能够用作其法则的意志，是自由意志。"同上引书，S.29，第29页。"人们也能够通过意志对于除道德法则以外的任何东西的独立性来定义实践自由。"同上引书，S.94，第102页。"先验自由……必须被思想为对于一切经验的东西因而对于一般自然的独立性……没有这种乃系唯一先天实践的先验自由，任何道德法则，任何依照道德法则的责任都是不可能的。"同上引书，S.97，第105页。"我们意志的自由无非就是……先验的，亦即绝对的……自由。"同上引书，S.97，第106页。

的"实践……命名"。①

对"神话"概念定义的理论认识的经验性使用方式（可用于规定神话现象的关系领域）与"神话"理念命名的实践认识的先验使用方式（可用于反思神话本体的关系领域）的划分，是笔者根据康德批判哲学对维特根斯坦"日常"命题的进一步分析性阐明。笔者借此强调，"神话"概念—理念在使用中发生的悖论，其真正的原因是"神话"概念定义在神话现象的存在方式暨关系领域中视神话对象为客体而理论地认识的经验性使用方式，对"神话"理念命名在神话本体的存在方式暨关系领域中视神话自身或神话本身为主体（自我主体或他者主体）而实践地反思的先验使用方式的遮蔽性误用。具体地说，无论在哪种文化（无论西方文化还是非西方文化，也无论古代文化还是现代文化）的实践使用中，神话实践理念自我命名的能指词语（muthos 或"洪范""大法"等）的所指（题材）内容质料规定性与（体裁）形式界限规定性都因共同体内部的任意约定而自洽地统一。但是，在"神话"概念（myth）理论定义的理论认识使用方式中，"神话"术语所指的（题材）内容质料规定性与（体裁）形式界限规定性之间却发生了断裂。造成断裂之所以然，博厄斯、马林诺夫斯基和巴斯科姆都认为是神话实践的普遍（先验）体裁形式界限与神话实践的特殊（文化经验的）题材内容质料之间的不一致，造成了以规定神话实践现象为理论目的的"神话"概念（内容质料规定性与形式界限规定性相统一）的经典定义的认识论失效。这样，"神话"概念的理论使用在揭示了神话实践理念命名与神话理论概念定义之间相互矛盾的同时——仿佛神话理论的理性背反仅止于此——也遮蔽了神话实践现象与神话本体实践之间更深层的自我冲突，即神话实践的主观准则（文化规则）与内在于神话实践主观准则的客观法则（普遍原则即道德法则）形式之间的自我冲突。而相比于博厄斯、马林诺夫斯基和巴斯科姆，倒是柏拉图早就认识到了，"神话"概念的理论认识"求真"使用方式与"神话"理念的信仰实践"行善"使用方式的混用，才是造成古典词语 muthos（神话）在理论地经验性使用和实践地（准）先验使用上双重失效的根本原因。但这也

---

① "产生于文化实践，根据说话人的认知体系所形成的民间命名体系。"［美］阿默思：《分析类别与本族类型》，载《民俗学概念与方法——丹·本-阿默思文集》，张举文编译，中国社会科学出版社 2018 年版，第 105 页。

就指明了，神话学借以克服"神话"悖论并借此反思地阐明神话本质（本体）的实践认识之路，就存在于理论神话学之于"神话"概念的经典定义当中，因为该定义原本就起源于文化主体神话实践理念自我任意约定命名的理论概念化，正如博厄斯、巴斯科姆所指出的，格林兄弟之于民间文学的神话、传说、童话体裁三分法，原本就起源于欧洲民间文学本土实践理念的自我命名。有鉴于此，笔者为推动神话学从理论范式向实践范式转换而采用的方法，就不是彻底放弃理论神话学的"神话"概念的经典定义，自创实践神话学的"神话"理念，以克服神话研究的理性悖论、阐明神话实践的先验本质（本体）；而是从理论神话学"神话"概念的经典定义入手，通过揭示该定义在理论地认识神话现象时暴露的"神话"概念的理性悖论，以祛除"神话"概念对神话实践理念自我命名的理论遮蔽，让神话实践以适合于其自身或本身的神话原型存在方式，自己显现自己的本质（本体）。[1]

在本书中，笔者将从20世纪初中国学者对"神话"概念的理论定义开篇，以之作为神话本体还原的现象学主观性观念直观和先验论客观性理念演绎的经验概念表象起点——被用作还原神话本身或神话自身的现象学直观起点的，既不是现代西方学术性概念myth的经典理论定义，也不是在古代希腊日常性理念muthos的古典"实践命名"——而笔者这样做的理由是：当日本、中国学者（日本学者首先）将myth翻译为"神话"的时候，在西方现代神话学界，myth定义的内容质料规定性与形式界限规定性（也许只是表面上）的自洽统一性得到了"简明扼要"（a nutshell；李安宅译作"最后见解"）的陈述；由于本土传统中并没有完全符合myth的能指及所指的词语，却因为引进"神话"概念的特定机缘，"神话"定义已相对稳定，以至于现代中国的神话学家们参照西方现代神话学家们给予myth的定义而对"神话"的定义，几乎众口一词而没有异议，从而既避免了其过多地负担的西方语用史上从muthos

---

[1]　"把人们应该首先予以决定的东西预先认定为已经决定了的，这是违反哲学运思的一切基本规则的。"［德］康德：《实践理性批判》，韩水法译，商务印书馆1999年版，S.63，第68页。"所以我们将把纯粹概念一直追溯到它们在人类知性中最初的胚胎和禀赋，它们在其中做好了准备，直到最终由于经验的机缘而被发展出来，并通过这同一个知性，摆脱它们所依附的经验性条件，而被呈现出在其纯净性中。"［德］康德：《纯粹理性批判》，邓晓芒译，人民出版社2004年版，A66/B91，第61页。

到 myth 在不同关系领域中因不同的使用方式，其单纯的"能指"（字面意义）被附加的繁复"所指"（用法价值）；更重要的是，尽管中国神话学家们定义"神话"时没有做出什么独到贡献（以译介为主），但却通过"中国神话历史化"命题，不仅将理论神话学"神话"概念的经典定义而且把神话实践理念命名的古典用法所蕴涵的理性悖论，以极端的方式充分地暴露了出来——这在世界神话学学术史上是罕见的，相比之下，柏拉图"好的假故事"则是小巫见大巫了——因而实际上拉开了神话学现象学革命的中国（也是世界）大幕，从而成就了中国现代神话学之于世界现代神话学的一份意外贡献。当然在这里要特别指出，20世纪 20 年代顾颉刚、茅盾之后的 20 世纪 60 年代以来美国民俗学家之于神话学的民间文（艺）学—民俗学现象学革命的特殊贡献。虽说，神话学现象学革命的最初萌芽，甚至可以追溯到格林兄弟——正如阿默思说过的，格林兄弟的神话、传说、童话三分法"很可能反映了欧洲的'民众'的'本土范畴'"，因此格林兄弟的"神话"是一个"混血的解释"了理论概念定义和实践理念命名的"混合的定义"——也就是说，世界民间文（艺）学—民俗学从一开篇就不自觉地使用了现象学主观性观念直观的方法论（尽管尚缺乏自觉的实践认识目的论）；于是，博厄斯、博尔尼、顾颉刚、马林诺夫斯基、马伯乐、普罗普、巴斯科姆、阿默思、鲍曼……一路走下来，神话学的民间文（艺）学—民俗学现象学革命才有先知、后觉相与会心的方向可循。而其中美国民俗学表演理论的特殊贡献在于，当阿默思尚且借助巴斯科姆"分析性概念"（根据马林诺夫斯基"功能"范畴进一步展开的理论概念定义＋实践理念命名的"混血的解释""混合的定义"）还原并直观"小群体内的艺术性交流""本族体裁分类体系""任意约定"的"实践命名"叙事制度，鲍曼却已经悄悄地转移了观念直观的现象学主观论方法，而挪步于理念演绎的先验论客观论方法。笔者之所以特别地肯定鲍曼"表演"（performance）的"责任"（responsibility），乃是因为，"责任"作为纯粹实践理性的规定性理念大不同于"本族体裁分类体系"的"神话""传说"等一般实践理性的约定性命名。后者（在未经实践理性反思的条件下）只能被表象为共同体"文化实践"（萨林斯）的主观规则（准则）；而前者（在经过了实践理性反思的条件下），即鲍曼称之为"表演本质"的"责任"，更能被表象为内在于共同体文化实践主观规则（准则）的人类道德实践客观原则（法则）。① 这样，鲍曼就终结了在马林诺夫斯基那里达到巅峰的心理学神话学——有马林诺夫斯基《原始神话与心理》（*Myth in Primitive Psychology*）为证——的理论认识之路，而开启了民间文（艺）学—民俗学神话实践认识的纯粹理性之门（当然还只是"开启了"）。由于"责任"一方面向下联结着人的一般实践理性任意选择自由意志的主观文化准则；另一方面又向上联结着人的纯粹实践理性普遍立法自由意志的客观道德法则，就不仅阐明了人的道德性存在方式——纯粹理性神圣性道德法则理性地强制任意性文化准则的意向形式，以及任意出于敬重情感理性地信仰纯粹理性情感神圣性道德法则的意向形式——的先验综合规定性—超验综合反思性双向意向形式的本体型式，也为神话实践经验性现象作为文化"宪章"提供了超验—先验的神话原型。进而，"表演""责任"的实践理念，也就进一步为神话学的民间文（艺）学—民俗学现象学主观论革命彻底地过渡到先验论客观论革命奠定了纯粹实践理性的理论基础。当然，美国民俗学的神话学现象学革命仅仅止步于对人的一般实践理性任意意志的主观性观念直观，即便只差一步就突破了现象学主观论方法的鲍曼，也仍然汲汲于在"言语共同体"②（或"言语社区"，speech community）内部经验性地直观"表演"实践"责任"观念的命名"标定"。

美国民俗学家们止步的地方，却是中国神话学者继续前行的起点。当代中国神话学者在美国民俗学"表演理论"的目的—方法论基础上有意识地进一步提出的问题是这样的：固然，神话现象有多种起源和表现，或者是起源于畏惧心理非理性信仰的自然神话，或者是起源于敬重情感理性信仰的道德神话，二者都能够成就神话现象作为"共同体与社会"（滕尼斯）的文化"宪章"，在"本族体裁分类体系""实践命名"的"任意约定"中，成为共同体与社会的存在条件。但是，我们能否进一步断言，以纯粹理性为客观必然性动力（动因）且以敬重情感为

---

① 吕微：《"表演的责任"与民俗学的"实践研究"——鲍曼〈表演的否认〉的实践民俗学目的—方法论》，《民间文化论坛》2015年第1期；吕微：《民俗学：一门伟大的学科——从学术反思到实践科学的历史与逻辑研究》，中国社会科学出版社2015年版，第十章，第340—376页。

② ［美］鲍曼：《作为表演的口头艺术》，杨利慧、安德明译，广西师范大学出版社2008年版，第86、105、107页。

主观必然性动力（动机）的理性信仰，是否就是与人作为自由主体即道德本体相始终的存在条件？现在，根据"表演""责任"的实践理念，如果"责任"就是有限理性意志存在者的任意在理性界限之内对纯粹理性意志的理性信仰，那么神话学家固然可以认为，普遍有效的交流责任，构成了任何神话现象的理性意向形式的神话原型——因为理性信仰的意向是内在于任何神话、叙事、表演、实践现象的普遍形式——但仅仅是纯粹理性界限之内的理性意向形式，不仅与人们对神话现象之于超验对象信仰形式的一般直观不相符合；更重要的是，因纯粹理性的道德法则而导致的对纯粹理性和道德法则自身的理性信仰，是否就是人的本原性、本真性应然且必然可能的存在方式呢？而止步于主观论的神话学民间文（艺）学—民俗学现象学革命显然无法回答这些问题——因为在现象学的主观性观念直观中，我们只能还原任意的偶然或或然性现实观念——倒是二百年前的康德，在批判地检验实践理性的反思过程中深刻地认识到：仅仅出于纯粹理性的道德法则也不是完满、完善的理想，如果道德法则不是同时也出于纯粹理性的普遍情感——"［不是］主观实践的情感［即道德情感］……［而是］客观的情感［即神圣情感］"①——道德法则就无法用道德规定每个人的尘世意志的同时，也用幸福慰藉所有人的尘世意愿，如果道德法则的终极目的就是道德＋幸福的"至善"。②

---

① ［德］康德：《道德形而上学》，张荣、李秋零译，载《康德著作全集》第6卷，中国人民大学出版社2007年版，S. 376，第389页。
② "理性势不可免地向他呈现的善行善报之理。"［德］康德：《实践理性批判》，韩水法译，商务印书馆1999年版，S. 61，第66页。"纯粹实践理性并不希望人们应当放弃对于幸福的要求，而只是希望一旦谈到职责，人们应当完全不瞻顾幸福。从某些方面来考虑，关怀人们的幸福甚至可以是一种职责。"同上引书，S. 93，第101页。"通过意志自由产生至善，这是先天地（在道德上）必然的；因此至善可能性的条件也必定单单依赖于先天的认识根据。"同上引书，S. 113，第124页。"追求幸福产生了有德行的意向的根据，是绝对虚妄的；但是……德行意向必然产生幸福，不是绝对虚妄的，而只是在这种意向被视作感觉世界中的因果性形式的范围内，从而在我认定这个世界的此在为理性存在者实存的唯一方式的范围内，才是虚妄的，因而它仅仅是有条件地虚妄的。"同上引书，S. 114，第126页。"至善才是纯粹实践理性的整个客体，纯粹实践理性必须把这个至善表象为可能的，因为竭尽可能促进至善的实现，是纯粹实践理性的一个命令。"同上引书，S. 119，第131页。"至善在世界中的实现是一个可由道德法则决定的意志的必然客体。"同上引书，S. 122，第133—134页。"在纯粹理性的实践任务里面，亦即对于至善的必然追求中，这样一种联系是被设定为必然的：我们应当设法（转下页）

这是因为，仅仅出于纯粹理性的道德法则，尽管可能造成一个合于甚至出于法则的道德世界，但如果道德法则至多只是出于纯粹理性而不是同时也出于纯粹理性的情感，那么这样的"道德世界"必然是一个没有情感的冰冷世界，因而没有一个人愿意在这样的"道德世界"中生存，而且这样的"道德世界"也不符合人的纯粹理性意志的完善意图，更不符合纯粹理性情感神圣意志的完满意愿。但纯粹理性却是作为有限理性意志存在者的人所能够达成的极致境界，于是，为了现实地实现道德法则的终极目的即"尘世中的至善"——神圣意志出于纯粹理性情感的"兼爱""博爱"即"慈爱""仁爱"在尘世中给予所有的人以"实际的善意""实践的善意"（被神所爱以及因被神所爱而爱人的幸福感受）的"始源的至善的现实性"①即"尘世中的终极目的（理性存在者的一种与遵循道德法则和谐一致的幸福，作为最高的尘世

（接上页）促进至善（它因此也必定是可能的）。"同上引书，S. 125，第136—137页。"没有人想能够断定，世界上理性存在者与道德法则切合而得到幸福的配当，和所拥有的与这种配当相称的幸福，是不可能自在地处于联结之中的。"同上引书，S. 144，第158页。"人类本性是注定要追求至善的。"同上引书，S. 146，第159页。"人就是创造在这尘世上的最终目的，因为人是尘世惟一能够给自己形成一个关于目的的概念，并能够通过自己的理性把合目的地形成的诸般事物的集合体变成一个目的系统的存在者。"［德］康德：《判断力批判》，李秋零译，载《康德著作全集》第5卷，中国人民大学出版社2007年版，S. 426—427，第444页。"道德法则作为应用我们的自由的形式上的理性条件，独自就使我们负有义务，无须依赖某个目的来作为质料上的条件；但是，它毕竟也为我们乃至先天地规定了一个终极目的，它使我们有义务追求这一目的，而这一目的也就是通过自由而可能的尘世中的至善。"同上引书，S. 450，第469页。"终极目的就像实践理性为尘世存在者所规定的那样，其惟一的要求就是通过他们（作为有限的存在者）的本性而置入他们里面的一个不可抗拒的目的，理性只想找到这种目的的从属作为不可违反的条件的道德法则，或者按照道德法则成为普遍的，并如此把促进与道德性相一致的幸福作为终极目的。（就前者而言）力所能及地促进这一目的，是由道德法则命令我们的。"同上引书，S. 451，第471页。"他觉得有义务并且受敦促去实现的目的。"同上引书，S. 452，第472页。"善有善报与行为根本没有法权关系。"［德］康德：《道德形而上学》，张荣、李秋零译，《康德著作全集》第6卷，中国人民大学出版社2007年版，S. 228，第235页。"道德法则要求实现通过我们而可能的至善。"［德］康德：《纯然理性界限内的宗教》，李秋零译，载《康德著作全集》第6卷，中国人民大学出版社2007年版，S. 5，第7页。"每一个人都应该使尘世上可能的至善成为自己的终极目的，这是一个实践的先天综合命题，而且是一个客观实践的、由纯粹理性提出的先天综合命题，因为它是一个超出了尘世上的义务概念，并且附加上了义务的后果（一种效果）的命题，是一个不包含在道德法则之中、因而不能以分析的方式从道德法则中引申出来的命题。"同上引书，S. 6"注释①"，第8页。

① "始源的至善的现实性的公设，也就是上帝实存的公设。"［德］康德：《实践理性批判》，韩水法译，商务印书馆1999年版，S. 125，第137页。

福祉)",① 而无待于在灵魂不朽中许诺每一个人以虚幻的德福相配的"派生的至善"的"可能性",② 因而在实践上（不仅主观地而且客观地）具有必然的实在性（这样就不同于在不朽的灵魂中才可能希望的"极善世界"）——普遍立法的纯粹理性就必须以其自由意志超出纯粹理性的自身界限，超验综合而反思地设想一个既拥有纯粹理性同时也拥有纯粹情感（不是本能情感）的神圣意志存在者"神显"或"显圣"（hierophany）③ 的意向对象，以作为至高无上的道德立法者——否则，人类社会就不可能是充满"人类之爱"（"兼爱""博爱"）的道德世界；而没有"人类之爱"的道德世界，是没有人愿意在其中生活的——这样一来，纯粹理性的"道德法则必然导致［纯粹理性情感信仰的神话与］宗教"，亦即纯粹理性必然超出纯粹理性自身的界限而出于敬重情感以超验综合反思还原的意向形式理性地信仰以纯粹理性情感神圣意志存在者为意向对象的神话原型存在方式，也唯有活出这样神话原型的存在方式，人才有可能抑制作为有限意志存在者因自诩为出于纯粹理性的唯一道德立法者而陷入的自负狂热，后者竟忘记了"敬重那条以爱命令人的法则"（康德）才是合于道德责任甚至出于道德义务的自律本分。于是，现在，神话学家就可以理由充分地说，如果道德是人之所以能够成为人、作为人而存在的无条件条件，那么人的道德性存在方式只能以信仰道德神圣性且超验真实性对象的神话存在方式而存在，用康德的话说就是："拥有［道德神话的］宗教是人对自己的义务"甚至"认定上帝的此在，在道德上是必然的"，进而神话学们可以仿效康德"道德法则导致宗教"的说法而宣称：道德责任导致神话！这样，神话学的民间文（艺）学—民俗学现象学先验论革命就最终还原出人的本原性（实践的道德神圣性）、本真性（信仰的超验真实性）存在方式，即人作为自由主体—道德本体的神话原型存在方式，即不同于神话现象的神话本体即神话本身或神话自身。神话本体（神话原型）不同于神话现

---

① ［德］康德：《判断力批判》，李秋零译，载《康德著作全集》第 5 卷，中国人民大学出版社 2007 年版，S. 451，第 470 页。
② "派生的至善（极善世界）可能性的公设。"［德］康德：《实践理性批判》，韩水法译，商务印书馆 1999 年版，S. 125，第 137 页。"派生的至善。"同上引述，S. 128，第 141 页。
③ "神显"（hierophany）。［美］伊利亚德：《神圣的存在：比较宗教的范型》，晏可佳、姚蓓琴译，广西师范大学出版社 2008 年版，"作者前言"，第 2 页。"显圣物（hierophany）。"［罗］伊利亚德：《神圣与世俗》，王建光译，华夏出版社 2003 年版，第 2 页。

象，在人类历史上，神话现象可以产生也可以消亡（正如"导论"伊始引大林太良之所言），而神话本体（神话原型）是与人的道德性存在相始终的。只要人成为人、作为人而存在，神话（本体、原型）就应该/应当存在也必然可能存在，而无论其在现实中是否"成像"为神话现象，因为，神话（本体、原型）是人之所以能够成为人而作为人的纯粹实践理性情感信仰条件。这样，尽管美国民间文（艺）学—民俗学表演理论没能完成从神话学的现象学主观论革命向先验论客观论革命的最终跨越，但鲍曼"表演""责任"的实践理念，却因包含了二者之间的关系，而为最终跨出这一小步（对神话学来说是一大步）做足了理论铺垫，以便于中国神话学者最终成就神话学的民间文（艺）学—民俗学现象学—先验论革命的最后一步艰难跨越。

在本书中，笔者将追随中国和世界各国神话学诸先贤走过的足迹，努力证成现代神话学的民间文（艺）学—民俗学现象学—先验论革命的每一步骤的历史与逻辑的清晰性。笔者将努力证成（从经验验证、证明上升到先验论证、阐明），一项以"神话"的"自然概念"① 理论地认识神话现象为鹄的且看似在逻辑上自洽的经典定义即"格林定义"，如何因自身内部蕴涵的自相矛盾、自我冲突甚至自行瓦解的理性辩证法，而通达以"神话"的"自由概念"② 实践地认同的人作为自由主体—道德本体即神话本身、神话自身而存在的无条件存在条件。"我们将以令人信服的方式来阐述这种联系"③ 即"预先仔细地考虑理性准备采取的每一步骤，并且只许它们在预先反复思考过的方法轨道上前行"，④ 进而为把神话学建设成为一门能够阐明人的本原性（实践的道德神圣性）、本真性（信仰的超验真实性）当下此在的神话原型存在方式的严

---

① "自然概念。"[德]康德：《判断力批判》，李秋零译，载《康德著作全集》第5卷，中国人民大学出版社2007年版，S.171—173，第180—182页；S.479，第501页。"自然范畴。"[德]康德：《实践理性批判》，韩水法译，商务印书馆1999年版，S.65，第71页。
② "自由概念。"[德]康德：《判断力批判》，李秋零译，载《康德著作全集》第5卷，中国人民大学出版社2007年版，S.171—173，第180—182页；S.479，第501页。[德]康德：《道德形而上学》，张荣、李秋零译，载《康德著作全集》第6卷，中国人民大学出版社2007年版，S.221，第228页。"自由范畴。"[德]康德：《实践理性批判》，韩水法译，商务印书馆1999年版，S.65，第71页。
③ [德]康德：《实践理性批判》，韩水法译，商务印书馆1999年版，S.124，第136页。
④ [德]康德：《实践理性批判》，韩水法译，商务印书馆1999年版，S.163，第178页。

格实践科学贡献一份理论力量,以便"让人期待最为宜人的结果",[1]即使"公众对于它的精微研究没有兴趣,但对于在这样一个诠证之后才首先使他们豁然开朗的学说却[必然会]大有兴趣"。[2]

2019 年 4—6 月,2020 年 6 月,于文学研究所

---

[1] [德]康德:《实践理性批判》,韩水法译,商务印书馆 1999 年版,S. 109,第 120 页。
[2] [德]康德:《实践理性批判》,韩水法译,商务印书馆 1999 年版,S. 163,第 179 页。

第一章　神话学革命始于"神话"定义的"最后见解"

第一节　理论神话学"神话"概念经典定义的二论背反

据马昌仪、刘锡诚对中国现代神话学学术史的研究：

> 世界上第一部研究中国神话的专著，是俄国圣彼得堡大学格奥尔吉耶夫斯基的《中国人的神话观与神话》（圣彼得堡1892年版）。①

叶舒宪也指出：

> 早在1836年法国学者就发表了讨论中国神话的论文……1892年俄国学者齐奥杰维斯基出版了世界上第一部中国神话的专著《中国人的神话观与神话》。作为研究中国先秦史的历史学博士，齐奥杰维斯基率先把西方的"神话"概念应用于中国，把中国人历来当作历史人物的远古帝王如伏羲、神农、黄帝等解释为在神话观念基础上形成的民间神话形象。②

1892年，中国人尚不知"神话"为何物，因为"'神话'这名词，

---

① 马昌仪：《中国神话学发展的一个轮廓（编者序言）》，载马昌仪编《中国神话学文论选萃》，中国广播电视出版社1994年版，第7页。刘锡诚：《20世纪中国民间文艺学学术史》，河南大学出版社2006年版，第23页。

② 叶舒宪：《海外中国神话学与现代中国学术：回顾与展望》，载陈平原主编《现代学术史上的俗文学》，湖北教育出版社2004年版，第415—416页。

中国向来是没有的",①"西方神话学传入我国,主要通过两条途径:间接的通过日本;直接的来自欧洲"。② 在日本,明治三十二年(1899年),高山樗牛《古事记神话研究》首先使用了"神话"这个术语,明治三十七年(1904年),留学德国的高木敏雄出版了《比较神话学》,"这部神话学的专著把欧洲的神话学说带进了日本","与日本学者把欧洲神话学的学说介绍到日本差不多同时,或许稍晚些时候,也很快把'神话'这个词语以及神话研究介绍到了中国"。③

[《新民丛报》]从 1902 年 2 月 8 日起开始连载他[梁启超]写的系列文章《新史学》……《新史学》系列文章中有一篇题为《历史与人种之关系》,他在文章中第一次使用了"神话"这个新的名词……在没有发现更早的材料之前,我们姑且认定他[梁启超]是第一个使用"神话"这个词汇的中国人。④ "神话"和"比较神话学"这两个词,最早于 1903 年出现在几部从日文翻译过来的文明史著作中。⑤ 同年,留日学生蒋观云在他主编的《新民丛

---

① 茅盾:《中国神话研究 ABC》,上海书店 1990 年版,据世界书局 1929 年版影印,第 1 页;茅盾:《神话研究》,百花文艺出版社 1981 年版,第 125 页。"'神话'偶然呈现在唐人传奇和明人的辑校点评中……""明末清初,有一批类似的文体不约而同地大量出现'神话'一词,例如《清稗类钞》《一士类稿》《客座偶谈》《春冰室野乘》等。"谭佳:《神话与古史——中国现代学术的建构与认同》,社会科学文献出版社 2016 年版,第 43、45 页。

② 马昌仪:《中国神话学发展的一个轮廓(编者序言)》,载马昌仪编《中国神话学文论选萃》,中国广播电视出版社 1994 年版,第 9 页。

③ 刘锡诚:《20 世纪中国民间文艺学学术史》,河南大学出版社 2006 年版,第 18—19 页。

④ 刘锡诚:《20 世纪中国民间文艺学学术史》,河南大学出版社 2006 年版,第 19 页。

⑤ [日]白河次郎、国府种德:《支那文明史》,竞化书局译,澄衷蒙学堂光绪二十九年(1903 年)五月初六日印刷、发行;[日]高山林次郎:《世界文明史》,作新社译,作新社光绪二十九年七月二十五日发行;[日]高山林次郎:《西洋文明史》,支那翻译会社译,文明书局光绪二十九年七月印刷。《东洋文明史》,支那翻译会社萨幼实编辑(译),郭奇远、马君武润饰,作新社印刷局光绪二十九年六月初一付印,初十出版。"1903 年之前,除了上述几本日本人撰著的文明史著作涉及到或论述了神话传说的有关问题外,还有几本著作或使用了'神话'、'神话学'词语或论述到'神话学'。它们是:德国人科培尔原著、日本人下田次郎译、蔡元培重译的《哲学要领》(商务印书馆,光绪二十九年九月第一版);汪荣宝、叶澜原编《新尔雅》(明权社发行,1903 年),关于神话,作者的释义是:'记宇宙初生各国开辟之事,而状其勇武者,谓之神话。'"刘锡诚:《20 世纪中国民间文艺学学术史》,河南大学出版社 2006 年版,第 24、29、30 页。钟少华:《词语的知惠》,贵州教育出版社 2000 年版,第 178 页;钟少华:《试论民俗学科词语概念的近代阐述》,《民俗研究》2002 年第 4 期。

报》上，发表了《神话历史养成之人物》一文。① 此后，一批留日学生，如王国维、梁启超、夏曾佑、周作人、周树人、章太炎等，相继把"神话"的概念作为启迪民智的新工具，引入文学、历史领域，用以探讨民族之起源、文学之开端、历史之原貌。自然也初步接触到神话学的一些基本问题，如神话是什么……但当时发表的文章大多属于介绍性的，所论也多是在论述别的问题时顺带谈到神话和神话学问题，因而不能不是片段的，还谈不上对神话和神话学的专门研究。②

这样，根据学术史的晚近梳理，现代神话学进入中国的早期（"间接通过日本"的）传承路线，已大致清楚了。但是，日文"神话"一词原是根据英文 myth 翻译的，③ 而据威廉斯（Williams）《关键词：文化与社会的词汇》"Myth"（神话）条，myth 这个词在英文中出现也只是 19 世纪的事情，④ 于是我们可以想见，当 19 世纪末，俄人格奥尔吉耶夫斯基撰写《中国人的神话观与神话》的时候，神话学在世界各国都还是一门相当年轻的学问。

可以说，用"神"和"话"两个汉字组成的词语翻译英文 myth，是一种既平易却又充满张力的译法。"平易"是说，"神话"这个词，就其字面意义（"神的故事"）来说，并不难理解（在古代汉语和日文

---

① "蒋观云在他的时代，发表了中国神话学史上的第一篇神话专文，为中国现代神话学揭开了第一章，其功绩永垂史籍。"刘锡诚：《20 世纪中国民间文艺学学术史》，河南大学出版社 2006 年版，第 34 页。

② 马昌仪：《中国神话学发展的一个轮廓（编者序言）》，载马昌仪编《中国神话学文论选萃》，中国广播电视出版社 1994 年版，第 9—10 页。刘锡诚：《20 世纪中国民间文学学术史》，河南大学出版社 2006 年版，"梁启超：第一个使用'神话'一词的学人"，第 19—22 页。马昌仪、刘锡诚之后，谭佳将"'神话'最早被引进"的标志确定于 1897 年 12 月 4 日《实学报》刊载的孙福保译《非尼西亚国史》（日本经济杂志本）。谭佳：《神话与古史——中国现代学术的建构与认同》，社会科学文献出版社 2016 年版，"1897 年：'神话'最早被引进"，第 49 页。进而确认"比梁启超更早使用'神话'来分析中国上古历史的是章太炎"。"'神话—古史'范式的奠基者：章太炎"，同上引书，第 54 页。

③ "我不知道它['神话']是不是在十九世纪末讲求维新的时代从日文的 shinwa 借用过来的。"柳存仁：《神话与中国神话接受外来因素的限度和理由》，载《中国神话与传说学术研讨会论文集》（上），（台北）汉学研究中心 1996 年，第 1—2 页。

④ ［英］威廉斯：《关键词：文化与社会的词汇》，刘建基译，生活·读书·新知三联书店 2005 年版，第 313—315 页。

中，"话"都有"故事"的意思①）；而"张力"是说，"神话"的词义，又可以从不同（比如"神灵"故事或者"神奇"故事、"神异"故事甚至"神圣"故事）的角度予以生发。但是，"间接通过日本"引进神话学的众多旅日学者当中，除了鲁迅，少有人尝试给予"神话"这个词语一确切的定义，使之能被用作理论概念。在《中国小说史略》（1920年）中，鲁迅写道：

> 昔者初民，见天地万物，变异不常，其诸现象，又出于人力所能之上，则自造众说以解释之：凡所解释，今谓之神话。神话大抵以一"神格"为中枢，又推演为叙说，而于所叙说之神，之事，又从而信仰敬畏之……故神话不特为宗教之萌芽，美术所由起，且实为文章之渊源。……迨神话演进，则为中枢者渐近于人性，凡所叙述，今谓之传说。传说之所道，或为神性之人，或为古英雄，其奇才异能神勇为凡人所不及……②

在《中国小说的历史的变迁》（1924年）中，鲁迅又写道：

> 原始民族，穴居野处，见天地万物，变化不常——如风、雨、地震等——有非人力所可捉摸抵抗，很为惊怪，以为必有个主宰万物者在，因之拟名为神；并想象神的生活、动作，如中国有盘古氏开天辟

---

① 李川批注："中国古代'话'就是故事，隋唐之际的说'话'，就是讲故事。'话本'、'平话'就是故事底本。"

② 鲁迅：《中国小说史略》，载《鲁迅全集》第8卷，人民文学出版社1957年版，第11—12页。"《中国小说史略》是作者1920年至1924年在北京大学讲授中国小说史课程时的讲义，1923年12月（11日），曾由北京新潮社印行它的上卷（第一篇至第十五篇），1924年6月（20日）又印行了下卷（第十六篇至第二十八篇）；1925年9月合订成为一册，由北京北新书局印行。"《鲁迅全集》第8卷，"第8卷说明"，第1页。秦川编：《鲁迅出版系年》，黑龙江人民出版社1984年版，第57页。"一九二零年八月六日，收到马幼渔送来的北京大学聘书，被聘为北京大学文科讲师。《北京大学1920年8月2日聘书》，原件现藏北京鲁迅博物馆。"鲍昌：《鲁迅年谱1881—1936》，天津人民出版社1979年版，第155页。"十二月二十四日，赴北京大学授课。鲁迅于本年八月二日被北大聘为讲师，本日开始授课，直至一九二六年八月离开北京为止"，"（《中国小说史略》）一九二零年北京大学曾出过四号字排印讲义，称《中国小说史大略》，'讲前三篇的时候，因为课本还没有印出，就用中国的油光纸临时印的'。"许广平：《鲁迅回忆录·鲁迅的讲演与讲课》，载鲁迅博物馆鲁迅研究室编《鲁迅年谱》（增订本），人民文学出版社1981年版，第25、117—119页。

第一章 神话学革命始于"神话"定义的"最后见解"

地之说,这便成功了"神话"。从神话演进,故事渐近于人性,出现的大抵是"半神",如说古来建大功的英雄,其才能在凡人以上,由于天授的就是。例如简狄吞燕卵而生商,尧时"十日并出",尧使羿射之的话,都是和凡人不同的。这些口传,今人谓之"传说"。①

刘锡诚援引《大日本百科辞书》之《哲学大辞典书》"更加严格地来说,以神格为中心之某种说话叫做神话"证明:"'神格'一词是鲁迅最早从日文借用过来的。日文'神格'(シソヵワ)是'神的地位'的意思。鲁迅借用'神格'一词来说明神话是以神为中心的古代传说。"②这就是说,在鲁迅通过日文"神格"而阐明的神话观中,"神话"这一词语偏重于"神"的"话(故事)"的意思。

与间接通过日本引进神话学时不大定义"神话"的做法不同,直接通过欧洲引进神话学的中国学者,在介绍西方学者的神话观时,往往首先定义"神话"。

> 神话是什么?这不是一句话就可以说得清楚明白的。如果我们定要一个简单的定义,则我们可说:神话是一种流行于上古时代的民间故事,所叙述的是超乎人类能力以上的神们的行事,虽然荒唐无稽,可是古代人民互相传述,却确信以为是真的。③

以上这段论述,出自茅盾《中国神话研究》一文,该文写于1924年12月11日,④发表在1925年1月10日出版的《小说月报》第16卷第1号上,署名沈雁冰,后收入《神话杂论》。尽管《中国神话的研

---

① 鲁迅:《中国小说的历史的变迁》,载《鲁迅全集》第8卷,人民文学出版社1957年版,第314—315页。"《中国小说的历史的变迁》是作者1924年7月在西安暑期讲学时的讲稿,曾经印入当时西北大学出版部印行的《国立西北大学、陕西教育厅合办暑期学校讲演集》(二)中。"《鲁迅全集》第8卷,"第8卷说明",第2页。鲁迅博物馆鲁迅研究室编:《鲁迅年谱》(增订本),人民文学出版社1981年版,第143页。

② 刘锡诚:《20世纪中国民间文艺学学术史》,河南大学出版社2006年版,第42页。"见陈涛主编《日汉辞典》,商务印书馆1978年版,第1022页。"同上引书,第42页。

③ 茅盾:《中国神话研究》,《小说月报》第16卷第1号,1925年1月10日,收入茅盾《神话杂论》,世界书局1929年初版,以及茅盾《神话研究》,百花文艺出版社1981年版,第63页。

④ 茅盾:《神话研究》,百花文艺出版社1981年版,第93页。

究》是茅盾研究中国神话的第一篇长文,然收入茅盾《神话杂论》的第一篇长文却是《神话的意义与类别》,① 以符合神话通论类著作将"概论"置于篇首的一般性结构。该文开篇即云:

> 何谓神话?这个问题,不是一句话就能说清楚的。我们要晓得,凡荒诞无稽,没有作者主名的流行故事,不尽是神话;凡叙述原始人类迷信鬼神的故事,也不一定是神话。我们所谓神话,乃指:一种流行于上古民间的故事,所叙述者,是超乎人类能力以上的神们的行事,虽然荒唐无稽,但是古代人民互相传述,却信以为真。②"神话"这词,在英文为 Myths。研究神话的科学叫做 Mythology,此字有时亦指神话本身,譬如 Mythology of Greece 即指希腊全部的神话。③

与《中国神话研究》相比,《神话的意义与类别》于"神们的行事"(茅盾多以此定义"神话")之外,多出了"凡荒诞无稽,没有作者主名的流行故事,不尽是神话;凡叙述原始人类迷信鬼神的故事,也不一定是神话"两句话。这多出的两句话,反映了茅盾在神话观上更深入的思考,今天看来具有重要的启发意义和学术价值——之前古史辨学派的古史观实际上就已经实践了茅盾的这一神话学思想——据茅盾自己回忆,为研究希腊、北欧神话,"当时搜罗可能买到之英文书籍",④ 故茅盾对西方现代神话学的基本理论、基本观念的理解,不是间接地借助日文,而是已经直接借助英文材料,⑤ 于是,

---

① 该文发表于 1928 年 6 月 24 日《文学周报》第 6 卷第 22 期,署名玄珠。查国华:《茅盾年谱》,长江文艺出版社 1985 年版,第 121 页。
② 茅盾:《神话研究》,百花文艺出版社 1981 年版,第 3 页。
③ 茅盾:《神话研究》,百花文艺出版社 1981 年版,第 8 页注释 [1]。
④ 茅盾:《神话研究》,百花文艺出版社 1981 年版,第 1 页。
⑤ 茅盾在 1980 年 7 月 8 日为《神话研究》撰写的《序》中写道:"二十二三岁时,为要从头研究欧洲文学的发展,故而研究希腊的两大史诗;又因两大史诗实即希腊神话之艺术化,故而又研究希腊神话……因而我又研究中国神话。凡此种种研究结果,或以短文形式随时发表,或以书本形式出版。"茅盾:《神话研究》,百花文艺出版社 1981 年版,第 1 页。茅盾《中国神话研究 ABC》"附录""中国神话研究参考用书"云:"这一个参考书目,不是列举作者在编著本书时所用到的书,而是想供给读者进一步研究中国神话时应参考的书籍。在研究中国神话时,一般的关于神话研究的理论,也还是不可少的,所以在此书目中又举了此方面的两本书。"茅盾:《神话研究》,百花文艺出版社 1981 年版,第 227 页。其中一本是(转下页)

第一章 神话学革命始于"神话"定义的"最后见解"

茅盾较之19世纪末20世纪初的旅日学者，对产生于现代西方的神话学有更切近的把握。加之茅盾"从前治中国文学，就曾穷本溯源一番过来，现在既把线装书束之高阁了，转而借鉴于欧洲，自当从希腊、罗马开始"，①两相结合，就使茅盾研究中国神话的学术成就超越了在他之前甚至之后的许多学者。

黄石《神话研究》（1927年开明书店初版）、谢六逸《神话学ABC》（世界书局1928年初版）、林惠祥《神话论》（商务印书馆1933年初版）都是以综述现代西方神话学研究成果为主要内容的著作。与茅盾一样，黄石、谢六逸、林惠祥的著作也是从援引西学对"神话"的定义开始的。

> 我们所谓"神话"，英文叫做"myth"，这个字渊源于希腊语的"μῦθος"（mythos），至于"mythology"一语，乃由拉丁语的"mythologia"转变而来，其语源是希腊语的"μῦθολογία"。照正当的解释，"myth"这个字是用来表示原始时代关于神奇的事物，或受神能支配的自然事物的故事；"mythology"一语是指关于这些故事之科学的研究，或历史的解释，故严格说起来，当译为"神话学"（the science of mythology）。但这个字的意义，用起来的时候，却很广泛，往往与"神话"一词相混，没有清楚的界别。（黄石）②
>
> 神话学这个名词，译自英语mythology。此字为希腊语mythos与logos的复合。mythos的意义，包含下列几种：一、一个想像的故事；二、极古生代的故事或神与英雄的故事；三、如实际的历史似

（接上页）茅盾自己的《神话研究》，"本书作者著。[此为商务印书馆《百科小丛书》之一，一九二八年出版]"；另一本是"An Introduction to Mythology, by Lewis Spence [一九二一年英国伦敦George G. Harrap书店出版]"。同上引书，第227—228页。

① 茅盾：《商务印书馆编译所》，最初发表于1978年、1979年2月《新文学史料》第1辑、第2辑，原题《商务印书馆编译所生活之一——回忆录（一）》《商务印书馆编译所生活之二——回忆录（二）》，编入《我走过的道路》（上）时合并为一篇，并改为现题，载《茅盾全集》第34卷，人民文学出版社1997年版，第150页。刘锡诚：《20世纪中国民间文艺学学术史》，河南大学出版社2006年版，第262—263页。

② 黄石：《神话研究》，上海文艺出版社1988年影印开明书店1927年版，第1页。

的传说着的通常故事。logos 则为记述的意思。由此二语复合而成的 mythology，可以解释为：一、神话及故事的学问或知识；二、神话的汇集或整理；三、传说的书物等……神话（myth）是神或"超自然的存在"的行为之说明，常在原始思想的界限里表现，神话企图说明人类与宇宙的关系。在述说神话的人们，有重大的宗教的价值。神话又是因为说明社会组织、习惯、环境等的特性而出现的。（谢六逸）[①]

神话的界说——神话的意义或说是"关于宇宙起源、神灵英雄等的故事"（A. Lang），或再详释为"关于自然界的历程或宇宙起源宗教风俗等的史谈"（H. Hopking, R. H. Lowie）。神话学便是研究神话的科学，不论是专门讨论一个民族的神话，或综合世界各民族的神话，而探索其共同的原理，都可称为神话学；但这个名称有时用以指一民族的神话的全体，这是错的，只有叙述没有理论的只可称为神话，不应称为神话学。神话学原名在拉丁文为 mythologia，源于希腊文 μυθολογία，系由 μῦθος = mythos = myths（神话）+ λογία = logia（学）合成。[②]（林惠祥）[③]

与茅盾一样，黄石、谢六逸、林惠祥也都主要根据英语世界的神话学概论性著作立论（黄石引西文著作 13 种，[④] 谢六逸引西文著作 14 种、日文著作 2 种，[⑤] 林惠祥引西文著作 16 种[⑥]），因为内容相似，他们的著作也都有相近的篇章结构，先之以神话学的基本理论，继之以神话的分类说明——反映了典型的理论神话学的神话类型观，而不同于实践神话学的神话类型观——或对各国各民族神话的介绍。以下是茅盾《神话

[①] 谢六逸：《神话学 ABC》，载《神话三家论》，上海文艺出版社 1989 年影印世界书局 1928 年版，第 1、3 页。
[②] 户晓辉批注："英语的后缀 - ology 来自古希腊语动词 λεγω，意思是'所说的事情'。"
[③] 林惠祥：《神话论》，商务印书馆 1933 年初版，第 1 页；林惠祥：《林惠祥人类学论著》，福建人民出版社 1981 年版，第 81 页。
[④] 黄石：《神话研究》，上海文艺出版社 1988 年影印开明书店 1927 年版，第 232—233 页。
[⑤] 谢六逸：《神话学 ABC》，载《神话三家论》，上海文艺出版社 1989 年影印世界书局 1928 年版，第 125—127 页。
[⑥] 林惠祥：《神话论》，商务印书馆 1933 年初版，第 108—109 页。

第一章　神话学革命始于"神话"定义的"最后见解"　97

杂论》(《神话研究》版)的目录：

　　神话的意义与类别
　　人类学派神话起源的解释
　　神话的保存
　　各民族的开辟神话
　　自然界的神话
　　中国神话研究
　　希腊神话与北欧神话①

黄石《神话研究》的目录：

　　上编　神话概论
　　第一章　什么是神话
　　第二章　神话的分类
　　第三章　神话的解释
　　第四章　神话的价值
　　下编　各国神话
　　第一章　埃及神话
　　第二章　巴比伦神话
　　第三章　希腊神话
　　第四章　北欧神话

谢六逸《神话学ABC》的目录：

　　第一章　绪论（神话学的意义、神话学的进步、最近的神话学说、神话与民俗学土俗学的关系）
　　第二章　本论（神话的起源、神话的成长、神话的特质）

---

① 茅盾《神话杂论》1929年世界书局版的内容仅包括"各民族的开辟神话""自然界的神话""中国神话研究""希腊神话与北欧神话"。茅盾：《神话杂论》，世界书局1929年版，目录。

第三章　方法论（材料汇集法、神话分类法、比较研究法）

第四章　神话之比较的研究（自然神话、人文神话、洪水神话、英雄神话）

林惠祥《神话论》的目录：

第一章　神话的性质及解释
第二章　神话的种类
第三章　神话的比较研究（以自然神话为例）
第四章　各民族神话概略
第五章　神话实例

揆之茅盾、黄石、谢六逸、林惠祥给予"神话"的定义，我们看到，尽管都是援引西方学者的观点以立论，其间仍有细微的差别。谢六逸、林惠祥与茅盾的定义比较接近，茅盾说神话讲述的是"神们的行事"，谢六逸说"神话是神或'超自然的存在'的行为之说明"，林惠祥说神话讲述的是"宇宙起源、神灵和英雄的故事"，且强调"人格化（personification）神话中的主人翁不论是神灵或植、动、无生物，都是当做有人性的，其心理与行为都像人一样，这是由于'生气主义'（animism）的信仰，因信万物皆有精灵故拟想其性格如人类"；① 而黄石则独辟蹊径，认为，神话乃"神奇的故事"。"神灵的故事"和"神奇的故事"，虽然仅有一字之差，却蕴含了超越以日文"神格"一词规定神话的可能性。当然，这种可能性却不可能为当时的学者所察觉，正如马克思曾经说过的：除非事物的某种功能得到了充分的发展，否则，在尚

---

① 林惠祥：《神话论》，商务印书馆1933年初版，第2页。刘锡诚在讨论鲁迅的神话"神格中枢论"时指出："鲁迅借用'神格'一词来说明神话是以神为中心的古代传说，大体包含下面两个意思：一，强调神在故事中的地位，神话的主要形象是神，神处于故事的中心地位而不是从属地位；而随着神话的发展……中枢改变了，神的地位逐渐让位于半神和英雄，于是，代替神话就出现了传说。二，'神格'一词当是仿'人格'而称之词，说的是有特定性格如人那样，但又与人有区别，非人而又超人的神；神话就是以这些有特定性格，如人那样，但又非人、超人的神为中心的故事。"刘锡诚：《20世纪中国民间文艺学学术史》，河南大学出版社2006年版，第42页。林惠祥所谓"人格化神话中的主人翁"庶几近之。

未充分发展的条件下，事物的特定功能是不可能被人们所认识到的。①作为"神奇故事"或"神异故事"甚至"神圣故事"的神话，因其"信仰"（林惠祥）功能尚未被用作"神话"定义的充分形式规定性，因而在黄石那里，"神奇故事"就仍然被囊括在"神话"定义的叙事内容规定性即"神灵故事"之内。由于没有人能够否认神灵故事同时也就是神奇故事，因此，黄石与茅盾一样，也就仍然以"受神能支配的自然事物的故事"为研究对象。这样，黄石给予"神话"的定义，尽管与茅盾、谢六逸、林惠祥略有差异，却不曾被人们（包括黄石自己）意识到，也就再正常不过了。而定义"神话"为"神奇故事"甚至"神圣故事"的真正学术价值，只有在今天，当神话学者们对神话的本质有了新的理解②——例如"神话是人的本原、本真（本体）的存在方式"——之后，才有可能认识到；而对茅盾关于"原始人类迷信鬼神的故事也不一定是神话"的说法，也才有了在顾颉刚及古史辨学派的基础上进一步解读的可能性。

    由于西学东渐以来西方的 myth 一词借道日本进入中国时用了"神话"这两个汉字，给一个世纪以来所有讨论中国神话问题的人预设了一种不无偏颇的成见——神话所讲述的当然是关于"神"的"话"；这就使人们忽略了在"神"这个汉字的指称以外会不会存在神话的对象之问题。而儒家的创始人孔子公开表示的"不语怪力乱神"一句，也就成为儒家反对神话，回避神话的"铁证"。这导致神话学在中国的百年发展中基本忽略掉了儒家神话的存在，甚至连这个合成词也会让多数人感到陌生或不可思议：儒家怎么还会有

---

 ① 马克思的原话是："人体解剖对于猴体解剖是一把钥匙。低等动物身上表露的高等动物的征兆，反而只有在高等动物本身已被认识之后才能理解。"［德］马克思：《〈政治经济学批判〉导言》，载《马克思恩格斯选集》第 2 卷，人民出版社 1972 年版，第 108 页。"为了理解低级阶段，我们就必须认识发达的有机体。因为发达的有机体是不发达的有机体的尺度和原型；由于发达的有机体内的一切都已到达其发达的活动水平，所以很清楚，只有根据这种有机体才能认识不发达的东西。"［德］黑格尔：《自然哲学》，梁志学、薛华、钱广华、沈真译，商务印书馆 1980 年版，第 581 页。

 ② "神话之'神'，不一定体现为人格神，而是事物相对于人的认识或知识的神奇与鲜活之处。汉语的'神'字所强调的恰恰是事物（不仅仅是所谓'神'的）特别高超、出奇和令人惊异之处，因此，神话恰恰是有关事物存在的特别高超、出奇和令人惊异之处的'话'或言说。"户晓辉：《神话与形式：重建神话学的阐释维度和伦理学价值》，本书"代序一"。

神话呢？讲述儒家神话，不宜刻舟求剑式地按照现代学科划分的民间文学神话观，到古汉语文本中寻找一些幻想类的叙述故事。而应当调整学科视角，从信仰溯源方面入手……①

但是，在茅盾、黄石、谢六逸、林惠祥的时代，"神们的行事"（而不是"神奇的故事"）是他们定义"神话"的基本思路（黄石亦不例外）。在黄石、谢六逸、林惠祥"取材"的参考书籍或书目中，林惠祥把安德鲁·兰《神话学》排在第一位，黄石将安德鲁·兰《神话、信仰与宗教》和《神话学》分列第一位和第二位，谢六逸将安德鲁·兰《神话学》和《近代神话学》排在第五位、第六位；② 而泰勒《人类学》和《原始文化》在他们的书目中分列第四位（黄石）、第五位（林惠祥）和第七位（谢六逸）。林惠祥特别注明，其"参考书目"的"（排位）数字"乃根据"本书中取材最多"者的等级而排列的。这说明，20世纪30年代以后，以茅盾为代表的"欧派"神话学家的"神话"定义（"神们的行事"）主要"取材"于现代西方人类学的进化论学派的神话观，他们甚至认为："自古以来，有许多神话研究者曾经从各方面探讨（神话）这个谜，不幸尚无十分完善的答复；直至近年始有安德烈·兰（Anderew Lang）的比较的圆满的解释。"③ 据此，马昌仪理据充分地指出：

> 以鲁迅、周作人、沈雁冰（茅盾）为代表的文学家，引进、改造并吸收了西方、主要是英国人类学派神话学的理论观点和研究方法，特别是沈雁冰的《中国神话研究 ABC》等专著的问世。不仅奠定了中国神话学的理论基础，使中国神话学作为一门独立的学科

---

① 叶舒宪：《儒家神话的再发现》，载叶舒宪、唐启翠编《儒家神话》，南方报社出版社 2011 年版，"第一章"，第 30 页。

② "编者对于神话学的研究，愧无什么创见。本书的材料，前半根据日本早稻田大学教授西村真次氏的《神话学概论》；后半根据已故高木敏雄氏的《比较神话学》，此外更以克赖格氏的《神话学入门》为证。西村氏的一书为最近出版者，条理明晰，所收材料也颇丰富，较之欧美各家所著的书，只各主一说者，对于初学更为有用，故本书的编成，大半的动因还是在介绍西村氏的大著。中华民国十七年七月十八日编者誌。"谢六逸：《〈神话学 ABC〉"序"》，载《神话三家论》，上海文艺出版社 1989 年影印世界书局 1928 年版。

③ 茅盾：《神话研究》，百花文艺出版社 1981 年版，第 8 页。

第一章 神话学革命始于"神话"定义的"最后见解"

而被学术界所承认,而且使在人类学派影响下出现于中国学坛的这部分学者成为中国神话学领域里的一个颇有成绩的、主要的神话研究群体。①

亦即,尽管与旅日学者的"取经"路线有间接、直接的不同,然就定义"神话"的基本观念和方法来说,两条路线既存在差异却又大体上保持了一致。当然,我们也注意到,在现代神话学的故乡,对于如何定义"神话"同样存在着不同的想法、看法、说法乃至做法。列在林惠祥"参考书目"第六位的是1914年出版、由时任英国民俗学会会长博尔尼(Burne)重编的第二版《民俗学手册》,②在该版《民俗学手册》中,英国民俗学家就将"神话"定义为较为含混的"起因故事"而不是明确的"神格……叙说"(鲁迅)或"神们的行事"(茅盾):

> 神话是起因故事。这些故事尽管荒诞不经,但讲故事的人都相信它,真诚地用它来说明宇宙、生与死、人和动物、人种、物种的区分、男女的不同工作、神圣的典礼、古代的习俗以及其他神秘的自然现象。……因此传统的故事似乎自然而然地分为两类——当作真人真事而讲的故事(神话、传奇、英雄传奇)和为了消遣解闷而讲的故事(各种各类的民间故事或Märchen),但是不管这种分类法对白人有多大方便,在土人的心目中它并不说明什么问题。对于土人来说,如果他脑子里想到分类的话,可能就是分为"神圣的"和"渎神的"两种。因为神话和传奇常常列为一个部落(或其他团体)最神圣的所有物。③

《民俗学手册》的作者还特别指出,一些神话"故事本身并非像人

---

① 马昌仪:《中国神话学发展的一个轮廓(编者序言)》,载马昌仪编《中国神话学文论选萃》,中国广播电视出版社1994年版,第10—11页。
② [英]瑞爱德:《现代英国民俗与民俗学》,江绍原编译,上海文艺出版社1989年影印中华书局1932年版,第193、285—286页。
③ [英]博尔尼:《民俗学手册》,程德祺等译,上海文艺出版社1995年版,第211—213页。程德祺汉译本"根据伦敦塞德维克和杰克逊出版公司1914年最新增订版译出",英文本原书名为 *The Handbook of Folklore*,见该书版权页。

们可能设想的那样，涉及天神和英雄的行为，而只是叙述部落的历史和它漂泊的情况，以及它逐步从野蛮状态上升到较佳生活条件"。① 但是，即便"起因故事"并不一定就讲述了"神的故事"，但是，"讲故事"的"土人"仍然"怀着宗教的敬畏来看待那一段神秘的或称为阿尔哲令伽的时期"。② 这就是说，无论"起因故事"的叙事内容如何，"起因故事"的叙事内容以及关于"起因故事"叙事内容的"真人真事"的"宗教敬畏"的真实感与神圣感的信仰形式始终构成了规定一则故事是否属于神话的双重标准。

博尔尼《民俗学手册》一直没有完整的中文译本，但该书的主要观点曾为多种中国学者撰写的"民俗学概论"著作所介绍，如林惠祥《民俗学》（商务印书馆1934年初版）称："本书系以英国民俗学会会长彭尼女士（C. S. Burne）所著《民俗学概论》（*Handbook of Folklore*, 1914）为蓝本，撮译其要点，并以己意略加改变，而文字与细目亦常有不同之处。"③ 关于神话，林惠祥这样写道：

> 神话是说明的故事，是要说明宇宙、生死、人类、动物、种族、男女、宗教仪式、古旧风俗以及其他有神秘性的事物的原因的，内容虽很奇特，常出于事理之外，但却为民众所确信。④

基本上传达了博尔尼《民俗学手册》的神话观。⑤ 马林诺夫斯基在

---

① ［英］博尔尼：《民俗学手册》，程德祺等译，上海文艺出版社1995年版，第213页。
② ［英］博尔尼：《民俗学手册》，程德祺等译，上海文艺出版社1995年版，第213页。
③ 林惠祥：《民俗学》，载林惠祥《林惠祥人类学论著》，福建人民出版社1981年版，第80页。
④ 林惠祥：《民俗学》，载林惠祥《林惠祥人类学论著》，福建人民出版社1981年版，第68页。
⑤ 据张紫晨，"1935年方纪生先生著《民俗学概论》也参照了博尔尼女士的这本著作［《民俗学手册》］。"张紫晨：《中译本序》，［英］博尔尼：《民俗学手册》，程德祺等译，上海文艺出版社1995年版，第3页。方纪生《民俗学概论》关于神话这样写道："神话被称为说明的故事，因为它是未开化人解释宇宙、生死、人类、动物以及其他大地间现象的起源及状态的工具，内容虽极怪诞无稽，但却正是原始民众心理的表现。"与林惠祥所述大同小异。方纪生编著：《民俗学概论》，北京师范大学史学研究所资料室印，1980年，第75页。该书"校印题记"云："本书是我国关于民俗学之最早的系统论述，不只介绍了外国材料，还大量利用了中国材料。原出版于1934年，曾用作大学教本。"

第一章　神话学革命始于"神话"定义的"最后见解"

其名著《原始心理与神话》(*Myth in Primitive Psychology*)①中曾引用过博尔尼（C. S. Burne）——与迈尔斯（J. L. Myres）合著——在另一本著作《人类学札记与质疑》(*Notes and Queries on Anthropology*) 中与上引《民俗学手册》大同小异的一段话，并称这段话不仅是"简括有力的陈述"（a condensed and authoritative statement），是"近代人类通行的见解"（the current views of modern anthropology），而且是"近代人类学对于这个题目的最后见解"（a nutshell all that modern science at its best has to say upon the subject）②——李安宅译马林诺夫斯基"nutshell"为"最后见解"不确，或应译作"最优概括"或"最佳概括"——就是指的博尔尼《民俗学手册》所提出的"神话"定义的双重标准。

在"故事、言谈、诗歌"这标题下，是说："这里包括各种民族许多理智的努力③……"这努力所"代表的是最初对于推理、想

---

①　马氏原作英文名为：*Myth in Primitive Psychology*，因此汉译为"原始心理中的神话"似更合适，现从李安宅"原始心理与神话"的译名，参见［英］马林诺夫斯基《巫术　科学　宗教与神话》下编，李安宅译，中国民间文艺出版社1986年版，第79页；Bronislaw Malinowski, *Myth in Primitive Psychology*, London, 1926。

②　［英］马林诺夫斯基：《巫术　科学　宗教与神话》，李安宅译，中国民间文艺出版社1986年版，第93、94页。Bronislaw Malinowski, *Myth in Primitive Psychology*, London, 1926, pp. 39, 41，以及 p. 41 "注释①"。后一句话宋颖译作："这就是现代科学尽其所能对神话所作的简明扼要的概括。"［英］马林诺夫斯基：《神话在生活中的作用》，宋颖译，载［美］邓迪斯编《西方神话学读本》，广西师范大学出版社2006年版，第251页。李安宅"根据原作者的意见"将该书与马氏的另一著作《巫术科学与宗教》(*Magic Science and Religion*) 合译为一书，商务印书馆1936年初版，中国民间文艺出版社1986年重新排印出版。［英］马林诺夫斯基：《巫术　科学　宗教与神话》，李安宅译，中国民间文艺出版社1986年版，"译者按"，第79页。"近代人类学对于神话的见解而被伯、迈二氏陈述得很好但很简略者。"同上引书，第95页。

③　"理智的努力（intellectual effort）。"［英］马林诺夫斯基：《巫术　科学　宗教与神话》，李安宅译，中国民间文艺出版社1986年版，第93、95页；intellectual effort. Bronislaw Malinowski, *Myth in Primitive Psychology*, London, 1926, pp. 40, 44。宋颖译作"理性反应""理性活动"的"理性的努力（intellectual effort）"。Bronislaw Malinowski, *The Role of Myth in Life*, *Sacred Narrative: Readings in the Theory of Myth*, Edited by Alan Dundes, University of California Press, 1984, p. 206. ［英］马林诺夫斯基：《神话在生活中的作用》，宋颖译，载［美］邓迪斯编《西方神话学读本》，广西师范大学出版社2006年版，第251—252页。"理性反应（intellectual reaction）"，"原始人空想的理性活动（a primitive intellectual arm-chair occupation）"。同上引书，第251—252页；Bronislaw Malinowski, *The Role of Myth in Life*, *Sacred Narrative: Readings in the Theory of Myth*, Edited by Alan Dundes, University of California Press, 1984, p. 206。"可是我们底梅兰内西亚人承认这种见解吗？当然不能。他们不要'解说'神话里的任何东西，尤其不要'解说'抽象的概念。至于抽象的观念，据我所知道的，既在梅兰内西亚没有例，也在旁的蛮野社会没有例。"［英］马林诺夫斯基：《巫术　科学　宗教与神话》，李安宅译，中国民间文艺出版社1986年版，第94页；Bronislaw Malinowski, *Myth in Primitive Psychology*, London, 1926, p. 44。

象、记忆等运用。"这不能不使我们问:情感、趣意、野心,以及一切故事的使命,更认真的故事与文化价[值]底深厚联系,都在哪里呢?该书照例将各种故事加以简短的分类以后,我们见到神圣的故事是这样的:"神话这一类的故事,不管对于我们是怎样荒唐无稽,乃是被土人十二分认真地讲述的;因为神话的用处乃在用一些具体易解的方法来解说抽象的观念,或者关于创世、死亡、人种底分别、动物底种类、男女不同的业务等笼统困难的概念;以及关于仪式与风俗底起源。奇怪的自然物或史前的纪念物,人名地名的意义等概念。这类的故事有时说是目的的故事,因为故事底用意乃在解说事物底存在与发生。"①

如果我们赞同马林诺夫斯基对该定义的评价,那么我们也许可以称之为民间文(艺)学—民俗学(马林诺夫斯基称之为"人类学")的理论神话学之于"神话"概念的经典定义。而这一神话理论的经典定义(最后见解)之双重标准中的后项指标(真实感、神圣感的信仰形式规定性)似乎比前项指标(起因故事的叙事内容质料规定性)更具有"决定性"②的意义——"在神话想象中,总是暗含有一种相信的活动。没有对它的对象的实在性的相信,神话就会失去它的根基"③——其

---

① [英]马林诺夫斯基:《巫术 科学 宗教与神话》,李安宅译,中国民间文艺出版社1986年版,第93—94页; Bronislaw Malinowski, *Myth in Primitive Psychology*, London, 1926, pp. 40–41。"该书(C. S. Burne, J. L. Myres, *Notes and Queries on Anthropology*, pp. 210–211)在'故事、俗语和民歌'一节中说:'这一部分包括很多人类的理性活动……'它'代表着人们进行推理、想像和记忆而进行的最早尝试'。我们不禁要问,这些故事所体现的情感、兴趣和抱负及其社会功能被置于何处?与文化价值更为严肃的密切联系又被置于何处呢?该书对故事进行通常的简单分类之后,谈到了神话故事:'神话是这样一类故事:无论对我们来说是如何地离奇和难以置信,但讲述者都出于真心实意。因为讲述者是想——或相信——通过某些具体的、明白易懂的事物来解释某种抽象的思想或含糊难懂的概念,如创世、死亡、种族区别或动物分类、男女之间的不同分工、仪式或习俗的起源,或引人注目的自然景物和史前遗物,人名或地名的含义等。这类故事有时被称为成因故事,因为它们旨在解释某一事物为何存在或怎样发生的。'"[英]马林诺夫斯基:《神话在生活中的作用》,宋颖译,载[美]邓迪斯编《西方神话学读本》,广西师范大学出版社2006年版,第250—251页。

② "决定性的形容词'神圣的'把神话与其他叙事性形式,如民间故事这一通常是世俗的和虚构的叙事形式区别开来。"[美]邓迪斯《导言》,朝戈金译,载[美]邓迪斯编《西方神话学读本》,广西师范大学出版社2006年版,第1页。

③ [德]卡西尔:《人论》,甘阳译,上海译文出版社1985年版,第96页。

实,"神话"定义之"决定性"的后项指标的信仰形式规定性,20世纪上半叶初期的中国神话学家们早就注意到了:"初民……于所叙说之神,之事,又从而信仰敬畏之"(鲁迅);"所叙述者,是超乎人类能力以上的神们的行事,虽然荒唐无稽,但是古代人民互相传述,却信以为真"(茅盾);"神话……在我们文明人看来,诚然是怪诞荒唐,不合理性的,但在原始时代的讲者和听者却都信以为真,绝不觉得有半点虚妄"(黄石);①"[神话是]实在的(substantially true),在民众中神话是被信为确实的纪事,不像寓言或小说的属于假托"(林惠祥)。② 而于该标准之前项指标的多种叙事内容规定性,林惠祥引 A. Lang 之神话乃"关于宇宙起源、神灵英雄等的故事",以及 H. Hopkins 和 R. H. Lowie 关于神话是"自然界的历程或宇宙起源宗教风俗等的史谈"等断语,也都注意到了。但是,尽管中国神话学者已经注意到"神话"定义在西方学者那里的双重(叙事内容质料与信仰形式)规定性,却仍然倾向于用"一言以蔽之"式的"神格……叙说"或"神们的行事"的叙事内容质料规定性而不是信仰形式规定性来定义"神话",因为即便是在现代神话学的起源地西方学术界,"神们"的"神格"也仍然是彼时彼地的学者们经常用作定义"神话"的"决定性"指标(极端者如汤普森),"决定性"从"神话"定义的双重标准的前项指标(叙事内容质料规定性)——通过把作为后项指标的"信仰形式"理解为"体裁形式"(始作俑者为格林兄弟)——转移到后项指标(信仰形式规定性),是后来的事情。

第二节 "神话"概念的虚构性理论意义 与真实性实践价值

受后期希腊文和晚期拉丁文以及近代欧洲各国语言的相互影响,19世纪以来,在欧洲各国的现代语言中,形成了可以相互对译的 myth "同义词"或"同语族"(鲍登)词语家族。

---

① 黄石:《神话研究》,上海文艺出版社 1988 年影印(上海)开明书店 1927 年版,第 4 页。

② 林惠祥:《神话论》,商务印书馆 1933 年初版,第 2 页。

"神话"一词英文是myth，法文是mythe，德文是mythos、mythus、mythe，意大利语mito，西班牙语mito，葡萄牙语mytho，荷兰语mythe，挪威语myte，丹麦语mute，俄文mif，这些语言都是源于希腊文mythos（或是muthos）而来的。①

威廉斯（Williams）《关键词：文化与社会的词汇》"Myth（神话）"条指出：

> myth现在是一个饶有深意且极其复杂难解的词。这个词进入英文是在一百五十年前［的19世纪］，当时是一个正统宗教崩解的时期。myth向来被视为具有负面［的理论］意涵，作为事实、历史（History）与科学（Science）的对比；myth与imagination（想像）、creative（有创造力的）与fiction（虚构）这些词的复杂的现代［理论认识的负面］意涵纠葛不清。在独特的"后基督教"的意义上……myth具有一个普遍共同的［理论认识的负面］意涵：一种虚假的（通常是刻意虚假的）信仰或叙述。……myth这个词迟至19世纪才出现在英文里，虽然18世纪就有mythos的存在。mythos最接近的词源为后期拉丁文mythos，［其更遥远的词源为］希腊文mythos——指的是一则寓言或故事；［mythos］后来与logos（道、理性）和historia（历史）［希罗多德《历史》用的就是Historiae（拉丁文转写，希腊原文为ἱστορία）②——笔者补注］形成对比，产生了下述［理论认识的负面］意涵："不可能真正存在或发生的事情"。［英文］myth与mythos出现之前，mythology（从15世纪

---

① 王孝廉编译：《神话的定义问题》，载《民俗曲艺》第27期，1983年12月，第89—103页。据"编译者附记"："这篇文字是根据松村武雄博士的《神话学原论》上卷（东京，培风馆发行）第一章'序论'编译而成的。"锺宗宪：《中国神话的基础研究》，台北洪叶文化事业有限公司2006年版，第21—22页"注释1"。

② "尽管《历史》记载了不少荒诞无稽的传说，并因此受到比希罗多德略晚的希腊史学家修昔底德的讪笑，但它仍然有很高的史料价值。他的记述不少是亲自调查得来的。其中有许多为后世的发掘和研究所证实；对于史料，他基本上采取了实事求是的态度……在本书的开头他用的ἱστορία一词（后世西方语言之History，Histoire等等便从此词演变而来）便有'研究''探索'之意，这已渐渐地接近于我们后世所理解的历史了。因此克罗瓦塞说ἱστορία一词在这里标志着一次文体上的变革，实在是有见地的。"［古希腊］希罗多德：《历史》，王以铸译，商务印书馆1959年版，"出版说明"，iii。

第一章 神话学革命始于"神话"定义的"最后见解"

起）及其衍生词 mythological，mythologize，mythologist（从 17 世纪初）就已经存在。这些词与"寓言式叙述"（fabulous narration，1609）有关，但是，mythology 与 mythologizing 最常被使用，其意涵指的是对寓言故事的解释或注释。从 1614 年起，我们就有"神话学的诠释"（mythological interpretation）。……回顾过往，myth 与 fable（寓言）交互使用，有别于 legend（传说、传奇故事）。legend 也许是不可靠的，然而它与历史有关……表达了某一些真实。然而从 19 世纪中叶起，myth 的单纯［负面的理论认识］用法——不仅是一种想像的，而且是不可靠的、甚或是刻意带有欺骗性的虚构——普遍且持续地被使用。在其他传统里，myth 具有一个［对西方文化来说的］崭新而且正面的［实践直观用法的］意涵。在 19 世纪之前，myths 被［理论地］斥为只不过是寓言（通常是指异教徒的寓言），或是被当作讽喻，或是被视为关于起源与史前史的一些令人困惑的回忆。然而，一些新的［现象学地直观信仰实践的正面意涵的］思想方法在这个时候出现。……［这些新的现象学地直观信仰实践的正面意涵的思想方法］对抗将神话理性化（rationalize）的［理论认识］企图（理性化之目的是质疑神话［信仰］的可信度或者是［理论地］揭露［神话］真实的原因、起源）。许多正面的且被普遍使用的［现象学实践直观］用法，于是从上述［正面］意涵发展出来。神话被认为是一种比（世俗的）历史，或写实的描述，或科学的解释更为真实的（较有深度的）［信仰实践的］"实在版本"（version of reality）。根据这个论点，神话的范围涵盖了从单纯的非理性主义与（通常是"后基督教的"）超自然主义到更细腻的叙述。①

威廉斯区分了英文 myth（神话）这个词语的两种意涵：其一，"现代""普遍共同"的"负面意涵"，"指的是一则寓言或故事"，"只不过是寓言"，"寓言式叙述"，"其意涵指的是对寓言故事的解释或注释"，"不仅是一种想像的，而且是不可靠的、甚或是刻意带有欺骗性

---

① ［英］威廉斯：《关键词：文化与社会的词汇》，刘建基译，生活·读书·新知三联书店 2005 年版，第 313—315 页。

的虚构",“一种虚假的（通常是刻意虚假的）信仰或叙述"的"不可能真正存在或发生的事情"。① myth 的"负面意涵"起源于"后期拉丁文"甚至"后来"（威廉斯）即"后期"（纳吉，见下文）的古希腊文。其二，一种"崭新""新的""正面意涵"，指的是"一种比（世俗的）历史，或写实的描述，或科学的解释更为真实的（较有深度的）［信仰实践的］'实在版本'"。myth 的"正面意涵"，起源于人类学、民俗学等现代学术或学科对非西方异文化"其他传统"的民族志认识，正如鲍登（Bowden）《民俗与文学全书》"神话"条指出的："民俗学者们把神话界定为一种［正面意涵的真实叙事、］神圣叙事，它起源于［关注非西方异文化的］口头传统并关注人类与神圣世界［之间因信仰实践］的互动关系。"②

  myth 这个词直到 1830 年才从晚期拉丁语［威廉斯："后期拉丁文"］mythos 或 mythus 进入英语［威廉斯："在一百五十年前""从 19 世纪中叶起""迟至 19 世纪才出现在英文里"］；它的同语族的词包括法语 mythe，西班牙语 moto，德语 Mythe 和俄语 Muo。在基督教早期时代［威廉斯："18 世纪"或"在 19 世纪之前"］，人们从希腊语中采用了 mythos，当作［拉丁文］fabula（"逸事""故事"）③的同义词［威廉斯："myth 与 fable（寓言）交互使用"］。学者们应该警惕以欧洲为标准扭曲非西方国家神话的发展

---

  ① "在我们现代人看来，神话是'一种纯虚构的叙述'。当我们说某物'像神话一样'。言下之意就是：某物是不存在的。"［英］赫丽生：《古希腊宗教的社会起源》，谢世坚译，广西师范大学出版社 2004 年版，第 316 页。"只有在现代用法里，'神话'一词才具有'荒诞'这一否定性含义。照通常的说法，'神话'这个字眼常被当作'荒诞'或'谬论'的同义词。你可以指责一个陈述或说法不真实而说：'那只是一个神话！'（名词'民间传说'和'迷信'可能产生相同效果）"［美］邓迪斯：《〈西方神话学读本〉导言》，朝戈金译，载［美］邓迪斯编《西方神话学论文选》，广西师范大学出版社 2006 年版，第 1 页。"此外，再提供一个了解神话的意味深长的途径，那些令人讨厌的通常说法，如'那只是个神话'或'那只是民间传说'，这些说法都明确表示某事是不真实的。"［美］巴斯科姆：《口头传承的形式：散体叙事》，朝戈金译，载［美］邓迪斯编《西方神话学读本》，广西师范大学出版社 2006 年版，第 15 页。

  ② 户晓辉：《返回爱与自由的生活世界：纯粹民间文学关键词的哲学研究》，江苏人民出版社 2010 年版，"三 神话"，第 197 页。

  ③ 李川批注："［fabula 是］拉丁文，《金驴记》曾七次使用该词，尤其是卷四叙述爱神和普绪客的神话故事，正是用这个词。词义有多种，传说，故事，谈话等等。"

第一章 神话学革命始于"神话"定义的"最后见解"

情况,尽管目前不可能很快即有一个能够让所有学科都同意的有限定的神话定义。①

"鲍登的描述告诉我们:西方主要语言中的'神话'一词大都来自希腊语,它最初的意思不一定是叙事,还包括语词、话、故事、虚构等等。"② 这就是说,威廉斯、鲍登等认为,以 19 世纪为分水岭,之前,英文 myth 及其"衍生词"被用作"寓言""故事"的"同义词""同语族的词";"从 19 世纪中叶起"(威廉斯)或许更准确地说"1830年"(鲍登)以后,由于人类学家、民俗学家在非西方异文化"其他传统"中重新发现了与"寓言""故事"等非信仰叙事不同的信仰叙事,于是,当人类学家、民俗学家用 myth 指涉这些"其他传统"(威廉斯)的信仰叙事的时候,myth 才因为"西方社会对异文化的了解日益增长"(史密斯)而认识到"特定社会里的神话……对那个社会而言的[作为真实性、神圣性信仰叙事的实践]事实"(纳吉,见下文)而获得了信仰实践用法的"正面意涵"。但是,其实,现代英语 myth 的古希腊文词源μῦθος(muthos),并非从来就只有虚构的寓言或故事的理论认识用法的"负面意涵",其曾经也被认为是"真实故事"和"神圣故事"。即,古希腊文 muthos 实际上包含了早期和后期两种意义,如巴雷特(Barrett)就特别强调了不同于古希腊文 muthos "后来[即后期]……意涵"(威廉斯)的"早期……意义""原始意义"。

> [古希腊] 词语 mythos 的早期历史是明了的,与词语 logos 有相同的意义:词语(word)、说话(speech)……随着该词语的原始意义(primitive meaning)的[后期]发展,mythos[方才]意指:故事(story, tale)……而且[即便这时],mythos 也仍然可与 logos 互换地使用。③

---

① 户晓辉:《返回爱与自由的生活世界:纯粹民间文学关键词的哲学研究》,江苏人民出版社 2010 年版,"三 神话",第 197 页。
② 户晓辉:《返回爱与自由的生活世界:纯粹民间文学关键词的哲学研究》,江苏人民出版社 2010 年版,"三 神话",第 197 页。
③ C. K. Barrett, *Myth and the New Testament——The Greek Word Mythos*, R. A. Segal: *Philosophy, Religious Studies, and Myth*, Garland Publishing, Inc. New York & London, 1996, p. 25.

纳吉对古希腊词语 mythos 从"早期……意义""原始意义"到"后期意义"的"发展"（巴雷特）"过程"给出过清晰的描述。

> 在后荷马传统中，例如我们在［古代希腊晚期］品达诗歌的句法中已经见到的例证那样，mûthos 确实已经成为 alēthés［真实的］或 alétheia［事实］的对立项了……在品达的诗歌句法中，mûthos 实际上可以在"神话"这一词汇的现代［"虚构"］意义上进行对译……在此过程中该词的稳固性发生了动摇。神话成为相对的，不被信任的［威廉斯："不可能真正存在或发生的事情"］，正如我们甚至在我们［今天］对该词［受理论认识用法影响］的日常使用中所看到的那样。在我们［受理论认识用法影响］的日常用法中，神话（myth）一词的通俗意义必须与该词［信仰实践用法］的学术意义相并置，也就是依照人类学者［根据田野经验发现的信仰实践］的用法，将一个特定社会［威廉斯："其他传统"］里的神话［myth］视同为对那个社会而言的［真实性、神圣性信仰实践的］事实……神话［myth］的这种［人类学发现的］学理意义，与荷马句法中所折射的 mûthos 的早期［信仰实践的真实性、神圣性］意义［巴雷特："早期……意义""原始意义"］相匹配的……概言之，在希腊语 mûthos 的早期［信仰实践］意义和后期［理论认识］意义之间出现的差异，恰如现代借词神话［myth］在［受理论认识用法影响的日常用法的］通俗意义与［人类学根据田野经验发现的信仰实践用法的］学术意义之间的区别，二者有着丝丝入扣的匹配性。①

mûthos 与 myth 的早期意义与后期意义

	真实的叙事	虚构的叙事
mûthos	早期意义	后期意义
myth	学理意义、原始意义（直观信仰实践用法的学术使用、学者用法）	通俗意义、现代意义（接受理论认识用法影响的日常使用、常人用法）

---

① ［匈］纳吉：《荷马诸问题》，巴莫曲布嫫译，广西师范大学出版社 2008 年版，第 169、171、174 页。

第一章 神话学革命始于"神话"定义的"最后见解"

纳吉所阐述的是古希腊研究者已取得的共识。

> "神话"（muthos）一词是希腊人传给我们的，但对于使用这个词的古代希腊人来讲，它的含义与我们今天所说的神话不同，指的是"讲话"、"叙述"。它最初并不与"逻各斯"（logos）对立，逻各斯最早的含义也是"讲话"、"话语"，后来才指称智性和理性。只是在公元前5世纪以后的哲学阐述和历史调查中，神话才与逻各斯对立起来，带上了贬义色彩，泛指一种没有严谨的论证或可信的证据支持的、虚妄的论断。从真实性的角度来讲，神话失去了信誉，与逻各斯形成对照。但即使在这种情况下，神话也不确指某一类有关神和英雄的神圣叙事。①

民间文（艺）学—民俗学家接受了古希腊专家们的共识。

> 古希腊学者希罗多德区分了逻各斯（logos）与神话（mythos），认为它们的区别在于真实或虚构的叙述。[从此]"神话"这一概念始终［在理论认识的使用方式即"用法"中］保持负面含义，即使有大量哲学与理论意在［根据"其他传统"的信仰实践］清除这种［理论认识的负面］影响。在这一意义上，神话［这一理论概念的负面意义］无法与信徒坚信的信仰相比。从文化视角来看，信仰［在实践上］与神话在［理论认识的］概念上是对立的。②

这样，根据纳吉等人的描述，我们就获得了关于 muthos-myth 这个词语的早期信仰叙事实践的使用方式（用法）的真实性、神圣性正面意义与后期理论认识的使用方式的虚构性负面意义之间的一幅关系清晰的对应图式。即现代人类学、民俗学家们在非西方异文化"其他传统"

---

① [法]韦尔南：《希腊思想的起源》，秦海鹰译，生活·读书·新知三联书店1996年版，第10页。
② [美]阿默思：《我们需要理想的（民俗）类型吗？——致劳里·航柯》，载《民俗学概念与方法——丹·本-阿默思文集》，张举文编译，中国社会科学出版社2018年版，第142页。

中发现的muth的信仰叙事实践的真实性、神圣性正面意义即根据"学者用法"现象学地直观到的神话信仰叙事实践之"实在版本"（威廉斯）的"学术意义"或"学理意义"（纳吉），也就是古典学家在古希腊文中发现的muthos这个词语的真实性、神圣性信仰叙事实践的"早期意义""原始意义"。而威廉斯所云现代英语myth接受的后期拉丁文（鲍登："晚期拉丁文"）mythos而"日常使用"的虚构性"现代意义""通俗意义"，其实只是继承了古希腊文muthos的虚构性"后期意义"。而无论古希腊文muthos的"后期意义"，还是现代英语myth的"现代意义""通俗意义"，其"虚构性"的意义都起源于古代希腊学者之于muthos概念的理论认识使用方式，即威廉斯指出的"将神话理性化（rationalize）的企图（理性化之目的是质疑神话的可信度或者是揭露［神话］真实的原因、起源）"，亦即大林太良所谓"神话本身的没落和神话研究的发端"。但是这样一来，我们就得到了myth（神话）概念（或词语）之基于两种不同的"学者用法"的两种不同的"学术意义""学理意义"。（1）"神话"概念基于理论认识使用方式的虚构性叙事的负面意义；（2）"神话"概念基于田野经验（其实是现象学主观性观念直观）的真实性、神圣性信仰叙事实践的正面意义。古希腊文mythos的"后期意义"以及现代英语myth的"现代意义""通俗意义"，都只是受"神话"概念的理论认识用法的影响而普及的"日常用法"或"日常使用方式"。[①] 至于古希腊文muthos的"早期意义""原始意义"则是被以马林诺夫斯基为先驱、为代表的现代人类学家、民俗学家以现象学主观性观念直观方法在"其他传统"中"礼失求诸野"地再次发现的。[②] 当然，维柯（Giambattista Vico，1668－1744）曾经认为，myth

---

① 从1903年到今天，一百多年过去了，"神话"的观念在现代中国早已深入人心，以至于西村真志叶2005年在北京市门头沟区清水镇燕家台村做田野调查时发现，"神话"这个当初从日文引进的学术概念或学科术语如今已是当地村民观念世界中的一个日常说法。"所有被提问者基本上都认为'神话'是'想象中的古代故事，就像咱们拿来唱戏的《三国演义》、《西游记》'，是一种'胡说'。其中有两位被提问者纠正笔者：'这边儿的人不说是拉家个神话，就说拉古。'……'神话，是有人给你说古老的时儿的传说。'……'假的故事是神话，比如我们说的《西游记》就是神话。'"西村真志叶：《作为日常概念的体裁——体裁概念的共同理解及其运作》，《民俗研究》2006年第2期，第80、87、92页。

② 马林诺夫斯基本人总是自诩其经验实证的科学人类学方法，而这也是人类学界对马林诺夫斯基学术贡献的主流判断；但笔者始终倾向于阐明马林诺夫斯基科学人类学田野作业的主观论现象学性质。

第一章 神话学革命始于"神话"定义的"最后见解" 113

的"学者用法"的"学理意义""学术意义"的"正面意义",并不需要人类学家、民俗学家到非西方异文化的外部"其他传统"中去"再发现",而是在西方文化内部就能够自我发掘。例如在意大利人的日常语言当中,mythos 就保留了早期拉丁文乃至荷马传统"自然语言"的"早期意义""原始意义"。

维柯 1725 年出版的《新科学》① 意在证明早期拉丁文与古希腊文之间的"派生关系",即属于拉丁语民族的意大利人很早就掌握了mythos 这个词语,② 而且意大利语 mythos 还保存了古希腊文 muthos 的"实物、真事,或真话的语言"信仰叙事"实践命名"的"早期意义""原始意义",而不仅仅是"相对的,不被信任的"(纳吉),"不仅是一种想像的,而且是不可靠的,甚或是刻意带有欺骗性的虚构"的"一种虚假的(通常是刻意虚假的)信仰或叙述"(威廉斯)的"后期意义"。

> 逻葛斯(logos,即词)对希伯来人来说,也可以指事迹,对希腊人来说,也可以指实物。同理,mythos 原来在意大利文里的定义是"实物,真事,或真话的语言",也就是首先由柏拉图,接着由扬姆布里球斯都认为在世界上有一个时期曾用过的一种〔"实践命名"的〕自然语言〔而非理论概念的学术语言〕。③

尽管维柯生活的 18 世纪的意大利语中保留或保存了古希腊文 muthos 这个词语及其古老意义,但似乎(至少在《新科学》一书中)还没

---

① 〔意〕维柯:《新科学》,朱光潜译,人民文学出版社 1986 年版,第 658 页。
② 维柯写道:"拉丁人跟着希腊人走。""我们曾假定,作为一种必然的猜测,在拉丁区域海岸上曾有一座希腊(殖民)城市……把希腊文字教给了拉丁人。这种文字,象塔西佗所记载的,起初象最早的希腊文字,这是个有力的论据,证明拉丁人是从拉丁地区的希腊人,而不是从大希腊的,更不是从希腊本土的希腊人学到希腊文字。拉丁人在和他林敦进行战争以及接着又和庇洛斯进行战争之前,和希腊本土的希腊人根本没有往来。要不然,拉丁人就会用最近的希腊文字而不会保留着原始的即古老的希腊文字。"〔意〕维柯:《新科学》,朱光潜译,人民文学出版社 1986 年版,第 441 条,第 203、763 条,第 397—398 页。《新科学》的英文译者费希在为《新科学》1968 年英文版写的"引论"中指出:"维柯当过那不勒斯大学的拉丁修辞学教授,在 1709 年到 1722 年之间已用拉丁文写过四部著作,然后才转用意大利文来写作这部《新科学》,所以可以设想,他用来源于拉丁文的意大利文的词汇就带有字源方面的生动联想意义。"〔意〕维柯:《新科学》,朱光潜译,人民文学出版社 1986 年版,第 12 页。
③ 〔意〕维柯:《新科学》,朱光潜译,人民文学出版社 1986 年版,第 401 条,第 177—178 页。

有使用与现代英语 myth 相当的现代意大利语 mito；因此，维柯在《新科学》中凡在解释古希腊文 muthos 的时候，用的都是意大利文 fàvola（寓言，复数 favole）而不是 mito（神话）——正如：虽然"18 世纪［在英文里］就有 mythos 的存在"，但"在 19 世纪之前，mythos 被［理论地］斥为只不过是寓言（通常是指异教徒的寓言），或是被当作讽喻，或是被视为关于起源与史前史的一些令人困惑的回忆"（威廉斯）——可见鲍登"在基督教早期时代人们从希腊语中采用了 mythos 当作［拉丁文］fabula（'逸事''故事'）的同义词"，以及威廉斯"回顾过往［在英语中］myth 与 fable（寓言）交互使用""指的是一则寓言或故事""寓言式叙述""对寓言故事的解释或注释"之所言不虚。换句话说，尽管维柯发现了意大利语 mythos 曾经作为"自然语言"与古希腊文的"早期意义""原始意义"——"实物，真事，或真话的语言"——的"正面［实践］意义"相符合；但在维柯的时代，意大利文 mythos 与 fàvola 之间的互文关系，说明其时的意大利语 mythos 主要还是在受理论认识用法影响的现代日常、通俗的"负面意义"——而不是在学者从学术、学理上现象学地直观"实践命名"的"正面意义"——的语境条件下被使用的。

与 mythos 相关的词语及意义

  logos = muthos（古希腊文的早期意义）

  mito：意大利语"真话"（古希腊文的早期意义，对应于英文 myth）

  muthos：古希腊文"寓言"（古希腊文的后期意义）

  fabula：拉丁文"故事"

  fàvola：意大利语"寓言"

  favèlla：意大利语"说唱文"（英语"speech"）

  fable：英语"寓言"

维柯写道（朱光潜翻译）：

  logic（逻辑）这个词来自逻葛斯（logos），它最初的本义是寓言故事［fàvola］，派生出意大利文 favella，就是说唱文。在希腊文

第一章 神话学革命始于"神话"定义的"最后见解"

里,寓言故事也叫做 mythos,即神话故事,从这个词派生出拉丁文的 mutus, mute(缄默或哑口无言)。①

维柯认为,意大利语 fàvola 和 mythos 有着古希腊文的共同起源,但据巴雷特、纳吉的说法,英语 myth 之现代通俗、日常使用的"负面意义"只能对应于古希腊文 muthos 的"后期意义"。上面这段话的《新科学》意大利语原文作:

"Logica" vien detta dalla voce lógos, che prima e propiamente significò "fàvola", che si trasportòin italiano "favella" —e la fàvola da'greci si disse anco mûthos, onde vien a'latini "mutus". ②

贝根(Bergin)、费希(Fish)的英文版译文作:

Logic comes from logos, whose first and proper meaning was fabula, fable, carried over into Italian as favella, speech. In Greek the fable was also called mythos, myth, whence comes the Latin mutus, mute. ③

朱光潜的汉语译文根据英语译文译出,故有"favella 就是说唱文[speech],mythos 即神话故事[myth]"的说法。而在维柯《新科学》

---

① [意]维柯:《新科学》,朱光潜译,人民文学出版社 1986 年版,第 401 条,第 177 页。巴雷特说,早期 mythos 与 logos 同义,与维柯所见相同。张小勇译里拉(Lilla)《维柯:反现代的创生》:"维柯发现。诗性神话必定是早期民族用诗性的真实叙述(vera narratio)讲述的真实的历史。我们在传统上认为是我们智慧的远祖神话(mythos),实际上是粗野的、野蛮的诸民族的语言(logos,逻格斯),那种看法犯了年代误植。"并引维柯《新科学》:"神话(mythos)的定义是'真实的叙述',但其延续至今的含义却是'寓言',迄今为止,每个人都认为这意味着'虚假的叙述'。而逻格斯(logos)的定义则是'真实的叙述',尽管一般都认为它的意思是'起源'或者'词语的历史'……寓言和真实的叙述其实说的是一件事情,证明它们就构成了最初的民族的词汇。"[美]里拉:《维柯:反现代的创生》,张小勇译,新星出版社 2008 年版,第 167 页。

② G. Vico, *Scienza Nuova Seconda*, BARI GIUS. LATERZA & FIGLI, 1942, V. I, p. 161.

③ G. Vico, *The New Science of Giambattista Vico*, Revised Translation by T. G. Bergin and M. H. Fish, Cornell University Press, 1968, p. 127.

的意大利文版原文中,并没有用 speech(现代英语"说话")解释意大利语 favella、用 myth(现代英语"神话")解释古希腊文(也是拉丁文)mythos、用 mute(现代英语"缄默""哑口无言")解释拉丁文 mutus 的做法。用现代英语的 myth 和现代汉语的"神话"解释古希腊文的 mythos,贝根、费希发明在前,朱光潜踵之于后,由于朱光潜根据《新科学》的英语译文移译为中文,而没有查证《新科学》的意大利语原文,于是把英语译文的注释(贝根、费希的做法亦不规范)舛入了汉语译文的正文。

尽管贝根、费希和朱光潜"增字解经"的做法有失对维柯原著的忠实,但在维柯的年代,由于在意大利语(至少在《新科学》)中还没有使用与 myth 相当的 mito 这个现代意大利语词语,故当维柯用意大利语 fàvola 来解释古希腊文 muthos 的时候,说明维柯也是在纳吉所言之"虚构"的"后期意义"上来使用古希腊文 muthos 的。这就是说,尽管意大利语 mythos(如维柯所言)还保留了古希腊文 muthos 之"实物,真事,或真话的语言"的古义,但是,当维柯讲到我们今天所说的"希腊神话故事"的时候,使用的词语却是 fàvola。而 fàvola 这个词语尽管也包含了"真实的叙述""忠实的叙述"(维柯)等古老意义,但表达的更多的还是"相对的,不被信任的""现代意义"。正因如此,凡《新科学》中之 fàvola,贝根、费希英语译文一般都译作 fable(寓言或虚构的故事),而朱光潜汉语译文则依上下文或译作"寓言故事"或译作"神话故事"(偶尔译作"神话"),也就符合维柯的本意了。进而,因为维柯使用的意大利语 fàvola,与我们今天理解的"神话"(英文 myth、意大利文 mito),在叙事内容上(用茅盾的话说即"神们的行事")无大差别,所以才有朱光潜根据英语译文将 Greek fables(《新科学》意大利语原文作 Greche favole)译作"希腊神话故事",[①] 将 Homeric fables(《新科学》意大利语原文作 favole omeriche)译作"荷马神

---

① [意]维柯:《新科学》,朱光潜译,人民文学出版社1986年版,第49、160、167页;G. Vico, *Scienza Nuova Seconda*, BARI GIUS. LATERZA & FIGLI, 1942, V. I, pp. 47, 144, 151; G. Vico, *The New Science of Giambattista Vico*, Revised Translation by T. G. Bergin and M. H. Fish, Cornell University Press, 1968, pp. 37, 115, 120.

话故事"① 的做法。

> 最初的神学诗人们就是以这样方式创造了第一个神的神话故事 [fàvola]，他们所创造的最伟大的神话故事就是关于天帝约夫的 [the first divine fable, the greatest they ever created: that of Jove] ……原来创造这种神话故事的本人当然也信以为真，又在一些可怕的宗教里对它们涌起敬畏和崇拜。② 赫希阿德 [通译"赫西俄德"——笔者补注] 有可能比荷马还早，因为他的作品包括了全部关于诸天神的神话故事 [fàvola, who contains all the fables of the gods]。③

通观维柯《新科学》，凡引述某一 fàvola 的具体文本时，其内容多与希腊诸神的故事有关，因此，当维柯用 fàvola 定义 mitologia，而贝根、费希用 mythologies（神话集）、朱光潜用"各种神话"翻译 mitologie，也就顺理成章。这就是说，尽管在 18 世纪的意大利语中，还没有出现 mito（神话）这个词语，却已经有了 mitologia（单数名词，④ 复数名词 mitologie、⑤ 形容词 mitologico⑥）这个词语。mitologia，英文译者译作 mythology，意思是"神话集"（亚里士多德就已经使用过 mythikos 这个词语），朱光潜译作"神话"，并与译作"神话故事"的 fàvola 严格

---

① ［意］维柯：《新科学》，朱光潜译，人民文学出版社 1986 年版，第 433、449 页；G. Vico, *Scienza Nuova Seconda*, BARI GIUS. LATERZA & FIGLI, 1942, V. II, pp. 25, 39; G. Vico, *The New Science of Giambattista Vico*, Revised Translation by T. G. Bergin and M. H. Fish, Cornell University Press, 1968, pp. 317, 328。

② ［意］维柯：《新科学》，朱光潜译，人民文学出版社 1986 年版，第 379 条，第 164 页；G. Vico, *Scienza Nuova Seconda*, BARI GIUS. LATERZA & FIGLI, 1942, V. I, p. 148; G. Vico, *The New Science of Giambattista Vico*, Revised Translation by T. G. Bergin and M. H. Fish, Cornell University Press, 1968, p. 118。

③ ［意］维柯：《新科学》，朱光潜译，人民文学出版社 1986 年版，第 856 条，第 437 页；G. Vico, *Scienza Nuova Seconda*, BARI GIUS. LATERZA & FIGLI, 1942, V. II, p. 29; G. Vico, *The New Science of Giambattista Vico*, Revised Translation by T. G. Bergin and M. H. Fish, Cornell University Press, 1968, p. 320。

④ G. Vico, *Scienza Nuova Seconda*, BARI GIUS. LATERZA & FIGLI, 1942, V. I, pp. 55, 80, 90, 93, 318; V. II, p. 44.

⑤ G. Vico, *Scienza Nuova Seconda*, BARI GIUS. LATERZA & FIGLI, 1942, V. I, p. 130.

⑥ G. Vico, *Scienza Nuova Seconda*, BARI GIUS. LATERZA & FIGLI, 1942, V. I, p. 260.

对应。

> 各种神话［mitologie］必然就用各种神话故事［favole］所特有的语言；神话故事［favole］，如我们已经指出的，既然就是想象的类概念，神话［mitologie］就必然是与想象的类概念相应的一些寓言故事［favole］。①

> Quindi le mitologie devon essere state i propi parlari delle favole (ché tanto suona tal voce); talché, essendo le favole, come sopra si è dimostrato, generi fantastici, le mitologie devon essere state le loro propie allegorie. ②

> Thus the mythologies, as their name indicates, must have been the proper languages of the fables; the fables being imaginative class concepts, as we have shown, the mythologies must have been the allegories corresponding to them. ③

这就是说，在《新科学》中，fàvola 与 mitologia 之间只是具体的神话故事与"神话"的总称之间的区别，而且无论 fàvola 还是 mitologia，其"原始意义"（巴雷特）都是"真实的叙述"，只是后来"真实的叙述"才被歪曲成"现代意义""通俗意义"的"寓言"。

> "词源"这个词本身的意义是 veriloquium（真话），正如寓言故事［fàvola］的定义是"真实的叙述"（vera narration）一样。
> 最初的寓言故事［fàvola］就不能是伪造，所以必然象上文所下的定义，都是些"忠实的叙述"。
> 神话故事［fàvola］在起源时都是真实而且严肃的。④

---

① ［意］维柯：《新科学》，朱光潜译，人民文学出版社 1986 年版，第 403 条，第 179 页。

② G. Vico, *Scienza Nuova Seconda*, BARI GIUS. LATERZA & FIGLI, 1942, V. I, p. 163; Di Giam battisa Vico, *La scienza nuova*, Rizzoli, Milana 1959, p. 173.

③ G. Vico, *The New Science of Giambattista Vico*, Revised Translation by T. G. Bergin and M. H. Fish, Cornell University Press, 1968, p. 128.

④ ［意］维柯：《新科学》，朱光潜译，人民文学出版社 1986 年版，第 403 条，第 179、408 条，第 183、81 条，第 60 页。

第一章　神话学革命始于"神话"定义的"最后见解"　119

维柯认为，fàvola、mitologia 之所以是"真实的叙述"或"忠实的叙述"，是因为，fàvola 和 mitologia 最初就是历史叙述；于是在维柯那里又有"历史性神话"（意大利语 mitologia istorica，英语 historic mythology）①的说法。

> 最初的神话［fables］都是历史。
> 一切古代世俗历史都起源于神话故事［fabulous beginnings］。
> 希罗多德所写的《历史》是大部分用神话故事的方式［the form of fables］来叙述的。
> 凡是异教的历史都起源于神话故事［fables］。
> 一切野蛮民族的历史都从寓言故事开始［fabulous beginnings］。②

但是，由于维柯也持神话蜕变说，所以，我们甚至可以假定，无论威廉斯"神话""正面意涵""负面意涵"说、阿默思"神话""负面含义"说、巴雷特"神话""原始意义""发展［意］"说，还是纳吉"神话""早期意义""后期意义"说，都可以追溯到维柯的历史神话论或历史神话观。

> 神话故事［fàvola］在起源时都是些真实而严肃的叙述，因此 mythos（《神话故事》）的定义就是"真实的叙述"。但是由于神话故事［fàvola］本来大部分都很粗疏，它们后来就逐渐失去原意，遭到了篡改，因而变成不大可能，暧昧不明，惹笑话，以至于不可信。
> 神话故事［fables］在初产生时原是直截了当的，达到荷马手里时就已经过歪曲和颠倒了，……这些神话故事起初原是真实的历史［true histories］，后来就逐渐遭到修改和歪曲，最后才以歪曲的

---

①　［意］维柯：《新科学》，朱光潜译，人民文学出版社1986年版，第91、106、341、454页；G. Vico, *Scienza Nuova Seconda*, BARI GIUS. LATERZA & FIGLI, 1942, V. I, pp. 80, 90, 93, 318; V. II, p. 44; G. Vico, *The New Science of Giambattista Vico*, Revised Translation by T. G. Bergin and M. H. Fish, Cornell University Press, 1968, pp. 66, 73, 76, 249, 331。

②　［意］维柯：《新科学》，朱光潜译，人民文学出版社1986年版，第817条，第427、840条，第433、914条，第456、820条，第429、202条，第102页。

形式传到荷马手里。因此荷马应该摆在英雄诗人的第三个时期。第一个时期创造出作为真实叙述［true narratives］的一些神话［fables］，"真实的叙述"［true narration］是希腊人自己对神话（mythos）一词所下的定义。第二个时期是这些神话故事［fables］遭到修改和歪曲的时期。第三个最后时期就是荷马接受到这样经过修改和歪曲的神话故事［fables］的时期。

神学诗人们自己就是些英雄，歌唱着真实而严峻的神话故事［fables］；其次是英雄诗人们的时代，英雄诗人们把这些神话故事［fables］篡改和歪曲了。第三才是荷马时代，荷马接受了这样经过篡改和歪曲的神话故事［fables］。①

维柯坚决反对"亚里士多德在《诗学》里说，只有荷马才会制造诗性的谎言"②的说法，而坚持 fàvola 和 mitologia 最初都是关于诸神的"真实的叙述"的立场和观点，"真实的叙述"之被"修改和歪曲"不是荷马的责任，荷马只是被动地接受了神话故事被"篡改和歪曲"的结果。据此，在维柯发表《新科学》的时候（1725），意大利文 fàvola 和 mitologia 应该都已经包含了后期希腊文和晚期拉丁文之"神话故事"和"神话故事集"的"负面意义"。而维柯解决"神话（mythos）—寓言（fàvola）"同时兼有"正面意义"和"负面意义"的办法是将二者置诸将"神话"的"早期意义""篡改"、"修改"与"歪曲"为"后期意义"的时间过程之中，而这也正是日后无论威廉斯、巴雷特、鲍登，还是阿默思、纳吉等相延成习的一贯做法；但这样的做法，尽管符合理性思维"分离和解脱"于信仰心理的历时性经验事实，却不符合神话理性信仰的共时性先验事实。在这一点上，维柯以降威廉斯等人（以及现代诸人类学家）对神话信仰实践（已含有现象学直观）的经验性直观，远不如主张"好的假故事"的柏拉图命题对神话理性信仰实践更直截了当的现象学直观来得更深刻。对柏拉图来说，如果站在理论认识的客观（认识论）立场看，神话叙事的客体意向内容当然是虚构

---

① ［意］维柯：《新科学》，朱光潜译，人民文学出版社1986年版，第814条，第425、808条、第423、905条，第451页。

② ［意］维柯：《新科学》，朱光潜译，人民文学出版社1986年版，第809条，第423页。

的，但是站在实践直观（同情理解）的主观（现象学）立场看，神话信仰的主体意向形式则指向了真实性乃至神圣性的客体意向内容——而柏拉图实际上站在了双重立场上看待神话——而"神话"概念的"负面意义"和"正面意义"就是从神话判断的不同立场引申出来的。至于"神话"概念的"负面意义"与"后期意义"、"正面意义"与"早期意义"之间的相互对应，只是人们从单纯的信仰实践立场转换为理论认识立场之后对神话意义的价值重估。从格林兄弟开始的现代神话学之于"神话"概念的经典理论定义实际上也包含了定义"神话"的理论认识维度（维柯："包括了全部关于诸天神的神话故事"）与实践直观维度（维柯："原来创造这种神话故事的本人当然也信以为真，又在一些可怕的宗教里对它们涌起敬畏和崇拜"）的双重立场；而格林兄弟借助理论认识和实践直观的双重立场所再现的实践理性信仰叙事的事实——因为理性信仰既包含了实践直观的反思性形式也包含了理论认识的规定性内容——并不需要到非西方异文化的"其他传统"中去再发现，而是既存在于"一切野蛮民族"的"异教历史"之中，也存在于一些文明民族的"正史"当中。"神话"概念的格林定义，既构成了前引马林诺夫斯基所谓"近代人类学"神话学之于"神话"定义的"最后见解"的早期形态，也构成了民俗学神话学"神话"定义的经典形态。但民俗学神话学"神话"概念的经典形态，也埋下了"神话"概念内部二论背反的理论"祸根"，因为"神话"概念的定义方式，既包含了理论理性（理性的理论使用）的经验论认识论的概念规定方式，也包含了实践理性（理性的实践使用）的现象学先验论的观念直观—理念演绎的反思方式，从而就应了康德的预言：一旦把只能用于不同关系（本体关系与现象关系）的命题用于同一关系（现象关系或者本体关系）当中，就会导致命题内部的自相矛盾、自我冲突乃至自行瓦解，而这正是格林兄弟开创的现代神话学日后所遭遇的理论与实践的理性困境。

第三节 神话学家对"神话"定义双重标准的跨文化质疑

刘魁立《欧洲民间文学研究中的第一个学派——神话学派》撰写于

1981 年，发表于 1982 年出版的《民间文艺集刊》第三集，[①] 后收入 1998 年出版的《刘魁立民俗学论集》，[②] 收入《刘魁立民俗学论集》时题目改为《欧洲民间文学研究中神话学派》，删去了"第一个学派"的断语。尽管出于谨慎，我们可以不再断言神话学派就是欧洲民间文学研究中的第一个学派，但我们却可以反过来说：为神话研究奠定学科基础的既不是语言学也不是人类学甚至不是宗教学，而恰恰是民间文（艺）学—民俗学。这样的断定当然不再是出于时间上的考证，而是纯粹出于逻辑上的考虑。随着新的经验材料的发现，第一个学派发生的时间可能被提前（也许刘魁立正是因此而谨慎地修订了自己的原初判断），甚至"第一个学派"的断想可能被修正，但无论我们再拥有多少新的经验材料，都无须改变"民间文（艺）学—民俗学为神话研究奠定学科基础"这一逻辑判断。

最早试图为神话研究奠定学科基础的学者之一是作为语言学家的缪勒（"神话起源于语言疾病"说），当然缪勒同时也是宗教学家。但是，尽管语言（说话的技艺）是神话（乃至民间文学）的必要条件，但还不是神话的充分条件，因为语言技艺同时也是任何说话（例如哲学、历史以及宗教……）的必要条件。这就是说，除了语言这一必要条件（共享条件）之外，还要有某种充分条件（自身条件），神话才可能是神话，使神话既区别于哲学、历史，也区别于宗教。因此，"把语言的产生和变化同民间文学［包括神话］的起源和发展混为一谈"[③] 是错误的。而神话之所以是神话的充分条件就是：建立在语言技艺基础上的民间文学叙事文本（text）即广义的故事——这里暂以民间文学中的叙事文本代表民间文学，且暂时忽略民间文学的叙事文本究竟是口头文本还是书面文本——只有在广义的故事这一充分条件的范围之内，正面价值的神话才第一次被发现了。在民间文学学者研究神话之前，不是不曾有其他学科的学者研究过神话，在历史上，哲学家、历史学家、宗教学家都研究过神话（muthos）。在古代希腊，正是因为哲学家、历史学家将 muthos 排斥于 logos 和 historia 之外，才使 muthos（神话）在与 philoso-

---

① 刘魁立：《欧洲民间文学研究中的第一个学派——神话学派》，《民间文艺集刊》第三集，上海文艺出版社 1982 年版，第 1—34 页。
② 刘魁立：《刘魁立民俗学论集》，上海文艺出版社 1998 年版，第 231—268 页。
③ 刘魁立：《刘魁立民俗学论集》，上海文艺出版社 1998 年版，第 266 页。

第一章　神话学革命始于"神话"定义的"最后见解"　123

phy（哲学）、history（历史）相区分的过程中得以确认。① 但是，尽管这时的 muthos（无法证实的说话）已经与 logos（逻辑地说话）、historia（可证实的说话）区别开来，muthos 自身却还是混沌一片，没有得到进一步的自我区分，即仅仅作为同一性（广义）的故事被规定。且这时的 muthos 通过与 logos 和 historia 的对比，仅仅凸显了 muthos 题材内容的"虚构性"理论认识负面意义，而 muthos 题材内容的"真实性""神圣性"实践信仰正面价值，不仅没有得到彰显反而被遮蔽了。柏拉图曾悖论地认识到 muthos 在理论认识上的负面意义以及在实践信仰中的正面价值，但他仍然只是立足于 muthos 与 logos、historia 的对比，而没有意识到 muthos 内部不同体裁的可能构成。认识到这一点，笔者上述"只有在广义的故事这一充分条件的范围之内，正面价值的神话才第一次被发现"，方才可能是一个有效的命题。

> muthos（复数 muthoi）原是个不带褒贬色彩的名词。在荷马史诗里，muthos 一般表示"叙说"、"谈论"、"话语"等意思，有时亦可作"想法"、"思考"或"内心独白"解。……［在亚里士多德《诗学》中］muthos 保留了该词［与 logos 和 historia 分离之前］的传统意思，即［价值中立的］"故事"或"传说"。例如，亚氏认为，关于赫拉克勒斯的故事（muthos）不是一个整一的行动。他还告诫说，诗人可以和应该有所创新，但不宜改动家喻户晓的故事（muthos）。……在多数情况下，《诗学》中的 muthos 指作品的"情节"。②

在《诗学》第 13 章中，亚里士多德提到"不幸遭受过或做过可怕之事的人的故事（muthos）"，这些故事是关于阿尔克迈恩、俄底浦斯、俄瑞斯忒斯、墨勒阿格罗斯、苏厄斯忒斯、忒勒福斯等的故事，以及希腊喜剧里俄瑞斯忒斯和埃吉索斯等希腊英雄的传说（muthos）。

---

① 从荷马（前 9 世纪—前 8 世纪）、赫西俄德（前 8 世纪）到品达（前 518—前 438）、希罗多德（前 484—前 425）、苏格拉底（前 468—前 399），再到柏拉图（前 427—前 347）、亚里士多德（前 384—前 322）的五百年间（古典时代），muthos 的"意义"（meaning）或"价值"（valeur）经历了一个从"权威"的、"真实"的言谈到"虚假"的言说的演变过程。

② ［古希腊］亚里士多德：《诗学》，陈中梅译注，商务印书馆 1996 年版，"附录（一）muthos"，第 197—198 页。

在第 14 章中，亚里士多德写道："对历史上流传下来的故事（muthos），我指的是如俄瑞斯忒斯杀死克鲁泰梅丝特拉或阿尔克迈恩杀死厄里芙勒这样的事例，（诗人）不宜作脱胎换骨式的变动。"陈中梅注："因为这些都是家喻户晓的事，改动的幅度过大，就难以取信于人。"① 这样，我们就认识到，尽管现代英语 myth 和现代汉语"神话"都在语言史、语用史的时间中（能够被经验地认识到）起源于古希腊文 muthos，但 muthos 还不是 myth 即不是"神话"。muthos 最初只是"故事"，只是"情节"；而 myth 即"神话"；而作为叙说"神格"、讲述"神们的行事""又从而信仰敬畏之"（鲁迅），"却确信以为是真的"（茅盾）的故事即叙事文学的体裁（文体）或类型（文类）之一，则是对 muthos 做进一步分析（分解）的结果。② 因而 myth（神

---

① ［古希腊］亚里士多德：《诗学》，陈中梅译注，商务印书馆 1996 年版，"附录（一） mythos"，第 98、105—106、106、109 页。
② "关于 muthos 一词的展开历史过程，Alexandre Krappe 在他的《民俗学》（The Science of Folklore）中指出的变化过程是这样的：希腊语的 muthos 的意思单纯是指 story 或 tale。到了荷马时代，因为荷马史诗的巨大影响，希腊人于是把神话的定义逐渐演变成神或英雄的故事，罗马人又继承和接纳了希腊人的这种观念，把它流传到各国之间去。由此，从 muthos 的语源上来看，可以推出神话就是'以神或英雄为内容的故事'，这确实是神话的一个定义。这个定义是古代希腊人在无意识中所制作出来的一个大众性的定义。"鐘宗宪：《中国神话的基础研究》，（台北）洪叶文化事业有限公司 2006 年版，第 22 页。"到了纪元前 6 世纪，诗人 Pindaros（品达，522－448BC）的时代，muthos（神话）一词就有了'关于神性存在态的话语或故事'的意思。"同上引书，第 22 页。"目前，中国神话学界一般都把神话理解为'神的故事'，但是，这个来自西方的神话概念实际上只是现代神话学的一个分析的范畴，而非原生的范畴。在西方，它并非自古皆然，一成不变的。在古代希腊语中，'神话'的意思是关于神祇和英雄的故事和传说。其实，古代希腊人并不严格区分神话和历史，他们把英雄神话当做'古史'，并且为神话编定系统，为神话人物编定年谱。另外，希腊神话主要依靠荷马史诗保存下来。在荷马史诗中，神灵的故事和英雄的传说也是交织在一起的。在荷马心目中，神话和历史是交织在一起的。当然，在希腊神话故事中，神和人在身份上彼此不能转换，存在着一定的区别。公元前 3 世纪，欧赫麦尔认为宙斯是从现实的人被神化为主神的，看来他也没有严格区分神和人的关系。后来的基督教只承认上帝耶和华是神。为了维持这种一神教信仰，打击异教，基督徒引用欧赫麦尔理论贬斥异教神灵都是虚构的，这显示出基督教把神与人的关系做了彻底区分。18 世纪，西方理性主义觉醒，历史学家开始严格区分神话与历史，所以，在西方现代神话学中，myth 的意思一般只包括神祇的故事，而删除了古希腊词汇中原有的英雄传说部分。这种做法固然有一定的根据，超自然的神和现实的人之间的确存在差异，但是毕竟过分夸大了希腊神话中神和人之间的差异，同时忽略了古代希腊人把神话看做上古历史的思想。西方现代神话学的神话概念并不能真正反映希腊神话的实际。现代神话概念与古代希腊社会的神话概念之间的差距，是个十分棘手的问题。德国的希腊神话专家奥托·泽曼在其《希腊罗马神话》中一边承认古希腊神话概念——'神话是讲述古老的、非宗教性质的神和英雄或者半人半神的诞生及其生平事迹的'，一边却又企图使用现代神话概念，他说：'人们默契地达成共识，（转下页）

第一章 神话学革命始于"神话"定义的"最后见解"

话)在逻辑上自有其本身不同于 muthos 的起源(尽管 myth 在时间上起源于 muthos),即:民间文(艺)学—民俗学家们通过对叙事文学主体(共同体)之于 myth(神话)这一叙事文学诸体裁之一在主观上"任意约定"的主位(自我)"实践命名"——"命题只有在使用时才有意义""一个词的一种意义就是对于该词的一种使用"——的现象学主观性(对"实践命名"的)观念直观,从而使民间文(艺)学—民俗学家能够同时站在(对"神的故事"的虚构性故事题材内容的)理论概念认识以及(对"神的故事"的真实性、神圣性信仰体裁形式的)实践观念直观的双重立场上给予叙事文学诸体裁——神话(myth)、传说(legend)与童话(fairy tale)即狭义的民间故事或神奇故事(wonder tale)①——以逻辑的划分。② 就此而言,我们

(接上页)把叙述神的生平、事迹的称为神话,而把讲述英雄事迹的称为传说。'他遵循古代希腊的传统,在其著作中同时叙述了神的故事和英雄的故事,但是这些英雄故事时而被他称做'神话',时而被他称做'传说'。因此,在他的著作中,神话和传说这两个概念之间几乎是一笔糊涂账。其他西方神话学家(例如弗洛伊德、列维-斯特劳斯)偶尔也把希腊英雄传说(例如俄底浦斯王的传说)当做神话看待,列维-斯特劳斯就认为:神话与历史之间的鸿沟并不是固有的和不可逾越的。中国学者引入的神话概念通常都只包括'神的故事',不包括英雄的传说,因此只是西方神话学界主流的一个分析的范畴。只有吕微曾经注意到西方神话学中神话概念的不统一,可惜对此他没有深究。严格地说,中国现代神话学引入的神话概念只是西方启蒙主义运动以后的神话概念,是西方现代神话学根据自己的需要总结古希腊神话作品的结果。"陈连山:《走出西方神话的阴影——论中国神话学界使用西方现代神话概念的成就与局限》,《长江大学学报》(社会科学版)2006 年第 29 卷第 6 期。

① 在本书中,笔者没有刻意在"童话"(fairy tale)与侠义的民间故事(folk tale)或"神奇故事"(wonder tale)之间做出区分;根据晚近研究成果,童话是近代以来面对中产阶级印刷读者而新兴的现代叙事体裁。户晓辉:《童话的生产:对格林兄弟的一个知识社会学研究》,载吕微、安德明编《民间叙事的多样性》,学苑出版社 2006 年版,第 151 页;[美]齐普斯:《迈向文学童话的定义》,张举文译,《民间文化论坛》2019 年第 5 期。

② "我们对神话和民间故事的内容与形式进行观察后发现,它们的区别是被早期文学艺术确定的状况所限定的。"[美]汤普森:《世界民间故事分类学》,郑海等译,上海文艺出版社 1991 年版,第 468 页。"自从格林兄弟生活的 19 世纪前期以来,学者们已就神话、民间故事和传说之间大体的区分,取得了普遍的一致意见。"[美]邓迪斯:《巴斯科姆〈口头传承的形式:散体叙事〉按语》,朝戈金译,载[美]邓迪斯编《西方神话学读本》,广西师范大学出版社 2006 年版,第 5 页。"神话、传说和民间故事……来自欧洲民俗学者们在运用这三者时的区分,并且很可能反映出欧洲'民间'的'原生范畴'。"[美]巴斯科姆:《口头传承的形式:散体叙事》,同上引书,第 12 页(这段话张举文译作:"神话、传说和民间故事……是从欧洲民俗学者所用的三元分类中衍生出来的,很可能反映了欧洲的'民众'(folk)的'本土范畴'(native categories)。"[美]阿默思:《民俗学中类型的概念》,载《民俗学概(接下页)

甚至可以极端地说，兼有柏拉图式"高贵的假话"或"好的假故事"的理论概念认识负面意义和实践观念直观正面价值的神话，起源于民间文（艺）学划分民间文学诸叙事体裁的学科知识——先有神话学后有神话——在逻辑上也就是可以成立的。显然，这是一个与 muthos（寓言）的虚构性负面意义分离于 logos（逻辑）和 historia（历史）的真实性正面意义的单一理论认识过程不同的、兼用理论认识方法以及实践直观方法，将 myth（神话）定位为同时具有虚构性负面意义和真实性、神圣性正面价值的柏拉图式学术或学科对象的双重建构过程。①在此过程中，通过观念直观而被反思地还原的正面价值（对"神的故事"的真实性、

（接上页）念与方法——丹·本－阿默思文集》，张举文编译，中国社会科学出版社 2018 年版，第 93 页）。"事实上，这些散文叙事种类来自对欧洲民间传说的研究，而且长久以来被学者们以与此相应的术语相区分。"同上引书，第 31 页。"很明显，欧洲民俗学者们早就意识到对神话、传说和民间故事进行区别的意义，并意识到这三者都不过是'Erzählung'或'传说'或'叙事'的不同形式这一事实。"同上引书，第 35 页。"如果我们回到作为现代民俗学研究开端的一般公认的东西上，我们发现格林兄弟在民间故事、传说和神话之间作出了相同的划分，指出了各自的主要职能"。同上引书，第 35 页。"有关类型（genre）的各种术语是任何一种语言都不可缺少的一部分，是用来以言语表达话语的，是构想传统的不同类别（category）的。神话、故事、传说、歌谣，以及它们在其他语言中的对应术语，早在学者构建起民俗学的概念之前就已经存在了。当民俗学成为一门学科，其研究也披上科学的外衣时，我们借用了这些已经存在的术语，并将它们作为科学概念而教条化了。我们将它们从'自然语言'的承启关系［即 context，汉语学界一般译作'语境'——笔者补注］中转化成学科术语，试图将它们作为科学语来思考；而它们在自然语言中的意思非常明显地是含糊不清的，具有意义的多重性，可是科学术语需要的是意义清晰、所指明确的。"［美］阿默思：《民俗学中类型的概念》，载《民俗学概念与方法——丹·本－阿默思文集》，张举文编译，中国社会科学出版社 2018 年版，第 83—84 页。"我们将各种交际的文化范畴中形成的传统体裁转化成科学概念。"［美］阿默思：《分析类别与本族类型》，同上引书，第 105 页。"民俗学家构建了理想的秩序模式，并将其强加于传统的现实实践之上。"［美］阿默思：《民俗学中类型的概念》，同上引书，第 87 页。"巴斯科姆认为，神话、传说与故事的三分法，至少'反映了欧洲「民俗」中的「本土分类」'（1965，5）。今天我们无须再抨击其中潜藏的傲慢，因为他试图将这一系统强加于世界上其他文化中。然而，正如我稍后将要说明的，就连欧洲民俗的'本土分类'这一假定也是错误的，因为它没有考虑到欧洲人中的阶级、文学史、读写能力等维度。"［美］阿默思：《我们需要理想的（民俗）类型吗？——致劳里·航柯》，同上引书，第 130 页。"理想类型是塑造概念的一种方法，但是许多语言都存在体裁术语这一现实表明，这些概念已经被塑造好了。"同上引书，第 150 页。

① 艾德蒙（L. Edmunds）引迪廷（M. Detiene）《神话的创作》（L'invention de la mythologie，1981）云：神话并不存在！神话什么也不是，只是一种可以溯源于神话学的知识或学术的建构。叶舒宪：《文学与人类学——知识全球化时代的文学研究》，社会科学文献出版社 2003 年版，第 207 页。

神圣性信仰的模态判断），① 第一次落实（挂钩）于作为民间文学诸叙事体裁之一的神话。这样，站在兼用理论概念认识方法与实践观念直观方法划分民间文学诸叙事体裁的双重方法论立场上，我们完全可以说，19世纪10年代以后格林兄弟的民间文学研究的确就是现代神话学真正的学术起点和学科起源。换句话说，从格林兄弟开始，神话学才真正成为一门拥有信仰实践正面价值（当然也含有理论认识负面意义）的问学对象的专业学问——即便在缪勒开创的现代宗教学中，神话也没有被视为独立的研究对象；尽管神话在民间文（艺）学中的对象化也埋下了日后"神话"概念的"混血的解释""混合的定义"二论背反的理论理性—实践理性"祸根"——用巴斯科姆的话说，当格林兄弟将各种"散文叙事"（德文 Eerzählung，巴斯科姆的英文说法是 prose narrative）划分为神话（Mythen）、传说（Sagen）、童话（Mmärchen）这三大体裁的同时，也就开启了一门拥有从故事题材内容（理论认识的经验对象）到信仰体裁形式（实践直观的先验对象）的概念体系（尽管存在着目的论与方法论的内在矛盾）的现代学术甚至学科即神话学。而其他学科的学者，则因未曾致力于将神话规定为叙事文学的特定体裁（文体、文类）对象，进而未将其反思地还原为与叙事文学的其他体裁相区别的特定体裁对象，也就无缘于神话学的学科创立。自格林兄弟以后，任何其他学科学者的神话研究，都只能以格林兄弟对民间文学诸叙事体裁的理论和实践划分为语境条件，而不再可能绕开格林兄弟的做法——例如鲁迅就是在区别、划分神话、传说与（狭义）故事等诸叙事体裁的基础上定义"神话"——亦即，如果不接受格林兄弟对民间文学诸叙事体裁的理论与实践的形式逻辑加先验逻辑划分，至少默许格林兄弟的民间文学诸叙事体裁三分法，任一学科的学者都无法再自

---

① "模态"，德文 Modalität，"以往的形而上学正因为模态有这样一种特点，就经常用模态来解决问题。你说我不能获得对上帝的知识吗？我可以用模态来构成知识，上帝是可能的，上帝是现实的，上帝是必然的，这就好像构成一种知识了……这就是利用模态的这种两可性，它既是与客体的知识有关的，但是它又是一种主观的态度，那么我就可以把这种主观的态度运用到一个物自体的知识上面去啊！"邓晓芒：《康德〈纯粹理性批判〉句读》（上），人民出版社2010年版，第711页。神话实践的信仰形式可类比于"模态判断"的逻辑形式。如果我们说，模态判断在认识中属于理论假设，但在信仰上属于实践公设，也许并不违背康德的想法、看法、说法或做法。吕微：《实践公设的模态（价值）判断形式——"非遗"保护公约的文体病理学研究》，《文化遗产》2017年第1期。

谓其学术研究的对象就是（既不是传说也不是童话的）神话。否则，任何神话研究都可能扩展为无对象边界，即可以用任意"形式"代指"神话"的"泛神话学"，① 即如邓迪斯所言，"无论基于什么原因去研究神话……将以尝试界定作为一个体裁［genre，原译"文类"——笔者补注］的神话来开始我们的探索"。② 以此，对于民间文（艺）学—民俗学家们来说，自格林兄弟以后，在客观性概念认识的经验论理论规定过程中，通过再加入对神话主体主位自我"实践命名"的主观性观念直观的现象学实践反思过程，而给予民间文学诸叙事体裁以普通逻辑加先验逻辑的理论和实践划分"这个命题是决不容许放弃的"。③

　　自从格林兄弟生活的19世纪前期以来，学者们已就神话、民间故事和传说之间大体的［体裁］区分，取得了普遍的一致意见。④ 很明显，欧洲民俗学者们早就意识到对神话、传说和民间故事［从体裁上］进行区别的［理论和实践的双重］意义，并意识到这三者都不过是［广义的］"Erzählung"或"传说"或"叙事"

---

① 尽管有些哲学家、心理学家甚至社会学家天才地达成了对神话的本质直观，但他们无法就自己的方法给出清晰的对象描述，因而他们的结论也就难以令人信服。"缪勒并没有把神话理解为具体故事或是情节，而是将其视为附着在任何具体表达方式中的一种'形式'。换言之，缪勒虽然倚重语言和神的姓名、故事等，但它把'神话'视为可以涵盖和象征一切的'形式'。若没有这个前提，而是仅把'神话'视为一种民间叙事体裁，缪勒的'比较'就失去了可比性以及研究对象。后来的比较神话学大师杜梅齐尔的研究与之有异曲同工之妙。在杜梅齐尔那里，'神话'是一种文化结构和功能，而不是具体的文学体裁或叙事内容。"谭佳：《重勘中国神话学的起点与特点：以章太炎〈訄书〉为中心》，载谭佳主编《神话中国——中国神话学的反思与开拓》，生活·读书·新知三联书店2019年版，第213页；谭佳：《神话与古史——中国现代学术的建构与认同》，社会科学文献出版社2016年版，第69页。

② ［美］邓迪斯：《导言》，朝戈金译，载［美］邓迪斯编《西方神话学读本》，广西师范大学出版社2006年版，第4页。Alan Dundes, *Introduction*, *Sacred Narrative*: *Readings in the Theory of Myth*, Edited by Alan Dundes, University of California Press, 1984, p. 3.

③ ［德］康德：《实践理性批判》，韩水法译，商务印书馆1999年版，S. 100，第110页。

④ ［美］邓迪斯：《巴斯科姆〈口头传承的形式：散体叙事〉按语》，朝戈金译，载［美］邓迪斯编《西方神话学读本》，广西师范大学出版社2006年版，第5页。Bascom, *The Forms of Folklore*: *Prose Narratives*, *Sacred Narrative*: *Readings in the Theory of Myth*, Edited by Alan Dundes, University of California Press, 1984, p. 3. folklore, 朝戈金译作"口头传承"，一般译作"民俗"；prose, 朝戈金译作"散体"，一般译作"散文"，下同。

第一章 神话学革命始于"神话"定义的"最后见解" 129

的不同［体裁］形式这一事实。用法［usage］已变化了，① 但在这一点上还被认为存在一致，即神话包括神祇和创造的故事，传说涉及据认为是历史人物的人类形象；神话和传说被当作真实的，而［狭义的］民间故事则被作为虚构物看待从而与它们不同。最后，如果我们回到作为现代民俗学研究开端的一般公认的东西上，我们发现格林兄弟在民间故事、传说和神话之间作出了相同的［体裁］划分，指出了各自的主要职能［即不同体裁之间信仰和非信仰形式的目的和效果功能］。……《德意志神话》（1935）很清楚是涉及神话的。《德意志传说》（1816—1818）是传说集，而《儿童与家庭童话集》（1812—1815）是一部民间故事集。你只需考察一下这三种集子的内容，就会看到格林兄弟在区分这三个［体裁］种类上与这里提出的定义多么接近。②

如果套用索绪尔的话，现在我们可以说，神话之所以是神话，除了神话作为其本身、其自身（的字面意义），同时也在于神话不是别样的 Erzählung（散文叙事）体裁，既不是传说体裁，也不是狭义的故事（童话）体裁（的用法价值），沿用索绪尔的说法，正是神话与传说、故事之间的"差别"才真正体现了神话之所以是神话"事实的本质和广度"。③

---

① Bascom, *The Forms of Folklore: Prose Narratives*, *Sacred Narrative: Readings in the Theory of Myth*, Edited by Alan Dundes, University of California Press, Berkeley, 1984, p. 28. "新的用法。"［美］巴斯科姆：《口头传承的形式：散体叙事》，朝戈金译，［美］邓迪斯编《西方神话学读本》，广西师范大学出版社2006年版，第35页。

② ［美］巴斯科姆：《口头传承的形式：散体叙事》，朝戈金译，［美］邓迪斯编《西方神话学读本》，广西师范大学出版社2006年版，第35—36页。

③ "我们在这些例子里所看到的，都不是预先规定了的观念，而是由系统发出的价值。我们说价值与概念相当，言外之意是指后者纯粹是表示差别的，它们不是积极地由它们的内容，而是消极地由它们跟系统中其他要素的关系确定的。它们最确切的特征是：它们不是别的东西……概念没有什么初始的东西，它不过是由它与其他类似的价值的关系决定的价值；没有这些价值，意义就不会存在。如果我们简单地断言词意味着某种事物，如果我老是记住音响形象与概念的联结，这在某种程度上可能是正确的，而且提出了对现实性的一种看法，但是绝对没有表达出语言事实的本质和广度。"［瑞］索绪尔：《普通语言学教程》，高名凯译，岑麒祥等校注，商务印书馆1980年版，第163—164页。"语言既是一个系统，它的各项要素都有连带关系，而且其中每项要素的价值都只是因为有其他各项要素同时存在的结果。"同上引书，第160页。"我们要借助于在他之外的东西才能真正确定它的内容。词既是系统的（转下页）

> 概念是纯粹表示差别的，不能根据其内容从正面［、从内部积极地］确定它们，只能根据它们与系统中其他成员的关系从反面［、从外部消极地］确定它们。它们最确切的特征是：它们不是别的东西。（索绪尔）①

那么，格林兄弟在民间文学诸叙事体裁之间看到的"差别"究竟是什么呢？根据上文的讨论，我们知道，这"差别"是双重的：不同故事题材（神的故事与人的故事，以及……的故事）内容之间的"差别A"，以及不同叙事体裁（信仰与非信仰的）形式之间的"差别B"。而我们看到，引进西方现代神话学之初，现代中国的神话学家们就已经对上述双重"差别A/B"没有了丝毫的陌生感。

> 神话大抵以一"神格"为中枢，又推演为叙说，而于所叙说之神，之事［故事题材内容差别A］，又从而信仰敬畏之［信仰体裁形式差别B］。（鲁迅）
>
> 神话是一种流行于上古时代的民间故事，所叙述的是超乎人类能力以上的神们的行事［A］，虽然荒唐无稽，可是古代人民互相传述，却确信以为是真的［B］。（茅盾）

（接上页）一部分，就不仅具有一个意义，而且特别是具有一个价值；这完全是另一回事。"同上引书，第161页。"如果价值的概念部分只是由它与语言中其他要素的关系和差别构成，那么对它的物质部分同样也可以这样说。在词里，重要的不是声音本身，而是使这个词区别于其他一切词的声音上的差别，因为带有意义的正是这些差别。"同上引书，第164页。"任意和表示差别是两个相关联的素质。"同上引书，第164页。"符号不是通过它们的内在价值，而是通过它们的相对位置而起作用的。"同上引书。第165页。"语言的能指更是这样：它在实质上不是声音的，而是无形的——不是由它的物质，而是由它的音响形象和其他任何音响形象的差别构成的。"同上引书，第165页。"音位……的特点并不像大家所设想的那样在于它们自己的积极的素质，而只是因为它们彼此间不相混淆。音位首先就是一些对立的、相关的、消极的实体。"同上引书，第165页。"语言只要求有差别。"同上引书，第165页。"字母的价值纯粹是消极的和表示差别的。"同上引书，第166页。"语言中只有差别。此外，差别一般要有积极的要素才能在这些要素间建立，但是在语言里却只有没有积极要素的差别。就拿所指或能指来说，语言不可能有先于语言系统而存在的观念和声音，而只有由这系统发出的概念差别和声音差别。一个符号所包含的观念或声音物质不如围绕着它的符号所包含的那么重要。可以证明这一点的是：不必触动意义或声音，一个要素的价值可以只因为另一个相邻的要素发生了变化而改变。"同上引书，第167页。

① 陈嘉映：《语言哲学》，北京大学出版社2003年版，第76页。

第一章 神话学革命始于"神话"定义的"最后见解"

神话的第二个特质便是：在我们文明人看来，诚然是怪诞荒唐，不合理性的，但在原始时代的讲者和听者却都信以为真，绝不觉得有半点虚妄［B］。（黄石）

［神话是］实在的，在民众中神话是被信为确实的纪事，不像寓言或小说的属于假托［B］。（林惠祥）

这个远古的"神话时代"，这些古老的故事，在我们眼中看来，虽似荒妄，然制作这些故事的那个时代的人们却以为是合理而不离奇的。他们深信这些故事的真确，而一代一代的传述着。他们不只是爱听爱讲而已，实则他们的生活及信仰同这些故事已发生一种不可分解的关系。他们不是为了闲暇的消遣而讲而听，他们看这些古老的故事，实与那些虔诚的教徒之视《圣经》中的离奇而不合情理的传说为神圣而真确的旧闻一样［B］。（程憬）①

但是，正如上文已经指出的，维柯已经意识到神话与其他文类或文体在故事题材内容与信仰体裁形式上的"差别"，正是据此"差别A/B"，维科才认定了神话之为"神话"：神话是（1）"关于诸天神的神话故事"［A］；（2）"原来创造这种神话故事的本人当然也信以为真，又在一些可怕的宗教里对它们涌起敬畏和崇拜"［B］。问题在于，双重"差别A/B"中的前项指标和后项指标，哪一项指标是"决定性的"（邓迪斯）？② 是不同故事题材内容"差别A"的内部积极规定？还是信仰—非信仰体裁形式"差别B"的外部消极规定？但这个问题在早期神话学家们那里，都还没有以尖锐的理论理性与实践理性相互矛盾、冲突的悖论形式呈现出来，尽管他们也曾朦胧地意识到（如维柯）——而有些神话学家则有意识地"遗忘"（如汤普森），因而就回到了"神话"定义的单一故事题材内容（"神的故事"）内部积极规定性的理论概念认识经验论——而这一问题最初（博厄斯，1914）被公开地提出是以

---

① 程憬：《中国古代神话研究》，顾颉刚整理，陈泳超编订，北京大学出版社2011年版，"自序"，第1页。据马昌仪的考察，程憬《中国古代神话研究》于20世纪40年代完成。马昌仪：《程憬及其中国神话研究》，《中国文化研究》1994年秋之卷（总第5期）；收入程憬《中国古代神话研究》，顾颉刚整理，陈泳超编订，北京大学出版社2011年版，第306页。

② ［美］邓迪斯《导言》，朝戈金译，载［美］邓迪斯编《西方神话学读本》，广西师范大学出版社2006年版，第1页。

"文化"地质疑格林兄弟的叙事文学诸体裁三分法而警世于人的。

正如博厄斯所指出的,因为故事[题材内容]中的角色和解释元素可以随意替换,所以,这些[故事题材内容之间的]区分不足以从体裁角度,并以情节分类[区分]出神话或普通故事。①

巴斯科姆进一步指出:

神话或传说会从一个社会传入另一个社会,它[的故事题材内容]可能会被接受而不被相信[为真实的和神圣的],于是变为从另一社会借过来的民间故事,而且有可能发生反转。这完全可能,即同一故事体裁[的故事题材内容]在第一个社会中可能是民间故事,在第二个社会中是传说,在第三个社会中成了神话。更进一步说,随着时间的推移,一个社会中信仰神话的成员越来越少,尤其是在文化迅速变化、完整的信仰体系和它的神话系统面临怀疑的时期更是如此。即使是在文化隔绝环境中,也会有些怀疑论者不接受传统的信仰体系。虽然如此,了解一个社会上的大多数人在特定时期相信何为真实是重要的,这是由于人们的行为是基于他们所相信的东西。知道这一点也是有价值的,即特定的叙事[题材内容]在从前被相信为神话或传说,那么故事的可信性也就会减损(或增加)。而且,在许多社会中各种散文叙事[体裁]的区分是建立在判定它们[的题材内容]是事实还是虚构的[信仰态度的主观性]基础上的。②

---

① [美]阿默思:《分析类别与本族类型》,载《民俗学概念与方法——丹·本-阿默思文集》,张举文编译,中国社会科学出版社2018年版,第121页。
② [美]巴斯科姆:《口头传承的形式:散体叙事》,朝戈金译,载[美]邓迪斯编《西方神话学读本》,广西师范大学出版社2006年版,第15页。其实,以格林兄弟为代表的浪漫主义民间文(艺)学—民俗学家早就注意到,同一故事主题会同时出现在神话与童话中,以此有"童话从神话蜕变论"。"把普通叙事分类为不同体裁,在很大程度上要取决于对这些故事的文化态度和对口头传统的本土分类。因而,在从一个文化到另一个文化的传播过程中,故事有可能跨出叙事的范畴;同一个故事在一个群体中可能是神话,而在另一个群体中可能是童话(Märechen)。这种情况下,对这个故事的实际体裁分类就是不适当的,因为它不依从任何自身的内在特征,而是取决于对它的文化态度。"[美]阿默思:《承启关系中的民俗》,载《民俗学概念与方法——丹·本-阿默思文集》,张举文编译,中国社会科学出版社(转下页)

第一章 神话学革命始于"神话"定义的"最后见解"

巴斯科姆将人们在不同时间中对同一故事题材内容在主观上（信仰或非信仰）的不同态度，也视同人们的主观信仰在不同文化间的变迁（时间中的变迁也是文化间的变迁），可谓卓识；而能够与此卓识相媲美的是列维-斯特劳斯关于神话在不同空间中相出入而导致神话消亡的理论，在列维-斯特劳斯看来，空间条件亦等于文化条件。

> 这里我们将讨论神话的消亡问题，这不是指在时间中的消亡，而是空间中的消亡。……一个源于萨利什人的神话［体裁］，当其越过划分萨利什人和阿萨帕斯干人的语言和文化分界时，它先是以一个神话被倒转［同上引巴斯科姆"反转"］过来；当其越过齐尔科廷人到达卡利尔人时，便变成了浪漫故事。当其穿越另一条界线时，它经历了一种不同的［体裁］转换，这一回变成了传奇历史，成了建立某种先祖系统模式的手段。在一种情况里，它变成了小

（接上页）2018年版，第5—6页。"事实上，格林兄弟一开始也是构建了类似的体裁概念，尽管他们没有用进化论的术语去描述和阐释历史上的变化。文化接触和宗教冲突影响了口头传统中的形式与内容的关系，在基督教的冲击下，有关欧洲异教徒神话的主题分裂成童话、谚语、谜语以及口头言语形象，然后反映在农民的习俗与方言表达中。换言之，是历史环境，而不是进化，改变了民俗表现形式中的主题的分布。每个体裁有其独特的属性和能力，但是，在不同的历史和文化环境中，同一个主题会出现在其他反映了这些变化的体裁中。例如，神话需要有信仰的态度才能成立，但在缺失信仰时，同样的主题会转变成童话。"Grimm，1883—1888利用插图注释观点，另见Thompson，1946，368—372；Peppard，1971，50"。［美］阿默思：《民俗学中类型的概念》，同上引书，第91页，包括"注释②"。"比较民俗研究关心的是在不同传统中的主题的传播。在这个框架下，体裁自然就成为一种主题范畴。……这样对民间文学的研究路径有个隐含的前提：主题的相似暗示着体裁的普遍性。一表达形式的特性是由其内在的内容所决定。主题相同的故事自动地构成一个独立体裁。认为主题内容与民俗学分类结构有直接对应关系……"［美］阿默思：《分析类别与本族类型》，同上引书，第106页。"尽管这些主题的确是欧洲童话传统的一部分，但在希腊，它们属于完全不同的体裁——喜剧型浪漫故事。因此，对主题与体裁之间的直接对应关系的先验假设导致了一个对文学种类的历史错位的概念。"同上引书，第107页。"这些关系都是基于这样的假设：任何主题不可能同时是两个体裁的主题……但是，这……不一定正确。'国王与修道院长'的故事出现在许多散文叙事中。阿尔奈和汤普森将其划为浪漫故事类。在犹太传统中，这属于一个笑话。在英国民俗中，这是一首歌谣。"同上引书，第107页。"即使在某一文化传统内，同样的主题可能既出现在散文中，也出现在诗歌中……主题与体裁缺少对应性……主题与体裁有着直接的对应关系，是经不住经验性的检验的……有关主题的相似性暗示体裁的相同性的前提，也许在特定时期的某一个文化的口头文学中是有效的，但是，对不同文化，或同一文化在不同历史时期的民间文学来说，是完全不连贯一致的。"同上引书，第108—109页。

说；在另一种情况里，它变成了附会的历史，当然这肯定不是真实[而是虚构]的历史。①

列维-斯特劳斯虽然没有明示，但通过他对叙事文学体裁转换的经验现象说明，神话与浪漫故事、传奇历史等叙事体裁的区分标准，除了人们主观的信仰与非信仰态度，概无它解，这就与上引巴斯科姆的看法表达了同样的意思。根据格林兄弟关于民间文学诸叙事体裁的三分法，由于该三分法同时建立在对民间文学题材内容是否是虚构性叙事的经验论普遍性理论定义—概念认识（规定），以及对民间文学体裁形式是否是真实性、神圣性信仰的现象学主观性"实践命名"—观念直观（反思）的双重标准的基础上，但是，如果"在许多社会中各种散文叙事[体裁]的区分[仅仅]是建立在判定它们[的题材]是事实还是虚构的[主观态度而不在于其是否讲述了'神的故事'的内容]基础上"，那么，当叙事文学诸体裁出入于不同文化（时间或空间），格林兄弟定义"神话"的经验论与现象学综合方法——康德称之为"混血的解释"或"混合的定义"——就将难以自持。

无可否认，博厄斯在更早的表述中说，顽固坚持这些划分原则之一[的普遍性题材内容标准]，就会"导致原本[genetically]是联结在一起的故事的分离，一个故事被当作了神话，另一个则成了[狭义的]民间故事。这是由于没有指出这一[普遍性理论认识的实证]方法制造了不必要的困难"。②

---

① [法]列维-斯特劳斯：《结构人类学》（第2卷），俞宣孟、谢维扬、白信才译，上海译文出版社1999年版，第十四章"神话是怎样消亡的"，第285、296页。参见陈连山《结构神话学——列维-斯特劳斯与神话学问题》，外文出版社1999年版，第十章"神话结构的消亡"，第265—280页。

② [美]巴斯科姆：《口头传承的形式：散体叙事》，朝戈金译，载[美]邓迪斯编《西方神话学读本》，广西师范大学出版社2006年版，第16页；Bascom, *The Forms of Folklore*: *Prose Narratives*, *Sacred Narrative*: *Readings in the Theory of Myth*, Edited by Alan Dundes, University of California Press, Berkeley, 1984, p. 14. 巴斯科姆引博厄斯原文"result in the separation of tales that are genetically connected"出自*Mythology and Folk-tales of North American Indians*（转下页）

第一章　神话学革命始于"神话"定义的"最后见解"　135

汤普森（Stith Thompson）承认"博厄斯轻视民间故事和神话之间[在素材即题材上]的区别"①有一定道理，汤普森引博厄斯《民间故事与神话的进化》（*The Development of Folk-tales and Myths*，1916）：

> 从对一个地区，诸如美国西北海岸的［狭义的］民间故事和神话的谨慎分析所显示出来的最为清楚的事实是：民间故事和神话的［题材］内容是大体相同的，资料表明从神话到民间故事［体裁］（反之亦然），在素材［即题材内容］上是连续性的，二者谁也不居优越地位。再者，我们对神话和民间故事的［题材］内容与［信仰和非信仰的体裁］形式进行观察后发现，它们的区别是被早期文学艺术确定的状况所限定的。②

博厄斯所谓"限定"（狭义的）民间故事与神话"确定的状况"的"早期文学艺术"（early literary art）③就是指的以格林兄弟为代表的、19世纪前期的欧洲民间文（艺）学—民俗学对民间文学叙事体裁的三分法，而这三分法"很可能反映出欧洲'民间'［folk］的'原生范畴'

（接上页）（《北美印第安人的神话和民间故事》，《美国民俗学刊》1914年第27期）：The strict adherence to this principle of classification would therefore result in the separation of tales that are genetically connected, one being classed with myths, the other with folk-tales. It goes without saying that in this way unnecessary difficulties are created。Boas，*Race*，*Language and Culture*，The Macmillan Company，New York，1940，p. 454. "that are genetically connected"，朝戈金译作"通常是联结在一起的"，现改译作"原本是联结在一起的"。

① ［美］汤普森：《世界民间故事分类学》，郑海等译，上海文艺出版社1991年版，第468页。

② ［美］汤普森：《世界民间故事分类学》，郑海等译，上海文艺出版社1991年版，第468页。"在神话与故事的关系上，我们不应忘记，博阿斯、比德内、洛威、汤普森等许多学者曾经提到，同一个民间故事有时属于神话，有时也可能属于故事，它是可以通用的。霍尔特克兰茨对此做了极好的解释。他说，有的场合一个被视作神圣而真实的神话，在别的场合也会改编成为以娱乐为目的的多少虚构的故事。""鲍曼还认为，有些神话故事开始就是故事，但是，后来因吸收神话材料和活的世界观的诸因素而逐渐变成内容丰富的神话故事，也有些神话故事是由神话退化而成的。""正因为如此，我们既要承认神话向故事演变的趋势，也要考虑到在许多情况下神话与故事两者并存的现象，甚至在个别情况下故事也可能变为神话。"［日］大林太良：《神话学入门》，林相泰等译，中国民间文艺出版社1989年版，第41—43页。

③ Boas，*Race*，*Language and Culture*，The Macmillan Company，New York，1940，p. 405.

[native categories]"即"格林兄弟为达到对民间文学的一些基本理解而认定其['实践命名'的本土]范畴（category）"的"现代民俗学研究开端的一般公认的东西"（巴斯科姆）。

　　鉴于特定的情节[plot]或故事类型[tale type]可能会在一个社会被归入神话而在另一社会中则归入[狭义的]民间故事，博厄斯说："在神话与民间故事[的题材内容]之间划出一条清晰的界限是不可能的。"① 这一著名的但有时遭误解的表述，如果脱离了上下文，就会妨碍界定这些术语的尝试。……博厄斯不是说区分神话和民间故事[的题材内容]是不可能的。更准确地说，他是反对将某一特定[题材内容]的故事类型归入神话或民间故事的企图。他还反对试图将神话这一术语[所指的题材内容普遍地]定义为解释自然力量和超自然现象，或[普遍地]视为动植物和自然现象的人格化，原因是这些[题材内容]也可能发生在其他种类[other kinds]的散文叙事之中。②

　　正如巴斯科姆所言，博厄斯并非反对在神话、传说与狭义的民间故事之间做出基于体裁形式的区分，而是反对将题材内容用作划分诸叙事体裁形式的普遍性经验（理论定义概念认识）的唯一标准；而不以题材内容作为划分诸叙事体裁形式的唯一普遍性经验标准，则显示了博厄斯尝试建立纯粹以叙事体裁所承载的主观（信仰或非信仰）态度作为划分叙事体裁的形式标准的标准，即现象学直观地还原到叙事主体主位自我"实践命名"的主观性观念上去的反思意图——用户晓辉的话说就是："'以意逆志'，以研究者的主观去'会'被研究者的主观或神话讲述人（使用者）的主观。[马林诺夫斯基之于]神话的功能研究之所以是一种纯粹形式研究或描述，恰恰因为它给这样的主观间[意向形式

---

　　① [美]弗朗兹·博厄斯（Franz Boas）:《普通人类学》（General Anthropology），波士顿，1938年，第609页，转引自[美]巴斯科姆《口头传承的形式：散体叙事》，朝戈金译，载[美]邓迪斯编《西方神话学读本》，广西师范大学出版社2006年版，第15页"注释①"。
　　② [美]巴斯科姆《口头传承的形式：散体叙事》，朝戈金译，载[美]邓迪斯编《西方神话学读本》，广西师范大学出版社2006年版，第15—16页。

第一章 神话学革命始于"神话"定义的"最后见解"

的〕相会预留了空位"①——庶几，一旦完全放弃划分诸叙事体裁的题材内容质料规定性（"神的故事"）的理论定义—概念认识的经验普遍性标准，就能避免"某一特定的故事类型〔的题材内容例如'神的故事'〕……也可能发生在其他种类的散文叙事之中"（巴斯科姆），或者反过来说，"凡叙述原始人类迷信鬼神的故事，也不一定是神话"（茅盾）、"〔一些神话〕故事本身并非像人们可能设想的那样，涉及天神和英雄的行为，而只是叙述部落的历史和它漂泊的情况，以及它逐步从野蛮状态上升到较佳生活条件"（博尔尼）的尴尬。而一旦弃绝了划分诸叙事体裁的题材内容质料规定性的理论概念认识的普遍性经验标准，就为通过还原、反思叙事主体（共同体、个体）从主位上、在主观上任意地约定的自我"实践命名"理念，确立划分诸叙事体裁的单纯信仰或非信仰形式标准，创造了现象学主观性观念直观的有利条件。因为"在许多社会中各种散文叙事〔体裁〕的区分是建立在判定它们〔的题材内容〕是事实还是虚构的〔信仰或非信仰态度的主观性〕基础上"（巴斯科姆）而不是题材内容本身所指（如"神的故事"或人的故事等）普遍性经验的客观性基础上。以此，为了"理解散文叙事的本质和它在人类生活中的位置"，②正如巴斯科姆所言，单单从体裁形式所承载的信仰或非信仰态度的主观性标准区分神话、传说和狭义的故事"就是重要的"。这是因为，"正如我们已看到的，神话、传说和〔狭义的〕民间故事在它们的时间和地点的梯段上，在〔神祇等〕主要角色上，更重要的是在与它们相关的信实性和取态〔的信仰或非信仰体裁形

---

① 户晓辉：《返回爱与自由的生活世界——纯粹民间文学关键词的哲学阐释》，江苏人民出版社2010年版，第234页。"从前的一切唯物主义的主要缺点是：对事物、现实、感性，只是从客观的或者直观的形式去理解，而不是把它们当作人的感性活动，当作实践去理解，不是从主观方面去理解。所以，结果竟是这样，和唯物主义相反，唯心主义却发展了能动的方面……"〔德〕马克思：《关于费尔巴哈的提纲》，载《马克思恩格斯选集》第1卷，人民出版社1972年版，第16页。在马克思之前，康德已经区分了理论认识（理性的理论使用即"从客观方面来解释"客体现象，亦即人类学家所言"客位认识"）和"实践研究"或"实践认识"（对理性的实践使用的认识即"从主观方面去理解"主体表象，人类学家所言"主位认同"有接近处）。

② 〔美〕巴斯科姆：《口头传承的形式：散体叙事》，朝戈金译，载〔美〕邓迪斯编《西方神话学读本》，广西师范大学出版社2006年版，第14页。

式所表达的主观性态度〕上是不同的。"①

与博厄斯后来的极端立场不同,当初格林兄弟之于民间文学诸叙事体裁的划分标准是双重的——建立在对叙事文学的（神的故事）题材内容给予经验论客观性理论定义概念认识以及对叙事文学的（信仰和非信仰）体裁形式的"实践命名"予以现象学主观性观念直观的不同目的论与方法论基础上——且这一划分标准一经提出,立即就被民间文（艺）学—民俗学的神话学家们集体地接受了。这是一种叙事文学的题材内容的故事情节普遍统一且体裁形式（神话→传说→故事）的信仰程度依次递减的理论认识＋实践直观的等级—分类制度标准。如果单就对题材内容的真实性、神圣性信仰程度而言,神话无疑处在诸叙事体裁分类等级的最高位置,传说其次,而在题材内容上被认为是完全虚构的狭义民间故事（童话）则排在诸叙事体裁分类等级的最低水平。但这同时也就意味着,的确不是语言学家、宗教学家甚至不是人类学家,而确实是民间文（艺）学—民俗学家为把神话做成现代学术的研究对象做出了实质性的学科性贡献。从此,其他学科的学者才能够从不同的学科角度实质性地介入神话研究,因为如若不把叙事文学的信仰体裁形式用作判断神话或定义"神话"的"决定性"标准——尽管按照索绪尔的说法,这一纯粹形式化的标准仅仅是"消极"地通过他者（传说、故事……）来定义的——神话就不可能作为特殊的叙事现象从哲学叙事、历史叙事甚至宗教叙事的整体叙事经验中显现出来,被学者们表象为特定的学术对象,因为单单"神的故事"的题材内容,并不一定就是神话叙事,但可能是哲学叙事、历史叙事甚至宗教叙事。进而,如果没有格林兄弟建立在综合了实践直观与理论认识的目的论—方法论双重立场上的民间文学叙事体裁三分法,甚至博厄斯关于叙事文学的特定体裁与特定题材在不同文化中并非固定相关的问题意识都不可能发生。实际上,任一学者对神话本身或神话自身的本质直观无一例外都以能够用概念规定即能够理论地认识（以及受理论认识影响而导致的日常知识）的神话实践经验现象作为直观神话本质的反思、还原条件——无论卡西尔还是罗洛·梅……都以英语 myth 及其"同语族"的欧美词语（概

---

① 〔美〕巴斯科姆:《口头传承的形式:散体叙事》,朝戈金译,载〔美〕邓迪斯编《西方神话学读本》,广西师范大学出版社2006年版,第14页。

第一章　神话学革命始于"神话"定义的"最后见解"　139

念）的能指和所指作为直观神话本质的反思、还原条件，就是证明，就像胡塞尔通过红的现象直观到"红"的观念（本质）[1]——以此，我们才好理解，为什么说"回归希腊神话这个［经验性］实例可以充当一个线索或引导"；[2] 因为，任何实践的先验观念（目的）都只能通过必然可能"实施"的经验现象（结果）来反证并阐明（演绎）自身的客观实在性，[3] 否则就只能停留于主观观念性的独断。正因如此，德国民

---

[1] 倪梁康：《现象学及其相应——胡塞尔与当代德国哲学》，生活·读书·新知三联书店1994年版，"5.'本质直观方法'及其形成与发展"，第75页。

[2] 户晓辉：《返回爱与自由的生活世界——纯粹民间文学关键词的哲学阐释》，江苏人民出版社2010年版，第266页。

[3] 康德经常讲到实践的"客观实在性"，"实践的实在性"包含了两个意思，第一，"这种实在性只是一种实践的实在性，而不是理论的实在性。就是说，我们的理念在物自体的领域里面，可以看作它给实践行为立法，在这方面，它有它的实在性，就是我们确确实实有自由，我们确实可以选择。但这种选择完全是一种实践的实在性。"邓晓芒：《康德〈判断力批判〉释义》，生活·读书·新知三联书店2008年版，第98页。第二，"所谓实践的实在性，它就是能够对自然界发生影响的那种实在性。"同上引书，第100页。"一切通过自由而可能的东西都是实践的。"同上引书，A800/B828，第608页。"纯粹理性虽然不是在其思辨的运用中、但却是某种实践的运用中，也就是在道德的运用中，包含有经验可能性的原则，即这样一些行动的原则，这些行动在人类历史中有可能以合乎道德规范的方式见到。因为，既然理性命令这样一些行动应当发生，那么这些行动也必定能够发生，所以某种特殊种类的系统统一、即道德的统一必定是可能的……纯粹理性的这些原则在其实践的、尤其是道德的运用中具有客观实在性。"同上引书，A807—808/B835—836，第613页。"一个理念，但却是一个实践的理念，它能够、也应当对感官世界现实地有其影响，以便使感官世界尽可能地符合这个理念。因此一个道德世界的理念具有客观的实在性，它并不是好像在指向一个理知的直观的对象（这样一类对象我们完全不能思维），而是指向感官世界的，但这感官世界是作为一个纯粹理性在其实践的运用中的对象，以及有理性的存在者在感官世界中的一个神秘体（基督身体），只要他们的自由任意在道德法则之下具有既和自己、也和每个别人的自由任意普遍而系统地相统一的特点。"同上引书，A808/B836，第614页。"既然德性绝非幻象，由此也就得出，如果定言命令以及与它一起的意志自律都是真实的，而且作为一种先天原则是绝对必然的，就需要一种纯粹实践理性的可能的综合运用。"［德］康德：《道德形而上学奠基》，杨云飞译，邓晓芒校，人民出版社2013年版，S.445，第87页。"理性是实践的，即具有对于其客体的原因性。"同上引书，S.448，第92页。"意志的自律连同其结果，即道德性。"同上引书，S.453，第99页。"纯粹理性单凭理念（这理念根本不为经验提供任何对象）却应当是某个固然处在经验之中的结果的原因。"同上引书，S.460，第110页。"理性处理意志的决定根据，而意志或者是产生与表象相符合的对象的一种能力，或者竟然就是决定自身而导致这些对象（不论自然的能力是否足以胜任）的能力，亦即决定其自身的因果性的能力。因为在这里理性至少足以决定意志，并且如果只是事关愿欲的话，那么理性总是具有客观实在性。"［德］康德：《实践理性批判》，韩水法译，商务印书馆1999年版，S.15，第13页。"如果理性完全决定意志，那么行为就会不可避免地依照这个规则发生。"同上引书，S.20，第18页。"他愿望什么，他也就能做什么。"同上引书，S.37，第40页。"理性存在者的意志……在感（转下页）

(接上页)觉世界中的因果性的动力学法则。"同上引书，S. 42，第 44 页。"这个法则应当给作为感性自然的感觉世界谋得知性世界的形式，即超感性自然的形式，而并不中断前者的机械作用。"同上引书，S. 43，第 45 页。"受纯粹实践理性的自律所支配的一种自然。但是这个自律法则就是道德法则，因而也就是一个超感性自然和纯粹知性世界的基本法则，这个世界的复本应当存在于感觉世界之中，但同时并不中断这个世界的法则。我们可以称前者为原型世界，这个世界我们只能在理性之中加以认识，但是，后者因为包含作为意志决定根据的第一个世界的理念的可能结果，我们称之为摹本世界。因为实际上道德法则依照理念把我们移置在这样一个自然之中，在那里，纯粹理性如果具备与它相切合的自然能力，就会造就至善；这个道德法则并且决定我们的意志去授予感觉世界以作为理性存在者的整体的形式。"同上引书，S. 43，第 46 页。"单单通过我们依照纯粹实践法则的意志而可能的自然……仿佛通过我们的意志一个自然秩序必定同时产生出来一样。于是这条法则必定是一个非由经验给予因自由可能的、因而乃是超感性的自然的理念，我们至少在实践的范围内给予这个自然以客观实在性，因为我们把它看成作为纯粹的理性存在者的我们意志的客体。"同上引书，S. 44，第 47 页。"理性存在者在实现客体方面的那种因果性。"同上引书，S. 45，第 47 页。"这样一个超感性的自然概念同时就可能是这个自然通过人类自由意志而实现。"同上引书，S. 45，第 48 页。"这种认识能够自己成为对象实存的根据。"同上引书，S. 46，第 49 页。"这样，在其从事思辨时始终与其理念一起成为逾界的理性，能够首次领受了客观的、虽然仅仅实践的实在性，并且理性的超验的应用就能够转变为一种内在的应用（即理性通过理念自身成为在经验领域中起作用的原因）。"同上引书，S. 48，第 51 页。"当然必须以某种方式认识就感觉世界中的意志行为而言的因果性，因为否则实践理性就不能现实地产生任何行为。"同上引书，S. 49，第 53 页。"在意志的概念之中已经包含了因果性概念。"同上引书，S. 55，第 59 页。"通过自由而可能的结果的客体之表象。于是成为实践认识的这样一种对象，也只意指意志对于行为的关联，通过这个关联对象或其对立面得以现实地造成……"同上引书，S. 57，第 61—62 页。"倘若我们具备相关的能力（这必须由经验来判断），通过这种行为一个客体就会成为现实。"同上引书，S. 57，第 62 页。"在我们力所能及的范围内，我们是否可以愿望一种指向某个客体的实存的行为；因而，行为的道德可能性必须先行；因为在这种情况下，不是对象，而是意志的法则才是行为的决定根据。"同上引书，S. 58，第 62 页。"意志受理性法则的决定而使某种东西成为它的客体……它是使自己成为充任行为动机的理性规则……一个客体因此而成为现实的。"同上引书，S. 60，第 65 页。"在纯粹实践理性的全部规矩之中，关键只在于意志决定，而不在于（实践能力）实现其意图的自然条件，所以，与自由的无上原则相关联的先天实践概念立即成了认识，而毋需期待直观以获得意义，更确切地说，这是出于下面这个明显的理由：它们自己造就它们与之关联的东西（意志意向）的实在性，而理论概念的情形就完全不是这样的。"同上引书，S. 66，第 71 页。"自由，就通过它而可能的、作为感觉世界中的那些现象的那些行为而言，被认为是一种因果性。"同上引书，S. 67，第 72 页。"作为实践的规则，关涉一个客体的实存……作为纯粹理性的实践规则，自身具备相对于行为的此在而言的必然性。"同上引书，S. 67，第 73 页。"自由法则应当运用于这样一种行为之上，这种行为是那些发生在感觉世界并因而在此范围内属于自然的事件。"同上引书，S. 68，第 74 页。"所有理智的东西，除了（借助道德法则的）自由之外，对我们都根本没有实在性，而且即使自由也只有在它是一个与那条法则不可分的先决条件的范围之内，才有实在性；再者，理性在那条法则的指导之下，或许还会引导我们而至所有那些理智对象，除了为这个法则和纯粹实践理性应用的目的之外，对我们也不再有实在性。"同上引书，S. 70，第 76 页。"承认道德法则便是意识到出于客观根据的实践理性。"同上引书，S. 79，第 86 页。"原理的后果。"同上引书，S. 100，第 109 页。"知性世界的本体，而且甚至在道德（转下页）

间文（艺）学—民俗学家们（包括格林兄弟）之于民间文学叙事体裁三分法的经验有效性，才可能成为人类学家马林诺夫斯基现象学地直观神话主体自我实践主观命名的"实地工作"的观念前提。

> 最近关于神话（myth）、传说（legend）、童话（fairy-tale）等解说，最少是就数量上，与自信的程度上应以盛行于德国的"自然神话学派"为首例。①

马林诺夫斯基发现，在他从事人类学"实地工作"的西太平洋梅兰内西亚群岛的原住民文化中，存在着能够对应于格林兄弟之于民间文学

（接上页）法则上面具有［感觉世界里］我的因果性的纯粹理智的决定根据。"同上引书，S.114—115，第126页。"这个理念的实践后果，也就是以实现至善为目标的行为，属于感觉世界。"同上引书，S.119，第131页。"纯粹实践应用的无上原则……这种应用原本单单指向作为理性后果的某物的实存。"同上引书，S.139，第152页。"自由概念应当使通过它的法则所提出的目的在感官世界中成为现实"。［德］康德：《判断力批判》，李秋零译，载《康德著作全集》第5卷，中国人民大学出版社2007年版，S.176，第185页。"就出自自由概念对自然产生的后果而言……是可能的，并且已经包含在一种凭借自由的因果性的概念之中，这种因果性的结果应当按照自由的这些形式法则来在世界上发生，尽管原因这个词在运用于超感性的东西时仅仅意味着按照自然事物固有的自然法则，但同时毕竟也与理性法则的形式原则相一致地规定自然事物的因果性来达成一个结果的那个根据……"同上引书，S.195，第205页。"自由的理念是超感性的东西的惟一概念，通过自由在自然中可能的结果而（凭借在这个概念中所思维的因果性）在自然身上证明了自己的客观实在性。"同上引书，S.474，第496页。"自由概念是通过理性就某些由于它而在感官世界中有可能的结果而言的因果性来充分地阐明自己的实在性的，而这种因果性是理性在道德法则中不容反驳地公设的。"同上引书，S.475，第497页。"它的因果性的这种规定涉及世界中的一种结果，这种结果包含着一种道德上必要的……"同上引书，S.484，第507页。"使它成为自己的目的，这本身就是义务，那么，它就必须被设定在能够是人行为的结果。"［德］康德：《道德形而上学》，张荣、李秋零译，载《康德著作全集》第6卷，中国人民大学出版社2007年版，S.386，第399页。"理性作为原因来规定而作出感官世界中的行动。"同上引书，S.418，第427页。"作出强制的（赋予义务的）主体首先必须是一个人格，其次这个人格必须是作为经验对象被给予的，因为人应当对其意志的目的产生影响，这只有在两个实存的存在者的相互关系中才能做到（因为一个纯然的思想物不可能按照目的成为某个结果的原因）。"同上引书，S.442，第453页。"由于它在根本上包含了在经验中认识一种自由的任意的规定根据的先天原则，只要这种经验在人的目的中表现出道德性的效果，并作为尘世上的因果性，赋予德性的概念以客观的、即使只是实践的实在性。"［德］康德：《纯然理性界限内的宗教》，李秋零译，载《康德著作全集》第6卷，中国人民大学出版社2007年版，S.6"注释①"，第8页。

① ［英］马林诺夫斯基：《巫术　科学　宗教与神话》，李安宅译，中国民间文艺出版社1986年版，第81页。

叙事体裁三分法的三种"土（著）人"的叙事体裁实践，即相当于童话（fairy tale）的"库夸乃布"（kukwanebu），相当于传说（legend）的"利薄窝过"（libwogwo），以及相当于神话（myth）的"里留"（lili'u）。①

> 我在这里更要使人注意，我底分类方法乃是一见便知的土［著］人自己底分法，我只是对于此等正确性稍加［理论的］解述而已。……倘若我们说第一类［童话］是说来消遣的，第二类［传说］是说得认真而且满足社会野心的，则第三类［神话］便不只是看作真的，且是崇敬而［看作］神圣的，且具有极其重要的［宪章功能的］文化作用。②

马林诺夫斯基很是幸运，他所遭遇的土著人自己对诸叙事体裁的主观性实践（任意约定）分类等级自我命名与民间文（艺）学—民俗学家们关于叙事体裁普遍性三分法之间的对称关系似乎天衣无缝——因为后者也"很可能反映出欧洲'民间'的'原生范畴'"（巴斯科姆）——但这并不是说，马林诺夫斯基就不曾遭遇博厄斯曾经遭遇过的题材内容与体裁形式之间不对称的关系问题，博厄斯的问题在马林诺夫斯基这里同样存在，只是他们各自的提问方式不同罢了。与"博厄斯问题"既不同又相同的"马林诺夫斯基问题"是这样的：神话叙事的题材内容不仅仅是被土著人一般地相信为真实的历史，而且被土著人虔诚地信仰为神圣的传统；更重要的，神话叙事的题材内容作为真实、神圣的历史传统，在土著人的日常生活中作为现实活动、行动、行为之合理性与合法性的最终根据而承担、发挥着共同体文化"宪章"（charter③

---

① ［英］马林诺夫斯基：《巫术　科学　宗教与神话》，李安宅译，中国民间文艺出版社1986年版，第86—95页。

② ［英］马林诺夫斯基：《巫术　科学　宗教与神话》，李安宅译，中国民间文艺出版社1986年版，第91—92页。

③ 所谓神话的 charter（李安宅译：证书、特许证书、保状证书、保状、特许状）功能，简要地说，就是通过讲述（narrative）一个故事（story 或 tale）、一个发生在荒古时代的"事故"（incident，马林诺夫斯基也称之为"荒古的实体"即 a primeval reality）的故事，（转下页）

第一章　神话学革命始于"神话"定义的"最后见解"　143

（接上页）以为先例、成例、前例（precedent）、根据（justification）、典据（allusion）、榜样（pattern）甚至标准（ideal），为"仍然活着的实体"即人们的现实生活提供合法性与合理性的正当性根据（justify 或 justification），以证明（vouch）、保障（enforce，buttress，warrant，vouch，vindicatio）、见证（testimony）其社会行为，并作为保状（warrant）、护照（passport）以向导（guide）、指导（direction）其社会活动。这就是宪章的功能。但是，以上所引马林诺夫斯基曾经使用过的这些意义相同或者相近的词语大多没有为学界所接受，只有 charter（宪章）这个概念在今日学界令人耳熟能详。［英］马林诺夫斯基：《巫术　科学　宗教与神话》，李安宅译，中国民间文艺出版社 1986 年版，第 71、86、92—93、99、100—101、119、123—124、125、127 页；Bronislaw Malinowski，*Myth in Primitive Psychology*，London，1926，pp.23，36 - 39，50，55 - 56，58 - 59，103，114，116，119 - 120，124。"神话不是过去时代底死物，不只是流传下来的不相干的故事，乃是活的力量……巫术是沟通荒古艺术的黄金时代与现今流行的奇行异能两者之间的桥梁。所以巫术公式充满了神话的典据，而在宣讲了以后，便发动了古来的权能，应用到现在的事物。"同上引书，中文版，第 71 页。"神话……乃是一劳永逸地证明了某种巫术底真理的几种事件之一所得到的历史陈述。"同上引书，中文版，第 71 页。"在任何时候，神话都是巫术真理底保状，是巫术团体底谱系（pedigree），是巫术权利（说它为真实可靠的权利）底大宪章……每一个信仰都会陈述它底神话，因为没有信仰是没有奇迹的，而主要的神话不过是叙述巫术底荒古奇迹罢了。"同上引书，中文版，第 71—72 页。"神话这个神圣的传统是在他们底生活里怎样根深蒂固，怎样强有力地支配着他们底道德与社会行为。"同上引书，中文版，第 81 页。"神话……是若干且极其重要的文化势力……神圣的故事——即神话。"同上引书，中文版，第 82 页。"神圣的故事乃是关于过去的真实历史的记录。"同上引书，中文版，第 83 页。"存在蛮野社会里的神话，以原始的活的形式（living form）而出现的神话，不只是说一说的（文学）故事，乃是要活下去的实体（a reality lived）。那不是我们在近代小说中所见到的虚构，乃是认为（believed）在荒古的时候发生过的实事（a living reality），而在那以后便继续影响世界影响人类命运的。蛮野人看神话，就等于忠实的基督徒看创世纪，看失乐园，看基督死在十字架上给人赎罪等等新旧约的故事那样。我们底神圣故事（sacred story）是活在我们底典礼、我们底道德里面，而且制裁我们底行为支配我们底信仰（it governs our faith），蛮野人底神话也对于蛮野人是这样。"同上引书，中文版，第 85 页；英文版，第 21 页。"神话底出现，乃是在仪式、礼教、社会或道德规则要求理论根据（justification），要求古代权威，实在界（reality），神圣界（sanctity）加以保障（warrant）的时候。"同上引书，中文版，第 92 页；英文版，p.36。"没有重要的巫术、仪式或礼教没有信仰的；信仰则都是编在具体而有前例（precedent）可援的故事上。这其间的结合是很密切的，因为神话不只是多使我们知道一点东西的评论，乃是关乎实际活动的保状（warrant）、证书（charter），而且常常是向导（guide）。另一方面，仪式、风俗、社会组织等有时直接引证神话，以为是神话故事所产生的结果。文化事实是纪念碑，神话便在碑里得到具体表现；神话也是产生道德法则、社会组合、仪式或风俗的真正原因。这样，神话故事乃形成文化中的一件有机的成分。这类故事底存在与影响不但超乎讲故事的行为，不但取材于生活与生活的意趣趣益，乃是统治支配着许多文化的特点，形成原始文明底武断信仰的脊骨。"同上引书，中文版，第 92—93 页；英文版，p.37 - 38。"给这些不同找根据的必要，有证明（justify）它们古已有之而（转下页）

即古典汉语所谓"洪范""大法"或"本纪"大纲)①的目的（以及预期效果的）功能——正如阿默思所言，"许多语言都存在［区分叙事］体裁术语这一现实表明，这些［用于'实践命名'的］概念已经被塑造好了"——从而权威地规范了土著人的生活方式。② 但是，在"实地工作"中，马林诺夫斯基发现，并非只有"纯粹的神话"即讲述了"神的故事"题材内容的叙事体裁形式在承担、发挥着宪章功能；在土著人那里，不同的叙事体裁形式（"纯粹的神话""近接的历史""半历

（接上页）且实在（reality）的必要；简单说，即有保障（vouch）它们底真实性的必要。"同上引书，中文版，第 94 页；英文版，p. 42。"神话给人保状（warranting）……乃是一件显然的信仰行为。"同上引书，中文版，第 94 页；英文版，p. 43。"神话最重要的地方，乃在它有回溯既往，瞻顾当前而自成活的实体（live actuality）那种性质。在土人看来，神话既不是虚构的故事，也不是死的过去的记录，乃是关于更大的实体（reality）的陈述。这实体，既包已往，又包现在——还活着的（alive）现在。"同上引书，中文版，第 109 页；英文版，第 78 页。"与人生的联结，是在了解神话底心理与文化价值上十分重要的。"同上引书，中文版，第 111 页。"一切巫术底实质都在传统的完整。巫术只是由荒古到现在累代相传一点损失一点掺杂也没有，才会有效。所以巫术在时间上的传送，需要一个谱系（pedigree），需要一种传统的护照（passport）。这便是巫术神话。"同上引书，中文版，第 123 页；英文版，p. 114。"社会的优先权（precedence），法律（legal）的证书（title），系统（lineage）与当地权利（local claims）底保障（vindication）……"同上引书，中文版，第 125 页；英文版，p. 119。"我们底说法，即神话底社会功能说，因为说明神话与信仰底密切关系以及仪式与传统底密切关系。"同上引书，中文版，第 125—126 页。"原始神圣故事底形式，它们底社会布景，或它们底文化功能，然而我们一经觉到，神话底主要作用，乃在颁发一个社会保状（sociological charter），或者建立行为上古已有之的道德榜样（maoral pattern），或者巫术上荒古无上的奇迹——一经觉到这些，便也显然知道解说的质素与关心自然的质素，必在神圣的传说中有存在。因为一个先例（a precedent accounts）是可以解说后来的事故的……"同上引书，中文版，第 126 页；英文版，p. 121。"巫术神话更比旁的蛮野神话是给施术者找社会权利（sociogical claims）上的根据（justifies），制定仪式，保障（vouches）信仰，相信所希冀的事物可因行术以后的奇迹而如愿以偿……与当地的权利（local claims），社会的联系，以及直接的世系（direct descent）相联结。"同上引书，中文版，第 124 页；英文版，pp. 116 - 117。"神话……是与环境的实用关系中一件重要的成分（a vital ingredient of practical relation to the environment）。"同上引书，中文版，第 128 页；英文版，p. 127。

① 《尚书·洪范》："天乃锡禹洪范九畴。"洪者，大；范者，法也。九畴，九等、九类。孙星衍《尚书今古文疏证》卷十二《注》引郑康成曰："大法九类。"《疏》："'洪，大'、'范，法'，皆（《尔雅》）《释诂》文。畴为类者，九家《易》注。"（清）孙星衍：《尚书今古文疏证》（下），中华书局 1986 年版，第 293—294 页。《史记·五帝本纪》（唐）司马贞《索隐》："纪者，记也。本其事而记之，故曰本纪。又：纪，理也，丝缕有纪。而帝王书称纪，言为后代纲纪也。"（汉）司马迁：《史记》（一），中华书局 1959 年版，第 1 页。

② "内塞尔拉特引述马丁的看法，即在荷马史诗中，muthos 这个词的意思是'一种显示了权威性的言谈'。"户晓辉：《返回爱与自由的生活世界——纯粹民间文学关键词的哲学阐释》，江苏人民出版社 2010 年版，第 262 页。

史的传说")及其不同的故事题材内容(从"神的故事"到人的故事)因连接为一体——马林诺夫斯基称之为 pedigree(谱系)①——才承担且发挥了宪章功能。这就正如博厄斯所言,"在神话与民间故事之间[就题材内容]划出一条清晰的界限是不可能的"。博厄斯发现,在原住民那里,同样的题材为不同功能的不同体裁共同地享有;而马林诺夫斯基发现,在土著人这里,不同的题材为同一功能的不同体裁"接连"地使用。于是,与博厄斯一样,马林诺夫斯基也不无困惑地写道:

> 在土[著]人底心目中,近接的历史,半历史的传说,以及纯粹的神话(unmixed myth),[在故事题材内容上]都是彼此交融,形成相接连的顺序,而实际尽着同一[信仰体裁形式]的社会[宪章]功能。②

这就是说,如果我们坚持以"实际尽着同一的社会[宪章]功能"为判断神话或定义"神话"的标准——即,如果我们坚持"功能"不仅意味着实践作用结果的经验现象形式,同时也意味着造成实践作用结果的实践作用目的的先验观念形式;则,造成实践作用结果(经验现象)的信仰作用原因(先验观念),即现象学主观性观念直观的先验对象——那么我们就得承认,不仅是"纯粹的神话"(真实且神圣的神的故事),就连传说(半真实的人的故事)甚至历史(真实的人的故事),我们也应该以"神话"视之;反之,同理,如果不是"实际尽着同一的社会[宪章]功能",那么,即便"纯粹的神话"即讲述了"神的故事"题材内容的体裁形式,我们也不能视之为"神话"。而这就是马林诺夫斯基当年在西太平洋群岛土著人或原住民文化中所遭遇——可以称之为"马林诺夫斯基悖论"——的神话学问题。这就是说,或者我们坚持,"神的故事"的题材内容,是定义"神话"的唯一理论标准;或者

---

① [英]马林诺夫斯基:《巫术 科学 宗教与神话》,李安宅译,中国民间文艺出版社1986年版,第71、123页;Bronislaw Malinowski, *Myth in Primitive Psychology*, London, 1926, p.114。"谱系",马林诺夫斯基也称为 direct descent("直接的世系")。同上引书,英文版,第117页;中文版,第124页。pedigree:家谱、【生】谱系、家系、血统、门第、出身、名门出身、(事物的)起源和历史、【语】词源、(家畜的)种、种类。《新英汉词典》(增补本),上海译文出版社1985年新2版,第962页。

② [英]马林诺夫斯基:《巫术 科学 宗教与神话》,李安宅译,中国民间文艺出版社1986年版,第109页;Bronislaw Malinowski, *Myth in Primitive Psychology*, London, 1926, p.78。

我们坚持，把某种题材内容（无论该题材内容是否讲述了"神的故事"）信仰为宪章的体裁形式，才是判断神话的"决定性"实践标准。面对上述两难困境，如果只能够二选一，那么当年格林兄弟的民间文学叙事体裁三分法，就面临着失效的危险；因为理论神话学之于"神话"概念的经典定义即"格林定义"原本持以双重标准，即格林兄弟不仅把主观的实践——普遍的信仰体裁形式与特殊的故事题材内容之间任意约定的实践关系——标准，通过归纳法也用作客观的理论标准，更使用归纳法规定了不同叙事体裁形式的不同故事题材内容的经验性分类标准。

所谓"马林诺夫斯基问题"——笔者称之为"马林诺夫斯基悖论"——就其最表面的意思是说，当神话学家们面对人们在现实生活中的叙事实践——比如土著人或原住民使用的一篇完整的（博厄斯："在素材［即题材内容］上是连续性的""［在体裁形式上］原本是联结在一起的"）"谱系"叙事，其中依次讲述了根据现代民间文（艺）学的题材—体裁等级分类制度以及现代学术的学科分类体系而定义的"纯粹的神话"、"半历史的传说"以及"近接的历史"——的时候，如果"在土［著］人的心目中，近接的历史、半历史的传说，以及纯粹的神话，都彼此交融，形成相接连的顺序，而实际尽着同一的社会［文化宪章］功能"，那么传说（半真实的人的故事）和历史（真实的人的故事）也就应当与神话（真实且神圣的神的故事）一样同属于"神圣的故事"。① 假若我们把"半历史的传说"和"近接的历史"等历史叙事和准历史叙事从"相接连的顺序"中抽离出来（博厄斯："导致原本是联结在一起的故事［题材和体裁］的分离"），那么"纯粹的神话"就将失去其通过完整的叙事"谱系"将超验的"实体"（reality，神圣性信仰对象）与经验性的"实体"（actuality，世俗性现实生活）联系起来的中间环节。于是，与现实生活发生断裂的"纯粹的神话"又如何

---

① "神话这个神圣的传统"（the sacred tradition, the myth）、"神圣故事"（sacred tales）、"神圣的故事——即神话"（the sacred tale or myth）、"最重的故事神话或神圣故事"（most important class of tales, the sacred tales or myths）、"神话这个部落里面神圣的民俗信仰"（the sacred lore）、"神话上的典据"（mythological allusions）、"原始神圣故事"（primitive sacred stories）、"神圣的传说"（sacred legends）。［英］马林诺夫斯基：《巫术　科学　宗教与神话》，李安宅译，中国民间文艺出版社 1986 年版，第 71、81—83、85、91—93、126 页；Bronislaw Malinowski, *Myth in Primitive Psychology*, London, 1926, pp. 15—16, 21, 35, 37, 40, 81, 120-121.

可能"实际尽着同一的社会［文化宪章］功能"？而在马林诺夫斯基看来，神话正是一组"连续性"或"联结在一起"的"谱系"叙事，神话"谱系"的一头连接着神圣的历史传统，另一头联系着世俗的现实生活。那么，有鉴于此，马林诺夫斯基竟该如何定义"神话"呢？像博厄斯一样，马林诺夫斯基只是提出了问题而没有给出令人满意的答案，尽管马林诺夫斯基曾满怀信心的说过，人类学家（其实也是民俗学家）定义"神话"的双重标准的"最后见解"已是明日黄花。

"马林诺夫斯基问题"或"马林诺夫斯基悖论"、"马林诺夫斯基方案"、"马林诺夫斯基案例"① 以及"博厄斯问题"处理的都是同一个问题：同一题材内容在不同体裁形式之间的"倒转""反转"，或者不同题材内容与不同体裁形式之间的"连续""联结"。二者都质疑了民间文学叙事体裁三分法的合理性与合法性（正当性），即三分法所仰仗的题材内容标准与体裁形式标准之间的统一性，是神话学在世界范围内自古（柏拉图）至今不断遭遇但于今为烈的严峻挑战。在北美，博厄斯于1914年就提出了这个问题；在南太平洋；马林诺夫斯基至少于1926年也提出了同样的问题；② 而在中国，同样的问题则是顾颉刚在1923年、马伯乐在1924年、茅盾在1925年（1924年已经写就）提出的，而波德在1959年又重述了一次，这就是对于现代中国神话学家们来说耳熟能详的"中国神话历史化"问题。"中国神话历史化"问题与"马林诺夫斯基问题"、"博厄斯问题"都属于同一个问题，当然是同一个问题的不同提问和答问方式：或者表现为不同族群的文化间问题，或者表现为不同时代的文化间问题。而"文化间"的问题实质上还是判断神话或定义"神话"的理论规定与实践反思的目的论与方法论孰为正

---

① "我报告的事实与讲神话的方法，乃隐含了范围很大内容相连的信仰方案（scheme of beliefs）。这项方案……"［英］马林诺夫斯基：《巫术 科学 宗教与神话》，李安宅译，中国民间文艺出版社1986年版，第118页；Bronislaw Malinowski, *Myth in Primitive Psychology*, London, 1926, p.101. "马林诺夫斯基方案。"［美］萨林斯：《文化与实践理性》，赵丙祥译，上海人民出版社2002年版，第92页。"马林诺夫斯基案例。"［美］斯特伦斯基：《二十世纪的四种神话理论——卡西尔、伊利亚德、列维－斯特劳斯与马林诺夫斯基》，李创同、张经纬译，生活·读书·新知三联书店2012年版，第64、68页。

② "马林诺夫斯基关于神话的主要论点，曾于1925年11月作为一篇向詹姆斯·G. 弗雷泽爵士致意的讲演稿在利物浦大学宣读。这篇讲演稿在1926年以'原始心理与神话'为题发表，后来收录于《巫术、科学与宗教及其他论文集》。"［美］邓迪斯：《马林诺夫斯基〈神话在生活中的作用〉按语》，宋颖译，载［美］邓迪斯编《西方神话学读本》，广西师范大学出版社2006年版，第238页。

当的问题，所以说，"博厄斯问题"、"马林诺夫斯基问题"甚至"中国神话历史化"问题，其问题的焦点均在于：神话学家们究竟该使用怎样的标准来判断神话、定义"神话"？而用什么标准判断神话、定义"神话"，等于又逼得神话学返回了自己的开端（经验学科总是以定义概念、界定对象的方式开始的）。但是，如果神话学家们不能仅仅用故事题材内容（"神的故事"）的普遍性理论的经验性概念来定义（规定）"神话"，那么神话学家们能否单单以信仰体裁形式的主观性实践的先验观念来命名（任意约定）神话之所以是神话（而无论其命名究竟是myth抑或"神话"）呢？显然，博厄斯倾向于前者，尽管他并没有坚决地主张后者；而马林诺夫斯基则对后者（"土［著］人自己的分法"）持肯定态度，尽管他也没有意愿要否定前者。于是，当我们了解了人类学家们在"实地工作"中遭遇的（看似）异文化或文化间问题——格林兄弟提出的民间文学叙事体裁形式等级分类方法无法适用于对"其他传统"实践经验的理论认识——其实是理论认识与实践反思的二论背反之后，我们方才有所觉悟，当初马林诺夫斯基对博尔尼《民俗学手册》之于"神话"定义的双重标准为何抱以负面评价。[①] 马林诺夫斯基甚至扬言，博尔尼的"神话"定义将是"近代人类学"给予"神话"概念的"最后见解"，因为马林诺夫斯基从中嗅出了可以通过反对博尔尼而掀起一场神话学现象学革命的强烈气息。[②] 马林诺夫斯基当然是误解了博尔尼——博尔尼定义"神话"的要点并不在于强调神话是原始人解释超自然现象时"理智的努力"（intellectual effort）——实际上博尔尼定

[①] "我们不得不对现代神话学观点的每一点简明而精辟的概括持反对态度……我们认为，他们对神话的整个看法都是错误的……因此，他们既不可能看清神话的本质，也不可能对民间故事进行令人满意的分类。事实上，我们也很难同意《人类学札记与质疑》一书的作者对传奇和童话所下的定义。"［英］马林诺夫斯基：《神话在生活中的作用》，宋颖译，［美］邓迪斯编《西方神话学读本》，广西师范大学出版社2006年版，第252页。这段话李安宅译作："我们不得不处处与上述间接相同［应为'相左'——笔者补注］——即上述近代人类学对于神话的见解而被伯、迈二氏陈述得很好但很简略者……这一套，在我们看来，都是错误的……这样的定义，使人既无从明白神话的性质，又无从对于民间故事有个满意的分类。实际说，伯、迈二氏在人类学手册上以后给传说与童话的定义，也都是我们不能接受的。"［英］马林诺夫斯基：《巫术 科学 宗教与神话》，李安宅译，中国民间文艺出版社1986年版，第95页。

[②] "那场革命的意义——的确是马林诺夫斯基在重建神话理论的探索中发动了这场革命。"［美］斯特伦斯基：《二十世纪的四种神话理论——卡西尔、伊利亚德、列维-斯特劳斯与马林诺夫斯基》，李创同、张经纬译，生活·读书·新知三联书店2012年版，第96页。

义"神话"的现象学立场，甚至比马林诺夫斯基本人的现象学态度更为激进，博尔尼甚至像博厄斯一样完全否决了用"神的故事"的故事题材内容的理论概念定义"神话"的认识论可能性——"［一些神话］故事本身并非像人们可能设想的那样，涉及天神和英雄的行为，而只是叙述部落的历史和它漂泊的情况，以及它逐步从野蛮状态上升到较佳生活条件"——而仅仅诉诸对叙事主体（共同体）之于信仰体裁形式的自我"实践命名"予以现象学主观性观念直观，从而判断神话之所以是神话的可能性，而这其实正切中了马林诺夫斯基的革命胸怀。博尔尼说出了马林诺夫斯基未曾明言的想法：定义"神话"的判断标准其实只有一个，那就是，叙事文学的体裁形式是否主观地赋予了共同体任意约定的某种题材内容（无论讲述的是神的故事抑或人的故事）以真实性和神圣性的主观性信仰态度，并以之作为生活经验的先验指南（charter 即"宪章"）。

人类学家们试图重新制订神话与其他民间文学叙事体裁之间的等级分类标准的田野建议深深地刺激了民间文（艺）学家—民俗学家们，普洛普（1946）[①] 接受了马林诺夫斯基将民间文学的信仰（而不是非信仰）体裁形式的功能（观念目的和现象结果）用作判断神话之所以是神话的"实践命名"观念直观的现象学方法，尽管普罗普仍然坚持以"神的故事"的故事题材内容作为定义"神话"的理论概念的认识方法。

> 神话在此将被理解为关于人民实际上信仰的神或神性人物的叙述……［但］神话与［狭义的民间］故事的区别不在其［题材内容的结构］形式，而在其社会功能……神话不会从［题材内容的结构］形式上有别于故事。故事与神话［在题材内容的结构形式上］有时能彼此完全吻合，以至于在民俗学和民间文艺学中常常把这样的神话称为故事。"原始人的故事"甚至成为某种时尚，类似的［故事］集子无论是学术性的，还是普及性的都有很多。然而如果研究的不止是文本，而且研究了这些文本的社会功能，那它们中的大部分就不能被认为是故事，而应作为神话了。[②]

[①] "该书［普洛普《神奇故事的历史根源》］于1946年问世。"［俄］普洛普：《神奇故事的历史根源》，贾放译，中华书局2006年版，"俄文第二版编者说明"，第3页。

[②] ［俄］普洛普：《神奇故事的历史根源》，贾放译，中华书局2006年版，第15—16页。

在另一篇文章中，普洛普写道：

> 照民间文学家的想象，[狭义的民间] 故事与神话之间的界限何在、它们的一致之处又何在呢？故事的本质特性之一在于它建立在艺术杜撰的基础上并且是现实的虚构。在大多数语言中"故事"一词都是"假话"、"胡说"的同义语。"故事讲完了，不能再瞎扯了"——俄国故事家常常这样来结束故事。神话则是对神圣秩序的讲述。实际上人们不只是相信这一讲述，它还表达了民众的神圣信仰，因而它们的界限不在 [题材内容的结构] 形式方面。①

普洛普所谓神话与狭义民间故事的"形式"应作"题材内容的结构形式"即普罗普所谓"故事形态"解，② 而不能解作"叙事的信仰体裁形式"，而他所谓"社会功能"才是指的"叙事的信仰体裁形式"的先验观念目的及其经验现象结果。但是，尽管理论神话学最后的认识论壁垒似乎即将被攻陷，神话学的现象学革命却不像马林诺夫斯基所预期的那样立即取得了最终突破。因为，如果通过现象学主观性观念直观，判断神话、定义"神话"的方法、标准最后只剩下了神话体裁的信仰形式的主观态度，一个更严重的问题就会相伴而生。对此，巴斯科姆曾有过相应（虽说并不十分自觉）的认识。

巴斯科姆区分了民间文学叙事体裁（genre）判断标准的"诸形式特征"（formal features），③ 其中既有关于叙事仪式形式的理论认识规定性，如"传统的开场"（conventional opening）、"天黑后讲述"（told after dark），也有关于故事题材内容的理论概念认识规定性，如"背景＝时间＋地点"（setting：time + place）、"主要角色"（principal characters）；还有关于叙事体裁的信仰或非信仰形式的实践观念直观反思性"规定性"，如"信实性"（belief）、"取态"（attitude）。其中，"信实性"（belief）是对神话题材内容之真实性在主观上的相信（belief），④ 而"取态"（atti-

---

① [俄] 普洛普：《神奇故事的结构研究与历史研究》，收入 [俄] 普洛普《故事形态学》，贾放译，中华书局 2006 年版，第 195—196 页。
② morpho-，"形态的……"；morphology，"形态学"。
③ [美] 巴斯科姆：《口头传承的形式：散体叙事》，朝戈金译，载 [美] 邓迪斯编《西方神话学读本》，广西师范大学出版社 2006 年版，第 11、13 页。Sacred Narrative: Readings in the Theory of Myth, Edited by Alan Dundes, University of California Press, 1984, pp. 9, 11.
④ 户晓辉批注："（belief）这只是一个名词，如果用英语可否改为 in the belief that？"

tude）则是对神话题材内容之神圣性在主观上的信仰（faith）。① 巴斯科姆同意下述判断：一则叙事体裁的题材内容（即便是"神的故事"）是否被相信进而被信仰为真实的、神圣的，仅凭叙事体裁的题材内容，得不出任何结论（"神圣之于世俗，单从文本的内容中也得不出可信的结论"②）。就此而言，识别神话、传说、童话这"三大散文叙事［的体裁］"形式无一需要［针对其题材内容的］真实［性］"（none of these forms of prose narrative need be true）③ 给予客观性、普遍性的理论认识。

  在这些［关于"神话"、"传说"和"童话"的］定义中，事实与虚构的区别"仅仅"提供了那些讲述和这些故事的听众相信与否的［主观信仰心理］态度，并"不是"［站在客位立场上研究神话的］我们相信与否，不是对于历史的或科学的［理论认识来说的］事实，或任何对真实或虚假所作的［经验性］最终判断。这样说或许客观一些：这是个［只有通过现象学观念直观而反思地还原的］主观性判断，它建立在报告者［自我主观性"实践命名"］的观念上，并非建立在［研究者他人理论认识的］客观事实上。没有比神圣的与世俗的之间的区分更为主观的了，也许在实践［命名而不是在理论认识］中才更容易确定。④

但亨特对巴斯科姆"建立在报告者的［主位］观念上"的"主观性判断"的说法提出了更极端的质疑；亨特认为，甚至"主观性判断"其实还仍然是"只存在于［客位］观察者的脑子里"的客观性看法，因为"神圣"与"世俗"的说法本身就是客位观察者、研究者的理论性概念或认识论命题。

---

  ① 户晓辉批注："（faith）这只是一个名词，如果用英语可否改为 have or put faith in？"
  ② ［美］巴斯科姆：《口头传承的形式：散体叙事》，朝戈金译，载［美］邓迪斯编《西方神话学读本》，广西师范大学出版社 2006 年版，第 13 页。
  ③ ［美］巴斯科姆：《口头传承的形式：散体叙事》，朝戈金译，载［美］邓迪斯编《西方神话学读本》，广西师范大学出版社 2006 年版，第 14 页；*Sacred Narrative*：*Readings in the Theory of Myth*，Edited by Alan Dundes，University of California Press，1984，p. 13。
  ④ ［美］巴斯科姆：《口头传承的形式：散体叙事》，朝戈金译，载［美］邓迪斯编《西方神话学读本》，广西师范大学出版社 2006 年版，第 13—14 页。"神话之所以自圆其说，仅仅是因为人们在愿望上坚持它们所言不虚；觉得被迫相信它们所言不虚，有一种冲动断言它们所言不虚。"［美］斯特伦斯基：《二十世纪的四种神话理论——卡西尔、伊利亚德、列维-斯特劳斯与马林诺夫斯基》，李创同、张经纬译，生活·读书·新知三联书店 2012 年版，第 48 页。

埃文斯-普理查德在其著名的关于苏丹阿赞德人的研究中发现，自然和超自然、神圣和世俗之间的界线根本就不存在。当人们频繁地与祖先的灵魂进行交流，或者经常参与巫术实践时，自然和超自然之间的界线对其中的社会行动者来说可能并不存在。在这种意义上说，宗教［包括神话信仰］仅仅只能被理解成现象学意义上的一种活动，因为关于神圣和超自然世界的观念只存在于［客位］观察者的脑子里。①

这就是博尔尼、博厄斯、马林诺夫斯基以及巴斯科姆的人类学—民俗学神话学现象学革命的颠覆性成果：在仅仅过去了一百年后，神话就从格林兄弟手中刚刚获得的、由客观性理论定义普遍规定的经验认识对象（概念），转换为由主观性"实践命名"任意约定的先验反思对象（观念），② 尽管在格林兄弟手中，"神话"并不仅仅作为理论定义，同时也起源于"实践命名"，难怪马林诺夫斯基将自己的神话学著作命名为《原始心理与神话》。在马林诺夫斯基看来，神话的宪章功能起源于主体（共同体甚至个体）③加诸特定叙事体裁形式的主观信仰心理态度，

---

① ［英］亨特：《宗教与日常生活》，王修晓、林宏译，中央编译出版社2010年版，第20—21页。

② 早在19世纪，谢林就已经指出，"神话"的定义标准并不在于其叙事的内容，而是其信仰的形式。"按照谢林哲学总的思路，这一基本目标必须沿双重方向去实现：指向主体的方向和客体的方向，涉及自我意识的方向和涉及绝对物的方向。说到自我意识以及自我意识体验神话的形式，这种形式本身就足以排除任何把神话归于纯系'虚构'的论点，因为这种理论超越了它该去解释的现象之纯客观存在。此处所考虑的现象并非神话的内容本身，而是它对于人类意识所具有的意义以及它对意识的影响力。问题并不是神话的资料内容，而是体验它的深度、信仰它的程度。"［德］卡西尔：《神话思维》，黄龙保、周振选译，柯礼文校，中国社会科学出版社1992年版，第5—6页。"德国哲学家谢林（1775—1854）在《神话哲学》（1857）一书中，提出了引人注目的观点：对于神话必须要从其自身中去认识，而且，我们要研究的问题与其说是神话的内容，还不如说是神话被人们感受和相信的程度。"［日］大林太良：《神话学入门》，林相泰等译，中国民间文艺出版社1989年版，第9页。

③ "每个真有诚恳深切的宗教经验的人，都知道宗教情绪最强烈的场合乃在孤寂的时候，乃在离开世界而专心致志不为名利所扰的时候，而不在万目睽睽之下。那末，原始宗教能够完全离开孤寂中所有的启发吗？凡是亲眼看见过蛮野人或者仔细研究过这类文字记载的人，都不会怀疑原始宗教也在孤寂中得到力量的。成童行入世礼的时候所有的隔离，受灵试的时候所有的个人亲切的苦闷焦思，在旷野僻静的地方与神、灵，以及其他势力所有的交通，都足证明原始的宗教生活是常在孤寂中的。再一方面，我们在前面已经见过，倘若没有个人临死以前恐惧忧惶的心理，没有个人在这一刹那的宗教情绪，便也不能解释永生的信仰……这一切的事实，加在一起，虽绝对不会说宗教是单独个人，也使我们不易明白为什么宗教会成（转下页）

人们由此才可以称这一类叙事体裁为"神话"。而每一个人是否信仰神话,就成了神话学家们最难把握的因主观性(索绪尔:任意约定性)而导致的偶然或或然现实性经验现象,其间没有任何客观必然可能性可言。①尽管在"蛮野人"、"土著人"、原始人那里,对"神的故事"题材内容之真实性、神圣性的主观信仰心理态度,经常能够被表象为在经验上可比较(不是严格)的普遍性。于是,在人类学家们的一片质疑声中,神话作为主观性信仰的偶然或或然性现实,是否只能够是特定历史、社会、文化、生活的语境条件下原始信仰心理、原始信仰思维的经验现象,或者只能够是因主观性信仰的偶然或或然性条件不再而丧失了宪章功能的经验性残留物——就像笔者在本书伊始引大林太良"神话的没落"或者"神话世界逐渐远去"的看法,或如邓迪斯"从严格意义上讲,'神话'这一术语属于过去时代"的说法。而马林诺夫斯基曾试图用共时性的功能论反对历时性的进化论,但最终还是落入心理学的历

(接上页)了单独的'社会的'。况且说,道德之所以为道德而不同于律法与风俗者,乃在道德系由良心来制裁。蛮野人不犯禁忌,并不是因为怕社会的处罚或舆论的制裁。他所以不这样,一部分因为他怕神灵见怪,但主要则是因为他底良心与个人责任不允许他这样……据我所看得见感得到的,蛮野人对于禁忌中的事物恐惶退避不敢问迹的程度,实与虔诚的基督徒避免犯罪的情形,毫无二致。这样的心理态度,自然一部分是由于社会底影响,因为殊特的禁令是被社会传统所指为不可向迩的。然而传统之所以有效,乃在个人在心灵的深处与它潜移默化视为固然了。所以宗教既不绝对是社会的,也不绝对是个人的,乃是社会与个人的化合物。"〔英〕马林诺夫斯基:《巫术 科学 宗教与神话》,李安宅译,中国民间文艺出版社1986年版,第39—40页。"死兆憧憧的时候,忧心忡忡的时候,喜庆盈盈的时候,一切这样个人在孤独中幽幽咀含的时候,都会没有疑义地充满了宗教灵感之流。大多数的宗教仪式虽然是在稠人广众中举行的,可是不少的宗教启示则是来自肃静处。"同上引书,第40页。"我们可以在孤寂中可以找到许多宗教上的启发与信仰。"同上引书,第41页。"在原始社会里面,宗教来自个人的去处很多。"同上引书,第42页。"社会在制定宗教仪式上是必要的条件,而不是充足的条件;对于个人心理不下分析的工夫,即于宗教底了解上一步的进展也不能有。"同上引书,第51页。"心理态度。"同上引书,第126页。"宗教和道德与科学或历史的联系相当有限,因而神话所依据的是完全不同的心理状态。"〔英〕马林诺夫斯基:《神话在生活中的作用》,宋颖译,载〔美〕邓迪斯编《西方神话学读本》,广西师范大学出版社2006年版,第242页。心理学曾经是人类学家们用来反对理性普遍主义、主张文化相对主义的利器,马林诺夫斯基如此,博厄斯也如此。"通过把文化现象归结为心理规律,而不是归结到历史上特殊的人类交互活动,博厄斯为非反省的人类学建立了一个框架。正如费边暗示的那样,近年来强调实证科学的做法,使得这个缺乏反省精神的框架进一步恶化。"〔美〕尤林:《理解文化——从人类学和社会理论视角》,何国强译,北京大学出版社2005年版,"博厄斯",第44页。

① "任何一种历史主义的理论都只能从某种特定的历史条件去寻找神话消亡的原因,这样就无可避免地陷入偶然事件的泥塘,永远也无法实现对神话消亡问题的全面彻底的理论认识。"陈连山:《结构神话学——列维-斯特劳斯与神话学问题》,外文出版社1999年版,第278—279页。

时性窠臼,即用经验论的功能论证明了同样是经验论的进化论——从而不属于人自身或人本身的客观性、普遍性和必然性存在的先验条件,就成了神话学必须回答的切身问题。①

应当承认,之所以造成了这一难以置信的革命性后果,或者竟如博厄斯所言,完全是由于民俗学、人类学家们不再顽固坚持格林兄弟定义"神话"的故事题材内容质料规定性和信仰体裁形式的反思性"规定性"的双重标准相互协调的原则和方法。"令人惊奇的是,似乎[格林兄弟]以后的民间文学家共谋败坏了格林兄弟如此清楚区分的[狭义的]民间故事、传说和神话的定义,而代之以新的定义、新的划分和新用法。"②而"共谋败坏"的原因是:"事实上,这些散文叙事种类[categories]来自对欧洲民间传说的研究,而且长久以来被学者们以与此相应的术语[即'神话''传说''童话']相区分③的"学院式的[理论]概念"④所限定。也就是说,"这些散文叙事种类"的"学院

---

① 普洛普试图将神话的"心理化存在"转化为"历史性存在":"这里的问题在于信仰不是作为一种心理因素,而是作为历史因素。"[俄]普洛普:《神奇故事的历史根源》,贾放译,中华书局2006年版,第15页。普洛普诉诸历史因素的客观必然性来规定神话,似乎解决了神话存在所遵循的法则的客观必然性问题,但问题正在于,所谓历史因素即历史的存在正类似于自然的存在,自然的存在服从自然法则,而历史的存在服从类似自然法则的社会法则。类似自然法则的社会法则,需要人通过各种经验知识才能知晓,且具有客观必然性的社会法则甚至自然法则,都不能对人的自由意志提出客观必然性的要求(只能提出规劝和建议),因为在具有客观必然性的社会法则甚至自然法则的经验知识面前,人拥有选择服从或不服从的主观偶然或或然的现实性。唯有人出于纯粹理性所给出的先验的道德法则,才对人的存在提出了客观必然性的("毫不宽容""专断"的强制规定性)实践要求。据此,建立在社会法则基础上的历史因素,对于具有自由意志的理性存在者(人)来说,恰恰仅具主观偶然性。"一个主观的必然法则(作为自然法则)在客观上也就是一个完全偶然的实践原则,而且能够并也必然随着主体的不同而大相径庭。"[德]康德:《实践理性批判》,韩水法译,商务印书馆1999年版,S. 25,第25页。"道德上绝对必然的行动在物理上被视为完全偶然的(也就是说,那应当必然发生的事情却常常不发生)。"[德]康德:《判断力批判》,李秋零译,载《康德著作全集》第5卷,中国人民大学出版社2007年版,S. 403,第420页。参见吕微《民俗学的哥白尼革命——高丙中的民俗学实践"表述"的案例研究》,《民俗研究》2015年第1期,收入吕微《民俗学:一门伟大的学科——从学术反思到实践科学的历史与逻辑研究》,中国社会科学出版社2015年版,第533页。

② [美]巴斯科姆:《口头传承的形式:散体叙事》,朝戈金译,[美]邓迪斯编《西方神话学读本》,广西师范大学出版社2006年版,第36页。

③ [美]巴斯科姆:《口头传承的形式:散体叙事》,朝戈金译,载[美]邓迪斯编《西方神话学读本》,广西师范大学出版社2006年版,第31页。

④ 贝蒂(Bethe):《民间故事、传说、神话》,莱比锡,1904年,第6页,转引自[美]巴斯科姆《口头传承的形式:散体叙事》,朝戈金译,载[美]邓迪斯编《西方神话学读本》,广西师范大学出版社2006年版,第34页,包括"注释③"。

式的概念"原本只是"欧洲民间传说"（包括神话、童话）实践观念的自我命名，格林兄弟不过把这些"实践命名"直接转换为理论定义（"相应的术语"）。由于这一转换过程就好像是从经验现象中普遍地归纳（比较、总结）出来的抽象概念——"犹如实质性事物对应于抽象模式"——所以人类学家们归咎于格林兄弟"神话"定义的故事题材内容质料规定性与信仰体裁形式的反思性"规定性"相统一的原则和方法，原本只是源于特定共同体内部自我任意约定的"实践命名""各自［故事题材与体裁形式］的逻辑统一性"。

  神话、传说和［狭义的］民间故事并不是［仅仅］作为被普遍接受的［理论］范畴［category］而提出的，而是［同时也］作为可以运用于跨文化研究中有意义的分析性概念［analytical concept］，［那么］它们甚至可以运用于其他得到当地［土著人或原住民"实践命名"］认可的本土范畴（native category）的系统之中［就像马林诺夫斯基的做法那样——笔者补注］。它们来自欧洲民俗学者在运用［神话、传说和童话］这三者时的区分，并且很可能反映出欧洲"民众"（folk）［自我"实践命名"］的本土范畴（native category）。①

  然而，如此责难［"神话"定义的自我矛盾］与其说是针对民俗学家，倒不如说是针对口头文学［叙事实践］的本族体裁（ethnic genre）②与所构建起的［理论］分析范畴（analytical category）③之

---

  ① ［美］巴斯科姆：《口头传承的形式：散体叙事》，朝戈金译，载［美］邓迪斯编《西方神话学读本》，广西师范大学出版社2006年版，第12页；*Sacred Narrative: Readings in the Theory of Myth*, Edited by Alan Dundes, University of California Press, 1984, p.10。native：出生的、出生地的、本土的、本国的、土生的、土人的、土著的、天生的、天然的、自然的、朴素的、不做作的……native category，朝戈金译作"原生范畴"。folk，朝戈金译作"民间"。

  ② ethnic：种族的。ethnic genre，张举文译作"本族类型"，见张举文《一位格物致知的民俗学家（代译序）》，载《民俗学概念与方法——丹·本-阿默思文集》，张举文译编，中国社会科学出版社2018年版，viii；朝戈金译作"民族的文类"，见［美］邓迪斯《巴斯科姆〈口头传承的形式：散体叙事〉按语》，朝戈金译，载［美］邓迪斯编《西方神话学读本》，广西师范大学出版社2006年版，第7页。*Sacred Narrative: Readings in the Theory of Myth*, Edited by Alan Dundes, University of California Press, 1984, p.6.

  ③ category：种类、部属、类目、范畴、类型。analytical category，张举文原译作"分析的类别"；朝戈金译作"分析的范畴"。［美］邓迪斯：《巴斯科姆〈口头传承的形式：散体叙事〉按语》，朝戈金译，载［美］邓迪斯编《西方神话学读本》，广西师范大学出版社2006年版，第7页。彭牧亦译作"分析范畴"。彭牧：《Religion与宗教：分析范畴与本土概念》，载《中国民俗学》第一辑，广西师范大学出版社2012年版，第132、134—135页。

间的不一致本身。本族体裁是交际的文化［实践］模式，分析范畴是组织文本的［理论认识］模式。两者构成不同的体系，但又应该是相互关联的，犹如实质性事物对应于抽象模式。可是，这样的关系还没有具体化。任何民俗分类的分析模式中的内在基本问题是，这个分类体系必须协调综合不同的民俗交际体系，而每个体系有其各自［任意约定地实践］的逻辑一致性，每个都基于独特的经验和认知类别。可是，这在方法论上，即使不论其逻辑，是不可能的。然而，作为民俗学者，我们没有关注这个［方法论的］不一致性，而在追求准确科学方法的热情驱使下，放弃了文化［实践的］现实，全力去构建理论分析体系。我们借助已经定义过的术语和分析，试图构建可能有跨文化应用价值的逻辑概念，设计可能成为学术话语基础的［理论认识］工具。可是，在此过程中，我们将各种交际［地"实践命名"］的文化范畴中形成的传统体裁［命名］转化成科学概念。我们将其视为似乎可以脱离文化表现和［自我］认知而独立存在的体系，并有其独特的内在特质；仿佛与口头传统的整体［实践］无关的，而是纯粹［理论概念］形式的部分。换言之，我们试图将产生于文化实践，根据说话人的认知体系所形成的民间命名体系改变为不受文化制约的，可用于分析的、完整的、客观的民间文学［理论］模式。现在所承认［"实践命名"的理论概念化］的这场失败，事实上是早就可以预见到的。①

不可否认，自格林兄弟以来，"神话"定义在民间文（艺）学—民俗学家们手中已经被用作了理论认识的普遍性概念的学科手段或工具，而且，格林兄弟式的、双重标准的"神话"概念作为马林诺夫斯基所谓"近代人类学"神话学的"最后见解"，其理论认识的有效性也因为"西方社会对异文化［'其他传统'］的了解日益增长"而得到了比较普遍性的经验性支持，即"作为可以运用于跨文化研究中有意义的分析性概念，它们甚至可以运用于其他得到当地［土著人或原住民］认可的'本土范畴'的系统之中"，马林诺夫斯基自己的"实地工作"成果便是有力的证明。而马林诺夫斯基之前，博厄斯的田野经验反例也同样证

---

① ［美］阿默思：《分析类别与本族类型》，载《民俗学概念与方法——丹·本-阿默思文集》，张举文编译，中国社会科学出版社2018年版，第105页。

第一章 神话学革命始于"神话"定义的"最后见解"

明了,只要做出某些修正,"学院式"的理论定义即便不能严格普遍地也可以比较普遍地被用来经验地认识"其他传统"基于"本土范畴"的共同体自我命名实践。这种经过修正之后勉强地适用的"混血""混合"的认识论概念,被一些学者称之为"分析范畴",而学者们修正"神话"概念的"格林定义"所得到的这些"分析范畴"——这里的"分析"指的是康德意义上的分解或解析性"说明"——或者是(以博厄斯为代表)抽掉了"神话"定义的故事题材内容质料规定性("神的故事"),而单独保留了信仰体裁形式的反思性"规定性"(共同体或个体对"真实的、神圣的故事"的主观信仰心理态度);① 或者是(在一定程度上以汤普森为代表)排除了"神话"定义的信仰体裁形式的反思性"规定性",而单独保留其故事题材内容质料规定性;或者是综合了"神话"定义的信仰体裁形式反思性"规定性"和故事题材内容质料规定性之外的一些规定性,例如信仰仪式形式规定性(以巴斯科姆为代表)。但即便是修正后的"神话"定义,不仅是单独地保留了故事题材内容质料规定性的"神话"概念定义方式,难以普遍地进入非西方异文化"其他传统"基于"实践命名"的"本土范畴"的神话实践(理论规定);单独地保留了信仰体裁形式的反思性"规定性"的"神话"概念定义方式,也仍然不能够保证对非西方异文化"其他传统"基于"实践命名"的"本土范畴"的现象学主观性观念直观之于神话本质的实践反思有效性。这是因为,尽管根据"实践命名"的先验目的而达成的经验性结果易于被人们实践地直观其主观性先验观念,但与此同时也易于被人们理论地认知为普遍性经验现象;即,如果人们对

---

① "在对博厄斯的民俗即文化之镜的观念进行的现代变革过程中,有可能把民俗看作为从里向外而不是从外向里看某个文化提供了一个非常珍贵的手段。这包括把民俗当作本土范畴的一个来源的具有推论性质的观念。可能存在着不同的逻辑的、语言的和语义的范畴。空间、时间、数字、重量、距离、方向和其他很多概念都是随每个文化而变化的。一个明显的例子是,不同文化的色谱划分是不同的。对于那些有兴趣了解一个民族如何生活和思维的人来说,发现和描述这些本土的认知范畴极为重要。"[美] 邓迪斯:《美国的民俗概念》,户晓辉译,载 [美] 邓迪斯《民俗解析》,广西师范大学出版社 2005 年版,第 44 页。博厄斯这样做的理由可能正如丹·本-阿默思所指出的:"如果神话、传说和民间故事这样的形式是分析概念,那么,它们就是每个故事只能近似的一些理想类型。但理想类型不能接受信仰的态度也不能有叙事的文化语境——只有单个的故事可以如此。"户晓辉:《神话与形式》,《中国社会科学院文学研究所学刊》(2008 年),中国社会科学出版社 2008 年版,第 70 页;载户晓辉《返回爱与自由的生活世界:纯粹民间文学关键词的哲学研究》,"三 神话",江苏人民出版社 2010 年版,第 200 页。

"实践命名"的先验目的的观念直观没有从现象学的主观性（一般理性意志）还原进一步上升为主观间客观性（纯粹理性意志）还原，主观性还原就会停滞于可经验的主观性现象，将一般理性意志的任意性现象规定为偶然或或然地现实性的纯粹心理学命题——正如马林诺夫斯基和巴斯科姆的做法，堕入"若非考虑我们的福或灾难，我们就不欲求任何东西"①的心理学陷阱——而无法进一步反思神话蕴涵纯粹理性意志本质（本体）的必然可能性。

> 马林诺夫斯基所设定的民俗学目的……就是［用观念直观的现象学主观性还原、反思方法亦即］"用当地人的方式去理解他们的世界"。马氏声称："民族志的最终目的就是去掌握土著的观点与生活关系，进而了解他们的世界观。"可是，他的这一观点与他的实际研究方法直接矛盾……他的实际程序，几乎完全忽视土著的"世界观"……马氏认为无需认真地看待当地人特有的对文化现象的自我理解［尤林的这一判断并不符合事实。事实上马林诺夫斯基并不"忽视"而且"认真看待"当地人"自我理解"的"世界观"；只是马林诺夫斯基的观念直观的现象学主观性反思、还原方法用得不够彻底，马氏把实践直观的先验对象（观念目的）等同于可以理论地认识的经验现象（观念结果）——笔者补注］。因此，马林诺夫斯基没有把文化现象及社会现象连同赋予这两类现象意义的那些［当地人主观地任意］前定的规则和惯例结合起来……②

这样，以马林诺夫斯基为代表的人类学家们一方面现象学地还原出文化共同体主观任意约定的自我"实践命名"的"本土范畴""本族体裁"；而另一方面，又将文化共同体基于"本土范畴""本族体裁"的自我命名实践误解为可以理论地认识的经验现象。人类学以及民俗学家们于是陷入了理论幻觉：似乎修正后的"神话"定义由此就能够被用作理论地认识非西方异文化"其他传统"的神话实践的经验现象的普遍性概念。于是，一种能够被理论地认识的神话体裁的主体（个体和共

---

① ［德］康德：《实践理性批判》，韩水法译，商务印书馆1999年版，S. 60，第64页。
② ［美］尤林：《理解文化——从人类学和社会理论视角》，何国强译，北京大学出版社2005年版，第44、47页。

第一章　神话学革命始于"神话"定义的"最后见解"　159

同体）主观信仰心理态度形式，就被发现了。① 这样，马林诺夫斯基和巴斯科姆，把主观心理态度形式理论地认知为神话信仰体裁形式的宪章功能经验现象的经验性条件，就把方兴未艾的神话学现象学革命彻底认识论化了。其认识结果就是，如果把神话信仰体裁形式理论地认知为主观心理态度形式的经验性现象，"由于人们的行为是基于他们所相信的东西"，那么，即便"了解一个社会上的大多数人在特定时期相信何为真实是重要的"，但"随着时间的推移，一个社会中信仰神话的成员越来越少，尤其是在文化迅速变化、完整的信仰体系和它的神话系统面临怀疑的时期更是如此……即特定的叙事在从前［的文化中］被相信为神话或传说，那么故事［在今天的文化中］的可信性也就会减损（或增加）"，就会出现大林太良描述过的情况：由于"人对神祇的信仰发生动摇"而导致的"神话的没落"，即神话现象的文化间非普遍性——只要神话还是现象，就经受不住时间的淘洗以及空间的置换——据此，邓迪斯有充分的理由批评马林诺夫斯基与巴斯科姆最终还是用来规定心理（学）现象的"神话"概念："从严格意义上讲，'神话'这一术语［仍然］属于过去时代"。即，只要把神话信仰体裁形式置于主观心理态度形式的可经验现象层面，就挽救不了神话作为文化遗留物（遗存物、残存物、残留物）现象的衰落与消亡。即便像马林诺夫斯基那样证明了神话信仰出于原始心理的普遍现象，也仍然无法逃脱文化现象的羁绊。进而，即便逃脱了文化现象在空间中的羁绊，也仍然无法逃脱文化现象在时间中的羁绊。② 因此，我们才说"马林诺夫斯基问题"与"博厄斯问题"是同一个问题，即，不是所谓的用非普遍性西方理论认识特殊性非西方经验，而是他们都把文化（任意性）——或者是博厄斯的"种族（race）、语言和文化"③ 或者是马林诺夫斯基的"原始心理"（primitive psychology）和"原始文化"（primitive culture）——问题理论理性（心理经验）化，而没有坚持走在现象学—先验论反思、还原方法论的道路上，而导致了实践观念命名与理论概念定义的（理论理性、

---

① "人们总是采用发展心理学和普通心理学的方法。如果能够把神话在'人性'（human nature）的某些先在品质中的渊源说得言之成理，并能理解神话原始胚胎发展所依据的心理学原则，神话就被认为是得到了'解释'。"［德］卡西尔：《神话思维》，黄龙保、周振选译，柯礼文校，中国社会科学出版社1992年版，第2页。

② "时间是所有一般现象的先天形式条件。"［德］康德：《纯粹理性批判》，邓晓芒译，人民出版社2004年版，A34/B50，第37页。

③ Boas, *Race, Language and Culture*, The Macmillan Company, New York, 1940.

纯粹实践理性）不同使用方式在同一认识领域中的二论背反。最终，无论文化论神话学家博厄斯还是功能论神话学家马林诺夫斯基都仍然只能是站在客位立场上的理论神话学家而不是站在客位—主位交互立场上的实践神话学家。这样，尽管从博尔尼、博厄斯开始，人类学、民俗学的神话学家们就开始修正格林兄弟的理论神话学"神话"概念的理论理性和实践理性双重标准的经典定义，却并没有从根本上放弃民间文（艺）学—民俗学之于神话现象的理论理性经验论认识论的目的论和方法论的"最后见解"。即便有神话学家（例如博厄斯）甚至完全放弃了"神话"定义（"神的故事"）的故事题材内容质料规定性，而仅仅保留了"神话"定义（对真实、神圣故事的主观心理态度）的信仰体裁形式的反思性"规定性"，以试图还原到神话主体主位主观的实践观念上，但是，由于他们并没有彻底地贯彻现象学—先验论的目的论与方法论，从现象学的主观性（任意）观念直观进一步上升为先验论的主观间客观性（理性）理念演绎（本质直观）——这目的—方法本可以打通通往先验论实践神话学的反思—还原道路——而仍然用经典的理论神话学的经验性直观的认识论方法，将主体主位主观的自我"实践命名"客位化、客观化、客体化即理论概念化（将神话叙事实践的信仰体裁形式心理态度形式化）。例如，一方面实践地反思其"信以为真"的信仰形式的合法性；另一方面又理论规定其信仰对象"荒唐无稽"（矛盾）的不合理——即如康德所言"在实践的概念之上还附加了它的如经验所教导的实施，是一个在错误的光照下展示这个概念的混血的解释……[或] 含混的定义"[①]——最终导致了经验论的理论神话学对现象学—先验论的实践神话学在认识上的遮蔽。于是，民俗学家博尔尼、人类学家博厄斯、马林诺夫斯基以及民间文（艺）学家巴斯科姆试图保留的神话实践的信仰形式，就仍然只能是在神话学家们的先验感性直观形式下显现并且被先验知性概念形式所规定的神话实践主体主观信仰心理态度形式的经验性现象。由于神话实践的经验性现象深受社会（空间）、历史（时间）条件下文化、生活语境的制约，则神话实践的主观条件就随时随地都可能从信仰心理态度形式的经验性现象转化为非信仰心理态度形式的经验性现象。于是，由主体主观信仰心理态度形式的经验性

---

① ［德］康德：《道德形而上学》，张荣、李秋零译，载《康德著作全集》第 6 卷，中国人民大学出版社 2007 年版，S. 227，第 234 页。

第一章　神话学革命始于"神话"定义的"最后见解"　161

现象所支撑的神话现象，就免不了沦落为马林诺夫斯基所言"蛮野神话学"（savage mythology）视界（视野、视线、视域）中作为文化遗留物（遗存物、残留物、残存物）的"蛮野神话"（savage myth）现象（当然相反的现象也会随时出现）；而与人（类）主观间客观地相始终的、作为自由主体（本体）的"共时性"存在（文化、生活）形式渐行渐远。尽管在特定文化（时间、空间）的语境条件下，由主体主观信仰心理态度形式所支撑的神话实践的"历时性"经验性现象往往也具有比较（相对）的普遍性，但是，在经历了人类学、民俗学的神话学家们对理论神话学的"神话"概念从格林兄弟的经典定义到博尔尼"最后见解"的现象学解构——揭示"神话"定义自身内部的二论背反——之后，尽管人类学、民俗学的神话学家们未能彻底打破理论神话学"神话"概念的经典定义的自我冲突、自相矛盾甚至自行瓦解的理性辩证法，但人类学、民俗学的神话学家们毕竟恍然有所领悟：从神话现象的理论认识过渡到神话本体（自由主体的理性信仰）的实践反思以成就实践神话学的充分必要性和必然可能性——非如此就无法彻底地克服理论神话学自身内部的理性辩证论——因此，对于神话学来说，理论神话学"神话"概念的经典定义（格林定义）的二论背反，才如康德所言，

　　纯粹理性任何时候都有其辩证论……在理性的辩证论里面彰显出来的纯粹理性的二论背反，事实上乃是人类理性向来所能陷入的最富神益的困境；因为它最终驱使我们去寻求走出这个迷宫的线索，而这个线索一经发现，还会揭示出我们并不寻求却仍然需要的东西，也就是对于事物的一种更高而不变化的秩序的展望；我们现在已经处于这个秩序之中，而且我们从现在起能够受确定的规矩之命依照至上的理性决定在这个秩序之中继续我们的此在。①

---

① [德]康德：《实践理性批判》，韩水法译，商务印书馆1999年版，S. 107—108，第118—119页。

第二章 清除理论神话学实证主义最后的遗迹

第四节 现象学语言学视界中的共同体叙事制度

　　一个不容忽视然而却一直被神话学家们无视（非课题化、非主题化、非专题化）的经验事实就是，在 myth 这一古典词语被用作（"虚构性"价值的）学术或学科用语（术语）的理论概念进而受理论定义的经验认识使用方式影响而在日常生活中被用作（同样是"虚构性"意义的）通俗用语（俗语）之前——既是时间上的"之前"更是逻辑上的"之前"——muthos 和 myth 早已经在信仰生活中被人们（古代希腊人、近代欧洲人）用作（"真实性""神圣性"价值的）信仰形式的叙事体裁的"实践命名"，否则就没有格林兄弟的民间文学叙事体裁三分法。但与古代希腊和近代欧洲的情况既相同又不同的是，在现代中国，"神话"（myth）首先是作为学术或学科用语（术语）的理论概念被译介、引进的，但受理论概念及其认识论用法的影响，"神话"在日常生活中被用作（"虚构性"负面价值的）通俗用语（俗语）；而在古代中国，即在译介、引进"神话"概念之前，也出现过与 muthos、myth "家族相似"（维特根斯坦）地被用作能够承担并且发挥"宪章"（charter，马林诺夫斯基）功能的"经部""史部"（相对于"子部""集部"）、"本纪"（相对于"列传"）、"故事"（相对于"小说"）等（"真实性""神圣性"正面价值的）信仰叙事形式的"本族体裁"（ethnic genre）"实践命名"。正因如此，我们才可以理据充分地断定，茅盾等"中国神话历史化"积极命题（正题）的主张者们仅仅依据引进的"神话"概念就跨越到儒家经典之外的诸子文献等非宪章功能的非信仰叙事体裁形式，以"搜寻""神的故事"的（"虚构性"意义的）题材内容进而复原中国古代原始神话的认识论方法论是错误的；而顾颉刚等"中国神话历史化"消极命题（反题）①的主张者们根据对本土的"经史"等"本族体裁""实践命名"的观念直观而自我限定在儒家经典即承担且发挥了"洪范""大法"宪章功能的信仰叙事体裁形式内部描述"古史传说"的（"真实性""神圣性"价值的）题材内容从而还原中国古代原始神话的现象学方法论是正确的。

20世纪上半叶最初二三十年间，在神话学的世界舞台上，各国民间文（艺）学—民俗学家、人类学家们——博尔尼1914年，博厄斯1914年，顾颉刚1923年，茅盾1924年，马伯乐1924年，马林诺夫斯基1926年……或许我们还可以加上，索绪尔1916年——联手拉开了一场神话学现象学革命的大幕，其结果是：由民俗学家博尔尼阐述的"神话"概念的经典定义即"格林定义"的"最后见解"在理论神话学的基地上基本上被清空了。但是，由民间文（艺）学—民俗学、人类学的神话学家们（在现象学哲学特别是现象学语言学的世界性学术—思想背景下）掀起的这场神话学现象学革命，却并非仅仅是针对"神话"概念的理论定义因跨文化使用而难以综合经验性现象而面临的普遍有效性挑战；更重要的是，这场革命的矛头最终指向了神话学作为一门以理论认识为目的、以经验实证为方法（用康德的话说就是理性的理论使用暨理论理性）而把主体（共同体与个体）的自由实践（本体）当作实践的"自然"客体或对象（现象）加以规定的人文—社会科学的合理性与合法性②——这只要我们依次回顾自博尔尼、博厄斯以来神话学家们讨论的神话学诸问题，就能够有清醒且清楚的认识——笔者在本书中罗列的诸神话学问题包括："博厄斯问题"、"马林诺夫斯基问题"以及"中国神话历史化"问题……最初，这些问题被认为起源于普遍性"神话"概念因跨文化使用（"跨语际实践"③）而竟不能对号入座地有效规定神话实践的文化现象而引发的"名不副实"，或者被认为起源于神话

---

① 以顾颉刚为代表的古史辨学派消极地对待茅盾等"中国神话历史化"命题主张到儒家经典之外的诸子文献中"搜寻"原始神话"遗留物"的积极做法，而在儒家经典之内确认原始神话的反向做法，是为"中国神话历史化"正题的反题。吕微：《顾颉刚：作为现象学者的神话学家》，《民间文化论坛》2005年第4期。

② 笔者对理论理性的"人文—社会科学"的批评，参见吕微《民俗学：一门伟大的学科——从理论反思到实践科学的历史与逻辑研究》，中国社会科学出版社2015年版，"为什么用'实践民俗学'界定民俗学的学科范式"，第526页。

③ 刘禾：《跨语际实践——文学、民族文化与被译介的现代性（中国：1900—1937）》，宋伟杰等译，生活·读书·新知三联书店2002年版。

实践因作为异文化现象的经验性"例外"而不能入座对号地有效符合普遍性神话概念而导致的"实不副名"。但是很快,神话学家们就开始不自觉地意识到甚至自觉地认识到:不是理论概念所指的外在对象出了问题,也不是理论概念能指的表象内在地出了问题,而是理论认识的目的论和方法论本身出了问题。即,使用理论概念综合经验性客体(神话现象)的认识论目的论—方法论,遮蔽了主体(神话本体)先验的"实践命名",从而断绝了通过对"实践命名"的观念直观从神话客体还原到(出)神话主体主观意志的反思之路,用博厄斯的话说就是:"这一〔理论认识〕方法制造了不必要的困难(in this way unnecessary difficulties are created)。"① 由此也就决定了这场神话学革命从最初无意识(无目的而合目的)到最终有意识(有目的)地推动了神话学自身从理论科学(认识论)朝向实践科学(实践论)的范式转换——神话学革命的内在目的和方法并不是要构成地规定神话客体(现象)的经验"自然"现实性,而是要反思(调节)地还原神话主体(本体)的先验(自由)实践性——这是唯当我们今天站在神话学革命已达到的制高点上,回过头来重新定义(定位、定性)这场革命的实践转向的目的论与方法论,才可能同情地了解当年那些革命领袖们如马林诺夫斯基、巴斯科姆曾经的宣言在这场漫长革命的历史进程中恰如其分的逻辑意义——正如马克思所言,唯有通过高等动物充分发展的器官功能,我们才可能认识到低等动物功能未充分发展的器官——巴斯科姆曾经说过,他对神话、传说与童话等"散文叙事"(prose narrative)诸体裁的"民俗形式"(form of folklore)② 研究,并不是为了澄清"我们〔作为研究者〕……对于〔其题材内容可能反映的〕历史的或科学的〔客观〕事实,或任何对真实或虚假所作的最终判断"的理论认识,而只是为了反思地还原"那些讲述〔者〕

---

① 转引自〔美〕巴斯科姆《口头传承的形式:散体叙事》,朝戈金译,〔美〕邓迪斯编《西方神话学读本》,广西师范大学出版社 2006 年版,第 16 页;Bascom, *The Forms of Folklore*: *Prose Narratives*, *Sacred Narrative*: *Readings in the Theory of Myth*, Edited by Alan Dundes, University of California Press, Berkeley, 1984, p. 14。

② 〔美〕巴斯科姆:《口头传承的形式:散体叙事》,朝戈金译,载〔美〕邓迪斯编《西方神话学读本》,广西师范大学出版社 2006 年版,第 5 页;Bascom, *The Forms of Folklore*: *Prose Narratives*, *Sacred Narrative*: *Readings in the Theory of Myth*, Edited by Alan Dundes, University of California Press, Berkeley, 1984, p. 5。folklore,朝戈金译作"口头传承";prose narrative,朝戈金译作"散体叙事"。

和这些故事的听众"即"报告者的[主观]观念"。① 而马林诺夫斯基更是直言不讳地说过，他的"科学的田野工作"（field-work）（斯特伦斯基）只是"为了对土著生活作移情理解或领悟（Vrestehen），而不是要归纳出某种[理论认识的]经验概括"，②"这便鼓励一种对于人类各种[实践观念的主观]经验移情理解的方式，因为人们确实有着这种推己及人的感受[能力]"；③ 因此，当且"仅当['本族体裁'的题材]细节与['实践命名'的]专门术语表达了土著人思想的某种核心态度之时，它们才获得了它们的[主观]意义"。④

> 马林诺夫斯基在《西太平洋的航海者》中提到三项"科学的田野工作"的"规则"，并将其总结为"民族志学者要始终铭刻在心的最终目标"："[1]把握土著人的观念，[2]他们与生活的关系，[3]搞清他们对自己世界的想象。……我们必须研究他们最密切关注的是什么。最终，是他们生活中的核心价值。"⑤

面对上述搁置理论概念、还原"实践命名"的现象学主观性观念直观的目的论与方法论的直白表述，又有谁还会相信，马林诺夫斯基只是认识论理论科学人类学的开创者，⑥ 而不是同时也是现象学实践科学人类学的缔造者？即便马林诺夫斯基以及巴斯科姆的现象学主观性观念直观（"移情理解或领悟""推己及人的感受"）反思地还原的个体以及共

---

① ［美］巴斯科姆：《口头传承的形式：散体叙事》，朝戈金译，载［美］邓迪斯编《西方神话学读本》，广西师范大学出版社 2006 年版，第 13—14 页。
② ［美］斯特伦斯基：《二十世纪的四种神话理论——卡西尔、伊利亚德、列维－斯特劳斯与马林诺夫斯基》，李创同、张经纬译，生活·读书·新知三联书店 2012 年版，第 69 页。
③ ［美］斯特伦斯基：《二十世纪的四种神话理论——卡西尔、伊利亚德、列维－斯特劳斯与马林诺夫斯基》，李创同、张经纬译，生活·读书·新知三联书店 2012 年版，第 30 页。据此方法论，卡西尔试图把神话学"专业化"。同上引书，第 20 页。
④ ［美］斯特伦斯基：《二十世纪的四种神话理论——卡西尔、伊利亚德、列维－斯特劳斯与马林诺夫斯基》，李创同、张经纬译，生活·读书·新知三联书店 2012 年版，第 70 页。
⑤ ［美］斯特伦斯基：《二十世纪的四种神话理论——卡西尔、伊利亚德、列维－斯特劳斯与马林诺夫斯基》，李创同、张经纬译，生活·读书·新知三联书店 2012 年版，第 67—68 页。
⑥ "马氏最近常自称其学派为科学的人类学。"费孝通：《译序》，载［英］马林诺夫斯基《文化论》，费孝通译，中国民间文艺出版社 1987 年版，第 2 页。金泽：《宗教人类学学说史纲要》，中国社会科学出版社 2009 年版，第 161—169 页。

同体的实践观念，还只是建立在个体心理以及共同体集体原始心理的基础上，但又有谁能够预料，个体内心主观任意自我规定的个别性实践观念（"私意"）以及共同体内部主观间任意相互约定的比较普遍性即"主观相对性"① 实践观念（"众意"），不是通过现象学主观性观念直观进而通过先验论客观性理念演绎进一步通向个体和共同体主观间客观地理性自我规定和交互规定的严格普遍性实践理念（"公意"）② 的现象学—先验论通道呢？③ 也许，我们不该低估20世纪上半叶最初二三十年间世界哲学和语言学的现象学转向，对博尔尼和博厄斯启动并且由马林诺夫斯基和巴斯科姆推动的神话学现象学革命的可能影响。哲学家胡塞尔1900年发表了现象学哲学的奠基之作《逻辑研究》后，语言学家索绪尔从1906年开始讲授"普通语言学"直至1913年逝世，其现象学语言学名著《普通语言学教程》在他死后由他的学生于1916年整理出版；民间文（艺）学—民俗学家博尔尼《民俗学手册》1914年再版，同年，人类学家博厄斯发表了著名的《北美印第安人的神话和民间故事》；历史学家顾颉刚1923年发表《与钱玄同先生论古史书》；④ 而人类学家马林诺夫斯基《原始神话中的心理》最晚也于1926年出版……虽然直到今天，我们仍然难以在上述学者（特别是无法在顾颉刚与欧洲学者，但也许可能与日本学者）之间建立起学术—思想上直接（或间

---

① "主观的—相对的"是胡塞尔对"生活世界"的规定，参见［德］胡塞尔《欧洲科学的危机与超越论的现象学》，王炳文译，商务印书馆2001年版，第151—153、161、167、190、206页；倪梁康《现象学及其效应——胡塞尔与当代德国哲学》，生活·读书·新知三联书店1994年版，"胡塞尔'生活世界'的概念"，第129—138页。

② "众意与公意之间……有很大的差别；公意只着眼于公共的利益，而众意则着眼于私人的利益，众意只是个别意志的总和。但是，除掉这些个别意志间正负相抵的部分而外，则剩下的总和仍然是公意。"［法］卢梭：《社会契约论》，何兆武译，商务印书馆1980年第2版，第39页。

③ "时至今日，在胡塞尔对'生活世界'所做的这些规定中，'生活世界'与'客观—科学世界'的关系问题是主要引起人们注意的方面。相反，'生活世界'所具有的另一方面功能，即作为通向'先验现象学'的通道，作为'先验现象学'的反思对象，却往往成为人们批判的话题。我们也可以这样说，对'生活世界'的探讨在今天主要是出于各种实践的目的，包括解释实证科学之可能性的目的。理论的意向却已经不再引起人们的兴趣。"倪梁康：《现象学及其效应——胡塞尔与当代德国哲学》，生活·读书·新知三联书店1994年版，第138页。

④ "我很想做一篇层累地造成的中国古史，把传说中的古史的经历详细一说……我们即不能知道东周时的东周史，也至少能知道战国时的东周史；我们即不知道夏商时的夏商史，也至少能知道东周时的夏商史。"顾颉刚：《与钱玄同先生论古史书》（登十二［年］，五［月］，六［日］，《努力》增刊《读书杂志》第九期），顾颉刚编著：《古史辨》第一册，上海古籍出版社1982年版，第60页。

接）影响的经验性综合连接。① 因此，将神话学革命置于以"朝向、面对并回到主体主观的纯粹意识—观念现象（意向形式及意向对象）的实事或事情本身"的口号相号召的现象学学术—思想潮流的世界性大背景下，能够让我们对博尔尼、博厄斯以来的神话学现象学革命的实践科学范式的目的论与方法论"表一种了解之同情"。②

也许，相对于胡塞尔现象学哲学，对神话学革命更直接的影响来自索绪尔从语言学上发动的现象学革命。索绪尔曾借助法语 mouton（"羊—羊肉"）和英语 sheep（"羊"）、mutton（"羊肉"）这两组词语的字面意义（索绪尔称之为"意义"，法语 signification，英语 meaning）和用法价值（使用方式的功能价值，索绪尔称之为"价值"，法语 valeur，英语 value）之间的区别，③ 说明词语的字面意义在"实践命名""实施"的使用方式（而不是理论概念的认识使用方式）中，因文化共同体内部交互地"任意""约定"④ 而导致了"实践命名"的用法价值的主观相对性。

---

① "陈寅恪曾赋诗：群趋东邻受国史，神州士夫羞欲死。此语深刻地批判了 20 世纪 20 年代中国史学界跟随、效仿东洋史家科学史观而行的现状。在跟随和效仿日本中，疑古的'魔道'借日本学界的研究而大行其道……从章太炎开始到当下，一直不乏学者认为顾颉刚抄袭了日本学界的相关理论。例如章培恒、廖名春、王小林等质疑他抄袭了白鸟库吉的'尧舜禹抹杀论'、内藤湖南的'加上原则'。尽管也有学者认为二者之间不存在抄袭关系。但有学者认为：'维护者实际上也未能提出任何有效论点证明古史辨与日本不存在任何关系。'详细可参阅陈学然《中日学术交流与古史辨运动：从章太炎的批判说起》，《中华文史论丛》2012 年第 3 期。对此争论，笔者认为，'古史辨'无论是在方法上还是在内容上，甚至是在某些关键词上均与明治日本的疑古辨伪思潮存在惊人的相似之处。"谭佳：《神话与古史：中国现代学术的建构与认同》，社会科学文献出版社 2016 年版，第 191 页，"注释⑤"。

② 陈寅恪《冯友兰中国哲学史上册审查报告》（1930）提出的"了解之同情"的命题，对中国现代学术思想及其方法论产生了广泛、深远的影响，与 20 世纪现象学"回到、面对主观性意向性观念现象的实事（事情）本身"的主张，以及后现代人类学对"主位"研究方法的提倡形成呼应。陈文原载冯友兰《中国哲学史》上册（1930），收入陈寅恪《金明馆丛稿二编》，上海古籍出版社 1980 年版，第 247—249 页。

③ Saussure, *Cours De Linguistique Generale*, Payot, Paris, 1949, p. 158. Saussure, *Coure in General Linguistics*, English translated by Harris, Duckworth, London, 1983；外语教学与研究出版社 2001 年版，第 112 页。"所谓'涵义'是我们从组织成一体的活动或符号中所阅读出的内容，是英语中的'meaning'；所谓'意义'是活动或符号所发挥的作用，显示的重要性，是英语中的'significance'。"高丙中：《民俗文化与民俗生活》，中国社会科学出版社 1994 年版，第 157 页。

④ "任意性"和"约定性"是索绪尔现象学语言学的两个重要概念。自由意志的"任意约定"是导致语言（符号）能指与所指之间以及诸能指（含所指）之间非实体性、非实质性—纯形式化关系的根本原因，正因为语言能指的所指（或即概念形式的内容），并没有一个外在的实体性、实质性出处，而仅仅起源于言语主体主观间普遍的任意约定，索绪尔说，语言是形式体系而不是实体系统。参见张绍杰《语言符号任意性研究——索绪尔语言哲学思想探索》，上海外语教育出版社 2004 年版。"能指和所指的联系是任意的……这一原则是头等重要的。"［瑞］索绪尔：《普通语言学教程》，高名凯译，岑麒祥等校注，商务印书馆 1980 年版，第 102—103 页。"对现实中跟它没有任何自然联系的所指来说是任意的。"同上引书，第 104 页。"我们看不出有什么东西会妨碍我们把任何一个观念和任何一连串声音联结起来。"同上引书，第 113 页。

索绪尔为"同情地理解"日常用语在"实践命名"的"实施"使用方式中因任意约定其字面意义而导致了该词语的主观相对性用法价值而使用的主观性观念直观的现象学方法，为我们理解博尔尼、博厄斯以来民间文（艺）学—民俗学、人类学的神话学现象学主观论革命——反理论科学的实践科学——学术、学科范式，具有示范价值和启示意义。

  法语的 mouton "羊—羊肉"［在法语中 mouton 既表示"羊"也表示"羊肉"——笔者补注］跟英语的 sheep "羊"可以有相同的［、重叠的字面］意义，但是没有相同的［用法］价值。这里有几个原因，特别是当我们谈到一块烧好并端在桌子上的羊肉的时候，英语说 mutton "羊肉"，而不是 sheep［"羊"］。英语的 sheep［"羊"］和法语的 mouton［"羊—羊肉"在使用中］的价值不同，就在于英语除 sheep［"羊"］之外还有另一个要素［mutton "羊肉"］，而法语的词却不是这样［，只有 mouton "羊—羊肉"这一个要素。因而英语 sheep、mutton 与法语 mouton 有不同的用法价值］。在同一种语言内部，所有表达相邻近的观念的词都是互相限制着的。……只是由于它们的对立才各有自己的［用法］价值……［假如英语中不存在 mutton "羊肉"，］那么，它［mutton "羊肉"］的［用法价值的］全部内容就要转移到它的竞争者［sheep "羊"］方面去。……因此，任何要素［即词语的字面意义在使用中］的价值都是由围绕着它的［其他词语的字面意义］要素决定的。①

  现在，如果我们把索绪尔说的英语 sheep（羊）和 mutton（羊肉），以及法语 mouton（羊—羊肉）替换为"神话"、"传说"和"童话"——我们可以称之为共同体内部主观间任意约定的文化实践自我命名的"相邻近的观念的词"——也许，我们就能够在更好地理解索绪尔的同时，也能够

---

  ① ［瑞］索绪尔：《普通语言学教程》，高名凯译，岑麒祥等校注，商务印书馆1980年版，第161—162页。"这个例子是受索绪尔那个著名例子的启发，索绪尔用 sheep 和 mouton 两个词的意义的差别来说明语言的价值和含义的不同。法语词和英语词说的都是同一个物种，但它们在说同一个物种时却是把它置放在'不同的因素中间'；因为各自语言的分化趋势不同，两个词汇也传达了对同一个物种（以及与该物种的关系）的不同概念。不能用 sheep 这个英文词来描述那种动物的烹调性状，因为英语中还有第二个词，'mouton'；但法语却还没有在生的状态与熟的状态之间作出进一步的区分。"［美］萨林斯：《文化与实践理性》，赵丙祥译，张宏明校，上海人民出版社2002年版，第79页。

更好地理解格林兄弟、博尔尼、博厄斯、马林诺夫斯基、巴斯科姆直到阿默思以来，如何通过直观"本土范畴""本族体裁""实践命名"的主观观念，以反思地还原——借用索绪尔的话说——诸"本族体裁"的纯粹"形式化"能指间关系（词语价值）而非单纯题材内容的"实体性"或"实质性"所指对象（词语意义）的神话学问题。

与英语 sheep（羊）和 mutton（羊肉）以及法语 mouton（羊—羊肉）一样，"神话"、"传说"和"童话"也是特定文化共同体内部主观间交互地任意约定的叙事体裁分类系统—等级体系——简称"叙事制度"（可类比索绪尔说的"语言是一种表达观念的符号系统"的"词典和语法"[1] 等"社会制度"[2]）——的（准）先验语境—主观准则，在此（准）先验语境—主观准则的实践条件下，我们可直观到共同体内部对不同用法价值的"本族体裁"主观间交互任意约定地"实践命名"的纯粹"形式化""能指"（"相邻近的观念的词"）的主观观念系统或体系，由此直观到何谓（与"传说""故事"……相区分的）"神话"命名；至于该"实践命名"能指的所指字面意义究竟是什么"实体性"或"实质性"的题材内容（"神的故事"或"人的故事"抑或"神—人"连续的故事……）并不是区分"神话"、"传说"与"童话"等体

---

[1] ［瑞］索绪尔：《普通语言学教程》，高名凯译，岑祺祥等校注，商务印书馆1980年版，第37页。

[2] "语言……是语言集团集体精神产物。"［瑞］索绪尔：《普通语言学教程》，高名凯译，岑祺祥等校注，商务印书馆1980年版，第25页。"语言却是一种社会事实。"同上引书，第26页。"任何时候，言语活动既包含一个已定的系统，又包含一种演变；在任何时候，它都是现行的制度和过去的产物。"同上引书，第29页。"语言……既是言语机能的社会产物，又是社会集团为了使个人有可能行使这机能所采用的一整套必不可少的规约。"同上引书，第30页。"语言本身就是一个整体，一个分类的原则。我们一旦在言语活动的事实中给以首要的地位，就在一个不容许作其他任何分类的整体中引入一种自然的秩序。"同上引书，第30页。"把语言看作一种社会制度，跟其他一切社会制度一样。"同上引书，第31页。"语言……是言语活动的社会部分，个人以外的东西；个人本身不能创造语言，也不能改变语言；它只凭社会的成员间通过的一种契约而存在。"同上引书，第36页。"语言是一种社会制度。"同上引书，第37页。"语言符号……由于集体的同意而得到认可，其全体即构成语言的那种种联结，都是实在的东西，它们的所在地就在我们脑子里。"同上引书，第37页。"符号在本质上是社会的。"同上引书，第39页。"事实上，一个社会所接受的任何表达手段，原则上都是以集体习惯，或者同样可以说，以约定俗成为基础的。"同上引书，第103页。"能指对它所表示的观念来说，看来是自由选择的，相反，对使用它的语言社会来说，却不是自由的，而是强制的。语言并不同社会大众商量，它所选择的能指不能用另一个来代替。"同上引书，第107页。"语言是一种纯粹的制度。"同上引书，第113页。"语言既是一种社会制度，人们就可以先验地想到，它要受到一些与支配社会集体的条例相同的条例支配。可是，任何社会规律都有两个基本的特征：它是命令性的，又是一般性的；它是强加于人的，它要扩展到任何场合——当然，有一定时间和地点的限制。"同上引书，第132页。

裁形式能指的"决定性"条件，而这正是"实践命名"与理论概念的不同使用方式的关键之所在，也是实践研究不同于理论认识的所在之关键。就像康德曾经说过的："仅仅通过'不'这个词儿所表明的逻辑上的否定，真正说来与一个概念［的所指］没有任何关联，而是只与这概念对另一个概念在判断中的关系有关联，所以它远远不能充分地就一个概念的内容来描述这个概念。"① 在理论认识中，研究者可以通过对故事题材意象内容的客观性现象（所指对象）的感性直观，给出"神话"定义（概念）的客观性（比较普遍性）经验性证明；而在实践研究中，研究者只能通过对叙事体裁意向形式的主观性观念现象（能指表象）的现象学观念直观，给出"神话"命名（观念）的主观性（相对性）先验或准先验阐明。由此，"神话"的理论概念可以不顾及其叙事体裁意向（信仰或非信仰）形式而单单顾及其题材意象（如"神的故事"）内容（就像汤普森的做法），但"神话"的实践观念却首先要顾及叙事体裁的意向形式而可以暂时不顾及其题材内容（是否是"神的故事"）。而这就是理论神话学与实践神话学在目的论和方法论上的不同：理论神话学是在神话实践主体外部客观地认识"何为神话"，而实践神话学是在神话实践主体内部主观间客观地认识"神话何为"。理论神话学单单经验性地直观叙事客体的题材内容的客观所指，就可以断言某种叙事体裁"是"还是"不是"神话，但实践神话学只有现象学地直观叙事主体的体裁形式能指的主观间关系，才可能断定某种叙事体裁"不是"还是"是"神话。后者是因为，如果不还原出神话实践主体主观间交互地任意约定的诸（信仰或非信仰）意向形式关系（在这种情况下我们可以暂时搁置叙事所指的题材内容），我们就无以判断某种叙事体裁"是""不是"共同体——社会文化生活的"大宪章"（the Great Charter）②，而这是理论神话学没有想到和做到的事情。

理论认识考察的是叙事"实施"的经验性语境中，概念的能指（这里指叙事的信仰或非信仰体裁形式之"名"）与其所指（这里指叙事的题材内容之"实"）在字面意义上普遍（实体性、实质性）地相互

---

① ［德］康德：《纯粹理性批判》，邓晓芒译，人民出版社2004年版，A574/B602，第460页。

② ［英］马林诺夫斯基：《巫术 科学 宗教与神话》，李安宅译，中国民间文艺出版社1986年版，第72页。charter源自古英语charta，比如the Margna Charta，即the Great Charter（大宪章）。

符合，甚至所指字面意义与外在对象客观（实体性、实质性）地相互符合。而实践认识考虑的是共同体文化（先验或准先验语境）的叙事制度（主观准则）中，"实践命名"的诸能指在用法价值上主观间普遍（形式化）的相互区分；① 却并不要求"命名"的体裁形式能指的使用价值与题材内容所指的字面意义——就像英语 sheep、mutton 与法语 mouton 的词语能指形式与"羊""羊肉""羊—羊肉"的词语所指内容——普遍（实体性、实质性）地相互符合，甚至不要求所指字面意义即题材内容与外在对象客观（实体性、实质性）地相互符合。这就是说，理论概念在经验性语境中的认识使用根据的是"名—实相副"的实体性或实质性普遍规定性原则；而"实践命名"在（准）先验语境中的反思使用遵循的是"名—名相异"的形式化任意约定性规则，于是在实践认识的（准）先验语境—主观准则中，如果在英语中分属于 sheep 和 mutton（能指）的不同字面意义"羊"和"羊肉"（所指），在法语中被纳入 mouton"羊—羊肉"（能指—所指）的同一性用法价值。则，其对应的实践神话学问题就是：在甲文化中分属于神话（能指）和传说（能指）不同字面意义即"神的故事"和"人的故事"的故事题材内容（所指），在乙文化中被纳入神话（能指）信仰体裁形式的同一性用法价值（马林诺夫斯基："在土人的心目中，近接的历史，半历史的传说，以及纯粹的神话，都是彼此交融，形成相接连的顺序，而实际尽着同一的社会［宪章］功能"）。

　　反之亦然，如果在法语中归属于 mouton（能指）的字面意义"羊—羊肉"（所指），在英语中被分属于 sheep（能指）"羊"（所指）和 mutton（能指）"羊肉"（所指）的不同用法价值。其对应的实践神话学问题是：在甲文化中原属于"神话"（能指）的同一性字面意义"神的故事"、"人的故事"或"神—人的故事"的故事题材内容（所指），在乙文化中被分属于神话（能指）、传说（能指）和童话（能指）等信仰或非信仰体裁形式的不同用法价值（博尔尼："凡叙述原始人类迷信鬼神的故事，也不一定是神话"；巴斯科姆："同一故事体裁［的题材内容］在第一个社会中可能是［狭义］民间故事，在第二个社会中是传说［的体裁形式］，在第三个社会中成了神话［的体裁形式］"）；甚至导致信仰叙事用法价值的神话体裁形式

---

① 词语的"字面意义"和"用法价值"，亨特表达为"实体论"和"功能论"。［英］亨特：《宗教与日常生活》，王修晓、林宏译，中央编译出版社 2010 年版，第 17—25 页。

（能指）不再拥有以"神的故事"的故事题材内容（所指）为其字面意义（博尔尼："起因故事本身并非像人们可能设想的那样，涉及天神和英雄的行为，而只是叙述部落的历史和它漂泊的情况，以及它逐步从野蛮状态上升到较佳生活条件"）。

　　这就是说，在特定文化共同体中，叙事体裁形式的"实践命名"词语，其体裁形式能指（例如"神话"）的题材内容所指（例如"神的故事"）的字面意义，以及"实践命名"词语的字面意义与其用法价值之间的相互搭配关系，都是在"历史性……的先验"① 语境条件下任意约定的"实施"结果，尽管具有比较普遍性的字面意义，但也仅仅具有特定文化共同体内部的主观相对性用法价值。索绪尔称词语的能指与其所指之间，以及词语与词语的字面意义和用法价值之间的任意约定关系为非实体性、非实质性的纯粹形式关系；换句话说就是，在特定文化共同体内部的"实践命名"中，并没有一个实体性的外在对象（现象）实质性地决定了词语的能指与所指（字面意义），以及词语与词语能指的用法价值之间的固定搭配关系。② 词语的能指与所指（字面意义），

---

　　① "虽然严格的康德式先验哲学会认为，那样的经验性和世间性领域没有任何先验相关性，但因为胡塞尔对先验主体间性的兴趣，他被迫从一个先验的观点来考察这些……诸如生成性、传统、历史性和常态等概念的先验意义。"［丹麦］扎哈维：《胡塞尔现象学》，李忠伟译，上海译文出版社 2007 年版，第 144 页。"很有些出自经验来源的知识，我们也习惯于说我们能够先验地产生它或享有它，因为我们不是直接从经验中、而是从某个普遍规则中引出这些知识来的，但这个规则本身又仍然还是借自经验的。所以我们会说一个在挖自己房子基础的人：他本可以先验地知道房子要倒，即他不必等到这房子真的倒下来的经验。但他毕竟还不能完全先验地知道这件事。因为他事先总归要通过经验才得知，物体是有重量的，因而若抽掉它们的支撑物它们就会倒下来。"［德］康德：《纯粹理性批判》，邓晓芒译，人民出版社 2004 年版，B2，第 2 页。"先验地"，邓晓芒译作"先天地"。"在任何时候，言语活动［langage］……都是现行的制度和过去的产物。"［瑞］索绪尔：《普通语言学教程》，高名凯译，岑麒祥等校注，商务印书馆 1980 年版，第 29 页。"建立一个文本即是建构一种行动、实践的语境。"胥志强：《语境方法的解释学向度》，《民俗研究》2015 年第 5 期。

　　② "语言既是一个系统，它的各项要素都有连带关系，而且其中每项要素的价值都只是因为有其他各项要素同时存在的结果。"［瑞士］索绪尔：《普通语言学教程》，高名凯译，岑麒祥等校注，商务印书馆 1980 年版，第 160 页。"我们只看到词能跟某个概念'交换'，即看到它具有某种意义，还不能确定它的价值；我们还必须把它跟类似的价值，跟其他可能与它相对立的词相比较。我们要借助于在它之外的东西才能真正确定它的内容。词既是系统的一部分，就不仅具有一个意义，而且特别是具有一个价值；这完全是另一回事。"同上引书，第 161 页。"语言中只有差别。此外，差别一般要有积极的要素才能在这些因素间建立，但是在语言里却没有积极要素的差别。就拿所指或能指来说，语言不可能有先于语言系统而存在的观念与声音，而只有由这系统发出的概念差别和声音差别。一个符号所包含的观念或声音物质不如围绕着它的符号所包含的那么重要。可以证明这一点的是：不必触动意义或声音，一个要素的价值可以只因为另一个相邻的因素发生了变化而改变。"同上引书，第 167 页。"索绪尔把语言界定为一个没有肯定项的差异系统。"［日］柄谷行人：《民族主义与书写语言》，陈燕谷译，《学人》第 9 辑，江苏文艺出版社 1996 年版，第 96 页。

以及词语与词语能指的用法价值之间的相互搭配关系，是在"实践命名"中被任意地约定的；这是因为，"实践命名"并非出于认识的目的而表象（规定）外在的经验性事实—现实对象（现象）甚至内在的先验意义—价值对象（意象），而只是出于"同情了解"（陈寅恪）的目的而表象（反思）因实践的"实施"而自我给予的内在先验意义—价值对象（意象）。正因如此，巴斯科姆才会异常肯定地说，神话、传说、童话"三大散文叙事［体裁］形式无一需要真实"① 性的外在对象，作为实体性、实质性的经验性直观，以助力于实践地判断：何为神话？何为传说？何为童话？

> 普遍性不在于体裁［自身］，而在于［体裁间的］差异，人们在言语表达中所制造的差异。这些差异存在于两个层面上：［词语能指的］声音与［词语所指的］意义，或者说［词语所指的］表现性和［词语能指的］指称性。这些差异在说话的方式，以及所说内容的价值之间设定了边界。其目标在于形式之间的区分性界线，以及内容之间的区别，而不是表达的［体裁］形式或内容自身。②［因此，］一个本族体裁是整个民俗体系的一部分，所以，它一定与相同的交际网络中的其他［差异性的体裁］形式有关……就讲述这两种体裁叙事的社会场景而言，神话与故事的关系就如仪式或政治与娱乐的［体裁形式间的差异］关系。③

当然，索绪尔也注意到，即便法语 mouton（能指）同时意指了"羊"和"羊肉"（所指）的双重字面意义，但在餐桌上，"当我们谈到一块烧好并端在桌子上的羊肉的时候"，法国人不会将一只烤熟的大全羊错认成一只活蹦乱跳的小羊羔，尽管法语 mouton 的能指及其"羊肉"所指的字面意义在能够实体性、实质性地意指一个外在客体"羊

---

① ［美］巴斯科姆：《口头传承的形式：散体叙事》，朝戈金译，载［美］邓迪斯编《西方神话学读本》，广西师范大学出版社 2006 年版，第 14 页。
② ［美］阿默思：《我们需要理想的（民俗）类型吗？——致劳里·航柯》，载《民俗学概念与方法——丹·本-阿默思文集》，张举文编译，中国社会科学出版社 2018 年版，第 148 页。
③ ［美］阿默思：《分析类别与本族类型》，载《民俗学概念与方法——丹-阿默思文集》，张举文编译，中国社会科学出版社 2018 年版，第 120—121 页。

肉"的同时，也可以实体性、实质性地意指另一个外在对象"羊"。① 词语以其能指与所指的字面意义能够实质性、实体性地意指外在客体或对象（现象）的"名实相副"的使用方式，是与词语作为"实践命名"的先验"实施"使用方式完全不同的理论概念的经验性认识的使用方式。以此我们才认识到，（本书"导论"引）维特根斯坦关于"命题只有在使用时才有意义""一个词的一种意义就是对于该词的一种使用"的失误（失之于简单）就在于，维特根斯坦没有区分词语（命题）作为理论概念的经验性认识与"实践命名"的先验"实施"使用方式及其用法价值，② 但只有在明确地区分了理论概念的经验性认识与"实践命名"的先验"实施"使用方式及其用法价值之后，我们才拥有了据以阐明何谓"实践认识"的"理论"条件。而"大众［之所以］有一种很肤浅的理解，只把语言看作一种［与外在现象实体性或实质性地名实相副的］分类命名集"，③ 即日常用语的通俗使用方式之所以能够被学术、学科用语的学者使用方式影响，乃因为日常用语本身就拥有"实践命名"的先验"实施"和理论概念的经验性认识这两种不同的使用方式，却因为迎合了学者的理论概念经验性认识使用方式，而导致理论

---

① "在索绪尔那里，所指是概念性的，或干脆就是概念。"陈嘉映：《语言哲学》，北京大学出版社 2003 年版，第 72 页。"词语有两层'所指'，一层是事物，一层是词语和事物'之间'的东西，后者才是索绪尔的'所指'。"同上引书，第 73 页。"人们对这对概念的理解常有偏差，最主要的一种偏差是把能指/所指和词语/指称混为一谈。指称是实物，索绪尔的所指则是概念，指称是现成摆在那里的东西，所指却是一种形式关系，是由能指的形式系统确定的。"同上引书，第 73—74 页。"能指"，陈嘉映译作"施指"。

② 理论概念与实践命名之所以容易被混淆，乃因为"对于每一项相对于对象而言的理性应用，纯粹知性概念（范畴）不可或缺，倘若没有概念，便没有对象能够为人思想……范畴，单单作为思想的能力，独立于并且先于一切直观而在纯粹知性之中有其位置和源泉，并且它们始终仅仅意指一般的客体，而无论它会以何种方式被给予我们！"［德］康德：《实践理性批判》，韩水法译，商务印书馆 1999 年版，S. 136，第 148—149 页。

③ ［瑞士］索绪尔：《普通语言学教程》，高名凯译，岑祺祥等校注，商务印书馆 1980 年版，第 39 页。"在有些人看来，语言，归到它的基本原则，不外是一种分类命名集，即一份跟同样多的事物相当的名称术语表。例如，这种观念有好些方面要受到批评。它假定有现成的、先于词而存在的概念。"同上引书，第 100 页。"语言符号连结的不是事物和名称，而是概念和音响形象。"同上引书，第 101 页。"选择什么音段表示某事观念也是完全任意的，不然的话，价值的概念就会失去它的某种特征，因为它将包含一个从外面强加的要素。但事实上，价值仍然完全是相对而言的，因此，观念和声音的联系根本是任意的。"同上引书，第 158—159 页。"否则就会把语言归结为一个分类命名集。"同上引书，第 160 页。"如果词的任务是表现预选规定的概念，那么，不管在哪种语言里，每个词都会有完全对等的意义；可情况并不是这样。"同上引书，第 162 页。"那远不是对象在观点之前，人们将会说，这是观点创造了对象。"同上引书，第 28 页。但索绪尔也自我矛盾地说过，"曾几何时，人们把名称分派给事物，在概念和音响形象之间订立了一种契约。"同上引书，第 108 页。"我们是给事物下定义，而不是给词下定义……对词下任何定义都是徒劳的；从词出发给事物下定义是一个要不得的办法。"同上引书，第 36 页。

使用方式压制、遮蔽实践使用方式的先验可能性,就像古代希腊词语 muthos 的后期意义与现代英语 myth 的早期字面意义及其用法价值所反映的历史经验:日常词语在受理论认识的经验性认识使用方式的影响之前(既是时间上也是逻辑上的"之前"),原本就拥有"实践命名"的先验"实施"的使用方式的可能性及现实性。

与维特根斯坦不同,巴斯科姆注意到理论概念的经验性认识使用方式与"实践命名"的先验"实施"使用方式之间的词语"用法"区别,所以巴斯科姆才会说"在实践中［而不是在理论上］才更容易确定""实践命名"的非实体性、非实质性—纯形式化的用法价值。"实践命名"的先验"实施"使用方式,与理论概念的经验性认识使用方式,是词语(命题)的两种完全不同的使用方式,由此也导致了词语(命题)的不同用法价值。理论认识的使用方式要求先验知性概念在感性直观形式(经验性语境)条件下对外在对象(客体现象—结果)的客观性—普遍性严格规定,给出索绪尔所言实体性—实质性的名—实相副的"自然"表象。而"实践命名"的先验"实施"使用方式则追求先验理性概念(理念,至少是观念)在理性意向形式(先验语境,至少是"历史性……先验"语境)条件下对内在对象(主体意象—目的)的主观性—相对性任意约定,从而给出索绪尔所言纯粹形式化的名—名相异的自由表意。以此,一旦神话学家们把先验"实施"使用方式的"实践命名"("神话")用作经验性认识的理论概念,就像从格林兄弟开始的民间文(艺)学—民俗学家们的所作所为那样——在"神话"能指的体裁形式与"神的故事"的所指题材内容之间,建立起实体性、实质性即客观性、普遍性的经验性综合——则理论概念遭遇"实践命名"(而不是普遍概念遭遇文化经验)的不适应症,例如"博厄斯问题""马林诺夫斯基问题""中国神话历史化"问题就会不断被提出来,所以巴斯科姆才倡言:"回到作为现代民俗学研究开端的一般公认的东西上","现在……是回到格林兄弟为达到对民间文学的一些基本理解而认定其［'实践命名'的本土］范畴(categories)的时候了",① 但这又唯有在索绪尔现象学语言学的"理论"条件下,我们才可能"同情

---

① ［美］巴斯科姆:《口头传承的形式:散体叙事》,朝戈金译,载［美］邓迪斯编《西方神话学读本》,广西师范大学出版社2006年版,第35—36页。Bascom, *The Forms of Folklore: Prose Narratives, Sacred Narrative: Readings in the Theory of Myth*, Edited by Alan Dundes, University of California Press, 1984, pp. 28, 29. category,朝戈金译作"类型"。Category:①种类、部署、类目;②范畴、类型。

地了解"格林兄弟在神话、传说和童话等不同散文叙事的体裁形式之间做出实践划分的现象学意义：不同"实践命名"的不同叙事体裁形式构成了不同文化共同体（［准］先验语境）内部先验地自我任意约定的主观相对性或比较普遍性叙事制度（主观准则）。这意味着，尽管经验性语境条件下的个人心理、原始心理的信仰态度等意向形式的经验性现象，是神话叙事的信仰体裁形式的主观性条件，但先于经验性语境（现象）以及心理学意向形式（仍然是现象）的主观性条件，神话叙事的信仰体裁形式作为共同体宪章的理性意向形式用法价值，在文化的、历史的准先验语境的主观间客观性条件中，已经由共同体（准）先验的自由意志主观间交互地任意约定，并客观上普遍地强制规定了特定共同体个体成员主观任意的意向形式，而无待于作为特定共同体个体成员的所有人、每个人的主观信仰心理态度意向形式的主观偶然性。

> 能指对它所表示的［所指］观念来说，看来是自由［任意］选择的，相反，对使用它的语言社会来说，却不是自由的，而是强制的。语言并不同社会大众商量，它［先验地］所选择的能指［可以类比"神话""传说""童话"——笔者补注］不能用另外一个来代替。这一事实似乎包含着一种矛盾，我们可以通俗地叫做"强制的牌"。人们对语言说："您选择罢！"但是随即加上一句："您必须选择这个符号，不能选择别的。"已经选定的东西，不但个人即使想改变也不能丝毫有所改变，就是大众也不能对任何一个词行使［改变］它的主权［维特根斯坦：语言只可能有公共使用，而不可能有私人使用。——笔者补注］；不管语言是什么样子，大众都得同它捆绑在一起。因此语言不能同单纯的契约相提并论；正是在这一方面，语言符号研究起来特别有趣；因为如果我们想要证明一个集体所承认的法律是人们必须服从的东西，而不是一种可以随便同意或不同意的规则，那么语言就是最明显的证据。①

---

① ［瑞士］索绪尔：《普通语言学教程》，高名凯译，岑麒祥等校，商务印书馆1980年版，第107页。"符号在本质上是社会的……符号在某种程度上总要逃避个人的或社会的意志，这就是它的主要的特征。"同上引书，第39页。"事实上，一个社会所接受的任何表达手段，原则上都是以集体习惯，或者同样可以说，以约定俗成为基础的。"同上引书，第103页。"一个符号在语言集体中确立之后，个人是不能对它有任何改变的。"同上引书，第104页。"一个是使选择得以自由的任意的约定俗成，另一个是使选择成为固定的时间。因为符号是任意的，所以它除了传统的规律之外表达有别的规律；因为它是建立在传统的基础上的，所以它可能是任意的。"同上引书，第111页。

于是，先于经验性语境，共同体的每一个（所有的）个体成员先验地就知道神话信仰叙事体裁形式能指的所指字面意义以及能指＋所指的用法价值，这是由共同体"历史性……先验"（胡塞尔）语境通过"实践命名"而任意约定的"本族体裁分类体系"叙事制度（可类比索绪尔所言"语言的社会制度"）先验地决定的。正如阿默思所说："所有人都能区分诗和散文，都能分辨谚语和史诗……所有人都能将音乐、动作和词语组合搭配在一起，以唱歌跳舞的方式来展示他们的内心世界。这些其实都是人类与生俱有的［先验］能力"；或如马林诺夫斯基所言，"并不是说故事的时候才经验得到，乃是故事［体裁］……得以［先验地］建立的时候便也经验得到"。或者像鲍曼说的，"文化惯例……标志了表达的开始"。① 于是，经验性语境只是我们理论地认识神话（以及传说、童话）叙事等信仰和非信仰体裁形式（用法价值）能指和题材内容（字面意义）所指在历史（时间）与社会（空间）文化—生活中的自然结果（现象）及其自然原因（仍然是现象例如心理现象）的经验性条件，而无与于诸体裁叙事的自然结果（现象）及其自由原因（本体即自由主体）的（准）先验条件。

索绪尔区分了"［群体］语言"（langue）和"［个体］言语"（parole）——"语言是语言共同体成员心中的语法体系，言语则是人们平时所说的那些话，是依赖于语法系统的说话行为"②——按照索绪尔的说法，如果"群体语言"（langue/language）③是"语言社会"

---

① ［美］阿默思：《我们需要理想的（民俗）类型吗？——致劳里·航柯》，载《民俗学概念与方法——丹·本－阿默思文集》，张举文编译，中国社会科学出版社2018年版，第148页。

② 陈嘉映：《语言哲学》，北京大学出版社2003年版，第78页。

③ 索绪尔给出了除"言语"（parole）活动、行为和"语言"（langue）系统、体系（语言制度、语法）之外的"群体言语"（langage）这一重要概念。［瑞士］索绪尔：《普通语言学教程》，高名凯译，岑麒祥等校，商务印书馆1980年版，第329页。langage，陈望道、高名凯译作"言语活动"，张绍杰译作"言语行为"，裴文译作"言语体系"，屠友祥受许国璋"群体言语"译法的启发，把langage译作"群体言语"。吕微：《从翻译看学术研究中的主体间关系——以索绪尔语言学思想为理论支点》，《民间文化论坛》2006年第4期。Harris把索绪尔le langage（群体言语，高名凯译作"言语活动"）译作language，把索绪尔la langue（语言）和la parole（言语）分别译作linguistic structure和speech。Saussure, *Cours De Linguistique Generale*, Payot, Paris, 1949, p.112；［瑞］索绪尔：《普通语言学教程》，高名凯译，岑祺祥等校，商务印书馆1980年版，第115页；Saussure, *Coure in General Linguistics*, Harris译，外语教学与研究出版社2001年版，第77页。"langage是多形式的、杂糅的、不成系统的一种初级事物，从中抽象出来'语言'（langue），而langage本身则是'言语'。因此'言语活动'中的'言语'一词是完全可以接受的。……因为'言语'本身是有活动的。是不是译为'群体 （转下页）

（接上页）言语'，比较接近于索绪尔所说的杂糅性？"许国璋：《关于索绪尔的两本书》，《国外语言学》1983 年第 1 期，载许国璋《论语言和语言学》，商务印书馆 1997 年版，第 175 页，题目改为《从两本书看索绪尔的语言哲学》；另收入赵蓉晖编《索绪尔研究在中国》，商务印书馆 2005 年版，第 107 页。"许国璋先生译 langage 为'群体言语'……对我有莫大的启发。"〔德〕尼采：《古修辞学描述》，屠友祥译著，上海人民出版社 2001 年版，第 354 页。户晓辉批注："把 langage 译为'群体语言'，似过窄。因为在索绪尔那里，它不止是群体的语言表述或语言能力，而且也指个人的语言表述或语言能力。我把高名凯译《普通语言学教程》第 30 页的原文术语补上：'在我们看来，语言（langue）和言语活动（langage）不能混为一谈；它（指 langue）只是言语活动（langage）的一个确定的部分，而且当然是一个主要的部分。它（指 langue）既是言语机能的社会产物，又是社会集团为了使个人有可能使这机能所采用的一整套必不可少的规约。整个看来，言语活动（langage）是多方面的、性质复杂的，同时跨着物理、生理和心理几个领域，它（指 langage）还属于个人的领域和社会的领域。我们没法把它归入任何一个人文事实的范畴，因为不知道怎样去理出它的统一体'；可见 langage（有点相当于个别的东西）中包含着 langue（有点相当于普遍的东西和规则、规范的东西）和 parole（有点相当于特殊的东西），窃以为，索绪尔的这种理论划分颇具深意。请注意你在下文中引述〔高译本第 115 页〕的'语言（langue，英译 language）就是言语活动（langage，英译 speech，指语言表述或语言能力）减去言语（parole，英译 speaking，指个人正在进行的言说）'以及高译本第 142 页的划分表，还有你在下文注释中的引文'内在的 langage〔表明它是一种内在能力——户晓辉〕可看作为 parole 的预先思索。惟于内在的 langage 里，方具预先思索……正是在 parole〔它是一种外化的表达——户晓辉〕中表出之后，新的形式才在 langue 里呈固定之势，成为得到确认的形式'；从这些论述来看，我觉得德语的译法更值得借鉴：有学者的译法是：langue = Sprachtum（语言总体），langage = Sprache（语言），parole = Sprachakt（语言行为）；罗梅尔的译法是：langue = Sprache（语言），langage = menschliche Rede（人的言说），parole = Sprechen（言语，指活动或行为）；1963 年，吉皮尔的译法是：langue = Einzelsprache（单个语言），langage = Sprachfähigkeit（语言能力），parole = Sprachakt（语言行为）。索绪尔明确说，在 langage 所包含的两部分中，langue 是社会的、不依赖于个人的部分，而 parole 才是个人部分（参见高译本第 41 页），因而 langage 既有群体的部分，也有个人的部分。"以前，我们一直没有认识到（哪怕仅仅是意识到）索绪尔对 langue（语言）和 langage（群体言语）的区分究竟有何深意，因为索绪尔始终"避免下徒劳无益的词的定义"（〔瑞士〕索绪尔：《普通语言学教程》，高名凯译，岑麒祥等校，商务印书馆 1980 年版，第 115 页），故而根据索绪尔"首先在言语活动（langage）所代表的整个现象中分出两个因素：语言（langue）和言语（parole）。在我们看来，语言（langue）就是言语活动（langage）减去言语（parole）"（同上引书，第 115 页）以及"言语活动的研究就包含着两部分：一部分是主要的，它实质上是社会的、不依赖于个人的语言为研究对象，这种研究纯粹是心理的；另一部分的次要的，它以言语活动的个人部分，即言语，其中包括发音，为研究对象，它是心理·物理的"（同上引书，第 41 页）的经典说法，我们只能把 langage（群体言语）理解为语言（langue）加言语（parole）的语言总体。但是现在，如果我们把 langage（群体言语）理解为"言语共同体"（speech community）〔吕微《民俗学的承诺——康德与实践民俗学的基本问题》，"鲍曼 speech community（言语共同体）的概念——美学共同体的社区规则与文化准则"，打印本，上册，第 272 页，未刊〕语言制度—言语活动的"整个现象"，那么我们也许可以把索绪尔的两种"语言"——

（la communauté linguistique/the linguistic community）①——文化共同体"预先思索"的"规范"②"准则"（norme/norm）③ 即作为"社会制度"的语法，那么，语言+言语的"群体言语""整个现象"④ 就是能够"预先

（接上页）langue（语言）和 langage（群体言语）——分别理解为因文化共同体任意选择而"得到确认和约定之物"的语言准则（langue）和语言准则的言语（parole）使用。许国璋指出，索绪尔对 langage、langue 和 parole 的区分，"是一个科学体系所给予的定义，不是普通的词义。在法语里，langue 和 langage 也不是界限分明的"，以此，学术地区分 langue 和 langage，"那是索绪尔的规定，虽然是完全可以接受的规定"。许国璋：《关于索绪尔的两本书》，《国外语言学》1983 年第 1 期；载许国璋《论语言和语言学》，商务印书馆 1997 年版，第 174 页，题目改为《从两本书看索绪尔的语言哲学》；另收入赵蓉晖编《索绪尔研究在中国》，商务印书馆 2005 年版，第 106 页。

① ［瑞士］索绪尔：《普通语言学教程》，高名凯译，岑麒祥等校，商务印书馆 1980 年版，第 107 页；Ferdinand de Saussure, *Cours De Linguistique Generale*, Paris, 1949, p. 104; Ferdinand de Saussure, *Course in General Linguistics*（普通语言学教程），Harris 译，外语教学与研究出版社 2001 年版，第 71 页。

② "是一门规范性的学科。"［瑞］索绪尔：《普通语言学教程》，高名凯译，岑麒祥等校，商务印书馆 1980 年版，第 17 页。

③ "内在的 langage 可看作为 parole 的预先思索。惟于内在的 langage 里，方具预先思索……正是在 parole 中表出之后，新的形式才在 langue 里呈固定之势，成为得到确认的形式。"［瑞士］索绪尔：《第一次普通语言学教程（1907）》，第 129—130 页，转引自［德］尼采《古修辞学描述》，屠友祥译著，上海人民出版社 2001 年版，第 352 页。"langue 则是得到确认和约定之物。"同上引书，第 353 页。"语言的一个准则。"［瑞士］索绪尔：《普通语言学教程》，高名凯译，岑麒祥等校，商务印书馆 1980 年版，第 138 页。"站在语言［langue］的阵地上，把它当作言语活动［langage］的其他一切表现的准则［norme］。"同上引书，第 30 页；这段话，裴文译作："依我们看来，对所有这些困难只有一种解决办法。首先应站立足于语言的领地，把语言看作是言语体系一切其他表现的准则。"［瑞士］索绪尔：《普通语言学教程》，裴文译，江苏教育出版社 2002 年版，第 10 页；这段话，索绪尔《普通语言学教程》的法语原文是："Il n'y a, selon nous, qu'une solution á toutes ces difficultés: il faut se placer de prime abord sur le terrain de la langue et laprendre pour norme de toutes les aulres manifestations du langage." Ferdinand de Saussure, *Cours De Linguistique Generale*, Paris, 1949, p. 25. Baskin 译作："As I see it these is only one solution to all the foregoing difficulties: form the very outset we must put both feet on the ground of language and use language as the norm［意为：标准、规范、准则］of all other manifestations of speech." Ferdinand de Saussure, *Course in General Linguistics*, Translated from the French by Wade Baskin, London, 1960, p. 9; Harris 译作："One solution only, in our view, resolves all these difficulties. The linguist must take the study of linguistic structure as his primary concern［基本关系］, and relate all other manifestations of language to it." Ferdinand de Saussure, *Course in General Linguistics*, Harris 译，外语教学与研究出版社 2001 年版，第 9 页。

④ "在言语活动［langage］所代表的整个现象中分出两个因素：语言［langue］和言语［parole］。在我们看来，语言就是言语活动减去言语。它使一个人能够理解和被人了解的全部语言习惯。"［瑞士］索绪尔：《普通语言学教程》，高名凯译，岑麒祥等校注，商务印书馆 1980 年版，第 115 页。"人类言语活动［langage］的一切表现。"同上引书，第 26 页。"言语活动［langage］事实的混杂的总体。"同上引书，第 36 页。"言语活动［langage］的全部事实。"同上引书，第 37 页。

思索""规范"语言"准则"(语法)的"语言社会"—文化共同体先验语境。① 因此,索绪尔有理由说,"在个人生活和社会生活中,群体言语[langage,作为(准)先验语境]比其他任何因素都更重要"② ——当然索绪尔也说过"符号的任意性原则[的准则]……是头等重要的"③ ——这样,根据"语言社会"—文化共同体在"群体言语"(准)先验语境中"预先思索""规范"的语言"准则"(语法)而任意约定的"实践命名",任何词语的能指(例如"神话")和所指(例如"神的故事"、人的故事……)的字面意义及其使用方式(包括信仰实践的使用方式甚至理论认识的使用方式)的用法价值,都不是来源于词语被使用的经验性语境,尽管在经验性语境中,词语才可能现实地实践且实现其非实体性、非实质性—纯形式化字面意义的("实践命名")用法价值(意指一个约定地表象的对象,例如一位超自然实体的神祇),以及实体性、实质性字面意义的(理论概念)用法价值(实指一个规定的对象的表象,例如一盘自然实体的羊肉)。这是因为,在"群体言语"的先验语境中,词语(能指—所指)作为"实践命名"甚至作为理论概念的使用方式——尽管人们并不一定就意识到这一点——在先验的语言"准则"(语法)中就已经被任意地约定好了。④ 同样,在格林兄弟看来(尽管格林兄弟自己并不一定这样看),民间文学诸信仰和非信仰叙事体裁形式(能指)和题材内容(所指)的字面意义及其使用方式的用法价值,在不同文化共同体不同"群体言语"的"历史性……先验"语境中,也是通过叙事体裁的分类系统—等级体系的先验制度任意地约定好了的。以此,神话学家们只有通过现象学地直观特定文化共同体自身根据其(准)先验语境而"实践命名"的主观观念

---

① "言语活动[langage]往往不是人们所能观察得到的。"[瑞士]索绪尔:《普通语言学教程》,高名凯译,岑麒祥等校注,商务印书馆1980年版,第26页。

② [瑞士]索绪尔:《普通语言学教程》,高名凯译,岑麒祥等校注,商务印书馆1980年版,第27页。

③ [瑞士]索绪尔:《普通语言学教程》,高名凯译,岑麒祥等校注,商务印书馆1980年版,第103页。

④ "价值还首先决定于不变的规约,即下棋的规则,这种规则在开始下棋之前已经存在,而且在下每一着棋之后还继续存在。语言也有这种一经承认就永远存在的规则,那就是符号学的永恒的原则。"[瑞士]索绪尔:《普通语言学教程》,高名凯译,岑麒祥等校注,商务印书馆1980年版,第128页。

制度安排，才可能"同情地了解"不同体裁形式（能指）与题材内容（所指）之间非实体性、非实质性纯形式化的（所指）字面意义和（能指+所指）用法价值，从而回答：何谓神话？何谓传说？何谓童话？以及何谓……？而无论诸文化共同体叙事制度的任意约定究竟以"二分法"、"三分法"还是以"N 分法"行之于世。① 进而，对格林兄弟来说（尽管格林兄弟自己并不一定这样说），如果把任意约定的"实践命名"转而用作"被普遍接受的范畴"（universally recognized categories）② 即普遍规定性的理论概念——如固化了"神的故事"字面意义的"神话"定义——然后再试图以此规定不同共同体叙事主体的主观实践，就会出现主体叙事的体裁形式与题材内容之间"名不副实"的文化间矛盾（其实是理论概念遭遇"实践命名"的理性冲突）的"博厄斯""马林诺夫斯基悖论"。进而，如果民间文（艺）学—民俗学家们执意要在诸叙事体裁形式（能指）的题材内容（所指）的字面意义背后，实体性、实质性地确定一个实指的对象，以便规定民间文学诸体裁概念的能指与所指字面意义及使用价值之间严格普遍性的"名实相副"，则民间文（艺）学—民俗学家们就会与对叙事实践主体主位的主观性或主观间客观性的"同情了解"渐行渐远。但是现在，如果民间文（艺）学—民俗学家们能够借助索绪尔语言学的现象学方法，通过对共同体文化叙事制度的主观性观念直观，也许能够"回到格林兄弟为达到对民间文学的一些基本理解而认定其['实践命名'的本土] 范畴""回到作为现代民俗学研究开端的一般公认的东西上"（巴斯科姆），从而对格林兄弟之于民间文学叙事体裁的"三分法""表一种了解之同情"，进而纠正当年马林诺夫斯基之于博尔尼"近代人类学"（其实也是民俗学）"神话"定义"最后见解"的一些理论误解。这就是说，借助彻底的现象学主观论目的论、方法论的眼光，我们看到，神话并不像马林诺夫斯基批评博尔尼"最后见解"时坚持的那样：绝对不可能是原始人"理智

---

① "密克罗尼西亚的马绍尔群岛则提供了一幅不同的图景。达文波特报告说，在那里识别出五种'散文叙事'。"［美］巴斯科姆：《口头传承的形式：散体叙事》，朝戈金译，载［美］邓迪斯编《西方神话学读本》，广西师范大学出版社 2006 年版，第 24 页。

② ［美］巴斯科姆：《口头传承的形式：散体叙事》，朝戈金译，载［美］邓迪斯编《西方神话学读本》，广西师范大学出版社 2006 年版，第 12 页；*Sacred Narrative*：*Readings in the Theory of Myth*，Edited by Alan Dundes，University of California Press，1984，p. 10。

的努力"(或"理性活动")。尽管这"理智的努力"(或"理性活动")的确并不单单为了"解说"自然,因而只"是一种原始科学"。① 现在,一旦民间文(艺)学—民俗学的神话学家们通过对"实践命名"的主观观念予以现象学直观,反思地还原出诸文化共同体("语言社会")的(准)先验语境("群体言语")下任意约定的叙事制度的主观"准则"("语言"),即马林诺夫斯基所谓土著人"自我理解"的主观相对性、比较普遍性"世界观",并给出神话学现象学革命的"最新见解"——即神话原本就起源于一种理性的能力——神话学家们也就同时又认识到,这一"最新见解"并不全是根据"西方社会对异文化['其他传统']的了解日益增长",即在更广泛的经验范围内给予文化现象以感性直观—知性概念(归纳、抽象)的理论认识而得到的比较普遍性(并非严格普遍性)实证结果,而是可以通过对任一文化共同体内部自我主观间交互地任意约定的叙事制度"实践命名"的观念直观而反思—还原的现象学剩余物。这样,借助现象学方法而反思地还原的诸体裁叙事的经验性现象的(准)先验条件即叙事制度的强制性,我们才可能进一步反驳马林诺夫斯基以及巴斯科姆关于诸文化共同体"神圣故事"——不同文化共同体或称"神圣故事"为 myth,或称"神圣故事"为"神话",或称"神圣故事"为……;但任一文化共同体都在其叙事制度的最高级别的位置安排有最高等级的"神圣故事",故笔者更愿意称"神圣故事"为文化共同体的"第一叙事",② 尽管"第一叙事"并不一定就讲述了"神的故事"也可能讲述的是人的故事。文化共同体"第一叙事"是否讲述"神的故事",由文化共同体先验地自我任意约定——的宪章功能(先验目的和经验结果)总依赖于个人信仰态度的心理形式的主观偶然或或然现实性,而不是更仰仗于共同体强制制度的理性形式的客观普遍性的错误说法。这就是说,尽管对于共同体集体(群体、团体)来说,准则是主观上任意约定的,但是对于自我共同体成员的个体来说,准则是客观上强制规定的,尽管这一客观强制规

---

① [英]马林诺夫斯基:《巫术 科学 宗教与神话》,李安宅译,中国民间文艺出版社1986年版,第126页。
② 吕微:《神话:出于爱而真的"第一叙事"——纳吉著、巴莫曲布嫫译〈荷马诸问题〉第四章之解读》,载《中国社会科学院文学研究所学刊》(2008年),中国社会科学出版社2008年版,第108页。

定性是仅仅局限在特定共同体内部的文化主观相对性和比较普遍性。即，无论个人心理态度在主观上是否信仰神话宪章，面对共同体内部所有成员（每一个人）的主观心理态度，神话宪章都在客观上先验地颁布了强制"命令"（即便不是"定言命令"至少也是"假言命令），否则，没有文化宪章的理性强制性，共同体既不可能存在也不可能存续。以此，神话学家们才可以断言，神话宪章的实践功能并非必定不可能是共同体"理智的努力"或"理性活动"。遗憾的是，尽管马林诺夫斯基从功能目的意向形式出发已接近对神话宪章作为文化共同体存在、存续条件的（准）先验理解，但是，当马氏最终将神话宪章功能目的意向形式设定于"蛮野"民族"原始心理"主观上偶然或或然的现实性经验性条件，就没有能够把神话宪章设想为文化共同体普遍理性主观间客观的必然可能性（准）先验条件。这是因为，实践理性的任意意志，凭借其自由目的在经验现象中导致的自然结果，也可以被感性地直观到，所以马林诺夫斯基将实践理性的任意现象理解为与心理学现象一样的精神—意识现象（这并不是错误），进而阻止了他把理性的任意同时也理解为先验的概念①——就像大林太良、邓迪斯、卡西尔的做法——而现在，根据对文化共同体（准）先验条件的现象学还原，我们终于

---

① "那种不依赖于感性冲动、也就是能通过仅由理性所提出的动因来规定的任意，就叫作自由的任意（arbitrium liberum［拉丁文：'自由的任意'——译者］），而一切与这种任意相关联的，不论是作为根据还是后果，都称之为实践的。实践的自由可以通过经验来证明。"［德］康德：《纯粹理性批判》，邓晓芒译，人民出版社 2004 年版，A802/B830，第 610 页。"必须在一个自由意志的规定的理念中来思考的那种实践的合目的性的原则，却会是一个形而上学的原则，因为作为一个意志的一种欲求能力的概念毕竟必须经验性地被给予（不属于先验的谓问）。"［德］康德：《判断力批判》，李秋零译，载《康德著作全集》第 5 卷，中国人民大学出版社 2007 年版，S. 182，第 191 页。"一个纯粹的、却被建立在实践（出现于经验之中的事例上的运用）上面的概念。"［德］康德：《道德形而上学》，张荣、李秋零译，载《康德著作全集》第 6 卷，中国人民大学出版社 2007 年版，S. 205，第 213 页。"任意的自由不能通过遵循或者违背法则来行动的选择能力（无区别的自由）来界定，虽然任意作为现象在经验中提供着这方面的一些常见的例子。因为我们只知道自由（正如我们通过道德法则才能够认识的那样）是我们的一种消极的属性，不受任何感性的规定根据的强制而去行动。但是，作为本体，也就是说，按照纯然作为理智的人的能力来看，正如它就感性的任意而言是强制的那样，因而按照其积极的性状来看，我们在理论上却根本不能展示它。我们只能清楚地看出这一点：尽管人作为感官存在者，按照经验来看，表现出一种不仅遵循法则，而且也违背法则作出选择的能力，但毕竟不能由此来界定他作为理知存在者的自由，因为现象不能使任何超感性的客体（毕竟自由的任意就是这类东西）得以理解。而且，自由永远不能被设定在这一点上，即有理性的主体也能够作出一种与他的（立法的）理性相冲突的选择；尽管经验足够经常地证实这种事曾经发生（但我们却无法理解发生这种事的可能性）。"同上引书，S. 226，第 234 页。"在经验中认识一种自由的任意。"［德］康德：《纯然理性界限内的宗教》，李秋零译，载《康德著作全集》第 6 卷，中国人民大学出版社 2007 年版，S. 6 "注释①"，第 8 页。

实践地认识到，任何文化共同体在其（准）先验语境的存在条件下，根据其主观准则而理性地安排的叙事体裁分类系统—等级体系当中，必然应该或应当（应然）"有一类的故事是神圣的"① 信仰叙事体裁形式（可以实践地命名为"神圣故事"或"第一叙事"……）被用作文化共同体存在与存续的（准）先验条件。以此，我们甚至可以说，任何文化共同体，无论其事实上是否实然地有过神话，也无论其事实上实然地有过怎样的神话，即便没有神话，也应该应然地有神话，即便没有叙事的神话，也应该应然地有"论理"（例如哲学话语）② 或其他叙事类型（例如历史话语）的神话。这当然是对"神圣故事""第一叙事"作为文化共同体存在、存续的必然可能性（准）先验条件的现象学主观性观念直观还原（反思说明）——即便这还不是对神话现象的本体条件的客观性理念演绎还原（反思阐明）——职是之故，人们才有理由宣称："神话是一民族之为一民族的基石""无法想象竟会存在着一个没有神话的民族"③（谢林）；"神话是社会的表象"④（涂尔干）；"我们从历史上看到，任何一种伟大的文化都无不充满了神话的因素，并为这些因素

---

① ［英］马林诺夫斯基：《巫术　科学　宗教与神话》，李安宅译，中国民间文艺出版社1986年版，第93页。

② "论理形式的神话。"吕微：《神话何为——神圣叙事的传承与阐释》，社会科学文献出版社2001年版，"结语：'黑色'的意义——神话究竟是什么？"，第428页。

③ "在《神话思维》中，［卡西尔］与谢林和德国浪漫民族主义者一致，他指出神话是一民族之为一民族的基石。因为它支撑着民族情感，给此一民族以力量。卡西尔曾特别引用过谢林的一句名言——'无法想象竟会存在着一个没有神话的民族'。"［美］斯特伦斯基：《二十世纪的四种神话理论——卡西尔、伊利亚德、列维－斯特劳斯与马林诺夫斯基》，李创同、张经纬译，生活·读书·新知三联书店2012年版，第25页。"1931年，马林诺夫斯基在瑞德尔系列讲座中对观众说道，'无论理性主义者还是不可知论者，都必须承认——即便他们无法接受这些事实（神话和宗教），他们至少应当将它们当做社会中不可或缺的、实用性的虚构想象产物加以接纳。没有这些神话与宗教，文明便不可能存在'。"同上引书，第105页。

④ "杜尔干（Durkheim）教授及其徒众底主张，以为宗教是社会的，因为宗教所有的一切'实体'，'上帝'或'众神'，以及一切造成宗教物的'质料'，都不过是神化了的'社会'而已——不过是社会而已。既不多也不少。"［英］马林诺夫斯基：《巫术　科学　宗教与神话》，李安宅译，中国民间文艺出版社1986年版，第38—39页。"杜尔干教授底惊人学说认为'社会'是'上帝'底原料。"同上引书，第40页。"能够说'社会'乃是'上帝'底原型吗？"同上引书，第41页。"宗教明显是社会性的。宗教表现是表达集体实在的集体表现""据此安排的时间并不是我的时间，而是普遍的时间，是同一个文明中的每个人从客观出发构想出来的时间""既然单一文明中的所有人都以同样的方式来表现空间，那么显而易见的是，这种划分形式及其所依据的情感价值也必然是同样普遍的，这在很大程度上意味着，它们起源于社会"。［法］涂尔干：《宗教生活的基本形式》，渠东等译，上海人民出版社1999年版，第11—12页。

所左右"①"一个民族的神话不是决定而是这个民族从一开始就注定了的命运"②（卡西尔）；"所谓神圣叙事，是指一种社会文化赖以存在的基本叙事形式""神圣叙事乃是人类社会赖以存在的基础之一"③（陈连山）；神话是"极其重要的文化势力（cultural force）"④"我在全书（指《原始心理与神话》）底企图，都是要证明，神话在一切［力量］之上乃是一个文化力量（a cultural force）；但它不只是文化力量"。⑤（马林诺夫斯基）所谓"一切力量"应该既包括个人主观信仰态度的心理力量（经验现象），更包括超出个人主观信仰态度的心理力量之上而来自共同体主观间客观的信仰态度的理性力量甚至非理性（启示）力量（准先验本体），至于根据"一切力量之上的力量"生成的"神圣故事""第一叙事"，其能指是否被实践地命名为"神话"（或其他可替代的命名）的用法价值，其能指的所指是否被任意地约定为"神的故事"（或

---

① ［德］卡西尔：《国家的神话》，张国忠译，熊伟校，浙江人民出版社1988年版，第4页。

② ［德］卡西尔：《神话思维》，黄龙保、周振选译，柯礼文校，中国社会科学出版社1992年版，第6页。卡西尔认为"神话被看作参与并协作构成我们人类世界的所有各种能量的一个共同背景和共同基础"。户晓辉：《返回爱与自由的生活世界——纯粹民间文学关键词的哲学阐释》，江苏人民出版社2010年版，第237—238页。

③ 陈连山：《论神圣叙事的概念》，《华中学术》第九辑，华中师范大学出版社2014年版，第373—380页；陈连山：《走出西方神话的阴影——兼论"神圣叙事"作为概念的可能性》，载谭佳主编《神话中国——中国神话学的反思与开拓》，生活·读书·新知三联书店2019年版，第153页。

④ ［英］马林诺夫斯基：《巫术　科学　宗教与神话》，李安宅译，中国民间文艺出版社1986年版，第82页；Bronislaw Malinowski, *Myth in Primitive Psychology*, London, 1926, p.15。

⑤ ［英］马林诺夫斯基：《巫术　科学　宗教与神话》，李安宅译，中国民间文艺出版社1986年版，第125页；Bronislaw Malinowski, *Myth in Primitive Psychology*, London, 1926, p.118。"神话势力（myth as an active force）。"同上引书，中文版，第98页；英文版，p.50。"神话乃是人类文明中一项重要的成分（a vital ingredient）。"同上引书，中文版，第86页；英文版，第23页。"具有极其重要的文化作用（play a highly important cultural part）。"同上引书，中文版，第92页；英文版，p.36。"神话不但可以附会在巫术上，而且可以附会在任何社会势力或社会权利上。神话都是用来解说特权或义务，解说极端的不平等，解说各层阶级特有的特别重担，不管这阶级是极低或者极高的。"同上引书，中文版，第72页。"神话故事乃形成文化中的一件有机的成分（an integral part of culture）。"同上引书，中文版，第92页；英文版，pp.37-38。"有一类故事是神圣的……形成原始文化底一个有机部分，动的部分的（an integral and active part of primitive culture）。"同上引书，中文版，第93页；英文版，p.39。"神话不是过去时代底死物，不只是流传下来的不相干的故事；乃是活的力量，随时产生新现象随时供给巫术新证据的活的力量……便发动了古来的权能，应用到现在的事物。"同上引书，中文版，第71页。

其他可替代的故事）的字面意义——因为"不止一种类型的故事［所指］可以有幸分享'神话'［能指］之名",① 所以——并不是实质性的问题。

于是，沿着博尔尼、博厄斯自1914年开始就"联手"启动的神话学现象学革命实践反思—还原的同情了解之路逐步前行，神话学家们在今天终于达成了这样的认识，不同文化共同体（自我内部）根据其主观间交互地任意约定"实践命名"的体裁分类—等级体系的叙事制度——站在民间文（艺）学—民俗学的"叙事"立场看——是任何文化共同体的"存在理由"即主观相对性、比较普遍性的（准）先验语境—文化准则。以此，如若我们现象学地反思—还原到任一文化共同体的叙事制度，就会发现，根据该文化共同体叙事实践的（准）先验语境和主观准则，总会有（即便没有也应该有）一款信仰形式的叙事体裁，被任意约定来承担、发挥文化共同体宪章功能的（先验）目的和（经验性）结果，因而始终处在该文化共同体叙事制度的最高级别的无上位置上。

    对一个体裁的主题与行为属性及其在民俗体系中的地位的概括，通过民众对自己的表达方式的称谓得到最佳暗示。体裁的名称通常反映它在交际网络中的象征价值，以及它们在文化认知范畴中的地位。② 民俗文本及其表演有另一种主观性——它们自己的文化主观性。它们构成了一种为文化所规范的现实。正如语言一样，它们也重复各种模式、它们的规律、规则，都是文化性的，而不是由［理论理性的］学术所［客观地］建构的。我们有幸，也有责任、有优势去发现这些文化性的创造、范畴以及秩序的含义。我们所发现的规则是可被揭示的，［是先于建构］而不是被建构的。含义是根植于文本之内的，而不是来自被建构的［理论］概念的。体裁不是乌托邦，它们也不是任何分析性［概念在理论上］的主观建构，不能用作关于叙事、歌曲和任何其他言语形式的普世性、超越性的

---

① ［美］斯特伦斯基:《二十世纪的四种神话理论——卡西尔、伊利亚德、列维-斯特劳斯与马林诺夫斯基》，李创同、张经纬译，生活·读书·新知三联书店2012年版，第104页。
② ［美］阿默思:《分析类别与本族类型》，载《民俗学概念与方法——丹·本-阿默思文集》，张举文编译，中国社会科学出版社2018年版，第125页。

[理论认识]概念。[如果要说"建构",]它们是[实践反思]认知性的建构,定义了说话者所传达的信息的含义,也通过与说话者自己文化中所交流的其他信息产生联系,而确定了说话者[在实践中主体]的位置。①

至于"说话者"在说话者的实践位置上即在(准)先验语境中制度性地安排下如何实践地命名各种叙事体裁?又如何根据文化准则为该体裁形式(通过挪用历史文化或援引其他文化资源)填充什么题材内容,并不是最重要的事情。最重要的事情是,在文化共同体叙事制度的先验语境、主观准则当中,宪章功能(目的—效果)用法价值的"神圣故事"或"第一叙事"是任何文化共同体的存在与存续的本体条件(康德:"存在理由")。于是在西方文化中,"神圣故事"或"第一叙事"被实践地命名为 muthos 和 myth(能指的用法价值),同时该信仰叙事体裁形式的题材内容被任意地约定为"神的故事"(所指的字面意义),但是,如果我们像民间文(艺)学—民俗学的神话家们曾经的所作所为那样,把起源于"混合"了"实践命名"和理论定义的"混血""混合"式"神话"概念(例如"格林定义")用作完全取代特定文化共同体自我任意约定的"实践命名",就必然会遭遇理性的理论使用(理论理性)和实践使用(实践理性)——而不是西方理论遭遇非西方经验(尽管表面看来的确如此)——的二论背反,于是"博厄斯问题"、"马林诺夫斯基问题"以及"中国神话历史化"问题就会浮现出来,即:(1)"神话"能指与"神的故事"所指之间在字面意义(名—实关系)上可能"名不副实";(2)故事题材内容所指("神的故事"或人的故事……)与信仰体裁形式(神话、传说、故事……)能指在用法价值(名—名关系)上可能"文不对题"。这是因为,先于理论认识,出于先验语境或"历史性……(准)先验"语境(共同体文化)的主观准则(叙事制度)——阿默思视之为现象学直观的"本族体裁

---

① [美]阿默思:《我们需要理想的(民俗)类型吗?——致劳里·航柯》,载《民俗学概念与方法——丹·本-阿默思文集》,张举文编译,中国社会科学出版社 2018 年版,第 146 页。

分类体系"①"观察单元"②——的"实践命名"（能指）并没有固定的外在对象（所指）例如"神的故事"的实体—实质性条件限制，所以我们也就完全有理由像索绪尔宣称"语言［只］是形式（forme/form）而不是实质（substance/substance）［或'实体'］"③那样宣称：赋予

---

① "本土分类。"《民俗学概念与方法——丹·本-阿默思文集》，张举文编译，中国社会科学出版社 2018 年版，第 6 页。"体裁体系""体裁的划分模式""民俗形式分类的体系""本族体裁""受制于本族人的……相对体系""本土体裁""本土体裁与分析概念""分类体系""分类体裁"。同上引书，第 93 页。"体裁的文化体系。"同上引书，第 99 页。"本族体裁""民俗分类的……分类体系""民间命名体系""文化范畴中形成的传统体裁"。同上引书，第 105 页。"体裁分类。"同上引书，第 106 页。"体裁区分""分类体裁""民俗体裁"。同上引书，第 109 页。"口头传统的分类""本族命名法"'本土范畴'体系。""本族的民俗范畴体系""分类体系""本土命名术语""本土的散文叙事分类……体系""命名体系""本族名称"。同上引书，第 114 页。"本族体系""本族名称体系""本土的口头文学分类体系""本族的体裁体系"。同上引书，第 115 页。"本族的体裁体系。"同上引书，第 116 页。"体裁的本族定义。"同上引书，第 117 页。"本族命名体系""本族体裁……整个民俗体系"。同上引书，第 120 页。"本族体裁体系。"同上引书，第 123 页。"本族体裁。"同上引书，第 124 页。"命名体系""民俗体系"。同上引书，第 125 页。"本族体裁体系""民俗分类""分类体系与本族体系""体裁体系……的本族划分方法"。同上引书，第 127 页。"民俗范畴""'本土范畴'体系""叙事分类""本土分类"。同上引书，第 130 页。

② ［美］阿默思：《我们需要理想的（民俗）类型吗？——致劳里·航柯》，载《民俗学概念与方法——丹·本-阿默思文集》，张举文编译，中国社会科学出版社 2018 年版，第 146 页。

③ "要了解语言只能是一个纯粹价值的系统，我们考虑两个在语言的运行中起作用的要素就够了，那就是观念和声音……所以语言学是在这两类要素相结合的边缘地区进行工作的；这种结合产生的是形式（forme），而不是实质（substance）。"［瑞士］索绪尔：《普通语言学教程》，高名凯译，岑麒祥等校注，商务印书馆 1980 年版，第 157—158 页。"语言是形式而不是实质。人们对这个真理钻研得很不够，因为我们的术语中的一切错误，我们表示语言事实的一切不正确的方式，都是由认为语言现象中有实质这个不自觉的假设引起的。"同上引书，第 169 页。"实质"，英文译本（第 111、120 页）袭用法文原本（第 157、169 页），均作 substance，高名凯译作"实质"，裴文译作"实体"（第 125、135 页）。《普通语言学教程》法文本第二章 Les entites concretes de la langue 及第二章第一节 Entite et unite，英文译本作 Concrete entities of language 和 Entities and units，高名凯译作"语言的具体实体"和"实体和单位"，裴文译本同。这就是说，法文原本之 entite 与英文译本之 entity，高译、裴译均为"实体"。英文 entity 在翻译成汉语时可作"存在""实体""统一体""本质"解；而 substance 可作"物质""实质""实体""本质""本体"解。考虑到《普通语言学教程》中 substance 和 entite 相互限制、相互排斥的用法，即索绪尔在讨论语言和事物的关系时用 substance，讨论语言单位时用 entite，因此我认为，高名凯把 substance 译作描述"关系"的"实质"，把 entite 译作描述"单位"的"实体"，可能更接近索绪尔的本意。此外，无论将 substance 译成"实质"还是"实体"，这句话本身都关系到对索绪尔语言学哲学思想体系的整体理解。如张绍杰就认为："对这句话［'语言是形式而不是实质'］通常的误解是，语言学研究的是语言的形式，而不是实质或质料"，由于"在《第三度教程》中未发现有这样或类似的表述。这样的差别决非偶然。如果说索绪尔的第三度《普通语言学教程》更趋于成熟的话，我们更倾向于接受（转下页）

第二章　清除理论神话学实证主义最后的遗迹

"神圣故事"或"第一叙事"以共同体文化宪章功能的决定性条件，不是故事题材内容所指的实体性字面意义，甚至不是叙事体裁形式能指的个人主观信仰心理意向形式的实质性用法价值，而只能是诸叙事体裁能指形式的主观间交互的信仰—非信仰理性意向形式之间相互关系的纯粹形式化用法价值，即由共同体文化（准）先验语境叙事制度主观准则任意约定的主观间交互性理性信仰意向形式的强制性。于是，在共同体文化（准先验语境）叙事制度（主观准则）的主观间交互性任意约定的理性强制下，即便信仰叙事体裁形式的能指并没有被实践地命名为"神话"，即便信仰叙事体裁形式的题材内容所指没有被任意地约定为"神的故事"，只要被理性强制地规定了宪章功能，从而与其他叙事体裁的意向形式从用法价值上区分开来，那么，像"古史传说"这样讲述"人的故事"[①]题材内容的体裁形式（理论意义上的历史或传说），同样可以荣膺"神圣故事"或"第一叙事"的无上光耀。[②] 即神话之所以

（接上页）《第三度教程》的内容，原《教程》中的这句话也许是编辑者大胆的'创造'。事实上，如果从《第三度教程》的思想内容上进行逻辑推论的话，我们也决不会得出与这两句话相同的结论"。参见《第三度教程》，Ⅵ～Ⅶ。但笔者更倾向于认为，即使这句话是编辑者的创造，却也实质性地传达了索绪尔语言学哲学的思想精髓，包括《普通语言学教程》的思想和《第三度教程》的思想。参见 F. de Saussure, *Cours De Linguistique Generale*, Payot, Paris, 1949；[瑞士]索绪尔：《普通语言学教程》，高名凯译，岑麒祥校，商务印书馆 1980 年版；[瑞士]索绪尔：《普通语言学教程》，裴文译，江苏教育出版社 2002 年版；F. de Saussure, *Coure in General Linguistics*, English translated by Harris, Duckworth, London, 1983, 外语教学与研究出版社 2001 年版；[瑞士]索绪尔：《1910—1911 索绪尔第三度讲授普通语言学教程》（简称《第三度教程》），小松·英辅编辑，张绍杰翻译，湖南教育出版社 2001 年版；[瑞士]索绪尔：《索绪尔第三次普通语言学教程》（简称《第三次教程》），屠友祥译，上海人民出版社 2002 年版。缪勒曾袭用索绪尔关于语言是形式而非实质（实体）的命题来"表达"神话："神话既非哲学、历史，也不是宗教、伦理。假如我们非用一个学术的表达来说明它，那它则是一种形式（quale）而不是实体（quid）的东西。"[英]缪勒：《比较神话学》，金泽译，上海文艺出版社 1989 年版，第 140 页。

① 中国古代汉语神话的原始形态，也许从来都不是以"神的故事"而是以"人的故事"的叙事题材内容所指见长，神话在中国古代汉语文化中也许从来不曾普遍地发生过"历史化"，例如尧舜禹在最早的汉语古籍中就不被认为是天神而被认为是人王。顾颉刚：《中国上古史研究讲义》，中华书局 1988 年版，第 1—3 页。参见吕微《现代神话学与经今、古文说——〈尚书·吕刑〉阐释的案例研究》，节录本载陈泳超主编《中国民间文化的学术史观照》，黑龙江人民出版社 2004 年版，第 1—35 页。

② "那些往往带有某种自然表情的礼节符号也仍然是依照一种规矩给定下来的，强制使用礼节符号的正是这种规矩，而不是符号的内在价值。"[瑞士]索绪尔：《普通语言学教程》，高名凯译，岑麒祥等校注，商务印书馆 1980 年版，第 103 页。

是神话，就在于神话既不是传说也不是故事，但有可能是历史、是哲学，只要通过叙事或"论理"诸"体裁"的纯粹形式间关系，在任意约定的理性条件下，被赋予了共同体—社会的文化—生活宪章功能。至于该叙事或"论理""体裁"被任意约定地"实践命名"为"神话"也好非"神话"也好，都无碍于神话本身必然的存在。

对于20世纪的神话学家们来说，19世纪以格林兄弟为代表的理论神话学的"神话"定义，实际上起源于民间文（艺）学—民俗学对欧洲地方文化传统内部主观地任意约定的民间文学（准先验语境）叙事制度（主观准则）"实践命名"之"混血""混合"的理论转换。"实践命名"的理论概念化转换结果，不仅导致了普遍性（至少是比较普遍性）理论概念面对多样性文化现象（特殊性经验对象）的不适应症，同时更自我暴露了作为"混血""混合"概念—定义在自身内部的理性悖论，从而引导了神话学本身重新"回到作为现代民俗学研究开端的一般公认的东西上"即"回到格林兄弟为达到对民间文学的一些基本理解而认定其［"实践命名"的本土］诸范畴（categories）"（巴斯科姆）的做法，而无论这些本土的"诸范畴"是已知的欧洲文化范畴也好，还是未知的非欧洲异文化范畴也好。于是，索绪尔语言学的现象学方法，很自然地就进入民间文（艺）学—民俗学、人类学神话学家们的理论视界并很快地就派上了"同情了解"的实践认识用场。当然，民间文（艺）学—民俗学、人类学的神话学家们接受索绪尔语言学现象学方法并非一蹴而就，而是经历了一个逐步让步且逐步进步的过程。以马林诺夫斯基为例，马氏既是理论科学人类学的先驱者，也是实践科学（现象学）人类学的开创者：一方面，马氏试图用"神话"概念理论地规定经验性语境中神话宪章现象与信仰心理现象甚至"生物需要"[①] 现象之间的自然（社会—历史）因果性关系的客观（严格普遍性）法则；另一方面，他又尝试通过对"神话"命名实践地反思神话宪章现象在先验语境下自由（文化—生活）因果性关系（"原始文化底一个有机部分，动的部分"）的主观（比较普遍性）准则（"土人自己底分法"）。

[①] "文化常用相同的方法，来解决一组同一的问题。这所谓同一的问题主要的是人类有机体上的生物需要。"［英］马林诺夫斯基：《文化论》，费孝通译，中国民间文艺出版社1987年版，"概要与结论"，第97页。

第二章　清除理论神话学实证主义最后的遗迹

这样，马林诺夫斯基的人类学神话学，就一方面继续明志为理论神话学（理论地规定经验性现象的经验性条件）的经典认识论；另一方面又暗合于实践神话学（实践地反思经验性现象的［准］先验条件）的现象学。这样马氏就陷入了自己给自己布设的理论规定与实践反思的理性陷阱。面对"马林诺夫斯基悖论"，巴斯科姆言之确凿，"神话"概念的理论"用法已变化了"，但与马林诺夫斯基一样，巴斯科姆仍然没有能够彻底清除理论神话学的经验主义、"实证主义最后的遗迹"。① 而自我拘泥于理论主体的客位立场，神话学也就最终无法通过不彻底的现象学方法而反思地还原到神话叙事实践主体的主位立场上，"同情了解"地回答"神话何为"的实践问题（而不是"何为神话"的理论问题）。现在，如果神话学家们只有"在实践［反思而不是在理论规定］中才更容易确定"（巴斯科姆）神话之所以是神话的主观性、（准）先验性发生条件（"存在理由"）；那么，我们就会欣然了悟，民间文（艺）学—民俗学、人类学的神话学现象学革命，为什么在马林诺夫斯基和巴斯科姆之后，会更激进地继续走在"本族体裁分类体系"论和"本土语文学"（the philology of the vernacular）② 的不归之路上，因为这不归之路（方法论）进一步朝向了"展示出人性的本质""理解人的宗教本性"（涂尔干）的实践神话学（目的论）。这就是说，如果神话学家们已经通过经验现象实证地认识到"神话是一民族之为一民族的基石"（谢林）至少"神圣叙事乃是人类社会赖以存在的基础之一"（陈连山）；那么，神话学家们定然不会满足于仅仅把人们偶然或或然现实性的主观心理、主观准则视作神话的最终发生条件，而是会进一步追问神话的客观理性、客观法则的必然可能性"存在理由"，即使神话学家们已使用现象学方法还原了神话的历史性、文化性（准）先验语境的主观准则。这是因为，如果被用作文化宪章的"神圣故事"或"第一叙事"的神话，仍然没有被安置于共同体所有成员（每一个人）主观间的客观意志（意识、意向）、客观原则的必然可能性基础上，而只是被安置在共同体某些成员（某些个人）的主观意志、主观原则的偶然或或然现实

---

① ［美］阿默思：《我们需要理想的（民俗）类型吗？——致劳里·航柯》，载《民俗学概念与方法——丹·本-阿默思文集》，张举文编译，中国社会科学出版社2018年版，第132页。
② 王杰文：《本土语文学与民间文学》，《民族艺术》2019年第6期。

性基础上,那么神话学就仍然谈不上是一门科学,如果神话学也应该是一门反思地研究神话本体的严格普遍性自由因果性法则的实践科学,而不仅仅是规定地认识神话现象的比较普遍性自然因果性规律(包括任意性的因果性准则)的理论科学,后者顶多只能算作前者的"补充",却"不能要求"在前者中"有任何位置"。①

民间文(艺)学—民俗学、人类学的神话学家们(有意识甚至无意识地)认识到神话学从理论科学走向实践科学的可能性契机("认识理由"②)不是单一的,这可能产生于文化交往的外部关系中起源于西方文化的普遍性理论概念因无法严格地规定来自非西方文化的特殊性实践现象而导致的"神话"定义的不适应症,也可能发生于文化实践的内部关系中共同体神话的客观宪章功能与个人信仰的主观心理态度之间的非对称性。当然,二者都起源于面对神话实践的"同一关系"时,本应分别用于神话现象与神话本体不同关系的理论神话学与实践神话学之间的自相矛盾、自我冲突与自行瓦解。所谓"自行瓦解",不仅是说"神话"定义无法在理论上"名实相副"地规定"实践命名",更重要的是在实践上,面对"神话"观念的"实践命名","神话"概念的理论定义立即就失效了。这是因为,如果"神话"概念仅仅被用来理论地认识神话现象,包括神话宪章的功能结果及其"态度"原因,③那么"神话"概念就只能把神话宪章建立在共同体与个人主观(即便是主观间比较普遍性)信仰心理—态度的偶然或或然性经验现象的现实性基础上——所有的"神话消亡论"(例如本书"导论"引大林太良的看法、说法)都建立在这一理论理性的认识论基础上——从而神话宪章也就被剥夺了任何客观必然可能性的先验(本体)条件。进而,为了将神话实践建立在必然可能性的先验基础上,神话学家就不能仅仅理论地认识

---

① 参见[德]康德《判断力批判》,李秋零译,载《康德著作全集》第5卷,中国人民大学出版社2007年版,S.172,第181页;S.173,第182页。

② [德]康德:《实践理性批判》,韩水法译,商务印书馆1999年版,S.4"注释①",第2页。

③ "约勒斯的'简单形式'据此认为,民俗体裁从根本上是基本精神关注的主要言语表达程式……'简单形式'构成这些态度的基本的、也是主要的语言学程式。因此,传说、英雄故事、谜语、谚语、经历故事、大事记、童话,以及笑话,都是上述精神态度的不同言语再现。"[美]阿默思:《分析类论与本族类型》,载《民俗学概念与方法——丹·本-阿默思文集》,张举文编译,中国社会科学出版社2018年版,第112页。

第二章　清除理论神话学实证主义最后的遗迹

神话现象的自然（主观偶然或或然现实性）因果性，而是要实践地认识神话现象的自由（客观必然可能性）因果性，即将理论神话学改造为实践神话学。这样，马林诺夫斯基那跨越了理论伦理学与实践神话学——也许这正是马林诺夫斯基人类学充满魅力之处——的"功能"概念立即就派上了范式转换的"功能"用场。户晓辉认为，马林诺夫斯基的"功能"概念是现象学地直观"神话形式"的"先决条件"。① 这里，笔者将"神话形式"进一步理解为神话信仰叙事体裁的意向形式，因而神话宪章目的功能的主观意向形式——我们已经引康德的说法：任意意向可以在经验中被直观到——和神话宪章目的功能的主观意向形式的客观功能结果，作为自然因果性现象，正是我们可以据以反思地还原出神话信仰叙事体裁的客观意向形式的现象学主观性观念直观的对象条件——在这个意义上，我们或许才可以说，"新旧理论双方却共享着因果解释的分析模式"② ——换句话说，对一个经验对象（现象）的观念直观，在格式塔式的目光转换中，可以转换为先验论客观性理念演绎的先验对象（本体），进而成为理论神话学通往实践神话学的有效通道。这样，我们就通过神话宪章的"功能"结果（现象），首先还原到神话宪章的"功能"目的的经验性心理意向形式（仍然是现象），其次还原出神话宪章"功能"目的的先验理性意向形式（本体）；同时从神话实践的经验性语境条件还原出神话实践的先验语境条件；进而实现从理论神话学向实践神话学的过渡。在这一过渡过程中，索绪尔语言学的现象学主观性观念直观，提供了方法论的"理论"可能性条件（阿默思清楚地意识到这一点）。

但是，实践神话学家们也立即意识到，即便我们还原出神话实践的社会、历史文化、生活的（准）先验语境及其主观准则，在（准）先验语境—主观准则的实践条件下，叙事制度仍然仅仅具有任意约定的主观相对性、比较普遍性，即仍然不能完全、彻底地摆脱任意（作为现

---

① "马林诺夫斯基提出的功能理论正是田野作业和对各种文化中的现象进行比较分析的先决条件……马林诺夫斯基对神话功能的关注主要是一种形式研究，也就是说，功能是对叙事现场的神话形式的直观。"户晓辉：《返回爱与自由的生活世界——纯粹民间文学关键词的哲学阐释》，江苏人民出版社2010年版，第233—234页。

② ［美］阿默思：《承启关系中的"承启关系"》，载《民俗学概念与方法——丹·本-阿默思文集》，张举文编译，中国社会科学出版社2018年版，第36页。

象）的偶然或或然现实性，却无法进一步为神话实践奠定绝对客观性、严格普遍性和必然可能性的绝对先验条件，但无论"人性的本质的、永恒的方面"（涂尔干）还是"人类社会赖以存在的基础"（陈连山）却都有赖于此。因此，如若实践神话学家们希望达成对神话本质（本体性质）的进一步理解，则现象学主观性观念直观的方法论又有其局限性了。这是因为，仅仅是现象学的主观性观念直观，将止步于任意（一般实践理性信仰＋信仰心理）现象（无论是可以经验性直观的现象还是可以现象学地直观的观念现象）的"历史的先验性"，而无与于纯粹意志（纯粹实践理性信仰）本体的纯粹先验性。但是，唯有后者，才可能为神话作为"人性的本质的、永恒的方面"进而作为"人类社会赖以存在的基础"奠定绝对的基础。因此，实践神话学家们有必要也必须进一步将现象学主观性观念直观方法提升为先验论客观性理念演绎方法——即从后现代神话学家止步的地方再次出发，这当然是后话——庶几，实践神话学才可能反思地还原出神话本体（神话自身、神话本身）真正的发生条件同时也是人类人性真正的发生条件。

　　这样，在经历了民间文（艺）学—民俗学、人类学旗下的神话学现象学主观论革命近半个世纪的目的论与方法论洗礼之后，神话学者们至少已达成了如下共识：一则叙事文本是神话而不是传说也不是狭义民间故事的判断标准，并不是"神的故事"的故事题材内容的客观叙事质料的经验性规定性，也不是对"神的故事"的主观信仰心理的信仰体裁形式的经验性规定性，而是特定共同体内部主观间交互地任意约定—"实践命名"的叙事制度下诸体裁间纯粹形式化关系的（准）先验自我规定性。因此，神话的判断标准，也就只是一句索绪尔式的同语反复：神话之所以是神话，只是因为神话既不是传说也不是狭义民间故事。由此，既不是狭义民间故事也不是传说的神话，才"历史性……先验"（扎哈维）地被赋予了应该承担且能够发挥特定共同体宪章功能的"天降大任"。现在，一旦神话学家们使用现象学主观性观念直观的反思方法，还原出特定共同体的叙事制度，神话学家们就会发现，在任一共同体的叙事制度当中，总有一款信仰叙事（甚至"论理"话语）的体裁形式，承担着并发挥了共同体宪章的强制功能（这几乎是必然的），因而始终处在该叙事制度最高级别的位置上。至于这一处在叙事制度最高级别位置上的信仰叙事体裁形式如何被实践地命名,其题材内容如何被实践地命中(命定),并不是实质性的事情。

多年以前,笔者的同行朋友吴晓东(中国社会科学院民族文学史研究员)曾质疑笔者说,你反对用"题材内容"("神话"所指字面意义)的"类型""形态"概念,而是把"体裁形式"("神话"能指的用法价值)的"功能"概念和"宪章功能"命题用作神话之所以是神话的判断标准,不就是换了一副判断神话之所以是神话的理论认识(甚至仍然是来源于西方理论)的标准面孔吗?① 在一定程度上,马林诺夫斯基的确是这样做的,但是现在,笔者不仅没有放弃"题材内容"的"类型""形态"概念,甚至也没有放弃"体裁形式"的"功能"概念和"宪章功能"命题,而是像巴斯科姆的做法那样,改变这些概念、命题的使用方式("用法已变化了"),通过观念直观的现象学方法的"调节"使用,"功能"就变成了一个"纯形式的引导性概念"(户晓辉),② 或者如康德所言,"启发性的概念"③"启发性的原理",④ 即变成了一个能够被用作现象学主观性观念直观的经验性现象起点或契机,而不再被用作规定经验现象的理论标准,就像康德现象学方法所主张的那样,"悬置[理论]知识,以便给信仰[实践]腾出位置",从而能够反思地还原出神话实践(以及无论什么实践)的先验自由的发生条件。但这样一来,当我们不会再把任何所谓"起源于西方理论"(像"题材""体裁""形式""功能"……)的概念用作认识的标准,而扭曲、遮蔽任何来自非西方的经验——反过来说,在实践使用方式条件下,任何起源于西方理论的概念、命题(如"题材""体裁""形式"

---

① "吕微就是这样做的。他认为神话的本质在于其社会功能形式,不在于其叙事内容""吕微深受马林诺夫斯基影响,其论著中一直坚持这种观点""吕微曾经注意到西方神话学中神话概念的不统一,可惜对此没有深究"。陈连山:《走出西方神话的阴影——兼论"神圣叙事"作为概念的可能性》,载谭佳主编《神话中国——中国神话学的反思与开拓》,生活·读书·新知三联书店2019年版,第144、153、157页;陈连山:《论神圣叙事的概念》,《华中学术》第九辑,华中师范大学出版社2014年版,第373—380页。

② "我们必须从功能本身出发。"[德]卡西尔:《神话思维》,黄龙保、周振选译,柯礼文校,中国社会科学出版社1992年版,第15页。

③ [德]康德:《纯粹理性批判》,邓晓芒译,人民出版社2004年版,A671/B699,第524页。

④ [德]康德:《纯粹理性批判》,邓晓芒译,人民出版社2004年版,A664/B692,第520页。

"功能"……）又都能够被用作实践反思的直观起点，以悬搁地为主体观念预留出先验空位①——这就解除了吴晓东当年对笔者的质疑。当然，通过理论客体即经验现象的客观对象还原实践主体主观观念先验对象，还只是迈上了实践反思神话本质（本体）的第一步，对于神话学的民间文（艺）学—民俗学现象学革命来说，现象学观念直观的主观性方法终究是"成也萧何、败也萧何"，即如果不能将现象学观念直观的主观性方法进一步推进、提升为先验论理念演绎的主观间客观性方法，那么神话学家们最终还是会与"理解散文叙事［包括神话］的本质和它在人类生活中的位置"（巴斯科姆）的学术甚至学科理想擦肩而过或者失之交臂。

> 为了某种目的，例如理解散文叙事的本质和它在人类生活中的位置，这些［对叙事体裁的］区分就是重要的。正如我们已看到的，神话、传说和［狭义］民间故事在它们的时间和地点的梯段上，在主要角色［的题材内容］上，更重要的是在与它们相关的信实性和取态［的体裁形式］上是不同的。另外，它们常常出现于不同的社会条件下，在不同的年月中，并在极不相同的环境下被讲述，它们可能由于不同的意图或不同的功能而被讲述……从格林兄弟以降的欧洲民俗学家们一直关注［神话、传说和狭义民间故事］这三大范畴［category］之间的差别便清楚地证明，它们不仅仅对功能人类学的研究方向而言是重要的［，而且对神话学的实践研究方向来说更是重要的］。②

但是，如若不是曾经走过一段主观性观念直观的现象学目的论和方

---

① "思辨理性敞开一个对它而言乃虚空的位置，即智世界，以便把无条件者移置在其中……现在纯粹实践理性用智世界中一个确定的因果性法则（通过自由），即道德法则，填满了这个虚位。"［德］康德：《实践理性批判》，韩水法译，商务印书馆1999年版，S. 49，第52页。

② ［美］巴斯科姆：《口头传承的形式：散体叙事》，朝戈金译，载［美］邓迪斯编《西方神话学读本》，广西师范大学出版社2006年版，第14页；Sacred Narrative：Readings in the Theory of Myth，Edited by Alan Dundes，University of California Press，Berkeley，1984，p. 12。categories，朝戈金译作"类型"。that they are not important for the functional-anthropological approach alone，朝戈金译作"它们只是对功能人类学的研究方向而言价值有限"。

法论之路，神话学家们可能至今都不敢肯定这一点。

第五节 "中国神话历史化"命题
与"格林定义"纠正案

在反思—建构地回顾了现代神话学的民间文（艺）学—民俗学、人类学的现象学主观论革命的早期历史进程之后，笔者接下来讨论现代中国神话学学术史上的"中国神话历史化"问题，就是题中应有之义了。这是因为，正如笔者在上文中已指出的，"中国神话历史化"问题与"博厄斯问题"、"马林诺夫斯基问题"属于同一个现象学问题的不同提问方式以及不同答问方式，因而其问题的本质，正可以从现象学的角度予以阐明。就此而言，中国神话学从诞生之日起，就不曾自外于世界神话学基本问题的学科意识，甚至也没有自外于接纳、经受、克服这一问题的现象学革命的目的论与方法论——尽管对此，中国神话学者们自己并没有自觉的认识——在以下的讨论中，笔者（提前声明）会把"中国神话历史化"问题视为一组包括了正题、反题与合题的复合命题，即：以茅盾为代表的神话学家从文学的立场上提出的正题，以及以顾颉刚为代表的神话学家站在历史学的立场上提出的反题，以及以他们二人为代表的神话学家共同的命题主张（都承认"中国神话历史化"现象的经验事实）相反相成地合而彰显的神话学现象学问题的整体性。因此，与一般神话学家对"中国神话历史化"正题的经验性、现象化理解和解释，以及该命题提出后的多年间，诸多神话学家不惮其烦地用同样经验性、现象化的"中国神话历史化"现象的经验事实反驳该正题都不同——实际上该反驳并不构成该正题在理据上的反题，而只构成该正题在证据上的补充——笔者着笔的重点并不在于该命题能指字面意义的实体性、实质性所指（神话历史化现象的经验事实或历史神话化现象的经验事实），而在于该命题的使用方式（方法论）并兼及其用法价值（目的论）。这样，从目的论上说，如果顾颉刚通过对儒家经典（主观"造伪"）的反观而重构中国原始神话形态，进而通过"层累地造成的中国古史"假说而间接主张的"中国神话历史化"反题，其解构传统文化宪章（意识形态）合理性与合法性的启蒙主义目的论彰明较著；①那么，茅盾通过直接主张"中国神话历史化"正题，进而通过在诸子文献中直观地"搜寻"（客观遗留的）不成系统的中国原始神话材料，重建中国古代汉语神话系统或体系，为中华民族现代国家建构传统文化宪章（准意识形态）正当性的浪漫主义目的论同样并非隐而不彰。进而，如果以顾颉刚为代表的现象学—主观论反题主张是中国传统神话宪章的破坏者，其以"层累地造成的中国古史"假说而间接主张的"中国神话历史化"反题而解构中国古代汉语神话功能系统或体系的后续影响历历可观；②那么以茅盾为代表的经验论—客观论正题主张则是中国现代性新神话宪章的建设者，其以"中国神话历史化"正题的直接主张而重构中国古代汉语神话功能系统或体系的后续成果同样累累可数——例如集其大成的袁珂"中国古代神话、传说"的"广义神

---

① "崔氏采用了司马迁的'考信于六艺'的口号，他只信从了经书里的记载，而驳斥了诸子百家的传说和神话。"顾颉刚：《我是怎样编写〈古史辨〉的？》，《中国哲学》第二、六辑，载顾颉刚编著《古史辨》第一册，上海古籍出版社1982年版，第9页。"在崔氏信经而重新审查了传、记里的资料的基础上，我们进一步连经书本身也要走着姚际恒的路子，去分析它的可信程度。这就是《古史辨》的产生过程。"同上引书，第9页。"其中心思想是破坏《周易》的伏羲、神农的圣经地位。而恢复它原来的卜筮书的面貌。"同上引书，第22页。"自从晚晴今文家提出了'新学伪经'的说法以后，许多古书像《左传》、《周礼》甚至《史记》、《汉书》都有了刘歆作伪的嫌疑，同时许多古史传说，像《月令》一系的五帝说，《左传》郑子所述的古史传说，羿、浞代夏以及少康中兴故事，都有刘歆伪造的嫌疑。"同上引书，第25页。"我的《古史辨》工作则是对于封建主义的彻底破坏。我要使古书仅为古书而不为现代的知识，要使古史仅为古史而不为现代的政治与伦理，要使古人仅为古人而不为现代思想的权威者。换句话说，我要把宗教性的封建经典——'经'整理好了，送进封建博物院，剥除它的尊严，然后旧思想不能再在新时代里延续下去。"同上引书，第28页。顾颉刚分析"尧舜禹的地位的问题"，依次使用的是《诗·商颂·长发》、《诗·鲁颂·閟宫》、《论语》和《书·尧典》；再例如，顾颉刚分析"帝"的观念，依次使用的是《书·吕刑》、《书·尧典》、《书·皋陶谟》、《禹贡》、《书·大禹谟》（伪古文）。同上引书，第52—53页。"'神话'，在中国反而成为建构皇权正统和神圣信仰的武器……"谭佳：《重勘中国神话学的起点与特点：以章太炎〈訄书〉为中心》，载谭佳主编《神话中国——中国神话学的反思与开拓》，生活·读书·新知三联书店2019年版，第216页。

② "正如许倬云所讲，现代史学研究'几乎无法避免以这种或那种方式受到《古史辨》这部学术巨著的影响。'在现代学术范式构建之前，'上古'是儒家文化的信仰源头，是华夏文化共同体的认同源泉，具有哲学意义上的先验合法性，是真实的信仰叙事""从'古史辨'派诉诸剥离神话找信史开始，史学、哲学、考古和思想史界都基本秉承'古史辨'派理念，把上古圣王体系还原（或悬置）为神话传说，对无文字记载的历史不做过多思想分析，集中渲染从殷商或诸子时期肇始的中国思想特征。"谭佳：《夏之虚实：以艾兰和陈梦家的夏商神话研究为考察中心》，未刊。

论"——尽管这两派学者都不曾知晓马林诺夫斯基的神话宪章功能论主张。但是在本节中,笔者并不打算全面讨论"中国神话历史化"命题的经验性(历史—现实的学术—政治)语境目的论,而是集中讨论该命题所体现的神话学学科的现象学方法论,并通过对该命题方法论的讨论,将"中国神话历史化"命题与20世纪以来世界范围内原本作为理论科学的神话学向实践科学的转型在逻辑上联结起来,从而彰显中国神话学家与世界各国的神话学家们通过方法论实验(实践)而共同地指向的神话本体即神话本身或神话自身——也就是人本身或人自身的超验意向性存在方式——的先验语境目的论。因此,所谓"中国神话历史化"问题与"博厄斯问题"、"马林诺夫斯基问题"是"同一个问题"的说法希望表达的意思不外乎就是:由于理论神话学"神话"概念的经典定义("格林定义")难以严格普遍(至多只能比较普遍)地规定作为文化性实践客体的经验性神话现象;那么,神话学究竟是应该继续使用经过修正甚至纠正的理论概念的规定性方法,还是应该转而采用对文化共同体实践主体自我主观的"实践命名"予以观念直观的反思性方法,以现象学地还原出自由主体作为本体实践的神话本身或神话自身?以呈现神话的本质即神话现象在逻辑上的严格普遍性发生条件这一实践神话学的先验语境目的论问题。对于上述实践神话学的先验语境目的论问题——而不是汲汲于神话现象在时间中的比较普遍性发生条件这一理论神话学的经验性语境目的论问题——如果说在博厄斯、马林诺夫斯基和巴斯科姆那里,尚未赢得令人满意的解题方案,那么"中国神话历史化"命题是否就能够赢得让人信服的解题方案的超前美誉呢?而笔者之所以允许自己对"中国神话历史化"命题有如此期待,乃因为,"中国神话历史化"命题在更扩展的范围内、更深刻的程度上,以更极端的方式超越了"马林诺夫斯基问题"甚至"博厄斯问题"的提问广度、深度和力度,且蕴含了解答这一问题的实践反思—还原方法的必然可能性甚至现实性。遗憾的是,20世纪20—30年代的中国神话学家们尚沉浸在对进化论人类学的无限憧憬之中,博尔尼的民俗学观点是他们所能够接受的"最后见解"(让我们暂时接受李安宅对马林诺夫斯基"nutshell"的误译)的神话学,而"博厄斯问题"乃至"马林诺夫斯基问题"对他们来说都还是闻所未闻——尽管博尔尼之于"神话"理论概念的双重定义标准已为当时的中国民间文(艺)学—民俗学家们所熟悉——然而，尽管中国神话学的现代先驱者们最终与双重标准乃至单一形式标准的理论神话学"神话"概念经典定义方式在世界范围内的长期论争无缘谋面，且时过境迁，克服"中国神话历史化"命题也已经不再是中国神话学学者共同体主流的思想和学术动力，但问题依然在那里，它存在着、期待着中国神话学家们将蕴藏其中的、超前的神话学现象学革命思想充分开掘出来。尽管让中国神话学家们仅仅通过"中国神话历史化"命题就担当起神话学现象学革命的重任实在是勉为其难，但谁又能够否认，正是在"中国神话历史化"命题所试图表象的中国古代汉语神话中，早已经呈现了神话学现象学革命梦寐求解的神话宪章叙事的信仰体裁形式与其故事题材内容之间任意约定的文化实践的主观统一性？只是现代各国的神话学家们一直以来都没有认识甚至意识到这一神话学的（准）先验语境的目的论问题能够在中国古代汉语神话中被表象的必然可能性甚至现实性——尽管从19世纪下半叶以来西方（法国、俄国）学者就已经开始研究中国神话并且在20世纪30年代（马伯乐）也参与过"中国神话历史化"问题的讨论——而中国古代汉语神话之所以不仅能够表象而且能够充分地表象神话学的本体问题，实在地说，又是因为"中国神话历史化"命题（正题＋反题＝合题）的多方位提问方式，超越了"博厄斯问题"和"马林诺夫斯基问题"的单方位提问方式；我们甚至可以说，"中国神话历史化"命题是综合了"博厄斯问题"与"马林诺夫斯基问题"的全方位提问方式。因此，"中国神话历史化"命题，才一方面是用"神话"这一"放之四海而皆准"的普遍性概念理论地规定中国古代汉语神话的文化性、经验性现象的一起（正题）失败的认识论教训（茅盾）；另一方面又是根据对中国古代文化实践主体主位任意约定地"实践命名"的汉语神话的现象学主观性观念直观，反思地还原出共同体文化（准先验语境）叙事制度（主观准则）下，神话信仰叙事体裁作为文化宪章功能实践的一项（反题）成功的现象学案例，从而挑战了现代神话学作为一门（无法"同情了解"信仰实践的）理论科学的正当性（顾颉刚）。遗憾的是，中国现代的神话学家们至今未能充分地觉悟到至少有所觉悟于"中国神话历史化"命题作为世界神话学现象学革命的重要阶段性成果的学术价值和学术史意义，而总是反复地汲汲于该命题是否全面地反映了中国古代汉语神话的经验现象的历史事实,① 进而从未超越理论神话学的认识论疆域。

"中国神话历史化"命题,从所指的字面意义看,只是为了回答:

---

① 赵沛霖:《论奴隶制时代历史神话化思潮》,《学习与探索》1991年第4期。赵沛霖:《神话历史化思潮出现的历史时期》,《贵州文史丛刊》1992年第2期。赵沛霖:《论神话历史化思潮》,《南开学报》1994年第2期。赵沛霖:《孔子发现和肯定神话历史化的重大意义》,《贵州社会科学》1995年第3期。王青:《中国神话形成的主要途径——历史神话化》,《东南文化》1996年第4期。赵季、曾亚兰:《从屈原作品中体现的历史意识看神话历史化的思想历程》,《中国韵文学刊》1999年第1期。关山:《神话历史化与悲剧大团圆模式》,《广西梧州师范高等专科学校学报》1999年第1期。常金仓:《中国神话学的基本问题:神话的历史化还是历史的神话化》,《陕西师范大学学报》2000年第29卷第3期,载常金仓《二十世纪古史研究反思录》,中国社会科学出版社2005年版,第131—147页。关山:《神话历史化与中国文学品格——兼论神话教学的缺憾》,载《第一届全国高校中国古代文学科研与教学研讨会论文集》,上海三联书店2000年版。许并生:《神话历史化的原因及其对小说的影响》,《明清小说研究》2001年第2期。程秀莉:《由黄帝神话的演变看神话历史化》,《中南民族学院学报》2001年第3期。关山:《神话历史化与中国文学功利主义品格的形成》,《广西梧州师范高等专科学校学报》2001年第3期。黄忠顺:《历史神话化叙事的时间构成——〈九月寓言〉个案观察》,《海南师范学院学报》(社会科学版)2004年第4期。金荣权:《先秦时代的宗族观念是神话历史化的重要契机》,《中州学刊》2007年第2期。樊婧:《在实录和虚构中找寻永恒的人文精神——先秦两汉史传中"神话历史化"之考察》,硕士学位论文,陕西师范大学,2007年。金荣权:《中国神话历史化进程中神话人物被淘汰的原因分析》,《沙洋师范高等专科学校学报》2008年第1期。荆云波:《历史的神话化:谈祖先崇拜的原型意义》,《宁夏大学学报》2008年第3期。林玮生:《中国神话历史化的背景动因分析》,《青海师范大学学报》2008年第4期。林纬生:《神话历史化的"五化"概念析读——兼对茅盾Euhemeize译语涵义的质疑》,《西北第二民族学院学报》2008年第4期。闫德亮:《神话历史化与历史神话化及其原因》,《南都学坛》2008年第6期。金立江:《中国神话"历史化"的再思考》,《百色学院学报》2009年第1期。刘平、孙旭红:《论先秦史官与神话历史化》,《乐山师范学院学报》2009年第6期。谭德兴:《从后羿形象之演变看中国历史神话化》,《贵州教育学院学报》2009年第7期。李川:《"神话历史化"假说形成、不足及解决方案》,《民间文化论坛》2011年第2期。原昊:《历史神话化的文本典范——〈世本·作篇〉所载发明创造类神话蠡测》,《古籍整理研究学刊》2011年第3期。张义桂:《中国神话历史化的原因》,《文学教育》(中)2011年第4期。朱晓舟:《浅谈中国神话的历史化与中国历史的神话化》,《中华文化论坛》2012年第5期。吴燕真:《中国神话"历史化"之商榷——以"女娲"诠释史为例》,《民族民间文学论坛》第4辑,上海社会科学院出版社2012年版,第209—224页。黄冬群:《神话化的普罗米修斯和历史化的鲧——论普罗米修斯和鲧形象的演变》,《凯里学院学报》2014年第5期。叶庆兵:《论〈国语〉与历史神话化》,《忻州师范学院学报》2016年第6期。叶庆兵、郝瑞娟:《〈史记·三代世表〉与神话历史化和历史神话化》,《渭南师范学院学报》2016年第17期。叶庆兵:《〈史记·五帝本纪〉系列人物神化史化考论》,硕士学位论文,山东大学,2017年。唐迪:《从〈左传〉中的天命观看神话历史化》,《长治学院学报》2018年第3期。李进宁、左攀峰:《比干形象的历史神话化考略》,《新乡学院学报》2019年第1期。张雯佳:《东迁节:裕固族历史的神话化》,《河西学院学报》2019年第3期。

第一，中国古代（远古、上古）的原始神话何以散佚乃至消亡？第二，中国古代汉语神话为何没有形成系统或体系？对这两方面的提问，"历史化"似乎都给出了有理（理论假设）有据（经验证据）的答案。而且，随着现代中国神话学的百年积累，① 随着现代中国汉族和各少数民族神话的田野（考古学和民族志）发现对"散佚、消亡"说乃至"不成系统、不成体系"说的证伪，"中国神话历史化"命题似乎已自我取消而不再成为一个问题（至少不再成为一个严重问题）。但是，问题——不是仅仅作为能否表象经验现象的经验性自然条件（仍然是经验现象）的理论认识问题而是作为能否表象经验现象的先验自由条件的实践反思问题——并没有消失。如果神话学者们总是回避该问题能够直面神话实践现象的先验自由条件的必然可能性，即将该问题先验意向化；相反，却只是反复用更普遍的神话现象同语反复地证明或者证伪该问题所表象的神话现象的非普遍性，即将该问题经验性意象化……那么仅此，中国神话学也就无由成为一门能够反思地还原神话本体（神话本身、神话自身）而作为先验科学的实践神话学；至多只能成为一门仅仅能够规定地表现神话现象而作为经验科学的理论神话学，甚至只能满足于自我贬低为一门仅仅能够为理论神话学提供神话现象的经验证据（包括历史事实的经验证据）的"资料学"。

盐谷温《支那文学概论讲话》（1918）大概是最早站在文学的学科立场上"回答""中国神话历史化"问题的学术论著。鲁迅1920年开始在北京大学讲授"中国小说史"课程，其讲义《中国小说史略》② 第二篇"神话与传说"讲到"中国神话散亡之故"，就参考并转引了盐谷温的观点，这可能是中国神话学家之于"中国神话历史化"命题最早的非正式表述。

---

① 据统计，截至1998年，中、日学者已发表了中国神话研究论著约11490种（其中中文10443种，日文1047种）。贺学君、[日]樱井龙彦：《中日学者中国神话研究论著目录总汇》，名古屋大学1999年版，"编辑说明"，第1页；贺学君、蔡大成、[日]樱井龙彦：《中日学者中国神话研究论著目录总汇》，中国社会科学出版社2012年版，"编辑说明"，第1页。

② "《中国小说史略》……1923年12月，曾由北京新潮社印行它的上卷（第一篇至第十五篇），1924年6月又印行了下卷（第十六篇至第二十八篇）；1925年9月合订成为一册，由北京北新书局印行，在内容上，作者曾略作修改。后来在1930年又曾作过一次修订，此后各版都和1930年修订后的版本相同。"《鲁迅全集》第8卷，人民文学出版社1957年版，"第八卷说明"，第1页。

第二章 清除理论神话学实证主义最后的遗迹

中国神话之所以仅存零星者,说者谓有二故:一者华土之民,先居黄河流域,颇乏天惠,其生也勤,故重实际而黜玄想,不更能集古传以成大文。二者孔子出,以修身齐家治国平天下等实用为教,不欲言鬼神,太古荒唐之说,俱为儒者所不道,故其后不特无所光大,而又有散亡。①

六年以后(1926),鲁迅谈道:"盐谷氏的书,确是我的参考书之一,我的《小说史略》二十八篇的第二篇['神话与传说']是根据它写的……但不过是大意,次序和意见就很不同。"② 盐谷温的观点经鲁迅《中国小说史略》介绍,在中国学界有广泛、深远的影响,如茅盾《神话杂论》(1929)论"中国神话之所以不能全部保存,而仅存零星的缘故",就引鲁迅《中国小说史略》以展开其说;③ 而胡适《白话文学史》(1928)第六章"故事诗的起来"可能也是通过鲁迅的著作参考了盐谷温的观点。

故事诗(Epic)在中国起来的很迟,这是世界文学上的一个很少见的现象。要解释这个现象,却也不容易。我想,也许是中国古代民族的文学确是仅有风谣与祀神歌,而没有长篇的故事诗,也许是古代本有故事诗,而因为文字的困难,不曾有记录,故不得流传于后代;所流传的仅有短篇的抒情诗。这二说之中,我却倾向于前一说。"三百篇"中如《大雅》之《生民》,如《商颂》之《玄鸟》,都是很可以作故事诗的题目,然而终于没有故事诗出来。可见古代的中国民族是一种朴实而不富于想象力的民族。他们生在温带与寒带之间,天然的供给远没有南方民族的丰厚,他们须要时时对天然奋斗,不能像热带民族那样懒洋洋地睡在棕榈树下白日见鬼,白昼做梦。所以"三百篇"里竟没有神话的遗迹。所有的一点

---

① 鲁迅:《中国小说史略》,《鲁迅全集》第8卷,人民文学出版社1957年版,第16页。[日]盐谷温:《中国文学概论》,陈彬和译,朴社1926年版;[日]盐谷温:《中国文学概论讲话》,孙俍工译,开明书店1929年版。刘锡诚:《20世纪中国民间文艺学学术史》,河南大学出版社2006年版,第47—48页。

② 鲁迅:《不是信》,《语丝》1926年2月8日第65期;《华盖集续编》,(北京)北新书局1927年初版;载《鲁迅全集》第3卷,人民文学出版社1956年版,第168页。

③ 茅盾:《神话研究》,百花文艺出版社1981年版,第27页。

点神话如《生民》、《玄鸟》的"感生"故事,其中的人物不过是祖宗与上帝而已(《商颂》作于周时,《玄鸟》的神话似是受了姜嫄故事的影响以后仿作的)。所以我们很可以说中国古代民族没有故事诗,仅有简单的祀神歌与风谣而已。①

导致"中国神话历史化"的原因之"二故"或"二说",盐谷温、鲁迅都提出来了,但没有展开进一步论证。胡适可能受他们的影响,但只是接受了盐谷温提出的"二故"或"二说"中的"一者"("重实际而黜玄想,不更能集古传以成大文"),而根本未涉及"二者"("太古荒唐之说,俱为儒者所不道")。根据经验现象的事实证据对"中国神话历史化""二故"或"二说"中的"二者"展开讨论,是由顾颉刚(1923)②和茅盾(1924)开启的。茅盾《神话杂论》(1929)收录的

---

① 胡适:《白话文学史》,上海古籍出版社2019年版,第61—62页。
② "我们翻开《史记》来,仍然遗留了不少的古代的神话和传说,而和历史的真实不符。"顾颉刚:《我是怎样编写〈古史辨〉的?》,《中国哲学》第二、六辑,载顾颉刚编著《古史辨》第一册,上海古籍出版社1982年版,第8页。"全本于秦、汉间的伪史,说明当时各国的'王'都自托于古代的'帝'的血统,自以为有兼并天下的资格。"同上引书,第15页。"我……大力发挥推翻古史中神话传说的文章……"同上引书,第18页。"我曾……疑禹本是古代神话理的动物。这本是图腾社会里常有的事情,不足为奇。"同上引书,第19页。"刘复的《帝与天》和魏建功的《读帝与天》,认为帝的原义为上帝,这个说法是开启古史神话传说的一把钥匙。"同上引书,第22页。"打破古史人化的观念。古人对于神和人原没有界限,所谓历史差不多完全是神话……自春秋末期以后,诸子奋兴,人性发达,于是把神话中的古神古人都'人化'了。人化固是好事,但在历史上又多了一层的作伪,而反淆乱前人的想像祭祀之实,这是不容掩饰的。"顾颉刚:《答刘、胡两先生书》,同上引书,第100—101页。"由神变为人,由神话变为史事,由寓言变为事实。"胡适:《古史讨论的读后感》,同上引书,第193页。"夏以前的古史传说的前身是神话,这一点我绝对坚持。最明显的,便是有那许多鸟兽的神话掺入在中间。有许多古史传说中的人物,其前身不过是神话里的鸟兽罢了""我们所揭发的,大部已由神话演变而为人话,已由鸟兽演化为人物。在古史传说里也有依然保存着鸟兽神话的原样而不曾变的,这必须要在文化比较落后的氏族的传说里才能找得到"。杨宽:《〈古史辨〉第七册"杨序"》,载吕思勉、童书业编著《古史辨》第七册,上海古籍出版社1982年版,第2—3、9页。在"古史辨"之前,章太炎已有"中国古代历史即神话说",例如章氏《訄书·原学第一》(1903年重订本)云:"希腊言:海中有都城曰韦盖,海大神泡斯顿常驰白马水上而为波涛。中国亦云。此非滑海者弗能虑是造也。伯禹得龟文,谓之九畴。惟印度亦曰:鸿水作,韦斯拏化鱼。视摩挈以历史,实曰《鱼富兰那》。"徐复注:"《鱼富兰那》,古印度史诗。亦译《往世书》。后《清儒》自注:'印度之《富兰那》,即记年书也。'"章炳麟:《原学》,载章炳麟《訄书详注》,徐复注,上海古籍出版社2000年版,第37—38页。谭佳:《重勘中国神话学的起点与特点:以章太炎〈訄书〉为中心》,载谭佳主编《神话中国——中国神话学的反思与开拓》,生活·读书·新知三联书店2019年版,第203—204页;(转下页)

第二章　清除理论神话学实证主义最后的遗迹

《中国神话研究》于1924年12月11日写就。①在该文中，中国学者第一次明确地、正式地用"中国神话之历史化"的"武断的说法"或"极不稳固的臆说"详尽地说明了中国原始神话之所以零星、散佚且"没有一些系统"甚至"毫无系统可言"的原因。

> 据我的武断的说法，中国的太古史——或说得妥当一点，我们相传的关于太古的史事，至少有大半就是中国的神话。神话的历史

（接上页）谭佳：《神话与古史——中国现代学术的建构与认同》，社会科学文献出版社2016年版，第60页。夏曾佑有中国古史"传疑时代"说："当二十世纪初年，商务印书馆曾请夏曾佑编一部《中学历史教科书》，他编了三册，到唐末就搁笔了。这第一册里有用基督教《圣经》和裸罗文洪水传说和大禹治水作比较的文字，总称三皇、五帝的时代为'传疑时代'……"顾颉刚：《我是怎样编写〈古史辨〉的？》，《中国哲学》第二、六辑，载顾颉刚编著《古史辨》第一册，上海古籍出版社1982年版，第18页。"甘心认为祖先的禹回复到他的神话中的地位……"顾颉刚：《〈古史辨〉第一册〈自序〉》（1926），同上引书，第11页。"最早的是《商颂·长发》的'禹敷下土方，……帝立子生商'，把他看作一个开天辟地的神；其次是《鲁颂·閟宫》的'后稷……奄有下土，缵禹之绪'，把他看作一个最早的人王；其次是《论语》上的'禹稷躬稼'和'禹……尽力乎沟洫'，把他看作一个耕稼的人王；最后乃为《尧典》的'禹拜稽首，让于稷、契'，把后生的人和缵绪的人都改成了他的同寅……我就建立了一个假设：古史是层累地造成的，发生的次序和排列的系统恰是一个反背。"同上引书，第52页。"西周人的古史观念实在只是神道观念，这种神道观念和后出的《尧典》等篇的人治观念是迥不相同的。"同上引书，第53页。"这种变迁，很可以看出古人的政治观念：在做《吕刑》的时候，他们决想不到有这样精微的德化；在做《大禹谟》的时候，他们也忘却了那个威灵显赫的上帝了。这种政治观念的变迁，就是政治现象从神权移到人治的进步。拿了这个变迁的例来看古史的结构的层次，便可以得到一个亲切的理解。我们何以感到一班圣君贤相竟会好到这般地步？只为现在承认的古史，在它凝结的时候恰是德化观念最有力的当儿。"同上引书，第53—54页。"就现存的最早的材料看，禹确是一个富于神性的人物，……乃是由他的神话性的故事经过了一番历史的安排以后的种种记载而来。我们只要把《诗》《书》和彝器铭辞的话放在一边，把战国诸子和史书的话放在另一边，比较看看，自可明白这些历史性质的故事乃是后起的。所以我说禹由神变人，是顺着传说的次序说的；刘、冯诸先生说禹由人变神，乃是先承认了后起的传说而更把它解释以前的传说的。再有一层，在实际上无论禹是人还是神，但在那时人的心目中则他确是一个神性的人物。"同上引书，第64页。"我的惟一的宗旨，是要依据了各时代的时势来解释各时代的传说中的古史。"同上引书，第65页。"读者不要疑惑我专就神话方面说，以为古史中原没有神话的意味，神话乃是小说不经之言；须知现在没有神话意味的古史却是从神话的古史中筛滤出来的。"同上引书，第69页。"舜的故事。这一件故事是战国时的最大的故事（战国以前禹的故事为最大，可惜材料很少，无从详考），许多古史上的故事都以它为中心而联结起来了。后世儒者把其中的神话部分删去，把人事部分保存，就成了极盛的唐虞之治。"同上引书，第70页。

① 茅盾：《神话杂论》，（上海）世界书局1929年初版；茅盾：《神话研究》，百花文艺出版社1981年版，第93页。

化，在各民族中是常见的；我们知道古代的神话学者中就有所谓历史派者。纪元前三一六年顷，希腊有武赫默洛司（Euhemerus）其人，就是以历史解释神话者的始祖。他以为民族的神话就是该民族最古代的历史的影写。

古代的历史家把神话当作历史的影写，竟是屡见而不一见的；从而我们若设想我们古代的历史家把神话当作历史且加以修改（因为历史总是人群文明渐进后的产物，那时风俗习惯及人类的思想方式已大不同于发生神话的时代，所以历史家虽认神话为最古的史事，但又觉其不合理者太多，便常加以修改），亦似乎并不是不合理的。

一民族最古的史家大都认神话乃本国最古的历史，希腊的希罗多德（Herodotus，纪元前482—425）就是一例。不过最古的史家——历史之父——如果直录古代神话，不加修改，则后人尚可从中分别何者为神话，何者为真历史，而神话亦赖以保存。如果那史家对于神话修改得很多，那就不但淆乱了真历史，并且消灭了神话。不幸中国的古史家是最喜欢改动旧说的，以此我们的古史常动人怀疑，而我们的神话亦只存片断，毫无系统可言了。我们觉得谈到中国神话时最令人不高兴的是：现今所存中国神话的材料不能算少，只可惜是东鳞西爪，没有一些系统。

但是我以为我们可以假定一个系统，这个假定的系统立脚在什么地方呢？我以为就可以立脚在中国古史上。中国神话之历史化，我们上文已有论证。中国最古代的无名史家，没有希罗多德那样的雅量，将民间口头流传的神话一字不改收入书里，却凭着自己主观的好恶，笔则笔，削则削，所以我们现在的古史——由神话变成的古史，只有淡淡的一道神话痕了；但是我们也要晓得古代的无名史家虽然勇于改神话，而所改的，度亦不过关于神之行事等，而非神的世系——即所改者多为神话的内容而非神话的骨骼。为什么呢？因为古代史家所以要改神话，大概是嫌神话里神的行事太荒诞——神话是表现原始社会的生活状况，当然是太荒诞的；……至于说某神为至尊，某神乃某神之子，某某神职守何事……等等，——就是说到神话的骨骼，这在古代史家看来，并不十分讨厌，只要轻轻的改某神为某帝，某某神为某某官就得了。

在没有找到更多的证据以前，我们这样说自然只是一个极不稳固的臆说；但是我觉得从半神话的古史的骨骼里寻出中国神话系统的痕迹，未必是全属理想［而是十分现实］的。①

"古史的骨骼"即"神话的骨骼"亦即"神的世系"②——接近马林诺夫斯基 pedigree（谱系）的概念——是茅盾"中国神话历史化"命题的一个子命题，茅盾正是通过"古史的骨骼""假定"了"中国神话系统"（"神的世系""神话的骨骼"）曾经的存在："就现有各种古籍的零碎记载而观，中国民族确曾产生过伟大美丽的神话。……中国神话之系统的记述，是古籍中所没有的；我们只有若干［'神的行事''神之行事'的］零碎材料，［但'古史的骨骼'］足以表现中国的神话原来也是伟大美丽而已。"③茅盾没有把中国原始神话历史化的责任全部推到儒家身上，他认为中国原始神话历史化的责任主要应由古代的史官来承担。当然，如果儒家最初多出身于史官的说法不误，④那么儒家本该更多地承担起中国原始神话历史化的责任。茅盾关于在古人眼中乃至心中"神话即历史"的观点非常接近前引维柯的立场，维柯也说过：

---

① 茅盾：《神话研究》，百花文艺出版社 1981 年版，第 69、71、78—80 页。
② "白川静还提示说中国神话隐藏在古帝王谱系中的情况，也值得研究者注意。"叶舒宪、唐启翠编：《儒家神话》，南方报社出版社 2011 年版，第 32 页。"李玄伯从西方图腾理论入手重述上古帝王谱系。"谭佳：《神话与古史——中国现代学术的建构与认同》，社会科学文献出版社 2016 年版，第 200 页。
③ 茅盾：《神话杂论·神话的保存》，茅盾：《神话研究》，百花文艺出版社 1981 年版，第 27、31 页。
④ 《礼记·玉藻》："动则左史书之，言则右史书之。"即所谓"右史记言、左史记事"。章太炎《訄书·清儒第十二》："六艺，史也。上古以史为天官，其记录有近于神话。"（章太炎）案："此则古史多出神官，中外一也。人言六经皆史。未知古史皆经也。"徐复注："六艺，此指六经。六经皆史，为章学诚语，见所著《文史通义·易教上》。文云：'六经，皆史也。古人不著书；古人未尝离事而言理，六经皆先王之政典也。'""天官，《礼记·曲礼下》：'天子建天官。'孙希旦《集解》：谓此天官专司祭祀鬼神、治历数等职。"徐复：《訄书详注》，上海古籍出版社 2000 年版，第 133—134 页。"儒家者流，盖出于司徒之官，助人君顺阴阳明教化者也。游文于六经之中，留意于仁义之际，祖述尧舜，宪章文武，宗师仲尼，以重其言，于道为最高。"（东汉）班固：《汉书·艺文志》，载陈国庆编《汉书艺文志注释汇编》，中华书局 1983 年版，第 117 页。

"最初的神话故事［fable］都是历史。"① 当然，这并不意味着维柯和茅盾都认为历史与神话无别，而是说，今人对神话与历史的区分，在古人那里原是不存在的。在古人那里，神话所讲述的"神的行事""神之行事"都是真实的，因此在古人那里本不会有所谓"传疑时代"（夏曾佑）② 或"传说时代"（徐旭生）③ 的看法和说法。视上古历史为"传疑时代""传说时代"，或将"传疑""传说"的神话（"神的行事""神之行事"）叙事改造为合理可信的历史叙事（对神话做信史化、理据化处理），是后人的想法和做法。茅盾"中国神话历史化""假定"是一多重且自洽的命题，在该命题中，不仅有神话被历史化的可能性阐明，也有对神话未被历史化的现实性说明。茅盾认为，因为前者，原始神话才丧失殆尽，但因为后者，中国神话才得以"仅存零星者"。

  上面略述中国的开辟神话并讨论中国神话与古史的关系，现在我们要换一个方面看，看看中国神话里不能历史化的材料。我们上面曾论证古代史家因误认神话为太古历史，因此保存了一部分已经修改过的神话，但是神话中有些故事是绝对不能附会为史事的，那便是古代史家所不收，而保存之责却落在文学家的肩膀上了……这些神话，包括日月风雨等自然现象的神话、幽冥世界的神话、事物来源的神话等等。④

茅盾认为，这些讲述事物起源的故事，由于无关乎历史（"绝对不能附会为史事"），因此不为历史学家采纳，当然也就不会被他们篡改，

---

  ① ［意］维柯：《新科学》，朱光潜译，人民文学出版社1986年版，第817条，第427页。
  ② "夏曾佑（1863—1924），字穗卿，号别士，浙江杭州人。光绪十六年（1890）进士。曾官礼部主事，后任教育部社会教育司司长、北平图书馆馆长。近代诗人、史学家。'诗界革命'倡导者之一。所著《中国历史教科书》中一些章节首次提出春秋以前的古史为'传疑时代'的著名论断，又是首次用进化论观点研究神话的学者。"马昌仪编：《中国神话学文论选萃》，中国广播电视出版社1994年版，"夏曾佑《上古神话》"按语，第27页。
  ③ 徐炳昶（旭生）：《中国古史的传说时代》，中国文化服务社1942年版；科学出版社1961年版；文物出版社1985年版。
  ④ 茅盾：《神话研究》，百花文艺出版社1981年版，第80—81页。

而直接让文学家保存了。但是，所谓"历史化"，其核心的"工作"（赫西俄德）在于将"荒诞不经"的故事合理化、可信化；① 就此而言，无关历史而仅仅关乎世界（宇宙）、事物起源的种种故事（今人所谓"自然神话""起源故事"）同样充满了"奇怪"的成分而需要合理化、可信化说明。因为，与人的历史存在无关却并非就与人的自然生存绝缘，人所生存于其间的自然环境（时间与空间）也是需要被合理化、可信化的，庶几，人才能够安心地居住其间——正因如此，东汉王充《论衡》才对诸多"自然神话"也做了合理化、可信化处理——因此，后人对传统的各种神话作合理化、可信化处理，正如茅盾所言，"在各民族中是常见的"，并非仅仅中国古代汉语文化一家的事情。由于茅盾对"中国神话历史化"问题的讨论，既充分又周延，"中国神话历史化"命题的所指，就从一种理论上"假定"的现象，被（中国神话学界）普遍地确认为一项在经验上可证实的事实即现象。茅盾以后，凡研究中国神话的学者，多以该命题作为其经验性认识的理论条件（已经被经验所证明而不再被质疑的定论）甚至事实条件，即便在具体的研究过程中，并不一定就直接引述该命题。这是因为在茅盾之后，"中国神话历史化"命题已生成研究中国古代神话的经验性（甚至准先验）理论语境，于是今天的神话学家们只可能，或者继续以之为前提，或者拒绝以之为基础，而任何企图绕过该命题——套用鲍曼的话说，将该命题从经验性语境中提取、抽离、抽取出来②——的尝试都是不现实甚至是不可能的，至少，回避该命题将是茅盾之后的中国神话学家们在理论上或者无知或者怯懦的表现。

茅盾以后，美国学者波德于 1959 年对"中国神话历史化"命题又

---

① 钟敬文、杨利慧：《中国古代神话研究史上的合理主义》，载《中国神话与传说学术研讨会论文集》（上册），（台北）汉学研究中心 1996 年，第 33—60 页。
② "在一定程度上被从语境背景中提取出来。"［美］鲍曼：《作为表演的口头艺术》，杨利慧、安德明译，广西师范大学出版社 2008 年版，第 68—69 页。"在一定程度上被从语境背景下抽离出来。"同上引书，第 77 页。"在一定程度上从其语境背景中提取出来。"同上引书，第 85 页。"从其所处的语境中抽取出来。"同上引书，第 111 页。"在一定程度上使之从周围的情境中提升出来。"同上引书，第 112 页。"在一定程度上从其语境背景中被客体化、被提取出来。"同上引书，第 131 页。

做了一次回顾性研究，并撰写了《中国的古代神话》一文。① 在该文中，波德认为，最早提出"中国神话历史化"命题的是法国汉学家马伯乐（Henri Maspero）于1924年撰写的《书经中的神话》（*Légendes Mythologiques Dans le Chou King*）。② 在该书的开篇，马伯乐首先描述了"中国神话历史化"现象，以及研究该现象的适当方法。

> 中国学者［这里，马伯乐指的是中国古代的学者而不是现代学者——笔者补注］解释传说从来只用一种方法，就是"爱凡麦"（Evhémère）［即茅盾前引"武赫默洛司"（Euhemerus）——笔者补注］派的方法。为了要在神话里找出历史的核心，他们排除了奇异的，不像真的分子，而保存了朴素的残渣。神与英雄于此变为圣王与贤相，妖怪于此变为叛逆的侯王或奸臣。这些穿凿附会的工作所得者，依着玄学的学说（尤其是五行说）所定的年代先后排列起来，便组成中国的起源史。这种东西仅有历史之名，实际上只是传说；这些传说或来自神话，或来自钜室的祖庙，或来自各地的宗教，或来自学者们解释某种礼仪的记载，或来自民间故事，等等。这些充塞在中国史开端中的幽灵，都该消灭的。我们不必坚执着在传说的外形下查寻［那］个从未存在过的历史的底子，而应该在冒

---

① 该文是杰克·波德向美国民俗学会1959年年会提交的论文。在该次年会上，克雷默（Samuel Noah Kramer）主持了以"世界古代神话"为专题的研讨会，共有10位神话学者参加了研讨会。会后出版了以《古代世界的神话》（*Mythologies of the Ancient World*）为题的论文集（克雷默主编，纽约1961年版）。1977年，莫斯科苏联科学出版社出版了该书的俄文本；1989年，该书的中文本（《世界古代神话》本）问世。波德《中国古代神话》一文目前有两个中文译本：一是程蔷译本（［美］杰克·波德：《中国的古代神话》，程蔷译，李少雍校，载《民间文艺集刊》第二集，上海文艺出版社1982年版）；一是魏庆征译本（［美］D. 博德：《中国古代神话》，载［美］克雷默主编《世界古代神话》，魏庆征译，华夏出版社1989年版）。两个中文译本都是根据该书的俄文本翻译的，该文题目的英文"原文为'古典中国'，'中国古代'为惯译。"［美］克雷默主编：《世界古代神话》，魏庆征译，华夏出版社1989年版，第345页"译者注释①"。

② Henri Maspero, *Légendes Mythologiques Dans le Chou King*, Journal Asiatique, CCII, 1924.［法］马伯乐：《书经中的神话》，冯沅君译，（长沙）国立北平研究院史学研究会1939年初版；收入《民国时期经学丛书》，林庆彰主编，（台北）文听阁图书有限公司2008年影印，第1辑，第30册。"他［马伯乐］用了 Légendes Mythologiques［神话传说］一词，也值得寻思。"柳存仁：《神话与中国神话接受外来因素的限度和理由》，载《中国神话与传说学术研讨会论文集》（上册），（台北）汉学研究中心1996年，第1页。

第二章　清除理论神话学实证主义最后的遗迹

牌历史的记叙中寻求神话的底子，或通俗故事来。《书经》中充满着纯神话的而误认作历史的传说。这些传说即使不全是容易认出来的，其中赖其他经传而为人所知的几种却很易找出。①

波德写道："1924年以后，当［马伯乐］上面这些话已经写成时，中国［现代］学者自己在这方面作出了奇迹。在很多情况下，他们在古代史研究中实在要比欧洲学者更为疑古——我们再补充一句，有时甚至是过分的疑古派。"② 亦即，波德将中国学者提出"中国神话历史化"命题的时间定格在"1924年以后"，尽管他首先是指以顾颉刚为首的"疑古派"（1923）而不是茅盾（1924）。关于"爱凡麦"派的方法，波德在该文的一条注释中写道：

爱凡麦（Euhemeros），③ 公元前四世纪古希腊无神论哲学家。他认为神话和宗教的产生是因为太古时代杰出的人物迫使人们把自己崇拜为神，并因此而建立了自己的宗教仪式。所以，他以为神话中含有史迹，神话中的人物原来都是历史上的帝王或英雄。④

波德特别强调："本文［指《中国的古代神话》——笔者补注］中'爱凡麦化'相当于'神话的历史化'。"⑤

以自己的名字爱凡麦命名的理论断言，神话的起源应该到真实

---

① ［法］马伯乐：《书经中的神话》，冯沅君译，（长沙）国立北平研究院史学研究会1939年初版，第1页；收入林庆彰主编《民国时期经学丛书》，（台北）文听阁图书有限公司2008年版，第1辑，第30册。
② ［美］杰克·波德：《中国的古代神话》，程蔷译，李少雍校，载《民间文艺集刊》第二集，上海文艺出版社1982年版，第271页。
③ 马伯乐引作Evhémère（爱凡麦），茅盾引作Euhemerus（武赫默洛司），波德引作Euhemeros（爱凡麦），有希腊文原文与拉丁文转写之别。Evhémère，公元前330—前260年在世，曾著Hiera anagraphe（英文译作The Sacred Scripture，中文或译作《圣典》《圣史》《神圣的历史》）一书，主张历史是神话的原型，其对神话的历史解读方法被称为Euhemerism（爱凡麦主义），即"神话历史化"。
④ ［美］杰克·波德：《中国的古代神话》，程蔷译，李少雍校，载《民间文艺集刊》第二集，上海文艺出版社1982年版，第269页"注释①"。
⑤ ［美］杰克·波德：《中国的古代神话》，程蔷译，李少雍校，载《民间文艺集刊》第二集，上海文艺出版社1982年版，第269页"注释①"。

的历史中去寻找，神话中的神和半神最初都是现实生活中的真实人物。然而那些论述中国神话［这里，波德指的是中国现代的学者而不是古代学者——笔者补注］的人通常把爱凡麦化理解成正好相反的过程：最初的神话变成貌似可信的历史，神变成真实的人。毫无疑问，相当数量被当成中国早期历史的材料，曾经历过那种爱凡麦化的过程……爱凡麦在中国周代已经是常见的现象，并且被某些人半信半疑地接受了……值得注意的是，在所有的那些趣闻中，孔夫子（公元前 551—前 479 年）总是扮演着爱凡麦主义（Euhemerism）的解释者。①

波德引述的孔夫子的两则趣闻对中国神话学家们来说耳熟能详，而且也是中国神话学家们为证明"中国神话历史化"命题引用最多的例证。

宰我问于孔子曰："昔者予闻……黄帝三百年。请问黄帝者人邪？抑非人邪？何以至于三百年乎？"孔子曰："夫黄帝尚矣，女何以为？先生难言之。"宰我曰："上世之传，隐微之说，卒业之辨，暗昏忽之意，非君子之道也，则予之问也固矣。"孔子曰："黄帝，少典之子也……生而民得其利百年，死而民畏其神百年，亡而民用其教百年，故曰三百年。"（《大戴礼记·五帝德》）② 子贡曰："古者黄帝四面，信乎？"孔子曰："黄帝取合己者四人，使治四方，不计而耦，不约而成，此之谓四面。"（《尸子》）③

鲁哀公问于孔子曰："吾闻古者有夔一足，其果信有一足乎？"孔子对曰："不也，夔非一足也。夔者忿戾恶心，人多不说喜也。虽然，其所以得免于人害者，以其信也，人皆曰独此一足矣，夔非一足也，而足也。"哀公曰："审而是固足矣。"一曰。哀公问于孔子曰："吾闻夔一足，信乎？"曰："夔，人也，何故一足？彼其

---

① ［美］杰克·波德：《中国的古代神话》，程蔷译，李少雍校，载《民间文艺集刊》第二集，上海文艺出版社 1982 年版，第 270—271 页。
② （清）王聘珍：《大戴礼记解诂》，中华书局 1983 年版，第 117—119 页。
③ 《太平御览》卷七九引，（宋）李昉：《太平御览》第一册，中华书局 1960 年版，第 369 页。

无他异，而独通于声，尧曰：'夔一而足矣。'使为乐正。故君子曰：'夔有一足，非一足也。'"（《韩非子·外储说左下》）①

在以上诸例中，孔子利用词语（"面"：脸、方面、方向、世界的一方；"足"：脚、足够）的"双关意义"②对古老的神话做出了合乎理性的新解释，以消除原始神话中的荒谬成分。"取舍之间，神话就变成了历史。"③波德指出：

> 这些趣闻自然带有讹传性质，但是它们都聚集在孔夫子身上，却不是偶然的。这是因为儒家比任何别的学派更早具有历史思维，最先担负起保存和发表终于成为中国经典的古代文献的责任。同时，他们一方面对搜寻能够印证其社会政治学说的历史先例始终抱着强烈的兴趣，而另一方面，他们严格的人文主义又使得他们或者对超自然的内容漠不关心，或者试图把那些内容作纯理性主义的解释。这样做的结果，对于保存中国古代神话来说，是毁灭性的。这就是说，中国经典文献本应成为中国神话的渊薮，而因为上面那种作法的缘故，这些神话或者完全消失，或者（更可能是）遭到令人惋惜的篡改。④

叶舒宪也指出：

> 要反驳孔子的解释是不容易的……由于孔子的权威影响，人们便不再按照神话想象去理解黄帝四面的说法，也不再将这奇特长相的古神当做神来看待了。于是，远古神话中地位最显赫的大神在汉族的集体意识中转化为本民族的祖先和建功立业的文化英雄。正象古希伯来人自诩为"上帝的选民"，华夏民族也历来以"炎黄子

---

① 陈奇猷：《韩非子集释》（下），上海人民出版社1974年新1版，第686页。
② ［美］杰克·波德：《中国的古代神话》，程蔷译，李少雍校，载《民间文艺集刊》第二集，上海文艺出版社1982年版，第271页。
③ 叶舒宪：《中国神话哲学》，中国社会科学出版社1992年版，第178页。
④ ［美］杰克·波德：《中国的古代神话》，程蔷译，李少雍校，载《民间文艺集刊》第二集，上海文艺出版社1982年版，第272—273页。

孙"而自豪。①

反驳孔子的解释固然不容易，但是反驳对孔子的解释之解释也同样不容易，因为早于《韩非子》《尸子》《大戴礼记》等战国文献中，孔子并非天生一个爱凡麦主义者。"夔一足"的故事，孔子当然知道，然而孔子并不总是将"夔一足"解释成"夔一而足矣！"

> 季桓子穿井，获如土缶，其中有羊焉。使问之仲尼曰："吾穿井而获狗，何也？"对曰："以丘之所闻，羊也。丘闻之：木石之怪曰夔、蝄蜽，水之怪曰龙、罔象，土之怪曰羵羊。"（《国语·鲁语下》）②

在《鲁语》的记载中，孔子承认夔原本只是"木石之怪"，而且孔子谈到夔的时候，丝毫没有为夔掩饰其只有一条脚的意思。一足怪兽夔的故事也见于《山海经》：

> 东海之中有流波山，入海七千里。其上有兽，状如牛，苍身而无角，一足，出入水则必风雨，其光入日月，其声如雷，其名曰夔。黄帝得之，以其皮为鼓，橛以雷兽之骨，声闻五百里，以威天下。（《山海经·大荒东经》）③

在《山海经》中，黄帝曾用夔皮制成鼓，也许正是"黄帝以夔皮为鼓"的故事，后来衍变为《尚书·尧典》中"舜帝以夔为'典乐'之官"的故事（鼓者，乐器也）。

> 帝曰："夔！命汝典乐，教胄子，直而温，宽而栗，刚而无虐，简而无傲。"（《尚书·舜典》）④

---

① 叶舒宪：《中国神话哲学》，中国社会科学出版社1992年版，第178—179页。
② 《国语》（上），上海古籍出版社1978年版，第201页。
③ 袁珂：《山海经校注》，上海古籍出版社1980年版，第361页。
④ 江灏等：《今古文尚书全译》，贵州人民出版社1990年版，第33页。

以上关于夔的种种传说，《吕氏春秋》最终加以综合：

> 鲁哀公问于孔子曰："乐正夔一足，信乎？"孔子曰："昔者舜欲以乐传教于天下，乃令重黎举夔于草莽之中而进之，舜以为乐正。夔于是正六律，和五声，以通八风，而天下大服。重黎又欲益求人，舜曰：'夫乐，天地之精也，得失之节也，故唯圣人为能和。乐之本也。夔能和之，以平天下。若夔者一而足矣。'故曰夔一足，非一足也。"（《吕氏春秋·察传》）①

这样，我们就得到了从较早的《国语》《尚书》《山海经》到周秦之际的《韩非子》《吕氏春秋》的一系列关于夔的传说故事，其间，夔从一足怪兽到宫廷乐师（乐正）的衍变经历历在目。因此，即便有相反的例证（如《鲁语》）证明孔子并不总是修改神话，我们仍然可以同意波德关于中国古代神话历史化现象的具体判断，当然，我们的"同意"是有条件的。

> 倘若得出结论，说古代中国本来就没有神话，那自然可以耸人耳目，但这样的结论却是错误的。而如果说，在中国无疑可以看到某些个别的神话，可是没有神话体系——我们指的是充分发展的神话材料的汇编，这种见解就比较谨慎一些。但即使这样看，也是完全不对的。古代中国的神话材料，通常是如此残缺而带偶然性，以致在它们的基础上，即使是构拟个别的神话（且不说充分发展的体系）都是极其困难的。②

而中国古代"神话体系"之所以未能"充分发展"且只能以"残缺"的形态偶然或或然地传承至今，波德承认，与神话学者们用以判断中国古代神话的标准不无关联，我们甚至可以断言，正是由于持"中国神话历史化"立场的神话学者们所坚持的判断标准，才使得中国古代神话显现为未能"充分发展"为"神话体系"（至少是"材料汇编"）的"残缺"状态，而这一判断标准其实就是由格林兄弟最初提出，中国学

---

① 陈奇猷：《吕氏春秋校释》第4册，学林出版社1984年版，第1526—1527页。
② ［美］杰克·波德：《中国的古代神话》，程蔷译，李少雍校，载《民间文艺集刊》第二集，上海文艺出版社1982年版，第268页。

者（鲁迅、茅盾）也欣然接受的"神格的叙说"或"神们的行事"的民间文（艺）学—民俗学"神话"概念理论定义的题材内容质料规定性标准，即前述博尔尼定义"神话"的前项指标。尽管在格林兄弟那里，"神话"概念的理论定义判断标准并非仅仅是叙事的题材内容质料规定性，同时也包含叙事的信仰体裁形式规定性；否则，格林兄弟就无以划分德意志神话、传说与童话。

在本文里，我们将把注意力只集中在包含于汤普逊［即Stith Thompson，本书译作"汤普森"——笔者补注］所提出的神话的"最起码定义"［魏庆征译作"最低限度的定义"，即"神话"定义的故事题材内容质料规定性——笔者补注］中的那个范围。他在一篇载于论文集《神话·讨论会》（1955）中的文章里写道："神话必须与神和他们的活动，与生物，以及与宇宙和世界的普遍性质有关系。神话最起码的定义就是如此。"①

汤普森提出"神话"概念的"最起码的定义"是在1955年，说明截至20世纪50—60年代，仍有民间文（艺）学家包括汤普森这样重量级的世界民俗学领袖，仍然像"弗洛伊德和大多数人一样确信：理解神话意义的最佳且唯一的途径，就是对神话的对象［内容］进行描述、列举、分类和排列"，②而完全无视从格林兄弟一直到博尔尼定义"神话"的双重标准，而单单取"神的故事"的故事题材内容质料规定性，

---

① ［美］杰克·波德：《中国的古代神话》，程蔷译，李少雍校，载《民间文艺集刊》第二集，上海文艺出版社1982年版，第268页。"他［汤普森］在收入《神话学术讨论会论文集》（1955）的一篇论著中写道：'神话所涉及的是神祇及其活动，是创世以及宇宙和世界的普遍属性。神话最低限度的定义就是如此。'"［美］D. 博斯：《中国古代神话》，载［美］克雷默主编《世界古代神话》，魏庆征译，华夏出版社1989年版，第346页。"1955年，汤普森在赫尔辛基发表了《作为民俗学方法的叙事母题分析》（Narrative Motif-Analysis as a Folklore Method）一文，论述他修改《民间文学母题索引》一书的想法和体会。"户晓辉：《内容与形式：再读汤普森和普罗普——"一个馒头引发的血案"：对吕微自我批评的阅读笔记》，载《民间文化论坛》2007年第1期，收入李扬主编《故事形态学研究的新进展》，中国社会科学出版社2019年版，第9页，题目改为《内容与形式：再读汤普森和普罗普——对吕微自我批评的一个阅读笔记》。

② ［德］卡西尔：《国家的神话》，张国忠译，熊伟校，浙江人民出版社1988年版，第36—37页。

而放弃了"对'神的故事'的信仰"的体裁形式规定性。① 这样，汤普森不仅用"神话"概念的"最起码的定义"与博尔尼定义"神话"的"最后见解"相抗衡，甚至完全不理会博厄斯全面否定"神话"定义前项指标以及马林诺夫斯基充分肯定"神话"定义后项指标的各自倾向性；从而极大地影响了在他身后多年的一些神话学家（例如波德）。因此，如果不是因为汤普森编纂民间文学类型和神话母题索引——仅仅根据叙事文本的题材内容质料规定性就可以完成——的理论初衷和技术性需要，其"神话"概念"最起码的定义"之罔顾神话叙事实践的信仰体裁形式的单一判断标准暨判断方法，实在让人难以接受。这是因为，正如博厄斯等人的判断，神话题材（"神的故事"）完全可能舛入其他叙事体裁；因此，对于主位的实践主体（而不是对客位的认识主体）来说，没有信仰，"神话何为"？

回到20世纪20年代，我们完全可以设想，如果当年研究中国神话的中、外学者、专家（鲁迅：1920年；顾颉刚：1923年；马伯乐、茅盾：1924年）熟悉神话研究的民间文（艺）学—民俗学、人类学新动向（博尔尼、博厄斯：1914年；马林诺夫斯基：1926年），且洞悉了民间文（艺）学—民俗学、人类学家们批评神话研究"强叙事—弱信

---

① "对于一般的读者和研究者来说，汤普森在1955年提出的关于神话的'最低限度的定义'也许是实用的：'神话所涉及的是神祇及其活动，是创世以及宇宙和世界的普遍属性。'这样一个定义是比较宽泛的：它没有纠缠于神圣与否的问题，从而给探索……［各种］社会文化中的神话提供了广袤的空间；它也没有刻意区别神话的韵文和散文形式，从而为超越这一狭隘的形式上的界限、建立更加广阔的学术视野提供了可能性。但是，它又是有限定的，因而从某种程度上说，它又是狭义的——与我国著名神话学家袁珂先生提出的'广义神话'相比，它把神话的范畴限定在了'神祇及其活动，是创世以及宇宙和世界的普遍属性'，而这显然是自古至今大部分神话研究者所集中关注的对象。"杨利慧：《神话一定是"神圣的叙事"吗？——对神话界定的反思》，《民族文学研究》2006年第3期；以及杨利慧引Thompson, Stith, "Myths and Folktales", in Myth: A Symposium（Bibliographical and Special Series of the American Folklore Society），Vol. 5, 1955: 104 – 110. 但是，汤普森定义"神话"的目的经常只是出于根据叙事文本的题材内容编纂故事类型和神话母题的形式逻辑需要，而不是认识神话本质的理论需要或直观神话本质的实践需要，实际上汤普森并不排斥"神话"定义的信仰体裁形式规定性标准，汤普森对"神话"概念较为严谨的理论定义，见汤普森著《民间故事》（1946年第1版）："本书中使用的'神话'将意指设置假想世界先于现时秩序的一种故事。它叙述神圣的存在、半神的英雄以及通常因这些神圣存在而导致的所有事物的起源。神话与人们的宗教信仰和习惯紧密相连。"［美］汤普森：《世界民间故事分类学》（Thompson, Smith, The Folktale, University of California Press, 1977），郑海等译，郑凡校，上海文艺出版社1991年版，第二章"民间故事的形式"，第10页。

仰"——重概念所指的题材内容字面意义；轻概念能指的体裁形式用法价值——理论模式的认识论误区，也许，提出"中国神话历史化"命题的神话学家们就会多一层考虑；尽管笔者在上文中已经指出，"中国神话历史化"原本就是一复合命题。但是现在，笔者所谓"复合命题"不再仅仅（像茅盾那样）从正、反两个方面解释神话叙事的题材内容被历史化以及未被历史化的可能性和现实性，而是进一步指出，"中国神话历史化"命题在直接地指涉了神话叙事的题材内容（"神话"概念所指的字面意义）的同时，也间接地指向了神话信仰的体裁形式（"神话"概念能指的用法价值）。而后者正是同时代的博尔尼、博厄斯、马林诺夫斯基神话学现象学革命内在地追求——"同情地了解"神话的"形式"本质——的实质性目标。但是，由于"中国神话历史化"命题的主张者们之于"神话"概念的经典理论定义（"格林定义"）并没有任何（像欧美学者那样的）反省更遑论质疑，这就错失了一次与欧美神话学（就"格林定义"）直接对话的现场机遇。但是，"中国神话历史化"命题毕竟在自觉且直接地坚持"格林定义"的前项指标（茅盾）的同时，也不自觉而间接地指向了其后项指标（顾颉刚），因而该复合命题之于世界民间文（艺）学—民俗学、人类学的神话学现象学革命的理论贡献，或许不应该过低估计，如果我们（作为后来者）能够成功地给予"中国神话历史化"这一复合命题以进一步分解的实践（理论）阐明的话。

"中国神话历史化"问题与"博厄斯问题""马林诺夫斯基问题"一样，都首先强调了文化实践（神话现象）与普遍理论（"格林定义"）之间发生了错位。但如果说博厄斯视野中北美洲原住民以及马林诺夫斯基视域中南太平洋土著人的神话经验，对起源于欧洲的现代神话学普遍理论，还只是提供了局部的反例，那么，茅盾、马伯乐与顾颉刚视线中古代中国人的神话经验（同样作为理论神话学的文化性对象），其直观范围（无论就历史时间还是就社会空间来说）是如此之巨大，若竟然与现代神话学的普遍理论即"神话"概念的经典定义亦即"格林定义"——其实只是片面地理解的"神话"定义双重标准的前项指标即"神的故事"的故事题材内容质料规定性——不相符合，那么，就至少存在着可以此更大范围内的比较普遍性经验而证伪甚至取消该理论定义的可能性。而这也是"中国神话历史化"命题较之"博厄斯问题"与

"马林诺夫斯基问题"之于"格林定义"更具学术冲击力的经验性理由。然而,正如我们看到的,尽管站在同样的文化—经验立场上,面对同样的"神话"概念的理论定义,茅盾、马伯乐、波德(顾颉刚另当别论)却与博尔尼、博厄斯甚至马林诺夫斯基表现出完全不同的认知态度。不同于"博厄斯问题""马林诺夫斯基问题"对"格林定义"提出的质疑,"中国神话历史化"命题的主张者们(特别是茅盾、马伯乐、波德),最终运用自己的聪明才智,成功地维护了"格林定义",尽管只是片面地维护了"格林定义"双重标准中的前项指标即"神的故事"的故事题材内容质料规定性。于是,根据"中国神话历史化"命题,就不是普遍理论出了问题,而是表象了中国文化经验的本土"材料"(波德)出了问题。即,不是中国古代不曾有过像古代希腊那样的古典神话的鸿篇巨制,而是中国上古、远古的原始神话过早地被历史化了,乃至于时过境迁,中国神话仅剩下了"没有一些系统""毫无系统可言"(茅盾)的"个别的神话"(波德),而且就连这些"个别的神话"也往往因为被历史化而面目全非。正是因为片面地理解了"格林定义"同时又被片面地理解的"格林定义"——不仅片面坚持"格林定义"双重标准的前项指标即"神的故事"的故事题材内容质料规定性,而且全面坚持"格林定义"的理论认识的使用方式,即用理论概念规定性地认识经验性现象(甚至一般性对象)的理性(知性)使用方式——所左右,主张"中国神话历史化"命题的神话学家们才把经验性地直观神话现象的理论认识目光投向了儒家经典(的信仰叙事体裁形式)以外的其他地方(的非信仰叙事体裁形式)。而主张这些"中国神话历史化"命题的神话学家们,但凡对"格林定义"双重标准的后项指标即叙事的信仰体裁形式规定性有些眷顾——根据上文的引述,现代中国的神话学家们在译介、引进"神话"概念时,并不陌生于"格林定义"的双重标准——原本不应该轻易地"撇开"(波德)承担且发挥了宪章功能的中国古代儒家经典的信仰叙事体裁形式,而自我放逐到非信仰叙事体裁形式的"其他经传"(马伯乐)——其实是宪章功能——的诸子文献中去"搜寻"(波德)尚未被历史化的原始神话的中国影子。

从上述情况中应当明白,我们搜寻神话必将撇开那些多半带有儒家思想倾向的经典作家，而把某些非儒家学派的作家包括在内。①

退一步说，如果不是被"神话"定义双重标准的单一前项指标，以及"神话"概念"唯一"的理论认识使用方式所蒙蔽，谁又能够否认，中国古代汉语文化的"神圣故事"或许从来就不曾被历史化，而历史叙事——如维柯就任何神话（无论希腊神话还是"异教"神话）曾断言的那样（"最初的神话都是历史"）——正是中国古代汉语文化"第一叙事"的原始样态呢？②

与波德一样，当年的茅盾也将"搜寻"中国古代原始神话的理论认识目光投向了儒家经典之外的地方。"现在取中国的含有神话材料的重要古籍，试为分论如下"：③《山海经》《庄子》《列子》《淮南子》《楚辞》《三五历记》《述异记》《风俗通》《穆天子传》《吴越春秋》《越绝书》《蜀王本纪》《华阳国志》等。其中，没有一本被正式列入儒家经典（"五经"或"六艺"）。因为在茅盾看来，儒家经典中的原始诸神都已经历史化为圣王贤君，因而不再属于神话体系而属于历史系统。但这样一来，"中国神话历史化"命题实际上陷入了与"博厄斯问题""马林诺夫斯基悖论"同样的辩证法。即，按照马林诺夫斯基对"神话"概念的功能论定义，神话必须是能够承担且发挥共同体文化"宪章"（charter）功能的叙事文本，而在中国历史上，能够承担且发挥共同体文化宪章功能的叙事文本的确非儒家经典莫属。于是，根据"神话"概念理论定义的故事题材内容质料规定性和信仰体裁形式规定性双重标准，或者我们（根据"神话"定义的前项指标）承认讲述了"神的故事"的非儒家文献属于神话却不曾承担且发挥过共同体文化宪章功能，又或者我们（根据"神话"定义的后项指标）承认承担且发挥了共同体文化宪章功能的儒家经典即便讲述的是"人的故事"也仍然属于神话。

---

① ［美］杰克·波德：《中国的古代神话》，程蔷译，李少雍校，载《民间文艺集刊》第二集，上海文艺出版社1982年版，第273页。

② 吕微：《现代神话学与经今、古文说——〈尚书·吕刑〉阐释的案例研究》（节录本），载陈泳超主编《中国民间文学的学术史观照》，黑龙江人民出版社2004年版，第1—35页。

③ 茅盾：《神话的保存》，收入茅盾《神话研究》，百花文艺出版社1981年版，第28—31页。

第二章 清除理论神话学实证主义最后的遗迹

当然,当年主张"中国神话历史化"命题的神话学家们并不曾陷入笔者所谓"马林诺夫斯基悖论",陷入(其实是制造了)理性悖论的其实是替前人担忧的我们今人。但笔者却始终坚持认为,这样的"担忧"对神话学的进展,具有理论意义和实践价值。因为,正是这种超越了时间、空间限制的"担忧",一方面为学术史的过去开辟了否定"神话"概念的单纯理论使用方式的可能性道路,另一方面也为学术史的未来树立了肯定"神话"概念的实践使用方式的可能性路标。今天,面对将近一个世纪以前神话学家们提出的"中国神话历史化"命题,应该承认,该命题所揭示的现象的确是历史上曾经发生过的事实(正如我们用"夔一足"的故事传承经验地证明的那样)。今天的学者当然可以用"历史神话化"现象的事实经验性地补正甚至纠正"神话历史化"命题的片面性,但却不可能用"历史神话化"现象的事实经验性地证伪"神话历史化"命题本身。因为,无论神话历史化现象还是历史神话化现象,都是我们能够在历史上甚至在现实中感性地直观到的经验事实。"中国神话历史化"命题——这里主要是指以茅盾为代表的认识论客观论正题的理论规定性主张,而暂时忽略以顾颉刚为代表的现象学主观论反题的实践反思性见解——的缺陷,并不在于其缺乏现象事实的经验性证明(事实是该命题得到了现象事实的经验性支撑)的现实性,也不在于其作为经验现象的比较普遍性事实案例(神话历史化)被同样作为经验现象但更广泛的比较普遍性事实反例(历史神话化)所证伪的可能性,而在于它回避甚至从根本上就放弃了通过对"神话"概念的理论定义本身或者对"神话"定义的理论认识使用方式的反省——而通过现象学主观性观念直观方法,实践地反思共同体文化(先验语境)任意约定的叙事体裁分类系统—等级体系(主观准则),以还原出在叙事制度的文化宪章功能位置上,中国古代汉语神话通过自我主观任意约定地"实践命名"的文化实践——参与世界神话学关于"神话"概念的理论—实践使用方式的多边论争,从而超越理论神话学之于"神话"概念双重标准定义方式的"最后见解"。但是,尽管我们承认,"中国神话历史化"命题的理论初衷是维护(就连顾颉刚也不怀疑"神话"概念字面意义所指的"神的故事")而不是质疑"格林定义",但"中国神话历史化"命题还是与同时代的"博尔尼问题""马林诺夫斯基问题",以各自不同(尽管都是不自觉)的方式在理论上乃至从实践上不约而同地对"格林定义"提出了不同程度的修正乃至纠正方案。

（1）"格林定义"的第一修正案即"博尔尼方案"。博尔尼在承认"神话"概念的经典理论定义的同时，已经给予"格林定义"有保留的修正，即博尔尼修正案在承认"格林定义"对"神话"概念的故事题材内容质料规定性和信仰体裁形式规定性双重标准的基础上，不再给予故事题材内容质料规定性以"神的故事"的严格限定，而是向各种"起因故事"的非理性叙事甚至理性叙事的"理智的努力"或"理性活动"开放（这一点最是马林诺夫斯基要坚决反对的）。但这样一来，"神话"概念的特定故事题材内容质料规定性的前项指标判断标准（对于理论认识而不是对于实践反思来说）实际上也就形同虚设了。

（2）"格林定义"的第二修正案即"马林诺夫斯基方案"。马林诺夫斯基承认"神话"概念的"格林定义"即理论神话学的经典定义的故事题材内容质料规定性"神的故事"，但马林诺夫斯基更重视"格林定义"中虽未确认却也承认的信仰形式的反思性规定性——不是叙事的信仰体裁形式，因为马林诺夫斯基已经陷入了神话叙事的题材内容质料规定性与信仰体裁形式规定性之间难以调和的悖论——即对"神的故事"的主观心理（内在性态度＋外在性行为）的信仰形式规定性，① 后者是唯有在经验性语境中才能够感性地直观到的意向性现象。② 因而马林诺夫斯基修正案与博尔尼修正案之间的最大分歧在于，马林诺夫斯基仅承认神话的宪章功能建立在非理性信仰心理的主观间普遍性基础上，而博尔尼（据马林诺夫斯基的批评）也承认神话的"认识兴趣"（哈贝马斯）建立在"理智的努力"或"理性活动"的主观间客观性基础上。

（3）"格林定义"的第三纠正案即"博厄斯方案"。之所以称"博厄斯纠正案"而不是"博厄斯修正案"，是因为，尽管博厄斯的提案（1914）早于马林诺夫斯基（1926）而与博尔尼同年（1914），却比后两者都更激进、更极端。比起博厄斯，后两者最多只是改良，而博厄斯是革命。博厄斯坚决主张从根本上放弃"格林定义"之于"神话"概念的故

---

① "神话所依据的是完全不同的心理状态。"［英］马林诺夫斯基：《神话在生活中的作用》，宋颖译，载［美］邓迪斯编《西方神话学读本》，广西师范大学出版社2006年版，第242页。

② "信仰所依存的活生生的语境。"［英］马林诺夫斯基：《神话在生活中的作用》，宋颖译，载［美］邓迪斯编《西方神话学读本》，广西师范大学出版社2006年版，第243页。

事题材内容质料规定性,甚至没有主张保留"神话"概念的信仰体裁形式规定性。于是,神话之所以是神话的判断标准,就只剩下为神话信仰叙事体裁形式奠基的主体主观的信仰心理(内在性态度+外在性行为)的任意(意识、意愿、意志)性意向形式了。博厄斯之后,巴斯科姆进一步明确了马林诺夫斯基(明言)与博厄斯(尚未明言)的"神话信仰主观心理"说,从而完善了博厄斯—马林诺夫斯基方案,这是后话。

这样,从时间上也从逻辑上说,从博尔尼、博厄斯到马林诺夫斯基再到巴斯科姆,随着"神话"概念理论定义的双重标准之后项指标即信仰叙事形式规定性一步一步被非理性化、心理学化、主观化,神话最终就被建立在主观非理性信仰心理的任意性意向形式现象的经验基础上了(心理现象是可以被感性地直观的经验事实)。① 于是,一旦神话信

---

① "胡塞尔有时将'先验心理学'等同于'先验哲学',有时又将它理解为'意向心理学'。它们从某种程度上反映出胡塞尔在'心理学'与'现象学'关系问题上的动摇。"倪梁康:《胡塞尔现象学概念通释》(修订版),生活·读书·新知三联书店2007年版,"先验心理学",第383页。"就'心理学'的特征而言,胡塞尔将它看作是先验哲学的对立面,因为'人们永远不应忽视,心理学的唯一意义就在于并且始终在于,它是人类学的分支,是实证的世界科学',而先验哲学则摆脱于任何实在现实的联系。但另一方面,'心理学',主要是'本质心理学'或'意向心理学',在胡塞尔那里是一门与先验哲学平行的学科。真正意义上的'心理学'(这是指本质心理学或意向心理学,而非当时留下的实验心理学)不仅构成先验现象学的一个前阶段,而且它本身也是一门独立的本质学科,它与先验现象学的区别在于:心理学的研究对象的纯粹心理主体性,而先验现象学的研究对象是纯粹先验主体性,前者还属于客观科学的范畴,而后者已经摆脱了这种束缚。胡塞尔认为,通过先验还原,人们可以从意向心理学直接进入先验现象学(意向心理学道路上的先验还原),意向心理学的所有基本研究成果都可以在先验现象学的领域中继续有效。"同上引书,"心理学",第380页。"在胡塞尔那里,现象学的心理学是指一门与先验现象学'在方法上和内容上相平行的心理学学科',它作为一门通过现象学还原和本质还原而在方法上得到保证的先天纯粹意向心理学而'要求成为原则性的方法基础,唯有在此基础上才能建立起一门在科学上严格的经验心理学'。由于在现象学的心理学中,心理之物还带有世界现存之物的存在意义,因此它始终是一门在自然观点中的科学,并且,它仅只意味着本真的,亦即先验的现象学的一个前阶段,诚然,这个前阶段对于进入现象学具有引导入门的作用。要想将现象学的心理学改变为先验现象学,就需要进行在现象学还原和本质还原基础上的先验还原,需要对反思者的观点进行彻底的和习性化的改变。这种先验还原在于,反思者将那种在素朴自明性中与纯粹心理学的自身经验相联结的自身统觉,即那种将自己统摄为人的统觉,悬搁起来,反思者将自己理解为先验的旁观者;以此方式,反思者所具有的人的自我便成为他的先验自我的现象,人化的自身客体化被理解为从属于本己先验自我之绝对存在的构造性成就。如果不区分先验现象学和现象学的心理学,现象学就会面临堕入心理主义的危险。"同上引书,"现象学的心理学",第382—383页。另参见倪梁康《现象学及其效应——胡塞尔与当代德国哲学》,生活·读书·新知三联书店1994年版,"心理主义批判彻底化的必要性和现象学领域总体化的必然性",第86页。

仰心理意向形式现象被置入感性—经验性直观的理论认识视野（马林诺夫斯基：context/语境），就一方面强化了神话学作为理论科学人类学的客观论认识论；另一方面也阻滞了神话学革命最初——对神话实践主体自我任意约定地"实践命名"的主观性观念的现象学直观——作为实践科学的现象学主观论倾向。而现在，在回顾了20世纪上半叶（20世纪20—60年代）世界神话学现象学革命的历史与逻辑进程——这里暂且不谈阿默思日后重新调整民间文（艺）学—民俗学神话学革命的现象学方向——之后，再次重温几乎同时代的茅盾（20世纪20年代）及后继者波德（20世纪50年代）所主张的"中国神话历史化"命题（正题）的认识论经验论理论科学的客观性——这里也暂且不谈顾颉刚同时主张的"中国神话历史化"命题（反题）的现象学先验论实践科学的主观性——面对这样一项始终坚持"神话"定义的题材内容质料规定性（"神的故事"）无上标准，且不惜裁剪本土文化的经验材料——"搜寻[中国]神话必将撇开那些多半带有儒家思想倾向的经典作家，而把某些非儒家学派的作家包括在内"（波德）"赖其他经传"（马伯乐）——以迁就比较普遍性的理论概念而逆世界学术—思想潮流而动的命题主张，确实有与世隔绝或恍若隔世之感。直到数十年后，中国神话学界才开始对当年世界各国民间文（艺）学—民俗学、人类学出身的神话学家们提出的各种"神话"定义修正案或纠正案有所反应。

1962年，张光直《商周神话之分类》引《山海经·大荒西经》"赤水之南，流沙之西，有人珥两青蛇，乘两龙，名曰夏后开。开上三嫔于天，得九辩与九歌以下。此穆天之野，高二千仞，开焉得始歌九招"后写道：

  所谓"九辩九歌"，即是仪式上的礼乐，而这个神话是中国古代神话很罕见的一个 Malinowski 所谓的"执照"（charter）的例子。①

---

① 张光直：《商周神话之分类》，《"中央研究院"民族学研究所集刊》第14期，台北"中央研究院"民族学研究所1962年；张光直：《中国青铜时代》，生活·读书·新知三联书店1983年版，第268页。

第二章 清除理论神话学实证主义最后的遗迹

又过了整整三十年,叶舒宪《中国神话哲学》写道:

> 马林诺夫斯基对现代神话学的重大贡献便是他的神话功能理论。这位大力提倡到神话所由产生并继续发挥着神圣作用的初民社会之中去研究神话的人类学家,在南太平洋群岛的土著社会中发现,原始部落中口传的神话与古典文献中记载的神话不同,它们"不是说一说的故事,而是要活下去的实体。那不是我们在近代小说中所见到的虚构,而是被看作在荒古时曾发生的事实,从那时起便持续影响着世界,影响着人类的命运"[《原始心理中的神话》]。根据神话的这种原始功能,马林诺夫斯基得出了神话是"法典"的命题。法典(charter)又译为"法规"、"特许状"、"执照"等。马氏用这个词旨在强调,原始神话作为当时自然与社会秩序的证书,作为部落群体宗教信仰和道德的准绳,具有神圣的和不容置疑的性质,就好比中国古代皇帝的"钦定"文书、"手批"御旨一样,人们只能毕恭毕敬、唯命是从地去信奉和执行,用不着丝毫的思索或求证。总之,神话的法规或执照功能,有如一加一等于二,或冬寒夏热之类的普遍公理,用所谓"放之四海而皆准"来形容,实在是最恰当不过了。①

如果《商周神话之分类》(1962)、《中国神话哲学》(1992)还只是汉语神话学家们开始接受"神话"概念的理论定义修正案或纠正案而迈出的最初步伐;那么《儒家神话》(2011)则标志着汉语神话学家们全面介入20世纪神话学现象学革命而采取的最新步骤。

> 回顾一个世纪[中国神话学]的发展,除了古籍文本中的神话发掘成绩之外,也有很大的遗憾。如被汉语"神话"一词的"神"字限制了眼界,画地为牢,作茧自缚……关于中国本土宗教和神话特点,从古汉语关键词看,不是"神",而是"圣"……西方神话最讲人神之间不可逾越的界限,中国儒家神话的特质就是要泯灭这一不可逾越的界限。这是我们中国最突出的神话观念……儒家建构

---

① 叶舒宪:《中国神话哲学》,中国社会科学出版社1992年版,第214—215页。

的圣人崇拜才是中国最大的神话,也是影响最深远的神话……中国的神话概念若不拘泥于一个"神"字,从"圣"的概念去入手,从圣人以玉器为符号标志的特殊线索入手,会非常有意义,也就是把儒家背后失落的传统还原出来。①

由于西学东渐以来西方的 myth 一词借道日本进入中国时用了"神话"这两个汉字,给一个世纪以来所有讨论中国神话问题的人预设了一种不无偏颇的成见——神话所讲述的当然是关于"神"的"话";这就使人们忽略了在"神"这个汉字的指称以外会不会存在神话的对象之问题。而儒家的创始人孔子公开表示的"不语怪力乱神"一句,也就成为儒家反对神话,回避神话的"铁证"。这导致神话学在中国的百年发展中基本忽略掉了儒家神话的存在,甚至连这个合成词也会让多数人感到陌生或不可思议:儒家怎么还会有神话呢?讲述儒家神话,不宜刻舟求剑地按照现代学科划分的民间文学神话〔叙事内容质料规定性的题材〕观,到古代汉语文本中寻找一些幻想类的叙述故事〔就像茅盾、波德、袁珂等人的做法——笔者补注〕。而应当调整学科视角,从信仰〔叙事体裁形式的反思〕溯源方面入手……②

这就是说,进入 21 世纪后,中国神话学家们不仅通过马林诺夫斯基的"神话宪章功能论"接受了"神话"概念理论定义的双重标准之后项指标的信仰叙事体裁形式规定性修正案,而且进一步接受了"神话"概念理论定义的双重标准之前项指标的叙事内容质料规定性的题材开放修正案。但除此之外更重要的是,"儒家神话"这一神话学命题的提出,意味着通过回归顾颉刚"中国神话历史化"命题(反题)的现象学主观论主张,对博厄斯、马林诺夫斯基以来直到巴斯科姆的"神话信仰主观心理"说的一次重大修正甚至彻底纠正。这是因为,"儒家神话"的神话学命题建立在如下假定的现象学主观间客观论基础上:儒家道德神话的文化宪章功能,并不是建立在主观信仰心理(内在性态度 +

---

① 叶舒宪:《中国圣人原型考》,载叶舒宪、唐启翠编《儒家神话》,南方日报出版社 2011 年版,第二章,第 63—65 页。
② 叶舒宪:《儒家神话的再发现》,载叶舒宪、唐启翠编《儒家神话》,南方日报出版社 2011 年版,第一章,第 30 页。

外在性行为）意向形式任意性私意服从的偶然或或然现实性（即便是主观间普遍性）基础上，而是建立在文化共同体所有成员（每一个人）根据其先验地共享的实践理性而主观间客观地任意约定的"普遍公理"（尽管还只是主观相对性、比较普遍性的"公理"）强制的必然可能性基础上，就像索绪尔说的"强制的牌"。换句话说，神话"作为部落群体宗教信仰和道德的准绳，具有神圣的和不容置疑的性质"，但这并不意味着"人们只能毕恭毕敬、唯命是从地去信奉和执行，用不着丝毫的思索或求证"。任何共同体文化宪章首先都奠基于人在客观上"理性活动"的"理智的努力"（"思索与求证"），①其次才激起了人们在主观上非理性"敬重情感"的信仰心理。因此，对于儒家神话来说，无论文化共同体所有成员当中的某一个人在主观上究竟持信仰抑或不信仰的内在性态度和外在性行为，都无关乎"普遍立法""普遍公理"的儒家神话对作为文化共同体所有成员的每一个人的主观性选择的客观性约束。这样，儒家神话就通过讲述一个在道德上的超越性存在者（尧、舜、禹等古代圣王、贤君）的超验实在性意向性对象的"人的故事"，向作为文化共同体所有成员的每一个人都颁布了被表象为（主观相对的甚至客观普遍的）道德法则的文化准则即神话宪章。这样，我们就抵达了20世纪神话学现象学革命的民间文（艺）学—民俗学第四纠正案，我们可以名之为：

（4）"格林定义"的第四修正案即"顾颉刚—阿默思方案"。该方案由顾颉刚1923年不自觉地暗示于前、阿默思1965年自觉地明示于后，尽管两人之间并不曾有过任何直接的思想与学术交流。

笔者在上文中已经讨论了茅盾与顾颉刚的"中国神话历史化"命题——他们二人都承认中国神话历史化现象——的正题主张与反题主张之间的差异，并且把他们二人之间差异的命题主张分别命名为：(1)"中国神话历史化"正题主张的客观论认识论理论命题（茅盾）；(2)"中国神话历史化"反题主张的现象学主观论实践命题（顾颉刚）。

---

① "'怪'确实存在着，其在传统文化里的地位不容忽视。既然经籍中有'怪'，经学家就得加以解释，避而'不语'是不行的……虽不能由此完全揭示神祇的本质，但他们毕竟承认了神话的客观存在，并在对这类'子不语'的现象进行理论解说方面作了有意义的尝试。"李少雍：《经学家对"怪"的态度——〈诗经〉神话胜议》，《文学评论》1993年第3期，第50、61页。

对于茅盾来说，"神话"只是感性地直观神话现象的经验性概念的理论规定的认识论条件，这样的"神话"概念能够让他在儒家经典之外的"子部""集部"等诸子文献之中实证论地直观到未历史化的"原始神话"。但是对于顾颉刚而言，神话则是观念地直观"古史传说"的"实践命名"的实践反思的现象学剩余物，因而只有通过"古史"命名才能够让他在"经部""史部"等儒家经典之内现象学地还原出历史化了的原始神话。比较而言，也就只有在把"神话"概念用作普遍性理论的认识条件下，茅盾、波德才会特别坚持"神话"定义的前项指标（"神的故事"的故事题材内容质料规定性），且一旦在儒家经典之中没有直观到"神话"概念的字面意义（"神的故事"）的实体性、实质性所指对象，就不惜到共同体宪章功能叙事之外的非宪章功能叙事的"子部""集部"等诸子文献中去，按图索骥地"搜寻"（感性地经验性直观）"神的故事"的叙事现象。但这样一来，茅盾、波德等"中国神话历史化"命题的正题主张者们，就错失了与中国古代汉语文化（先验语境）的叙事制度（主观准则）下形式化而非实体性、实质性地任意约定的能指命名（尽管不是"神话"而是"洪范"等）的"真神话"（"经部""史部"等儒家经典的信仰叙事体裁形式）相谋面的难得机遇。① 而

---

① "经、史、子、集"的四部等级分类系统或体系虽然较晚，却有久远的渊源。就体裁而论，先秦已有《诗》（文学）、《书》（历史）之分，《诗》又分"风""雅""颂"三种体裁，而《书》则分为"典""谟""训""诰""誓""命"六种体裁。《诗》之"风"多韵文抒情，而"雅""颂"多韵文叙事，《书》则全是散文论说、叙事，特别多为历史叙事。东汉班固《汉书·艺文志》（以刘向《别录》、刘歆《七略》为蓝本）将当时公家藏书分为"六略"：六艺略、诸子略、诗赋略、兵书略、术数略、方技略。"六艺略"包括："易""书""诗""礼""乐""春秋""论语""孝经""小学"。"六艺"排在"六略"之首，可见儒学典籍在汉语文献等级分类系统或体系中的地位。"《艺文志》是《汉书》十志之一。古时，以《易》、《诗》、《书》、《礼》、《乐》、《春秋》六者之术为六艺；文，指文学百家之说而言。顾名思义，此志盖为包括六艺百家文献的总目录。"陈国庆：《序言》，载陈国庆编《汉书艺文志注释汇编》，中华书局1983年版，第1页。"有《六艺略》，有《诸子略》""师古曰：六艺，六经也。"陈国庆按："《史记·孔子世家》，孔子以《诗》、《书》、《礼》、《乐》教，弟子盖三千焉，身通六艺者七十二人；又《滑稽列传》：'《礼》以节人，《乐》以发和，《书》以道事，《诗》以达意，《易》以神化，《春秋》以义。'这是以所谓六经为六艺。此处所说的六艺，是指后者说的。"同上引书，第7—8页。"'经'是中国封建专制政府'法定'的古代儒家书籍……"周予同：《"经"、"经学"、经学史——中国经学史论之一》，载朱维铮编《周予同经学史论著选集》，上海人民出版社1983年版，第654页。巴斯科姆总结不同文化的散文叙事体裁形式的等级体系或分类系统，多以二分法或三分法为主，而不同于中国古代汉语文化的"四部"等级分类法。［美］巴斯科姆：《口头传承的形式：散体叙事》，朝戈金译，载［美］邓迪斯编《西方神话学读本》，广西师范大学出版社2006年版，第5—37页。

与茅盾等"中国神话历史化"正题主张者们不同,以顾颉刚为代表的反题主张者们通过对承担且发挥了宪章功能的信仰叙事体裁形式"经部""史部"儒家经典诸如《世本》《帝系》《本纪》等"实践命名"的"本族体裁"的观念直观,还原出被历史化之前原始神话的宪章叙事。这样,"中国神话历史化"命题的反题主张,就与其正题主张的合题,在无意识中共同地再现了中国古代汉语文化共同体(先验语境)的叙事分类系统—等级体系的纯粹形式化叙事制度(主观准则),[①] 从而相反相成地还原了中国古代汉语神话(古史传说)作为文化共同体宪章功能的"神圣故事"或"第一叙事"的强制权威,及其在文化共同体叙事制度中的功能位置。因此,我们也就可以说,"中国神话历史化"命题(以茅盾和顾颉刚为代表)的合题主张者们,在神话学的世界舞台上,(时间上)先于阿默思(1969)"本族体裁分类体系"论以及鲍曼(2008)"本土语文学",尝试了对文化共同体任意约定的叙事制度下自我命名的神话实践予以现象学主观性观念直观的反思方法,并且在克服了马林诺夫斯基—博尔思"神话主观信仰心理"说,即神话宪章功能叙事的心理学经验性条件(自然原因)这一"实证主义的最后遗迹"之后,通过还原出神话宪章功能叙事的任意性(准)先验条件(自由原因)这一现象学剩余物而贡献的"神话客观理性信仰"说(尽管顾颉刚自己并没有过如此说法)——因而在"中国神话历史化"命题(正如笔者在本节伊始就期待)的再诠释条件下——对于神话学学科所具有学术价值和学术史意义。

现在,如果"中国神话历史化"命题的"茅盾—顾颉刚合题"主张,通过对共同体文化(先验语境)叙事制度(主观准则)下纯粹形式化地任意约定性的"实践命名"的观念直观,而还原出承担且发挥了宪章理性强制功能的中国古代汉语神话的本土形态即"古史传说"

[①] "要理解文化就要考察文本;要理解文本,就要在其给予表达的文化的关系中理解它。"王杰文:《表演研究:口头艺术的诗学与社会学》,学苑出版社2016年版,第130页。

（伪历史—真神话），①那么，"中国神话历史化"命题就不仅是四十多年后的20世纪60年代美国民俗学的神话学现象学继续革命的实践理论先声，甚至超前地参与了阿默思"本族体裁分类体系"论和鲍曼"本土语文学"以"表演理论"相号召的现象学神话学对实践神话学基本问题的深入讨论。即，神话作为"一民族之为一民族"（谢林）的文化宪章，并不是建立在主观信仰心理（内在性态度＋外在性行为）的感性现象的经验性基础上，也不是建立在文化共同体主观间普遍的非理性信仰的现象基础上，而是建立在文化共同体主观间客观的理性信仰的"人性的本质"或"人的宗教本性"（涂尔干）的本体基础上，因而让我们有理由也有条件地重新考虑弗雷泽"神话源于理性"或"神话满足人们有理性的渴望"②说，即神话起源于人们"理性活动"的"理智的努力"（马林诺夫斯基对博尔尼的解读），尽管人的理性活动或理智的努力并不是为了理论地认识的超自然的对象。

> 我们研究非常古老的宗教，不仅仅是为了对它的奇罕独特之处夸夸其谈，聊以自慰。我们之所以把它作为研究的主题，是因为它［原始宗教、原始信仰、原始神话］似乎比别的［文明］宗教更适合使我们理解人的宗教本性，也就是说，它似乎更便于我们展示出人性的本质的、永恒的方面。③

---

① "'古史是神话'这一命题在今天已经是不成其为问题的了。"张光直：《中国青铜时代》，生活·读书·新知三联书店1983年版，第251页。"我绝非不相信，在我们自己的社会中，历史已经取代了神话，并发挥着同样的功能。对于没有文字、没有史料的社会而言，神话的目的在于使未来尽可能地保持与过去和现在相同的样态（当然，百分之百的相同是不可能的）……"［法］列维－斯特劳斯：《神话与意义》，杨德睿译，河南大学出版社2016年版，第65页，转引自陈连山《从神话学立场看夏朝为什么是第一王朝》，载《"夏的神话历史"会议资料》，"神话中国"工作坊系列（2019），中国社会科学院文学研究所，2019年12月10日，第69页。

② 博尔尼"神话＝理智的努力"或"神话＝理性活动"说，是对弗雷泽关于"神话满足人们有理性的渴望"，"神话源于理性（myth has its source in reason）"这一"在1921年提出的定义的修正"。［美］巴斯科姆：《口头传承的形式：散体叙事》，朝戈金译，载［美］邓迪斯编《西方神话学读本》，广西师范大学出版社2006年版，第31—33页。Sir James George Frazer, *Apollodorus* (London, 1921), pp. xxvii—xxxi；转引自 Bascom, *The Forms of Folklore: Prose Narratives*, *Sacred Narrative: Readings in the Theory of Myth*, Edited by Alan Dundes, University of California Press, 1984, pp. 25–26。

③ ［法］涂尔干：《宗教生活的基本形式》，渠东等译，上海人民出版社1999年版，第1页。

第二章　清除理论神话学实证主义最后的遗迹

如果说，格林兄弟开启了"理解人的宗教本性""展示出人性的本质的、永恒的方面"的现代神话学的理论兼实践的目的论与方法论，那么，克服神话学的理论与实践的目的论与方法论之间的自相矛盾、自我冲突甚至自行瓦解的二论背反，以实现理论神话学向实践神话学的现象学—先验论范式转换，就是自博尔尼、博厄斯以来，顾颉刚、茅盾、马伯乐、马林诺夫斯基、巴斯科姆、阿默思、鲍曼等各国神话学家们一路走来的共同目标。尽管没有多少证据能够证明 20 世纪以来属于民间文（艺）学—民俗学、人类学阵营的神话学家们在方法论上接受过胡塞尔现象学的直接影响——阿默思有过明示，① 而鲍曼只有过暗示 ②——但神话学家们的确在逐步地放逐神话学的理论认识方法论连带其理论认识目的论，而代之以通过对文化（言语）共同体（先验语境）的"理性信仰"所"任意约定"的叙事制度（主观准则）下神话宪章"实践命名"的现象学主观性观念直观，而践行了神话学的实践反思方法论及其目的论。因而，这里倒是可以套用一句大林太良的话说，现代（经典）理论神话学的没落与后现代实践神话学的发端是同时开始的。

现在，一旦神话学家们认识到，神话作为共同体集体成员主观间客观地理性信仰的文化宪章，超越了共同体个体成员主观的信仰心理甚至共同体集体成员主观间普遍的非理性信仰，则，无论个人主观信仰心理形式还是集体主观间普遍的非理性信仰意向形式，是否认同神话宪章的信仰叙事体裁形式的题材内容（"神的故事"或人的故事），神话宪章的信仰叙事体裁形式的题材内容仍然对共同体所有成员都"毫不宽容"地颁布了"定言命令"——这里暂且忽略该命令颁布的究竟是道德性定言命令还是技术性假言命令——于是，现象学神话学家们终于有所觉悟（领悟、醒悟），myth（神话）只不过是神话学借以现象学地还原共同体发生条件的一个临时性、启发性的概念，即用以理论地认识神话实践

---

① "对言语艺术的本族命名体系是一个现象学的体系。"［美］阿默思：《分析类别与本族类型》，载《民俗学概念与方法——丹·本-阿默思文集》，张举文编译，中国社会科学出版社 2018 年版，第 120 页。"作为最早一批受到后现代主义影响的学者。"［美］阿默思：《我们需要理想的（民俗）类型吗？——致劳里·航柯》，同上引书，第 131 页。"我在强调'本族体裁'（ethnic genre）时（Ben-Amos, 1969），他［克罗齐］将成为我的哲学基础。"［美］阿默思：《我们需要理想的（民俗）类型吗？——致劳里·航柯》，同上引书，第 135 页。

② 吕微：《民俗学的承诺——康德与未来实践民俗学的基本问题》，"鲍曼 speech community（言语共同体）的概念"，打印本，上册，第 272 页，未刊。

的经验性现象，只不过是神话学家们用以现象学地直观神话实践任意约定地自我命名的先验理念的经验性现象起点或契机，而绝不会止步于神话实践的经验性现象本身。这样，如果我们使用现象学的主观性观念直观反思方法，还原任一共同体的叙事制度，都会在共同体叙事制度的纯粹形式化的体裁分类—等级关系中，直观到能够作为共同体"第一叙事"的体裁形式剩余物，至于这一体裁形式剩余物，神话实践主体（共同体）任意约定地命名为"神话"或者其他什么称呼，都不是实质性的问题。而现在，一旦神话学家们手中掌握了神话宪章这一信仰叙事体裁形式剩余物，再回顾一路走来的"博厄斯问题""马林诺夫斯基问题"以及"中国神话历史化"问题等神话学的民间文（艺）学—民俗学、人类学现象学革命诸命题，其失败与成功之处，都不再会因一叶而障目，忽略掉神话学现象学革命过程中汉语神话学家们——通过"中国神话历史化"命题的"茅盾—顾颉刚"正题、反题与合题——做出的独到、超前的学术贡献：（1）证成神话信仰故事题材内容所指的字面意义不能普遍地规定为"神的故事"（同于博尔尼、博厄斯）的理论概念；（2）证成神话叙事信仰体裁形式能指的用法价值（宪章功能）不能普遍地规定为主观信仰心理形式（不同于博厄斯、马林诺夫斯基、巴斯科姆），而是普遍地依赖于共同体文化（先验语境）任意约定的叙事制度（主观准则）（同于阿默思）下的客观理性信仰形式。当然，"中国神话历史化"命题在方法论上反题的成功贡献与其正题的失败教训往往是合题的一体两面。我们甚至可以说，正是茅盾、波德的正题主张对"神话"定义的所指字面意义"神的故事"的普遍性题材内容的认识论理论坚持，才通过自我放逐于诸子文献的非宪章叙事体裁形式，反衬出顾颉刚的反题主张之于儒家经典作为宪章叙事的体裁形式及其理性信仰（而不是信仰心理）的意向形式，对于神话学学科来说的重大学术价值和学术史意义，即汉语神话学家们通过"中国神话历史化"命题综合正题—反题的合题形式，才颠覆了格林兄弟以来神话学之于"神话"概念的理论理性认识论规定性使用方式，而开启了神话学之于"神话"概念的实践理性现象学反思性使用方式，参与到神话学的民间文学—民俗学、人类学现象学革命的世界学术—思想潮流当中，与世界各国的神话学家们共同地推进了20世纪神话学的实践范式转换的现象学主观论革命。当然，在指出汉语神话学家之于神话学的民间文（艺）学—民

第二章　清除理论神话学实证主义最后的遗迹

俗学、人类学现象学革命的重大贡献的同时，也还是要指出，以顾颉刚为代表的汉语神话学的现象学实践转向，尚未完全挣脱理论神话学的认识论桎梏。这突出表现为顾颉刚仍然视"真神话"（"神的故事"）为"伪古史"（人的故事）的故事题材内容原型。在这一点上，顾颉刚仍然与马林诺夫斯基、巴斯科姆一样，尚未跳出"实证主义的最后遗迹"的理论堑壕，进而与茅盾、波德等神话学家共同（尽管是部分地）维持了"神话"概念的理论认识使用方式，这就为后期古史辨学派的神话学家杨宽，以及古史辨学派之后的神话学家程憬、袁珂等重建中国古代原始神话系统或体系，奠定了单纯使用"神话"概念理论定义的判断标准的前项指标的经验论实证论认识论方法论基础，尽管对于程憬、袁珂来说，神话叙事的题材内容质料规定性已大大扩展了对象范围。[1]

---

[1] "我想如果有什么人喜欢研究——或搜集中国的神话，那么他动手之后，将见最大的可能倒不是材料的零星和匮乏，而是材料的庞杂。第一，搜辑中国神话自然应以曾见中国古书者为标准，换句话说，我们应从古书中搜采；可是难题就在这里：我们搜罗的范围是限于周、秦的古书呢？还是竟扩充到汉、魏、晋以至六朝？照理说，材料当然愈古愈可靠，故搜罗中国神话不特要以周、秦之书为准，并且要排斥后人伪造的周、秦或三代的书。但是，神话原不过是流行于古代民间的故事，当原始信仰尚未坠失的地方，这种古老的故事照旧是人民口头的活文学，所以同在一民族内，有些地方文化进步得快，原始信仰早已衰歇，口头的神话亦渐就澌灭，而有些地方文化进步较迟，原始信仰未全绝迹，则神话依然是人民口头最流行的故事。这些直至晚近尚流传于人民口头的神话，被同时代的文人采了去著录于书，在年代上看，固然是晚出，但其为真正的神话，却是不可诬的。我们安知汉、魏、晋时的文人书中所记的神话不是这样得来的？如果我们严格的把年代分界，岂非把晚出的——就是最后从口头的变为书本的神话，都不承认了么？所以我们搜罗的范围不能不扩大：汉、魏、晋的材料固然要用，即如唐代的材料也未尝不可以采取；只要我们能从性质上确定这些材料是原始信仰与生活的混合的表现就好了。安得烈·兰辩论 Rig-Veda 的年代，也说无论它是不是较近代的作品，但看其中的故事既合于原始信仰和原始生活，就有神话的价值。我以为这正是我们的一个好榜样，正是我们搜求材料时的一个好方针。"茅盾：《神话研究》，百花文艺出版社 1981 年版，第 88 页。"外国的神话既经传入中国，读古书的人只要稍微转移一点角度，就必然会在比较资料里得到启发，再从古代记载里搜索出若干在二三千年前普遍流行的神话。"顾颉刚：《〈中国古代神话研究〉序》（1958），载程憬《中国古代神话研究》，顾颉刚整理，陈泳超订补，北京大学出版社 2011 年版，第 2 页。"1919 年'五四'运动以后，思想解放，有些人读古书时就想搜集我国古代的神话资料，要从儒家的粉饰和曲解里解放出来，回复它的本来面目。程憬先生在这个时代的要求下专心致志，工作了二十年，写成这本《中国古代神话研究》。"同上引书，第 3 页。"整理神话的初步工作，便是老老实实的，把神话放在历史的肩架上，又用由神话转化的古代史，尽量恢复其本来面貌，去填充它的空隙，这样便能勉强建立起一个有神的系统的中国古代神话，舍此似乎亦无他径可寻。"袁珂：《山海经校注》，巴蜀书社 1993 年版，第 45 页，转引自谭佳《神话与古史——中国现代学术的建构与认同》，社会科学文献出版社 2016 年版，第 97—98 页。

茅盾之后，杨宽（尽管他属于古史辨派）、程憬、袁珂"利用新的［神话学］武器"①打破"群经"与"诸子"之间的材料界线而非功能论地重构中国古代神话传说的"骨骼"（茅盾）、edigree（"谱系"，马林诺夫斯基）的做法最终集"中国神话历史化"正题的宏愿主张——重建中华民族现代国家文化宪章功能叙事系统或体系——之大成。②

"中国神话历史化"命题，无论正题还是反题，其学术—政治的实践性质，都是明白无误的。固然，顾颉刚的反题主张启蒙主义地解构了传统中国的政治正统性"洪范""大法"；茅盾（还有杨宽、程憬、袁珂）的正题主张则浪漫主义地建构了现代中国的文化正当性新神话宪章。抛开正题、反题共同的现实主义实践目的论，仅就方法论来说，顾颉刚的反题主张较之茅盾的正题主张，更符合神话学现象学方法论革命的纯粹学术目的论。但如果说，神话学现象学方法论革命的理想主义目标——"理解人的宗教本性""展示出人性的本质的、永恒的方

---

① "我这部《导论》，目的也就在利用新的武器——神话学……"杨宽：《〈古史辨〉第七册"杨序"》，载吕思勉、童书业编著《古史辨》第七册，上海古籍出版社1982年版，第2页。

② "在经过彻底改写的这本神话里，视野是大大的扩张了：不但运用进去了许多新的神话资料，并且连好些仙话和传说的资料也都运用进去了。这在以前是不敢这么大胆运用的……神话、传说和仙话实在不应该那么判然的划分，它们在古代人民的口头传说里，实际上恐怕也是彼此包容，划分不了的。因此我才从谨小慎微的窘境中放开手来，采择了一些历史传说和仙话的资料进去，这么一来神话的时代就延长了，神话的领域扩大了，而且触类旁通，左右逢源的结果，连一些看来是哲学里的寓言的东西都复原成了神话资料而被运用进神话去……在开放视野寻找传说和仙话的资料来充实神话内容……"袁珂：《中国古代神话》，（上海）商务印书馆1950年版，中华书局1960年版，第10页。袁珂《中国古代神话》"复原"的中国古代神话"系统"：（1）世界是怎样开始的；（2）黄帝和蚩尤的战争；（3）帝俊、帝喾和舜；（4）羿和嫦娥的故事；（5）鲧和禹治理洪水；（6）远国异人；（7）夏以后的传说。袁珂：《中国古代神话》，（上海）商务印书馆1950年版，中华书局1960年版，"目录"，第3—8页。袁珂：《中国神话传说》"复原"的中国古代神话"系统"：（1）开辟篇；（2）黄炎篇；（3）尧舜篇；（4）羿禹篇；（5）夏殷篇；（6）周秦篇。袁珂：《中国神话传说》，中国民间文艺出版社1984年版，"目次"，第1—16页。"这样，就从盘古开天辟地到秦始皇统一六国，在历史长河的肩架上，展现了形形色色的古代神话传说，而它们先前本来是各不相干、断简零篇地散落在大量古书里的。"同上引书，第5页。程憬《中国古代神话研究》"复原"的中国古代神话"系统"：（1）天地开辟及神统；（2）神祇；（3）英雄传说。程憬：《中国古代神话研究》，顾颉刚整理，陈泳超编订，北京大学出版社2011年版，第1—3页。"他［程憬］所运用的资料，以《山海经》、《楚辞·天问》、《淮南子》为主，而遍及于各种古籍，并总结了解放以前这方面的研究成果……因而使得中国古代的许多神话获着了一个整体的系统，我们读了这本书之后就可以大致掌握中国古代神话的整个面貌。"顾颉刚：《〈中国古代神话研究〉序》（1958年），同上引书，第3页。

面"——始终是实践的而不是理论的,那么,茅盾的正题主张显然与之遗憾地擦肩而过或失之交臂,而顾颉刚的反题主张则步步为营地参与到神话学的现象学—先验论革命的进程当中,甚至超越了马林诺夫斯基、巴斯科姆的现象学观念(信仰心理)直观的主观性还原方法,而开启了先验论理念(理性信仰)演绎的主观间客观性反思模式,从而在世界神话学的民间文(艺)学—民俗学、人类学现象学—先验论革命的历史与逻辑进程中,占据了重要(甚至重大)的学术和学术史地位。即,通过"中国神话历史化"命题的正题—(特别是)反题——不仅从"子部""集部"诸子文献还原到"经部""史部"儒家经典的信仰叙事体裁形式,而且共同还原到本土传统"叙事体裁分类体系""四部"制度的整体性规划——的合题主张,甚至已经部分地回答了自博尔尼、博厄斯、马林诺夫斯基以来诸多神话学革命的具体问题,例如:(1)除了"神的故事"(神话),人的故事(历史)能否被用作神话信仰叙事体裁形式的题材内容质料规定性?(2)除了主观普遍性的信仰心理形式,主观间客观的理性信仰形式,能否被用作根据共同体文化("历史性……先验"语境)叙事制度(主观准则)任意约定的宪章功能信仰叙事体裁形式("古史传说")——即维柯所谓神话—历史信仰叙事的"文体""文类"[①]——的强制规定性先验条件?回答都是肯定的(例如中国传统儒家神话依照道德法则理想图型的纯粹理性历史形象意义)!而这就是当年的茅盾—顾颉刚"中国神话历史化"命题的合题主张给予世界神话学现象学—先验论革命的超前贡献。这样,茅盾—顾颉刚就"会心"[②]地联手为博尔尼、博厄斯最先挑起却最终"没有找到出路"[③]的神话学革命,找到了一条通过对"文化实践"(萨林斯)的反

---

① "对(公元前6到前4世纪)……这一时期的希腊人而言,神话并不像我们设想的,指的是关于众神与英雄的传说。它既不指一种特殊的文学体裁,也不指一种故事类型,也不指任何一种叙事形式,它反而摧毁了它们之间的边界。"[法]韦尔南:《神话与政治之间》,余中先译,生活·读书·新知三联书店2005年版,第340页;户晓辉:《返回爱与自由的生活世界——纯粹民间文学关键词的哲学阐释》,江苏人民出版社2010年版,第258—259页。

② "当代活的较高文化中,如印度、日本、中国,以及欧、美所有的神话学,本可以因原始民俗信仰的彻底比较研究,而有会心。"[英]马林诺夫斯基:《巫术 科学 宗教与神话》,李安宅译,中国民间文艺出版社1986年版,第126页。

③ [美]阿默思:《我们需要理想的(民俗)类型吗?——致劳里·航柯》,载《民俗学概念与方法——丹·本-阿默思文集》,张举文编译,中国社会科学出版社2018年版,第130页。

思而打通的从主观论"现象学体系"到客观论先验论（形而上学）结构的实践神话学目的论与方法论出路，从而必将作为现代神话学理论认识范式的终结者，同时作为后现代神话学实践反思范式的开创者而走向神话学的未来。

第六节　搁置分析范畴以还原本族体裁分类体系

20 世纪 60—70 年代美国民俗学界关于"分析范畴"（analytical category）或"分析性概念"（analytical concept）与"本族体裁"（ethnic genre）、"本土体裁"（native genre）、"本地体裁"（local genre）[①] 等"本土范畴"（native category）的讨论延续了 20 世纪 20—30 年代民间文（艺）学—民俗学、人类学的神话学家们讨论"神话"定义时的问题意识——包括中国神话学家"中国神话历史化"命题（特别是反题主张）的问题潜意识——而联结这两场讨论的中间过渡人物是巴斯科姆。我们已经多次回顾，理论神话学用"神话"概念的经典定义即"格林定义"以及博尔尼定义"神话"的"最后见解"判断神话的双重标准，经博厄斯、马林诺夫斯基的接力质疑，不仅其故事题材内容规定性几近完全失效，其信仰体裁形式规定性也最终沦落为主体（共同体、个体）主观信仰心理—态度意向形式（通过态度现象可以感性地直观）的偶然或或然性。由于"格林定义"及其"最后见解"作为概念工具或手段的失效，主要是在理论地认识神话实践的多样性现象的文化间交往（或

[①] Analytical category，张举文译作"分析类别"；ethnic genre、native genre、local genre，张举文分别译作"本族类型""本土类型""本地类型"。[美] 阿默思：《分析类别与本族类型》，载《民俗学概念与方法——丹·本 - 阿默思文集》，张举文编译，中国社会科学出版社 2018 年版，"编者按"，第 104 页。"本译文将 genre 译为'类型'，是考虑到这是对民俗的分类，而不只是对民间文学的分类。该词在特定学科范畴也曾被理解或翻译为（文学或民间文学的）'体裁''格体'或'文类'。" [美] 阿默思：《民俗学中类型的概念》，载《民俗学概念与方法——丹·本 - 阿默思文集》，张举文编译，中国社会科学出版社 2018 年版，第 83 页 "译注①"。

交流，即 communicationg①）过程中被披露的，所以，为了在理论定义与"实践命名"的规定性与反思性这两种不同的词语（俗语、术语）使用方式之间保持平衡的"同步关系"，以便更有效地认识神话实践的文化现象，民间文（艺）学—民俗学的神话学家们殚精竭虑地创造出被称为"神话—传说—童话"的理论规定兼实践反思"混血"或"混合""用法（usage）"（巴斯科姆）的"分析范畴"——阿默思也称之为"分析模式"或"演绎模式"——何谓"分析"？康德曾如是说：

> 分析的（肯定性的）判断［"我在这里只考虑肯定判断，因为随后应用在否定判断上是很容易的事"——康德自注］是这样的判断，在其中谓词和主词的连结是通过同一性来思考的，而在其中这一连结不借同一性而被思考的那些判断，则应叫作综合的判断。前者也可以称为说明性的判断，后者则可以称为扩展性的判断，因为前者通过谓词并未给主词概念增加任何东西，而只是通过分析把主词概念分解为它的分概念，这些分概念在主词中已经（虽然是模糊地）被想到过了；相反，后者则在主词概念上增加了一个谓词，这谓词是在主词概念中完全不曾想到过的，是不能由对主词概念的任何分析而抽绎出来的。②

---

① "'communicationg'，在本文集中依照作者界定民俗的意思，被译为'交际'，而不是'交流'或'传媒'等。"张举文：《一位格物致知的民俗学家（代译序）》，《民间文化论坛》2018年第2期，载《民俗学概念与方法——丹·本-阿默思文集》，张举文编译，中国社会科学出版社2018年版。

② ［德］康德：《纯粹理性批判》，邓晓芒译，人民出版社2004年版，A7/B10—11，第8页。相反，"综合命题就是这样一类命题，借此我超出那个概念之外，说到某种有关这个概念而又未在概念里被想到的东西，相应于知性里面的这个概念还有一个外在于知性的对象被设置了；这显然是不可能由任何一种推论裁成的。"［德］康德：《实践理性批判》，韩水法译，商务印书馆1999年版，S.139，第152页。"在先天综合判断那里……完全是先天地并从单纯的概念出发，把后面这些表象加在前面那个表象上。这样，我们先天的思辨知识的全部目的都是建立在这样一些综合性的、亦即扩展性的原理之上的。"［德］康德：《纯粹理性批判》，邓晓芒译，人民出版社2004年版，A9-10/B13，第10—11页。目前欧美民俗学界和中国民俗学界都把"分析性范畴"用作与"地方性范畴"相对立的概念，是错误的；其实，巴斯科姆矩阵式"分析性范畴"只是对经典学术性概念的进一步"说明"，不是对"地方性范畴"的理论认识，即"分析性范畴"是与理论的综合性范畴相对立的概念，而不是与"地方性范畴"相对立的概念，而阿默思正确地理解了这一点。

也许是因为在面对神话实践的文化多样性复杂现象时，"神话"概念的理论定义过于简略，其中能够被"抽绎"出来用以进一步"说明""神话"概念的"分概念"太少，只有叙事的题材内容和体裁形式这两项规定性。所以神话学家们想到，应该"从欧洲民俗学者［格林兄弟开始］所用的三元分类中衍生出来"的"神话""传说""童话"等概念中继续"抽绎"即进一步"分析""分解"出更多的"说明性""分概念"甚至"分—分概念"。① 这就使得"神话"概念的理论定义超越了隐性地"混血""混合"的"格林定义"而成就了一项显性地包括理论定义和"实践命名"的"诸形式特征"（formal features）② "区别性特征"③ "特征属性"④ "体裁属性"⑤ "多维框架""各种因素的综合"⑥ 的"方形矩阵"⑦ "图示"⑧

---

① "为了使神话这个概念不被简缩为一个定义，必须由一种开放的理论来概括。只有这样一种（神话的）理论，而非神话的概念才能把方法的多元主义引向一个新的、自我反思的描述系统。只有在如下这样的描述中才能通达（开启）神话，即让神话的现象构成神话自身［莫恩］……必须抛弃神话的简单定义，转向一种作为描述系统的神话理论，这种理论的特征是敞开性或开放性，其根本目的在于通过描述通达神话或开启神话，即让其作为神话的现象构成自身，也就是让神话自己出场或呈现出来，这实际上暗含着回到神话自身这一重要思想。"户晓辉：《返回爱与自由的生活世界——纯粹民间文学关键词的哲学阐释》，江苏人民出版社2010年版，第201—202页。

② ［美］巴斯科姆：《口头传承的形式：散体叙事》，朝戈金译，载［美］邓迪斯编《西方神话学读本》，广西师范大学出版社2006年版，第11、13页。Sacred Narrative: Readings in the Theory of Myth, Edited by Alan Dundes, University of California Press, 1984, pp. 9, 11.

③ ［美］阿默思：《我们需要理想的（民俗）类型吗？——致劳里·航柯》，载《民俗学概念与方法——丹·本-阿默思文集》，张举文编译，中国社会科学出版社2018年版，第133页。

④ ［美］阿默思：《分析类别与本族类型》，载《民俗学概念与方法——丹·本-阿默思文集》，张举文编译，中国社会科学出版社2018年版，第120页。

⑤ ［美］阿默思：《分析类别与本族类型》，载《民俗学概念与方法——丹·本-阿默思文集》，张举文编译，中国社会科学出版社2018年版，第122页。

⑥ ［美］阿默思：《我们需要理想的（民俗）类型吗？——致劳里·航柯》，载《民俗学概念与方法——丹·本-阿默思文集》，张举文编译，中国社会科学出版社2018年版，第132页。

⑦ ［美］阿默思：《我们需要理想的（民俗）类型吗？——致劳里·航柯》，载《民俗学概念与方法——丹·本-阿默思文集》，张举文编译，中国社会科学出版社2018年版，第131页。

⑧ ［美］阿默思：《我们需要理想的（民俗）类型吗？——致劳里·航柯》，载《民俗学概念与方法——丹·本-阿默思文集》，张举文编译，中国社会科学出版社2018年版，第132页。

"分析模式"或"分析性的模型",① 即"用滑动的刻度与成捆的特征"将诸"体裁属性"置于"弹性的、可变动且处于变动之中的分类系统"的现象学努力。

> 作为最早一批受到后现代主义［现象学方法论］影响的学者，他们提出了一个弹性的、可变动且处于变动之中的分类系统。他们不将体裁［概念］视为放置文本的文件匣，而是考虑用比以往［的概念］体系更好的方式——用滑动的刻度与成捆的特征［的理论概念兼"实践命名"的主观观念"现象学体系"］去表现民俗的体裁属性。②

也许，这就是"分析范畴"的"后现代"现象学"说明性"的由来吧！而今天最为民间文（艺）学—民俗学的神话学家们所熟悉的"神话"概念的"分析范畴"（或"分析模式""分析模型""分类系统"），大概非巴斯科姆对神话、传说和狭义民间故事这三种"民俗形式"（forms of folklore）的分析性或分解式"抽绎""说明性"定义莫属。当然，阿默思认为，这也是巴斯科姆"最常被［人们］提及的失败"。③

根据以上"方形矩阵""图示"，巴斯科姆区分民间文学（散文）叙事体裁（genre）的诸项指标即"诸形式特征"或"区别性特征""特征属性""体裁属性"有：（1）"背景/setting = 时间/time + 地点/

---

① ［美］阿默思：《我们需要理想的（民俗）类型吗？——致劳里·航柯》，载《民俗学概念与方法——丹·本-阿默思文集》，张举文编译，中国社会科学出版社2018年版，第133页。
② ［美］阿默思：《我们需要理想的（民俗）类型吗？——致劳里·航柯》，载《民俗学概念与方法——丹·本-阿默思文集》，张举文编译，中国社会科学出版社2018年版，第131页。
③ ［美］阿默思：《我们需要理想的（民俗）类型吗？——致劳里·航柯》，载《民俗学概念与方法——丹·本-阿默思文集》，张举文编译，中国社会科学出版社2018年版，第130页。

散文叙事三种体裁的形式特征 ①

形式特征/体裁 form features/genres②	神话 myth	传说 legend	民间故事 folktale
（1）背景	某时某地	某时某地	任意时间、地点
a. 时间	久远以前	不久以前	任意时间
b. 地点	古时的或另外的世界	今日世界	任意地点
（2）主要角色	非人类	人类	人类/非人类
（3）传统的开场	无	无	常有
（4）天黑后讲述	不受限制	不受限制	常有
（5）信实性 belief ③	事实 fact	事实 fact	虚构 fiction
（6）取态 attitude ④	神圣的 sacred	世俗的/神圣的 secular/sacred	世俗的 secular

place"；（2）"主要角色/principal characters"；（3）"传统的开场/conventional opening"；（4）"天黑后讲述/told after dark"；（5）"信实性/belief"；（6）"取态/attitude"。其中，（1）（2）是从原题材内容规定性"分概念"中进一步"抽绎"的故事题材的具体质料现象的客位理论规定"分—分概念"；（3）（4）是从原体裁形式规定性"分概念"中进

---

① 根据巴斯科姆《口头传承的形式：散体叙事》"表一""表二"改订。[美]巴斯科姆：《口头传承的形式：散体叙事》，朝戈金译，载 [美] 邓迪斯编《西方神话学读本》，广西师范大学出版社2006年版，第11、13页。*Sacred Narrative*: *Readings in the Theory of Myth*, Edited by Alan Dundes, University of California Press, 1984, pp. 9, 11.

② form，形式。试比较民间文（艺）学的其他几个概念：style，类型；genre，体裁（类型、文类）；morphology，形态学；matter，内容、素材；theme，题目、题材；subject，主题。

③ belief，相信、信仰。试比较：confidence（confide），信任、信心；faith，信任、信仰。

④ attitude，态度、看法。

一步"抽绎"的叙事形式的具体仪式现象的客位理论规定"分—分概念";①（5）（6）是从原体裁信仰形式规定性"分概念"中进一步"抽绎"并转换的信仰心理—态度形式的主位实践反思"分—分概念"。阿默思认为，（1）（2）（3）（4）都还只是界定体裁之为体裁的"次要属性"，②而（5）（6）才是界定体裁之为体裁的"主要特征属性"。③就（5）（6）同样是对信仰（或非信仰）叙事体裁形式的主位实践还原而言，"信实性"（belief）是对神话故事题材内容之真实性在主观上的相信（in the belief that），而"取态"（attitude）则是对神话故事题材内容之真实性和神圣性在主观上的信仰（have or put faith in）。这样，通过创造性地使用"分析模式""分析模型"的"分析范畴"，巴斯科姆就将原"混合""混血"地隐藏在"格林定义"中对"实践命名"予以主观性观念直观的现象学反思性"用法"——"信实性""取态"都不是经验论感性直观而只能是现象学观念直观的意向对象——以"说明性"的方式明确地"抽绎"出来了，所以巴斯科姆才强调"用法已变化了"。但这里有必要强调，尽管"分析范畴"极具创造性，但巴斯科姆实际上并没有给"格林定义"增加任何新的东西，而只是把"格林定义"中已经（虽然是模糊地）想到过的东西明确（但也可能"倒退"）地表达出来，④记

---

① "就体裁而言，民俗表演的行为也具有一定的界定能力。"［美］阿默思：《分析类别与本族类型》，载《民俗学概念与方法——丹·本-阿默思文集》，张举文编译，中国社会科学出版社2018年版，第117页。

② ［美］阿默思：《分析类别与本族类型》，载《民俗学概念与方法——丹·本-阿默思文集》，张举文编译，中国社会科学出版社2018年版，第120页。

③ ［美］阿默思：《分析类别与本族类型》，载《民俗学概念与方法——丹·本-阿默思文集》，张举文编译，中国社会科学出版社2018年版，第125页。

④ "一个分析的断言并不使知性走得更远，知性在这里只是在讨论概念中已被想到的东西，所以它并不能决定这概念是自在地与对象本身有关，还是只意味着一般思维的统一性（这统一性完全抽掉了一个对象有可能被给予出来的那种方式），对它（'在分析的运用中的知性'）说来，只要知道在它的概念中有什么就足够了；这概念本身针对着什么，这对它来说是无所谓的。"［德］康德：《纯粹理性批判》，邓晓芒译，人民出版社2004年版，A258-259/B314，第234页。"如果我们停留在被包含在这个概念中的东西那里，那么这一判断就会只是分析性的，并且只是按照在思想中已现实地包含着的东西对这思想的解释。"同上引书，A721/B749，第558页。"分析判断关于对象所教给我们的真正说来不外乎我们对该对象所拥有的概念自身已经包含在内的东西，因为这种判断不把知识扩展到超出主体的概念之外，而只是解释这概念。"同上引书，A736/B764，第568页。

住这一点非常重要，因为这也就是巴斯科姆"最常被［人们］提及的失败"之处的关键所在。

> 以这样的［现象学］眼光看以往的神话研究史，就意味着对我们的目光做重要的转向和重大的调整：我们主要不再关注人们已经为神话［理论地］规定的具体内容［例如"神话"概念所指的"神的故事"的字面意义——笔者补注］，而是把注意力集中在人们关注或者看神话［以及如何"做"神话］的方式上……所看的不仅是以往学者和研究者看的方式，也包括被研究者看［甚至"做"］神话的方式，力图让被研究者眼中或意向中的神话自己显现出来，并把这一点当作神话研究的根本目的。①

用现象学家的话说就是，"运用那些产生于被［现象学地］直观之物本身之中的概念［这里就是主体自我"实践命名"的主观观念——笔者补注］来表述被直观之物"。② 但即便如此地努力于现象学目的论和方法论的转换，阿默思还是认为，巴斯科姆的"分析范畴""从民俗志［现象］学角度看是简单化了"。③ 阿默思所谓现象学的"简单化"首先是说，包含了"分概念""分－分概念"的"混血""混合"式"分析范畴"仍然"模糊地"④掺杂了研究者主体站在客位主观性立场上的理论认识"用法"——阿默思引韦伯的说法就是，"对［神话诸形

---

① 户晓辉：《返回爱与自由的生活世界——纯粹民间文学关键词的哲学阐释》，江苏人民出版社 2010 年版，第 208 页。
② 倪梁康：《胡塞尔现象学概念通释》，生活·读书·新知三联书店 1999 年版，第 85 页。参见户晓辉《返回爱与自由的生活世界——纯粹民间文学关键词的哲学阐释》，江苏人民出版社 2010 年版，第 280 页。
③ ［美］阿默思：《分析类别与本族类型》，载《民俗学概念与方法——丹·本－阿默思文集》，张举文编译，中国社会科学出版社 2018 年版，第 122 页。
④ "界定传说的最主要特征是信仰，可它也似乎变得既太包容，又太排斥。一方面，对信仰的态度被用来看待那些不一定是传说的叙事；另一方面，有些客观和主观'存在'只出现在信仰体系之中，并受制于各种不同态度，从怀疑到嘲笑再到彻底不信。……不仅如此，信仰观念本身也表现出很宽泛的语义范围，因此也无法成为分析体裁定义的合格的标准。"［美］阿默思：《民俗学中类型的概念》，载《民俗学概念与方法——丹·本－阿默思文集》，张举文编译，中国社会科学出版社 2018 年版，第 84 页。

第二章 清除理论神话学实证主义最后的遗迹

式］特征的体察与选择都是［出于客位立场的］主观性的"① ——因而没有能够全面、彻底地还原到叙事实践主体主位主观观念的文化立场，这显然引起了阿默思的诸多不满。阿默思指出，巴斯科姆之于"神话"概念的分析性（矩阵式）定义，全部体现了"实证主义最后的遗迹"，即：（1）故事题材内容（"背景＝时间＋地点""主要角色"）文本的现象规定性；（2）叙事仪式形式（"传统的开场""天黑后讲述"）行为的现象规定性；（3）当然最重要的还是被心理学化的文化主体（共同体、个体）主位主观的信仰（或非信仰）意向形式（"信实性""取态"）态度的现象规定性及其经验性语境条件的现象规定性。② 阿默思甚至将这些外在的文本、行为现象以及内在的心理（表现为"可观察的、可证实的""态度"）现象类比于言语"生理"现象的可规定性。

> 将口头言语艺术分类为散文与诗歌的基础是具体的、说话的生理［学］现实。这是一个可观察的、可证实的［**理论认识**］过程，其［**直观对象的现象**］特征属性不只是依赖于说话人的主观认知，［**而是也可以根据旁观者的客观认识，就像**］韵律言语［**现象**］构成了与散文［**言语现象**］在客观上不同的［**实质性**］本

---

① "对特征的体察与选择都是主观性的……在历史或文学中，什么是'事实'，这是由研究者的认知兴趣所决定的。"［美］阿默思：《我们需要理想的（民俗）类型吗？——致劳里·航柯》，载《民俗学概念与方法——丹·本-阿默思文集》，张举文编译，中国社会科学出版社2018年版，第136页。"他们的不同之处在于，其各自的模型选择了不同的体裁属性以确定体裁的范围。"同上引书，第131页。"理论的主观判断。"［美］阿默思：《分析类别与本族类型》，同上引书，第109页。"从实践的观点看，这些理论标准恰恰只是根据理论家们个人主张的主观性。"吕微：《民俗学的哥白尼革命——高丙中的民俗学实践"表述"的案例研究》，《民俗研究》2015年第1期，收入吕微《民俗学：一门伟大的学科——从学术反思到实践科学的历史与逻辑研究》，中国社会科学出版社2015年版，第533页。

② "这种把语境关系视为文本的暗喻观点，强调指出表演场景的绝对个人化的潜在危险。"［美］阿默思：《承启关系中的"承启关系"》，载《民俗学概念与方法——丹·本-阿默思文集》，张举文编译，中国社会科学出版社2018年版，第36页。

体论体系。① 虽然不同文化的人可能在不同点上界定两个范畴，两者的边界在同一个群体中也会有波动变化，但是［韵律言语的体裁形式与散文言语的体裁形式，就同样是现象而言］，两者之间有一个本质的区别。②

---

① "对故事的最后分析取决于每个社会如何以自己的术语对在数量或组合上所界定的体裁。但是，从分析角度看，所有民俗实践者在交际中的特别属性可以分为三个层面：韵律的、主题的，以及行为的。对一个表达方式的韵律特征的概念体现出言语声音与时间之间的关系的认知功能。主题属性的程式化依赖于行为、行为者，或者比喻之间的关系。对行为特征的认知形成于对一个交际事件的潜在社会关系组合的理解。对体裁的本族定义可能融合任何一个层面，或全部三个层面的特征。"［美］阿默思：《分析类别与本族类型》，载《民俗学概念与方法——丹·本－阿默思文集》，张举文编译，中国社会科学出版社2018年版，第117页。"对说话特征的最普遍认知也许是其韵律特性。博厄斯曾指出，'两个最基本形式，歌与故事，存在于全世界所有人之中'，所以，他建议，'它们应该被视为文学活动的最基本形式'。对他来说，'最基本'所指的是，在这样的语境关系中，这两种形式在文学创作发展中的地位。韵律形式构成世界文学的最初级共性，因此，也必然是对任何口头言语表达最基本的形式。但是，有可能从认知方面，而不是进化论方面，并从直接表明或潜在隐含的关系角度来理解散文与诗歌。一条信息中是否存在或缺失深层的韵律结构是在任何交际事件中首先被注意到的特质，所以也是口头传统的分类中最基本和最包容的属性。由此，散文和诗歌构成一对二元关系，其中，韵律的深层结构是区分这两个大类的关键属性。它也被用来界定任何言语交际的范畴特征，而且不提供任何过渡中介点：一条信息或是有韵律或是没有韵律。可是诗歌范畴之内，说话者可能辨认出几种不同的言语韵律重复模式，以此作为不同体裁的特质……口头言语信息是否含有韵律的深层结构可以表明该社会对某个主题的概念，或者可以提供了解叙事者意图的线索。例如，日常说话时的韵律及信息的内容。无论一个传说中讲述的是多么非凡的事件，其叙事的韵律表明了它的现实性和积极性。但是，当其与日常话语近似，只具有一种艺术价值，而且叙事者不需要寻求听众的信任时，他很可能在讲故事时，谨慎利用开场或终场的程式，将特殊词语或表达法插入故事中，以便让听众了解真正的信息本质，而不至于把虚构与现实混起来……同理，口头说出的诗歌表明了说话者对主题内容或场合的观念。韵律的使用可能有很广泛的意义，从宗教戒律到巫术力量，再到单纯的娱乐，一切都取决于使用的环境。但是，各种诗性表达的共同点是其有意区别于日常言语，区别于世俗、现实，或是真实存在。当然，这并不是说任何以诗的形式交际的信息在本体论上是假的，或说是想象的。多数歌谣和史诗都含有历史事实的核心部分……但是，有意识地以韵律形式来讲述这个故事暗示了要从感情上影响听众的意图，而不仅仅是要传达事实信息。实际上，在散文故事中，在有韵律的言语的意义与对主题内容的文化态度之间存在一个矛盾；因此，这样的叙事常常需要特别声明说其不具有真实价值。相比之下，因为诗的形式表明与现实的脱离，所以，说话者若是有意图要证明所说的话是真实的，就需要做出声明，如在作为证言的歌谣演唱的程式化的开头。"［美］阿默思：《分析类别与本族类型》，同上引书，第118—119页。故"韵律"既是叙事体裁的实践命名条件同时也是理论认识对象。

② ［美］阿默思：《分析类别与本族类型》，载《民俗学概念与方法——丹·本－阿默思文集》，张举文编译，中国社会科学出版社2018年版，第120页。

阿默思认为，巴斯科姆用以区分叙事"体裁属性""特征属性""诸形式特征""区别性特征"的"评判标准"①"分概念""分—分概念"，或者原本就是指向：（1）"背景＝时间＋地点"；（2）"主要角色"；（3）"传统的开场"；（4）"天黑后讲述"诸现象的理论认识规定性；或者是指向：（5）"信实性"；（6）"取态"等反思性实践观念被心理学化之后的理论认识现象规定性，从而与被用来识别韵文体裁（以区别于散文体裁）的"韵律言语"现象的理论认识规定性一样，都是可以通过经验性语境"可观察的、可证实的［理论认识］过程"而被感性地直观（事实判断）的现象对象，因而都属于"民俗学研究中实证主义最后的［理论认识］遗迹"。这样，作为具有现象学倾向的马林诺夫斯基功能论神话学传人的巴斯科姆，才成了"最常被［现象学神话学家们］提及的失败［者］"，即没有能够挣脱作为理论认识客位"旁观者"的主观性尴尬角色，因而与其先行者马林诺夫斯基一起，遭到了阿默思的猛烈抨击。

> 基里维纳人的讲述形式类似于神话、传说与幻想故事的分析性分类或说普世性体裁，但它们之间的所有相似性都只存在于旁观者的脑中，在这个特殊的例子中，旁观者是一位在英国受教育的波兰人类学家。例如，只有在马林诺夫斯基的功能论谬误中，才可能将 lili'u 命名为"神话"［myth］。是他［马林诺夫斯基］而不是基里维纳人自己将这些故事解释为社会的给定宪章。②

阿默思过于武断了。如果我们还原到"说话人"对 lili'u 的主体、主位、主观态度，基里维纳人并不一定就不可能视 lili'u 为"社会的给定宪章"（尽管可能也是"模糊"的表达）。因此，"旁观者"为什么就不可以用"家族相似"（维特根斯坦）的"神话"（myth）这个词语（不一定就是被定义了的概念）对 lili'u 的"实践命名""表一了解之同

---

① ［美］阿默思：《分析类别与本族类型》，载《民俗学概念与方法——丹·本-阿默思文集》，张举文编译，中国社会科学出版社2018年版，第122页。
② ［美］阿默思：《我们需要理想的（民俗）类型吗？——致劳里·航柯》，载《民俗学概念与方法——丹·本-阿默思文集》，张举文编译，中国社会科学出版社2018年版，第141页。

情"（陈寅恪），尽管 lili'u 自我"实践命名"的词语并不就绝对地等同于他者为"同情地理解" lili'u 而使用的词语（myth"神话"）。马林诺夫斯基的失误并不在于用 myth"同情地理解"lili'u，而在于他把特定的反思性对象变成了普遍的规定性对象。

马林诺夫斯基设想，功能是普遍的，因此也对人类社会至关重要。据此，一个发挥作用的体裁体系应该有普适性，并构成一个体裁的划分模式以便储存信息，再从中提取全世界的传统的信息。这套逻辑只对巴斯科姆有意义；他以功能论为主要标准构建了一个为民俗形式分类的体系。可是他马上发现，虽然这个体系对信仰与不信仰以及娱乐的态度的确有［理论认识的］普适性，但是，其应用则取决于特定文化［主体主位主观态度的实践观念］。发挥功能作用的本族体裁只构成了一个受制于本族人的认知、表演和语言的相对［分类］体系。巴斯科姆注意到这些困难，但还是试图在散文叙事的本土体裁和分析范畴之间找出［能相互平衡的］同步关系："神话、传说和民间故事不应被看作［在理论认识上］普遍认可的体裁［概念］，但可以作为［‘模糊’地‘混血’‘混合’的］分析概念，并有意地运用到跨文化研究中，哪怕是其他［文化］的‘本土体裁’［分类］体系只被在本地认可。它们［指‘神话’‘传说’‘童话’概念——笔者补注］是从［始于格林兄弟的］欧洲民俗学者所用的三元分类中衍生出来的，很可能［仅仅］反映了欧洲的‘民众’的‘本土体裁’；但也可以轻易减到二元分类体系，认可这个体系的社会将神话与传说合为一个体裁（神话—传说），由此区别于虚构的民间故事。"①

在更传统的关于民俗体裁的［分析］模型中，我们也没有找到出路。即使当时它们被塑造为功能性的术语，正如威廉·巴斯科姆所做的那样。也许巴斯科姆过于犹豫，在将人类学［功能论］理论引入文学分类后，他本可以得出合乎情理的结论［，从"体裁"的普遍理论概念及其逻辑分类方法彻底地还原到"体裁"的文化

---

① ［美］阿默思：《民俗学中类型的概念》，载《民俗学概念与方法——丹·本-阿默思文集》，张举文编译，中国社会科学出版社2018年版，第92—93页。

第二章 清除理论神话学实证主义最后的遗迹

"实践命名"及其本族分类体系〕，但他却畏缩了。他没有开启〔现象学地反思"文化实践"（萨林斯）〕全新篇章，而是选择了在一个不可能整合〔理论认识与实践反思〕的领域中去整合〔分析范畴与本族体裁〕。他呼吁，要更准确地叙述"人们自己所承认的民俗范畴，以及……人们对这些范畴的态度"，但这与他自己希望在跨文化的基础上分析散文性叙事的愿望相抵触。他认为，"神话、传说和民间故事"只作为"分析性概念，可以将它们有意义地应用于跨文化分析，即使有别的'本土范畴'〔分类〕体系在当地被使用"。但他并未进一步说明，这样一种"有意义的"〔跨文化〕应用要如何完成。如果正如巴斯科姆所确信的，这些分类〔如果在理论上〕是普适性的，它们就不会与本土分类产生矛盾。而如果它们〔作为认识论〕不是普适性的，从它们开始进行研究又有何"意义"呢？它们的跨文化应用只是名义上的，而不是实质性的。①

"如果……这些分类〔在理论上〕是普适性的，它们就不会与本土分类产生矛盾。而如果它们〔作为认识论〕不是普适性的，从它们开始进行研究又有何意义？"这是巴斯科姆遭遇的与"博厄斯问题""马林诺夫斯基问题"一样的理性二论背反。遭遇此二论背反，巴斯科姆当然难以"进一步说明，这样一种'有意义的'〔跨文化〕应用要如何完成"，因为在巴斯科姆手中，已经崭露头角的现象学主观性观念直观（意向对象）的反思性方法，又全面退回到认识论客观性经验性直观（现象对象）的规定性方法的老路上去了。但是，尽管批评巴斯科姆严厉有余，阿默思还是承认，"巴斯科姆对这个内在〔于方法论'用法'〕的差异是很清楚的"。并且，在面对文化实践主体主位的主观观念时，主张功能论的民间文（艺）学—民俗学家们在有意地转换方法论"用法"的同时，毕竟也在无意间抑制了"其中潜藏的〔'旁观者'客观论

---

① 〔美〕阿默思：《我们需要理想的（民俗）类型吗？——致劳里·航柯》，载《民俗学概念与方法——丹·本-阿默思文集》，张举文编译，中国社会科学出版社2018年版，第130页。

的主观性］傲慢"。①

　　［具有现象学倾向的］功能论对口头文学的体裁探讨路径……不关心体裁［在旁观者眼里］到底是什么，而注意的是该社会成员说它们是什么。因此，言语艺术［体裁］的命名实际上成了文化经历的范畴，明确代表了对各种主题［的真实性与虚构性叙事内容］和［信仰与非信仰叙事体裁］形式的文化态度。在多数情况下，这些态度再现于信与不信的特定［体裁形式间］关系中［，就像索绪尔说的，词语字面意义的用法价值存在于不同词语能指（包括所指）的不同使用方式之间的相互限定关系当中——笔者补注］，并成为对［体裁］形式表达的［任意约定性］分类，以及对文化中的功能分析性阐释的基础。作为文化［实践］经历，这样的对口头传统［体裁形式间］的分类［从现象学的角度看——笔者补注］是独具特色的。没有任何两个［共同体的体裁分类］体系是彼此完全复制的。因此，基于某一特定［例如欧洲］文化体系去构建一个跨文化分析模式，这在名义和表述上与错误地将［理论概念的分析—］演绎模式［例如"格林定义"］视为真实的本族［体裁的实践］命名法是相矛盾的。威廉·巴斯科姆对这个内在的差异是很清楚的。他曾提出一个对散文叙事的三分法体系。他将有明确定义的"神话、传说和［狭义］民间故事"只作为"分析性概念，可以将它们有意义地应用于跨文化分析，即使有别的'本土体裁'［分类］体系在当地被使用"……但是，每当比较一个实际的文化［实践］经历与一个分析［—演绎的理论］模式、一个独特的［实践分类—命名］现象与一个普遍［理论分析—演绎］模式，这一类［理论分析—演绎］模式就不可避免地显露出其在阐释说明本族的民俗范畴体系时的不足之处。当实际的本土体裁［的"实践命

---

① "巴斯科姆认为，神话、传说与故事的三分法，至少'反映了欧洲「民俗」中的「本土分类」'。今天我们无须再抨击其中潜藏的傲慢，因为他试图将这一系列强加于世界上其他文化中。"［美］阿默思：《民俗学中类型的概念》，载《民俗学概念与方法——丹·本-阿默思文集》，张举文编译，中国社会科学出版社2018年版，第130页。

名"体系］与理想化［理论概念］模式不符时，调整是必要的。①

那么，又该如何"调整"理论概念"分析模式"或"演绎模式"的使用方式和"实践命名""文化经历"的使用方式之间的相互"不符"，即"这样一种'有意义的'应用要如何完成"呢？对阿默思来说，仅仅抑制理论概念以客观性名义强制规定"实践命名"的主观性傲慢态度，还远远不够。

例如，当某些西非社会使用散文叙事的二分法，而不是三分法分类体系时，巴斯科姆提出，"神话与传说陷入混合成为一个范畴，即'神话传说'"。在做出这样的调整时，巴斯科姆超出了他自己在提出［基于"分析范畴"的］分类体系时所设定的［理论认识］界限，将其视为具有历史文化［实践"经历"］的现实，并根据［实践的具体］情况做了改变。尽管他始终使用本土名称术语，这个［分析模式或演绎］模式的内在［理论认识目的论，而不再是方法论］前提不允许将本土的散文叙事分类考虑为一个［自身独立且］完整和复杂的象征体系［此处应为"实践分类命名体系"——笔者补注］。②

阿默思毫不客气地指出，"［本族］体裁在每一特定文化中的［实践］交际属性被视为基于［理论认识的］体裁区分的普适原理之上的表面结构"，③ "分析范畴"或"分析模式"的理论认识目的论（而不是方法论）的"内在前提［仍然］不允许将本土的散文叙事分类考虑为一个［自身独立且］完整和复杂"的"本族体裁分类体系"，即便巴斯科姆追求的是理论认识的目的论与实践反思的方法论之间的"同步关系"。因此，正如阿默思洞若观火地指出的，正是由于理论认识在目的

---

① ［美］阿默思：《分析类别与本族类型》，载《民俗学概念与方法——丹·本-阿默思文集》，张举文编译，中国社会科学出版社2018年版，第113—114页。
② ［美］阿默思：《分析类别与本族类型》，载《民俗学概念与方法——丹·本-阿默思文集》，张举文编译，中国社会科学出版社2018年版，第114页。
③ ［美］阿默思：《民俗学中类型的概念》，载《民俗学概念与方法——丹·本-阿默思文集》，张举文编译，中国社会科学出版社2018年版，第94页。

论上对实践反思方法论"所设定的界限",才导致巴斯科姆"分析范畴"的诸多"分概念""分—分概念"最终都被还原为"可用于分析的、完整的、客观的民间文学[理论认识]模式",① 即"分析范畴"(或"分析模式""演绎模式")本身在整体上回归了实证主义,于是,反思地还原主体主位"文化经历"的"实践命名"的主观性观念,就成了一句空话。因此,阿默思所谓"实证主义最后的遗迹",不只是说"分析范畴"中现实的理论认识规定性"分概念""分—分概念",也是说"分析范畴"中可能——只是"可能",所以我们说过,其实巴斯科姆"分析范畴"并没有给"格林定义"增加什么新东西——的实践还原反思性"分概念""分—分概念"(像"韵律言语"一样)被理论化、概念化,从而使得"分析范畴"的"用法"在整体上还原为理论认识"可观察的、可证实的过程","尽管[巴斯科姆]他始终使用本土名称术语"。除了对巴斯科姆"分析范畴"的整体性(方法论)、总体性(目的论)批评,阿默斯也指出了巴斯科姆"分析范畴"的一些具体"分概念""分—分概念"的非有效性。

  故事与神话之间的[本族体裁形式间]差异是信与不信的[意向形式间]对比。可是,以叙事[题材内容]的真实或虚构作为评判标准,[如果]这不是说话者自己对叙事本身的[题材内容]主题和行为[形式]属性的主要的态度基础,[而是旁观者他人对叙事的题材内容主题和行为形式属性的判断基础,因]而是次要的。在这两个体裁之间有着完整的["信与不信"的态度]程度区分标准,而将各种["信与不信"的]不同[态度程度]归纳为一对两极对立的属性,这在[理论]分析上是方便的,但从民俗志学[实践反思的]角度看是简单化了。② [由于]"信仰"概念本身也表现出很宽泛的语义范围,因此无法成为[实践地]分析体裁

---

  ① [美]阿默思:《分析类别与本族类型》,载《民俗学概念与方法——丹·本–阿默思文集》,张举文编译,中国社会科学出版社2018年版,第105页。
  ② [美]阿默思:《分析类别与本族类型》,载《民俗学概念与方法——丹·本–阿默思文集》,张举文编译,中国社会科学出版社2018年版,第122页。

第二章 清除理论神话学实证主义最后的遗迹

定义的合格的标准。①

阿默思批评巴斯科姆"分析范畴"之于叙事体裁意向形式"分概念"中的"信实性""取态""分—分概念"把"信与不信"的心理态度"简单化"地"归纳为一对两极对立"的"程度",于是"无法成为〔实践地〕分析体裁定义的合格的标准",是过于苛刻了。把"信实性""取态"的"程度""归纳为一对两极对立",固然过于简单了。但更重要的是,对故事题材内容之真实或虚构的"评判标准",出自"说话者自己"的"信实性"实践判断"取态"的主观性先验立场,与来自"旁观者"他人的理论判断"取态"的客观性经验性立场,不是"程度"问题而是性质问题。"旁观者"客观地认为"荒唐无稽","说话者自己"却主观地"信以为真"(茅盾)。但是,如果神话学家们不区分"说话人"与"旁观者"的态度,而是"简单化"地把"信实性""取态"的"实践命名"重新回归理论认识"分析范畴"的"评判标准",阿默思才有理由视"分析范畴"的诸"分概念""分—分概念"为"实证主义最后的遗迹"。但是其实巴斯科姆"对这个内在〔于不同主体态度〕的差异是很清楚的"。

在这些〔关于"神话"、"传说"和"童话"的〕定义中,事实与虚构的区别"仅仅"提供了那些讲述和这些故事的听众相信与否的〔主观信仰心理〕态度,并"不是"〔研究这些故事的"旁观者"〕我们相信与否,不是对于历史的或科学的〔经验现象〕事实,或任何对真实或虚假所作的最终〔理论认识〕判断。这样说或许客观一些:这是个〔有"文化经历"的"说话人"的〕主观性判断,它建立在报告者的〔实践〕观念上,并非建立在〔"旁观者"理论地认识的〕客观事实上。没有比神圣的和世俗的之间的区分更为主观的了,也许在实践〔反思而不是在理论认识〕中才更容易确定。②〔所以,〕为某一特定需要而试图科学地分析信仰〔对

---

① 〔美〕阿默思:《民俗学中类型的概念》,载《民俗学概念与方法——丹·本-阿默思文集》,张举文编译,中国社会科学出版社 2018 年版,第 84 页。
② 〔美〕巴斯科姆:《口头传承的形式:散体叙事》,朝戈金译,载〔美〕邓迪斯编《西方神话学读本》,广西师范大学出版社 2006 年版,第 13—14 页。

象］的真伪，这当然是应当的和重要的，然而当这一［根据科学的］区分产生神话和传说的［理论］定义准则时，只徒增混乱。［神话、传说、童话］这三大散文叙事［体裁］形式无一需要［理论认识的］真实［与否的"评判标准"］。①

但是，在巴斯科姆已经比较清楚地区分的地方，阿默思还是坚持穷追不舍地清除"实证主义最后的遗迹"的现象学工作。这是因为，在阿默思看来，巴斯科姆给予叙事体裁"诸形式特征"的"分析范畴""分概念""分—分概念"，都像"韵律言语"那样，存在着被重新用作理论认识规定性概念的可能性甚至已经是现实性。

  尽管这些［分概念、分—分］概念的［实践反思］意义重大，但它们［综合为整体的"分析范畴"］也阻碍了其他［实践反思］的解释模式、研究方向，以及对［实践］理论的［反思性］构建。这些［分析性］概念将所研究的问题做了［理论认识在目的论上的总体性以及在方法论上的整体性］前置界定和本质认定，由此而消噤了民众的自我［实践的全体性］表达……作为一种独特的［实践］交流方式，民俗［包括神话实践如果］存在于所有的社会生活中……这取决于民俗学家是如何以新的［实践反思的现象学］方式来展示它们的。②［否则，］从文化［实践］的视角看，［真实性］信仰与［虚构性］神话在［"实践命名"和理论］概念上［就将］是对立的。③

---

  ① ［美］巴斯科姆：《口头传承的形式：散体叙事》，朝戈金译，载［美］邓迪斯编《西方神话学读本》，广西师范大学出版社2006年版，第14页。"神话之所以自圆其说，仅仅是因为人们在愿望上坚持它们所言不虚；觉得被迫相信它们所言不虚，有一种冲动断言它们所言不虚。"［美］斯特伦斯基：《二十世纪的四种神话理论——卡西尔、伊利亚德、列维－斯特劳斯与马林诺夫斯基》，李创同、张经纬译，生活·读书·新知三联书店2012年版，第48页。
  ② ［美］阿默思：《民俗思想辨析》，载《民俗学概念与方法——丹·本－阿默思文集》，张举文译，中国社会科学出版社2018年版，第257页。
  ③ ［美］阿默思：《我们需要理想的（民俗）类型吗？——致劳里·航柯》，载《民俗学概念与方法——丹·本－阿默思文集》，张举文编译，中国社会科学出版社2018年版，第142页。

在阿默思看来，唯当清除了"分析范畴"在总体上、整体上的"实证主义"之后，才可能进一步推进巴斯科姆已经推进的神话学革命"在实践［反思］中才更容易确定［神话之为神话］"①的现象学目的论与方法论。这样，阿默思就成功地颠覆了理论神话学"神话"定义的任何客位理论认识规定性"评判标准"的所谓科学有效性。于是，现在，巴斯科姆"分析范畴"的所有"分概念""分—分概念"——即便其中有些概念例如"信实性""取态"也起源于文化实践任意约定地自我命名的主观观念（但又重新被概念化、现象化）——统统应该被归入现象学悬搁的范围之列而并不令人可惜。因为按照康德的说法，巴斯科姆"分析范畴"并没有给"格林定义"增加什么新的东西。而且，只要"这个［分析—演绎］模式的［理论认识目的论的］内在前提不允许将本土的散文叙事分类考虑为一个［自身独立且］完整和复杂的……［'实践命名'］体系"，那么，该"分析范畴"就仍然"与口头传统的整体无关"或者至少"仿佛与口头传统的整体无关"。有鉴于此，理论认识的主体客观性（其实是主观性）面对文化实践的主体主观性（其实主观间交互性或者主观间普遍性甚至主观间客观性），就不应该继续而是应该自觉地彻底搁置其理论认识的目的论和方法论。庶几，文化实践（这里就是神话叙事）的主体主观性才可能在现象学地自我搁置了主观性的"旁观者"面前"如其所在（是）"地自我显现出来。这样，套用康德的说法，才可能在基于客位的理论概念的客观性（其实主观性）之上，再"扩展性"地增加出于主位的"实践命名"的主观性。现在，如果散文叙事的诸体裁形式，原本只能出于文化实践主体的主位主观性；那么，任何客观理论概念对主观"实践命名"在认识论上的普遍经验性实证规定性都不可能是恰当的因而必然是无效的，而无论理论概念偶然或或然现实地合于"实践命名"，就像马林诺夫斯基曾经幸运地遭遇的那样（理论"三分法"合于实践"三分法"），还是理论概念偶然或或然现实地不合于"实践命名"，就像巴斯科姆正在遭遇的"失败"那样（理论"三分法"不合于实践"二分法"……"N分法"）。

---

① ［美］巴斯科姆：《口头传承的形式：散体叙事》，朝戈金译，载［美］邓迪斯编《西方神话学读本》，广西师范大学出版社2006年版，第14页。

神话、故事、传说、歌谣，以及它们在其他语言中的对应术语，早在学者构建起民俗学的概念之前就已经存在了。当民俗学成为一个学科，其研究也披上科学的外衣时，我们借用了这些已经存在的术语，并将它们作为科学概念而教条化了。我们将它们从"自然语言"的语境关系中转化成学科术语，试图将它们作为科学语言来思考；而它们在"自然语言"中的意思非常明显地是含糊不清的，具有意义的多重性，可是学科术语需要的是意义清晰、所指明确的。我们的失败是［实践］常识性的，毫不奇怪。①

以至于邓迪斯批评说："到目前为止，在此［民间文（艺）学—民俗学］学科的可举证的历史上，连一个［民间文（艺）学—民俗学］体裁都还没有定义出来。"②针对邓迪斯批评民俗学家的集体无能，阿默思纠正说：

如此责难与其说是针对民俗学家，倒不如说是针对口头文学［实践］的本族体裁与所建构起的［理论］分析范畴之间的不一致本身。本族体裁是交际的文化［"实践命名"］模式，分析范畴是组织［学术研究］文本的［理论认识概念］模式。两者构成不同的［话语］体系，但又应该是相互关联的，犹如实质性［或实体性的实践］事物对应于抽象［的理论］模式［这句话阿默思明显地说反了！正如索绪尔已经指出的，（准）先验论的"实践命名"的能指是"形式化"的，而经验论的理论概念的所指才是"实质性"的——笔者补注］。可是，这样的关系还没有具体化。任何民俗分类的分析模式中的内在基本问题是，这个分类体系必须协调综合不同［文化实践］的民俗交际体系，而每个体系有其各自［主观交互性实践］的逻辑统一性，每个都基于独特的经验和认知范畴。可是，这在方法论上，即使不论其［实践］逻辑，［两者之间的完全对应］是不可能的。然而，作为民俗学者，我们没有关注这

---

① ［美］阿默思：《民俗学中类型的概念》，载《民俗学概念与方法——丹·本-阿默思文集》，张举文编译，中国社会科学出版社2018年版，第84页。
② 转引自［美］阿默思《分析类别与本族类型》，载《民俗学概念与方法——丹·本-阿默思文集》，张举文编译，中国社会科学出版社2018年版，第104—105页。

第二章　清除理论神话学实证主义最后的遗迹　255

个不一致性，而在追求准确科学方法论的［目的论］热情驱使下，放弃了文化现实，全力去构建理论分析体系。我们借助已经定义过的术语和分析，试图构建可能有跨文化应用价值的逻辑概念，设计可能成为学术话语基础的工具。可是，在此过程中，我们将各种交际的文化范畴中形成的传统体裁转化成科学概念［，**就像格林兄弟也像巴斯科姆的做法**］。我们将其视为似乎可以脱离文化表现和认知的而独立存在的［理论］体系，并有其独特的内在［理论］特质；仿佛与口头传统的［实践］整体无关的，而是纯粹［**理论认识的概念**］形式的部分。换言之，我们试图将产生于文化实践，根据说话人的认知体系所形成的民间命名体系改变为不受文化制约的，可用于分析的、完整的、客观的民间文学模式。现在所承认的这场失败，事实上是早就可以预见到的。……虽然本族的民俗分类的意义早已被认识到，但在多数情况下，实际的研究常常因［理论］分类体系与本族［分类］体系之间差异而受到挫折。……那些努力要将多样的和不完整的命名体系综合起来的比较民俗学家们所经历的挫折感常常会导致［像邓迪斯一样的］如此绝望之言。①

有鉴于此，阿默思才说，"我们的失败是［实践］常识性的，毫不奇怪"。阿默思以"巴斯科姆对约鲁巴神话与故事体裁的描述，以及他在对两者之间的差异做出界定时所遇到的挫折"②——当体裁分类的理论认识"三分法"遭遇文化实践"二分法"——为例进一步说明，民俗学的这场实践"常识性""失败""挫折"，与其说是"反映出民俗研究的方法论问题"，③"倒不如说""源自一开始时文化或学科视角上

---

① ［美］阿默思：《分析类别与本族类型》，载《民俗学概念与方法——丹·本-阿默思文集》，张举文编译，中国社会科学出版社 2018 年版，第 105、114、127 页。
② ［美］阿默思：《分析类别与本族类型》，载《民俗学概念与方法——丹·本-阿默思文集》，张举文编译，中国社会科学出版社 2018 年版，第 123 页。
③ ［美］阿默思：《分析类别与本族类型》，载《民俗学概念与方法——丹·本-阿默思文集》，张举文编译，中国社会科学出版社 2018 年版，第 114 页。

的［目的论］差异"。① 用阿默思的说法就是，"如果现实存在的，可被识别的分类本身就是文化世界的组成部分，为什么我们还需要去构建作为理想类型的民俗体裁［概念］呢?"②

事实上，类似这样的错位之所以出现是因为没有识别出有关体裁的分析性术语与本族名称之间的不同的功能和目的。分析性体裁术语关注的是文化形式［在理论认识中经验性现象］的本体论。其最终目标是［理论认识地］界定什么是民俗体裁，以有关主题的、形态的、原型的或功能的术语描述其文学的［经验性现象］"存在状态"。体裁的分析范畴是在学术研究的［理论目的论、方法论］语境关系中发展起来的，并被用于不同的研究目的。另一方面，本土名称没有外在目标，是定性的和主观的秩序体系。……因此，分析体系与本族体系之间的不一致不等于说一个体系比另一个更逻辑、更抽象，或更高级［，即不能把"（本族）体裁在每一特定文化中的交际属性被视为基于体裁区分的普适原理之上的表面结构"——笔者补注］。任何这类的评估对本族名称体系来说都是完全不恰当的。正如每种语言都有其独特的语法规则和逻辑一致性，本土的口头文学分类体系也是独特的，不需要与任何分析性的民俗体裁划分保持一致。③

---

① ［美］阿默思:《我们需要理想的（民俗）类型吗?——致劳里·航柯》，载《民俗学概念与方法——丹·本-阿默思文集》，张举文编译，中国社会科学出版社 2018 年版，第 137 页。"民俗体裁的概念是以特定社会和文化为基础的，而不是以学术概念为依据的……这中间所体现的不仅是学科方法问题，也有不同程度的文化态度问题。"《民俗学概念与方法——丹·本-阿默思文集》，张举文编译，中国社会科学出版社 2018 年版，第二编"民俗的类型"，"译者按语"，第 82 页。

② ［美］阿默思:《我们需要理想的（民俗）类型吗?——致劳里·航柯》，载《民俗学概念与方法——丹·本-阿默思文集》，张举文编译，中国社会科学出版社 2018 年版，第 138 页。

③ ［美］阿默思:《分析类别与本族类型》，载《民俗学概念与方法——丹·本-阿默思文集》，张举文编译，中国社会科学出版社 2018 年版，第 114—115 页。例如"讲唱文学。这个名辞是杜撰的，但实没有其他更适当的名称，可以表现这一类文学的特质。"郑振铎:《中国俗文学史》上册，作家出版社 1954 年版，第 9 页。

于是现在，对阿默思来说，真正的问题就是：从整体上搁置了理论认识的概念形式条件（"格林定义""分析范畴"）之后，是否也要进一步搁置理论认识的直观形式条件（空间—时间）——根据康德，理性概念形式的先验规定性与感性直观形式的先验接受性，是理论认识的双重先验条件，缺一不可——的经验性语境条件？事实上，这正是马林诺夫斯基、巴斯科姆甚至阿默思以及鲍曼最终都没能够摆脱的认识论困境。①"体裁的分析范畴是在学术研究的［理论目的论、方法论］语境关系中发展起来的"，阿默思如是说。但如果不是同时搁置与理论概念形式条件相应的感性直观形式条件，那么在感性直观形式的经验性语境条件下，"实践命名"的重新理论概念化（例如实践理性"信实性""取态"的心理学化）就是不可避免的。当然，比起马林诺夫斯基和巴斯科姆固守经验论语境，阿默思有更大的现象学野心。② 事实上阿默思在没有明确地搁置经验性语境的理论条件下，就径直还原到文化主体主位主观间交互地自我任意约定"实践命名"的"本族体裁分类体系"。由于"本族体裁分类体系"，只能是出于实践理性的"历史性……先验"（扎哈维）叙事制度——"本族命名体系是一个现象学的

---

① "当语境关系的概念在1971年被作为一个根本要素来重新将民俗定义为'小群体内的艺术性交际'（本-阿默思，1971：3），并作为新观点的统一性原则（裴雷迪斯和鲍曼，1972）时……批评者和辩护者两方都忽略了语境关系理论介入民俗研究时的一些实质性变化。"［美］阿默思：《承启关系中的"承启关系"》，载《民俗学概念与方法——丹·本-阿默思文集》，张举文编译，中国社会科学出版社2018年版，第35页。

② "对言语艺术的本族命名体系是一个现象学的体系。"［美］阿默思：《分析类别与本族类型》，载《民俗学概念与方法——丹·本-阿默思文集》，张举文编译，中国社会科学出版社2018年版，第120页。"作为最早一批受到后现代主义影响的学者。"［美］阿默思：《我们需要理想的（民俗）类型吗？——致劳里·航柯》，同上引书，第131页。"如果克罗齐能把他关于欧洲文学的哲学观点扩展到祖尼人的叙事中，他将会特别考虑祖尼人自己对诗性行为的分类系统，而我可能就会倒向这位美学家，我在强调'本族体裁'（ethnic genre）时（Ben-Amos，1969），他［克罗齐］将成为我的哲学基础。"［美］阿默思：《我们需要理想的（民俗）类型吗？——致劳里·航柯》，同上引书，第135页。"阿默思为'民俗'这一概念下了一个著名的定义，他说，'民俗就是小群体内的艺术性交流'。在他看来，所有'民俗'都可以被当作'交流性的过程''交流性的行为'来考察。他的这一'定义'，或多或少是在提倡并推进一种民俗学的'行为研究'。在某种意义上，甚至可以说，阿默思的这一思想开辟了美国民俗学研究的'行为科学'的道路。民俗学研究的'行为科学'取向具体意味着什么呢？我认为，首先，它意味着美国民俗学'实证主义化'的趋势……"王杰文：《"表演研究"的思想起源》，载萧放、朱霞主编《民俗学前沿研究》，商务印书馆2018年版，第207页。

体系"①——换句话说，作为出于实践理性（即便是一般实践理性）的叙事制度的比较普遍性，"叙事体裁分类体系"既不可能以个体心理非理性主观态度意向形式的偶然性为基础，也不可能以共同体"原始心理"非理性主观态度意向形式的或然性为前提，因为二者都只是"叙事体裁分类体系"的主观性经验性条件——这也是巴斯科姆"分析范畴"被重新概念化、现象化的经验性表现——而"叙事体裁分类体系"需要的却是主观间交互的先验条件。但是，在是否必要（甚至必须）彻底地还原到实践理性主观间交互性先验语境的"理论"问题上，就连阿默思也犹豫不决。而阿默思之所以犹豫不决，是因为在阿默思看来，主观间交互性的"实践命名"还是难以被用作"真实性"的最终判断标准。

> 故事与神话之间的差异是［主观上］信与不信的对比。②［但是，当］"神话"这一［理论］概念始终保持［虚构性］负面含义……神话［信仰就］无法与［宗教］信徒坚信的信仰相比。［因而］从文化［实践的主观］视角看，［宗教］信仰与神话［信仰也］在概念上是对立的。③

阿默思之所以会产生如此悲观的想法，在于阿默思最终还是以为，神话"信实性""取态"有一个"实质性"（或实体性）的客观性判断标准，用阿默思自己的话说就是"犹如实质性［或实体性的实践］事物对应于抽象［的理论］模式"，即理论模式与实践事物共享同一个

---

① "与之相比，根据次要属性——主题的和行为特征，所构建的对言语艺术的本族命名体系是一个现象学的体系。它是民俗交际的社会经历的一个功能。因为言语民俗涉及交换信息的过程，必须要相互理解才可达到效果，所以，就必须有始终如一的交际规则。一个本族体裁一定有其特征来界定其内涵，使其区别于其他的言语艺术形式。这个文化一致性和内在性事实可以保证对民俗体系有持续的讨论，如同其他社会科学那样。"［美］阿默思：《分析类别与本族类型》，载《民俗学概念与方法——丹·本－阿默思文集》，张举文编译，中国社会科学出版社2018年版，第120页。

② ［美］阿默思：《分析类别与本族类型》，载《民俗学概念与方法——丹·本－阿默思文集》，张举文编译，中国社会科学出版社2018年版，第122页。

③ ［美］阿默思：《我们需要理想的（民俗）类型吗？——致劳里·航柯》，载《民俗学概念与方法——丹·本－阿默思文集》，张举文编译，中国社会科学出版社2018年版，第142页。

"实质性"（或实体性）客观判断标准，而不是像索绪尔所肯定的那样，凡词语的能指都只能有纯粹形式化的能指。这样，尽管阿默思反对将"［本族］体裁在每一特定文化中的［实践］交际属性被［错误地］视为基于体裁区分的［理论认识］普适原理之上的表面结构"，而且他自己也明确地说过"分析体系与本族体系之间的不一致不等于说一个体系比另一个更逻辑、更抽象，或更高级"，但阿默思还是怀疑：

> ［像真实—虚假］这样的区分［在理论认识的经验性判断标准中］是绝对的……在真实与虚假之间也不存在任何［理论认识的］中间位置。对某一特定叙述自身真实性的挑战，并不会损害这一区分［的理论认识经验性判断标准］本身，它［的理论认识经验性判断标准］仍然是首要的、核心的以及普遍性的。一旦这一区分［的理论认识经验性判断标准在实践中］被识别出来，它就可能被置于各种不同体裁的核心。有可能［根据理论认识的经验性判断标准］将小说视为真实、历史真实视为小说，也有可能用别的形式来进行修辞反转，例如戏仿、反话，以及纯粹的谎言，但所有这些之所以成为可能，都必须建立在真实与虚假之间存在区分的［理论认识的经验性判断标准的普遍性和客观性］基础上。①

进而当阿默思认识到，"实践命名"不仅需要区分真假还要区分善恶，其"区分"真假时对理论认识的经验性判断标准"普遍原则"的客观性倚重就更坚定了。

> 对本族体裁的分析［不仅具有判断真假的意义］还具有评判［善恶］是非的价值。因为对民俗交际体系的文化概念是整个文化认知现实的一部分，所以，在方法论上，应该可以从民俗的分类中推论出某种潜在于自然宇宙观和社会实体的命名体系中的普

---

① ［美］阿默思：《我们需要理想的（民俗）类型吗？——致劳里·航柯》，载《民俗学概念与方法——丹·本-阿默思文集》，张举文编译，中国社会科学出版社2018年版，第149页。

遍原则。①

阿默思深刻地意识到（并非明确地认识到），在实践（包括信仰实践）中，我们可以悬置"真假"判断，因为"真假"判断原本就是理论认识的目的，而对于实践（包括信仰实践）来说是可以任意地选择的手段。但在实践中，我们不可能悬置善恶"是非"判断，因为善恶"是非"判断原本就是实践（包括信仰实践）自身的目的——"实践理性唯一的客体就是善与恶［目的］的客体"②——因而在实践（包括信仰实践）中，判断善恶、是非的标准，"不存在任何中间位置"，也不存在"实践命名"的主观相对性、比较普遍性的任何可能性。也许正是基于如上所虑，阿默思对"实践命名"的"本族体裁分类体系"，能否作为实践判断的"普遍原则"，仍持一定的保留态度。阿默思认识到，为了把民间文（艺）学—民俗学锻造成"严格的科学"，民间文（艺）学—民俗学的现象学革命，就不仅能够给出"实践命名"的真的主观相对性标准，而且也应该给出"实践命名"的善的客观必然性标准，但是，民间文（艺）学—民俗学的现象学革命，即便已经实现了前一个目标，却也能够实现后一个目标吗？现在，如果现象学不能实现后一个目标，民间文（艺）学—民俗学神话学的现象学革命是否就应该从实践研究倒退回理论认识？于是阿默思陷入了困境。阿默思还是没有为这场从20世纪初叶就开始而在他手中接力的神话学革命，做足现象学—先验论目的论与方法论的功课，于是就与自己的先行者巴斯科姆以及巴斯科姆的精神导师马林诺夫斯基一样，最终都没能彻底地摆脱理论理性"旁观者"客位的主观性角色，尽管他们都试图还原到"文化实践理性""说话人"主位的主观间交互性立场。然而，尽管阿默思的民间文（艺）学—民俗学神话学现象学革命最终难免功亏一篑，但阿默思还是像康德"悬置［理论认识的客观性］知识，给信仰［实践的主观性意向］腾出位置"那样在主观上坚持不懈。这样，我们才可能

---

① ［美］阿默思：《分析类别与本族类型》，载《民俗学概念与方法——丹·本-阿默思文集》，张举文编译，中国社会科学出版社2018年版，第124—125页。
② ［德］康德：《实践理性批判》，韩水法译，商务印书馆1999年版，S.58，第62页。"我们对于一件行为考虑其善恶，或者考虑其灾难（祸害），就有两种极为不同的判断。"同上引书，S.60，第64页。

对阿默思认同"新近建立的［现象学］'经验人类学'"表一了解之同情。因为，只有持现象学新经验论立场的民间文（艺）学—民俗学神话学家们才可能是追问"文化实践理性"（萨林斯）"地方性知识"（格尔茨）的同路人。

  民俗，正如新近建立的"经验人类学"（特纳与布鲁纳，1986）① 一样，"转移了我们的注意力，关注作为本土意义的［实践］经验及其［主观性］表达……分析的基本单元是由我们所研究的人群所确定的，而不是由作为外在观察者的人类学家所确定的。通过聚焦于叙事、戏剧、狂欢节或其他任何［文化实践］表达形式，我们根据对方人群的情况留下观察单元的定义，而不是强加给他们一些［认识］范畴，这些［认识］范畴来自我们自己变动不居的［主观性］理论框架。［而文化实践］所表达的是对方人群关于他们自己经验的［主观间交互性］表述、模式与再现"（布鲁纳，1986，9）。……［文化实践表达］这一"地方性知识"（Geertz, 1983）有广泛的应用……也许接下来我不再继续解释，将体裁视为当地的、地方性的、文化性的范畴，与社区中的生命与语言［"观察单元"］紧密相连，这一看法有多么重要的理论意义。②

  如果民俗交际，正如其本身的隐含性和复杂性那样，是基于特定文化界定的规则［即主观准则］，那么，发现这些规则［即主观准则］是至关重要的。体裁［分类系统—等级］体系是对这种民俗语法的最基本的本族划分方法。……本族的体裁体系构成其民俗语法。③ 隐含在体裁的文化体系中的是民俗交际和表演的语法。④

---

① "新经验人类学。"［德］卡西尔：《国家的神话》，张国忠译，熊伟校，浙江人民出版社1988年版，第7页。
② ［美］阿默思：《我们需要理想的（民俗）类型吗？——致劳里·航柯》，载《民俗学概念与方法——丹·本-阿默思文集》，张举文编译，中国社会科学出版社2018年版，第146—147页。
③ ［美］阿默思：《分析类别与本族类型》，载《民俗学概念与方法——丹·本-阿默思文集》，张举文编译，中国社会科学出版社2018年版，第115、127页。
④ ［美］阿默思：《民俗学中类型的概念》，载《民俗学概念与方法——丹·本-阿默思文集》，张举文编译，中国社会科学出版社2018年版，第99页。

民俗文本及其表演有另一种主观性——它们自己的文化主观性。它们构成了一种为文化所规范的现实。正如语言一样，它们也重复各种模式，它们的规律、规则，都是文化性的，而不是由学术所建构的。我们有幸，也有责任、有优势去发现这些文化性的创造、体裁以及秩序的含义。我们所发现的规则是可被［现象学主观性观念直观方法反思地］揭示的，而不是被［认识论客观性概念认识方法规定地］建构的。含义是根植于文本之内的，而不是来自被建构的［理论］概念的。体裁不是［理论认识的］乌托邦，它们也不是任何分析性的主观建构，不能用做关于叙事、歌曲或任何其他言语形式的普世性的、超越性的［理论］概念。它们是认知性的［实践反思］建构，定义了说话者所传达的信息的含义，也通过与说话者自己文化中所交流的其他信息产生联系，而确定了说话者的位置。

民俗中存在任何普遍性的［理论认识概念的］体裁吗？从本族的、本土的，以及经验的视角来看，体裁与普遍性在概念上就是相互矛盾的。体裁是民俗话语的分类范畴，依赖于文化，因此不可能是普遍的……不可能是普遍性的……既然没有文化表达能在某一分类框架之外被表演，它就一定首先从属于一个特定社会的体裁惯例。

不要将我们方法论上的独创力用于遮掩现实，我们也可以选择暴露现实；不要建构一个人为制造的统一系统，我们更应该去探索术语自身的多样性，探讨它们在文化上的不稳定性与历史中的可变性……许多语言中都存在体裁术语这一现实表明，这些概念已经被［“实践命名”地］塑造好了。它们不附属于任何分析性方法或理论框架，但它们反映了当地人的看法与观点，就是讲故事、唱歌与引述谚语的那些人。他们传达自己的文化主体性，也在表述信息含义时传达自己的概念……任何为了我们自己的［理论］方便，而强迫这种基本多样性通过分析而变得整齐划一，都会导致水泄不通。事实上，已经是这样了。①

---

① ［美］阿默思：《我们需要理想的（民俗）类型吗？——致劳里·航柯》，载《民俗学概念与方法——丹·本-阿默思文集》，张举文编译，中国社会科学出版社 2018 年版，第 146—148、150 页。

"语法""规则""惯例""观察单元",都是些我们耳熟能详的术语、命题,因为这些术语、命题我们在现象学语言学家索绪尔那里已反复受教了。正像阿默思自我陈述的那样,如果不是共同地浸润于现象学学术—思想方法的"理论"氛围,我们如何可能坚持其还原"本族体裁分类体系"(文化语境)"语法"、"规则"(文化规则或主观准则)的"观察单元"——可类比于索绪尔"群体言语"(语境)的"语言"(准则)——的现象学主张。张举文总结阿默思"新民俗学"的现象学立场和基本观点:

> 神话、传说与故事等等常用的体裁概念,是具体历史的产物,而不可能适用于所有文化。民俗文本及其表演具有文化主观性,民俗学不可能成为通则性的"自然"科学。体裁是民俗话语的分类范畴,依赖于文化,因此不可能是普遍的。总之,阿默思反对对民俗进行统一的体裁分类,而强调应理解当地的、文化性的、内在于文本之内的本土体裁概念。①

正是站在文化反思的实践立场上,阿默思才坚决地反对航柯为民俗"体裁"制订作为"分析性极点的近义词"②的"理想类型"③的理论概念的认识论做法。阿默思认为,航柯的做法"将会使民俗学研究遵循与

---

① 张举文:《〈我们需要理想的(民俗)类型吗?——致劳里·航柯〉编译者按》,载《民俗学概念与方法——丹·本-阿默思文集》,张举文编译,中国社会科学出版社2018年版,第128页。

② [美]阿默思:《我们需要理想的(民俗)类型吗?——致劳里·航柯》,载《民俗学概念与方法——丹·本-阿默思文集》,张举文编译,中国社会科学出版社2018年版,第133页。

③ [美]阿默思:《我们需要理想的(民俗)类型吗?——致劳里·航柯》,载《民俗学概念与方法——丹·本-阿默思文集》,张举文编译,中国社会科学出版社2018年版,第128—150页。"如果说神话、传说和民间故事这些是分析概念,那么,它们只是每个故事可能接近的理想类型。但是,理想类型不应该受限于对信仰的态度,也不能有叙事的文化语境关系(只有某一独立故事才有这个关系问题)。"[美]阿默思:《民俗学中类型的概念》,同上引书,第93页。这段话户晓辉译作:"如果神话、传说和民间故事这样的形式是分析概念,它们就是每个故事只能近似的一些理想类型。但理想类型不能接受信仰的态度也不能有叙事的文化语境——只有单个的故事可以如此。"户晓辉:《神话与形式》,《中国社会科学院文学研究所学刊》(2008年),中国社会科学出版社2008年版,第70页;户晓辉:《返回爱与自由的生活世界——纯粹民间文学关键词的哲学阐释》,江苏人民出版社2010年版,第200页。

[理论认识的] 自然科学同样的原则,并形成它自己的 [理论认识] 普适法则"。①

你的核心是将民俗学视为一种通则性的科学……有必要从以下四方面质疑你的提议:(1) 在你的分类法体系中,普遍性体裁真的是理想类型吗?(2) 民俗的特殊体裁:神话、传说与故事是理想类型吗?(3) 是否使用理想类型会让民俗学成为一门通则式科学?以及(4) 如果说对普世性的假设或追求是任何科学行为的先决条件的话,在什么层次上思考民俗的普世性是可能的?②

这就是说,即便作为理论民俗学的终结者和文化实践民俗学(与"文化人类学"类比的说法)的倡导者,阿默思仍然念念不忘"思考民俗的普世性"是否可能,即民俗作为"普适法则""普遍原则"是否可能的问题。但是,应该如何"从民俗的分类中推论出……普遍原则"?阿默思没有回答。然而,尽管阿默思还没有完全想好"在什么层次上思考民俗的普世性是可能的",但他毕竟在20世纪60年代为推进理论神话学"神话"概念的经典定义即"格林定义"的客位主观性理论认识使用方式,向主位主观间交互性文化实践反思使用方式的范式转换——即神话学的民间文(艺)学—民俗学、人类学现象学革命——所取得的重大突破性进展,进一步明确了"本族体裁分类体系"的"观察单元",加固了主观性观念直观的现象学目的论与方法论基础。尽管由阿默思继博尔尼、博厄斯、马林诺夫斯基以及巴斯科姆之后所推动的现代神话学现象学革命目标,并未完全、彻底地实现,即阿默思尚未回答自己提出的问题:如果"实践命名"的"本族体裁分类体系"即"本土的口头文学分类体系"或"本土的散文叙事分类……体系""观察单

---

① [美] 阿默思:《我们需要理想的(民俗)类型吗?——致劳里·航柯》,载《民俗学概念与方法——丹·本-阿默思文集》,张举文编译,中国社会科学出版社2018年版,第146页。
② [美] 阿默思:《我们需要理想的(民俗)类型吗?——致劳里·航柯》,载《民俗学概念与方法——丹·本-阿默思文集》,张举文编译,中国社会科学出版社2018年版,第138—139页。

元"——邓迪斯称之为"亚民俗"① ——只能提供文化特殊性（主观相对性、比较普遍性）而不是严格普遍性、客观必然性的实践"惯例"或"规则"，那么，民俗学家们又该如何"从［亚］民俗的分类中推论出某种潜在于自然宇宙观和社会实体的命名体系中的普遍原则"呢？或者说"在什么层次［即理论理性还是纯粹实践理性的层次］上思考民俗［以及'亚民俗'］的普世性是可能的"？难道只有从实践反思再次返回理论认识才有可能"思考"或"推论出"、"真—假"、"是—非"、"善—恶"的普遍原则？如果不仅善恶、是非就连真假"这样的区分是绝对的……在真实与虚假之间也不存在任何［介于特殊性偶然与普遍性的］中间位置。对某一特定叙述自身真实性的挑战，并不会损害这一区分［真假的'判断标准'］本身，它仍然是首要的、核心的以及普遍性的"，如果现象学主观性观念直观的方法并不足以达成这一目标。然而，在阿默思已言（区分了理论认识与实践反思的目的论与方法论）又止（未区分现象学反思与先验论反思的目的论与方法论）的地方，被他的同事兼朋友鲍曼用作了再次出发的起点：在现象学目的论与方法论的"理论"语境条件下，我们固然能够现象学地直观到"本族体裁"甚至"本族体裁分类体系"的主观观念，但同样是在这一语境条件下，仅仅通过现象学主观性观念直观的"描述性民俗学"的"描述（性）民俗研究",② 神话学家却无法进一步"思考"并"推论出"内在于"本族体裁"乃至"本族体裁分类体系"的绝对性"普适法则""普遍原则"以及直观表象的"理想类型"——作为纯粹实践理性概念即理念从超验层次先验地使用的"模型"或"图型"——这样，阿默思实际上就把现代神话学现象学革命的"博厄斯问题""马林诺夫斯基问题"所蕴涵的理论理性与实践理性之间的二论背反进一步转换为实践理性内部的二论背反，即在文化共同体（准先验语境）及其叙事制度（主观准则）的一般实践理性内部，是否还存在着纯粹实践理性（先验语境）及其

---

① "亚民俗可以被理解为一个文化对自己的民俗交际所形成的概念……本族的体裁体系是亚民俗的认知对应物，是在文化上的明确陈述——说话者如何对自己以言语和行为所构成的表达方式形成概念的。对体裁的称谓表明了使用者对自己的言语艺术所认定的属性。"［美］阿默思：《分析类别与本族类型》，载《民俗学概念与方法——丹·本 - 阿默思文集》，张举文编译，中国社会科学出版社2018年版，第116页。

② ［美］阿默思：《民俗的承启关系：暗示与启示》，载《民俗学概念与方法——丹·本 - 阿默思文集》，张举文编译，中国社会科学出版社2018年版，第22页。

"普适法则"、"普遍原则"（客观法则）的问题，从而为现代神话学的现象学革命做了先验论的重新奠基。而通过鲍曼"表演理论"，我们也正可以走向美国民俗学"新近建立"的现象学—先验论（尽管后者仍然是尚未自觉的）"新视点"，① 于是认识到现代民间文（艺）学—民俗学、人类学的神话学现象学—先验论革命可能继续推进的突破口，但眼下"在这里还不能立即指出［这一点］……而是还需要做一些［实践概念、命题的理论］准备工作"。②

---

① "《朝向民俗学的新视点》（*Toward New Perspectives in Folklore*）……该特辑在1971年发表，1972年出版了同名单行本……《朝向民俗学的新视点》也被认为是民俗学朝着以表演为中心的视角发展过程中的标志性著作。"［美］鲍曼：《作为表演的口头艺术》，杨利慧、安德明译，广西师范大学出版社2008年版，"中译本序言"，第20页。"我题为《在承启关系中探求民俗的意义》的文章发表于1971年的《美国民俗学刊》，但它写成于1967年。"［美］阿默思：《民俗的定义：一篇个人叙事》，载《民俗学概念与方法——丹·本-阿默思文集》，张举文编译，中国社会科学出版社2018年版，第55页。

② ［德］康德：《道德形而上学奠基》，杨云飞译，邓晓芒校，人民出版社2013年版，S. 447，第91页。

第三章 神话学革命的理论概念
——实践理念转折点

第七节 本族体裁与表演框架

不可否认，索绪尔语言学深刻地影响了民间文（艺）学—民俗学、人类学的神话学现象学革命，特别是索绪尔关于群体言语（准先验语境）—语言制度（准则）任意约定地实践建构了观念对象的主观交互性、比较普遍性和文化相对性意义与价值——即观念对象的所指字面意义因不同使用方式（例如信仰与非信仰意向形式）而导致的能指不同用法价值，是由不同观念对象之间纯粹形式化关系，而不是由观念对象之外经验性语境中的实体性对象实质性地决定——的现象学语言学思想及其观念直观的现象学主观论方法，为神话宪章起源于文化共同体叙事体裁等级—分类制度的实践理性信仰意向形式起源论，奠定了现象学理论的目的论与方法论基础。正因如此，现象学民间文（艺）学—民俗学家阿默思（现象学美学家克罗齐的信徒）才可能从理论认识兼实践反思的"分析范畴"还原到"本族体裁"，尽管他把"本族体裁分类体系"限定在"小群体内［面对面］的艺术性交流"① 的经验性语境内

---

① "作为一种交际进程，民俗也有它的社会局限，即，小群体（small group）。这是民俗的独特的语境关系［张举文译作'承启关系'——笔者补注］。小群体的概念，［20 世纪］50 年代在社会学家中非常流行，似乎绕过了民俗学家的领地……'俗民'（folk）的概念几乎等同于群体的概念。一个群体可以是'互相交际的若干人，通过经过一段时间，且数量少到每一个人都能与所有其他人交际，不是间接的，而是面对面的直接交际'……表演者和观众都必须处于同一场合，必须属于同一相互群体。这表明，民俗交际产生于人们面对面，直接互动的场合……表演者和观众都属于同一相关群体……要使这种民俗交际存在，小群体场合的参与者必须属于同一相关群体……民俗只有发生在自身群体时才忠实于其本质。总之，民俗是小群体内的艺术性交际（folklore is artistic communication in small groups）。"［美］阿默思：《在承启关系中探求民俗的定义》，载《民俗学概念与方法——丹·本－阿默思文集》，张举文编译，（转下页）

部,但同时更把任意地约定的"本族体裁分类体系"还原为主观相对性意义与价值的"现象学的体系"。

鲍曼接受了阿默思的现象学民间文(艺)学—民俗学学术思想,对应"本族体裁分类体系"和"小群体内[面对面]的艺术性交流",鲍曼提出了立足于"言语共同体""本土语文学"表演"框架"的"交流形式"的概念与命题。可以认为,阿默思和鲍曼分别提出的上述两组概念、命题之间具有直接("面对面")地相互影响—接受的可能关系:"言语共同体"对应的应该是"小群体","本土语文学"对应的应该是"本族体裁分类体系",表演"框架"的"交流形式"对应的应该是"艺术性交流"的"本族体裁"。而无论"本族体裁"的"艺术性交流"还是表演"框架"的"交流形式",其中无疑都包括了作为"本族体裁"之一的神话(按照鲍曼的说法,如果神话是负责任的交流)。① 尽管鲍曼本人并不专注于神话体裁,但鲍曼"表演理论"在整体上对我们理解神话的本质具有民间文(艺)学—民俗学神话学现象学—先验论

(接上页)中国社会科学出版社 1928 年版,第 15—16 页。"语境关系的概念在 1971 年被作为一个根本要素来重新将民俗定义为'小群体内的艺术性性交际'。"[美]阿默思:《承启关系中的"承启关系"》,同上引书,第 35 页。"民俗是'小群体内的艺术性交际',涉及在一个事件中面对面的交际,其中表演者和观众共享一个象征性的世界。"[美]阿默思:《民俗的定义:一篇个人叙事》,同上引书,第 64 页。"民俗是出于实用的目的,在文化社会中的'小群体内的艺术性交际'。"[美]阿默思:《民俗的定义:一篇个人叙事》,同上引书,第 67 页。"面对面(face to face)。"[美]鲍曼:《作为表演的口头艺术》,杨利慧、安德明译,广西师范大学出版社 2008 年版,第 161 页。"[丹·本-阿默思]精准地概括了民俗学研究的内在特质,强调了民俗行为的一个前提:'面对面'的互动。这个定义的影响是深远的,而且依然在持续。例如,广受欢迎的民俗学教材《日常生活中呈现的民俗》就明确地基于本-阿默思的这个定义。"张举文:《一位格物致知的民俗学家》(代序序),同上引书,ⅶ。"与他人'相遇'是一种'面对面'(face to face)的关系,'他者'以一种原初的、不可还原的关系呈现在我面前,'面对面'就是这种不能还原为总体的关系。只有这种关系才是具体的,才不会沦于抽象之中。另一方面,'脸'呈现的不仅是'他人',而且是绝对的'他者'。"孙向晨:《面对他者——莱维纳斯哲学思想研究》,上海三联书店 2008 年版,第 142 页。"'面对面'的关系是'宗教'。无论如何,他人'脸'中透露的道德高度与上帝的向度是一致的,都是高于存在的。莱维纳斯认为正是通过'脸'的律令,绝对超越的上帝才为我们所理解。他坚持上帝是通过伦理才进入我们的观念,才具有某种意义。"同上引书,第 152 页。"对莱维纳斯来说,道德首先来自与他人的'面对面',首先来自面对'他人'的脆弱而产生的责任感。这里道德不是来自抽象的普遍原则,而是来自'他人','他人'对我的道德呼唤。在莱维纳斯那里,道德需要'他人','他人'无声的命令是我的道德来源。"同上引书,第 280 页。

① "口头艺术可以既包括神话叙事……"[美]鲍曼:《作为表演的口头艺术》,杨利慧、安德明译,广西师范大学出版社 2008 年版,第 6 页。

革命的目的论与方法论的重要启示。

　　阿默思和鲍曼都特别地关注如何以更富有同情心的方式"理解文化"（尤林），但与阿默思理解文化的"本族体裁"进路不同，鲍曼理解文化的进路是表演的"框架"。尽管"本族体裁"和表演"框架"，都属于"艺术行为即民俗的实践"，① 但同为民俗实践，"本族体裁"和表演"框架"具有不同的分类、分级标准：前者的分类、分级标准是"根据文本内部的特殊［信仰形式］用法或者［非信仰用法］形式特征的模式性而得以建构的"② ——即格林兄弟以来民间文（艺）学—民俗学家们最终建立在信仰和非信仰心理态度意向形式基础上的"本族体裁分类体系""实践命名"的主观观念（博厄斯、马林诺夫斯基、巴斯科姆，甚至包括阿默思）——而后者的分类、分级标准则是根据文本主体承担或者不承担艺术和伦理交流责任形式的客观理念而得以建构的。

　　　　本文将发展的"表演"概念，并不只是为那些人们熟悉的、长期为民俗学者和人类学者所研究的口头文学中的体裁（genres）提供一种可供选择［的、对"实践命名"予以观念直观］的观察视角。［体裁］它当然是［民俗实践的］一种观察视角，但远不只如此。正如我们所构想并在所选择的案例中将要阐明的那样，表演，还是一根贯穿的红线，它把那些被贴上标签的、被分割的艺术体裁（esthetic genres）以及其他语言行为范畴连接起来，构成了一个总体上统一的将口头艺术作为一种言说方式的［理性］观念。……表演是语言使用的一种形式，是一种言说的方式。对于口头艺术的理论而言，这一概念暗含着这样的意思：没有必要再从艺术性文本出发，即在独立的［文学艺术体裁］形式基础上确认文本，然后将之重新置于使用的［经验性］情境中，以便用交流性的语词把口头艺术［理论］概念化。相反，按照本文所建

---

　　① ［美］鲍曼：《作为表演的口头艺术》，杨利慧、安德明译，广西师范大学出版社2008年版，第4页。
　　② "有关口头艺术本质的现代理论大都是根据文本内部的特殊用法或者形式特征的模式性而得以建构的。"［美］鲍曼：《作为表演的口头艺术》，杨利慧、安德明译，广西师范大学出版社2008年版，第6页。

立的方法,表演变成了作为口头交流的语言艺术［实践的客观理念］范畴的根本。①

这就是说,在鲍曼看来,"体裁"概念"暗含着这样的意思":信仰与非信仰心理态度意向形式是区分不同体裁的主观观念;而"表演"以及表演"框架"概念则"暗含着这样的意思":应不应该(能不能够)承担起有效交流的普遍逻辑形式和责任意向形式是区分表演"框架"与非表演"框架"的客观理念——"框架"是用以区分表演和非表演("表演强度"),②而不是用来区别各种体裁的(尽管鲍曼对此并没有明确的意识)——因此,我们可以说,"体裁"是尚未考虑应然的有效交流的普遍逻辑形式和责任意向形式的表演框架("实证主义最后的遗迹")。而表演"框架"是搁置了实然的信仰或非信仰心理态度意向形式的体裁(所以鲍曼也有说过"表演体裁"③)。但是,鲍曼由此搁置阿默思的体裁信仰或非信仰心理态度意向形式而还原表演"框架"的有效交流的普遍逻辑形式和责任意向形式的现象学客观性暨先验论理念演绎——不同于阿默思现象学主观性观念直观——的方法论意义或价值,要待本章的论证全部结束之后,才可能被全面展现出来;尽管鲍曼并没有完全舍弃现象学方法,例如鲍曼定义表演"这一框架至少与另一

---

① ［美］鲍曼:《作为表演的口头艺术》,杨利慧、安德明译,广西师范大学出版社2008年版,第6、12—13页。"体裁",杨利慧、安德明译作"文类",下同。
② "框架是一个有限定的、阐释性的语境,它为分辨信息顺序提供了指导。"［美］鲍曼:《作为表演的口头艺术》,杨利慧、安德明译,广西师范大学出版社2008年版,第10页。"阐释性框架的范畴。"同上引书,第11页。"表演是一个特殊的框架,它可以与其他框架一道被特定社区中的说话人用作一种交流资源。"同上引书,第11页。"表演建立或者表现了何种阐释性框架……"同上引书,第11页。"表演框架所产生的阐释性的指导原则。"同上引书,第11页。"'表演作为框架'概念。"同上引书,第16页。"框架是元交流性的。"同上引书,第17页。"表演的框架。"同上引书,第17页。"表演框架。"同上引书,第28页。"表演框架可被视为能以不同的强度来利用。"同上引书,第28页。"表演框架就是以不同的表演强度,在由文化所界定的一个特定范围的言说方式中发挥作用的。"同上引书,第28页。"阐释性框架的表演。"同上引书,第28页。"表演框架总是伴随着特定社区中的特殊言说方式种类的。"同上引书,第28页。
③ ［美］鲍曼:《作为表演的口头艺术》,杨利慧、安德明译,广西师范大学出版社2008年版,第40页。

框架——字面意义的框架——形成对照"①的纯粹形式化方式，就仍然散发出现象学的味道。

  表演在本质上可被视为和界定为一种交流的方式。
  ［表演的］本质在于表演者对观众承担着展示交流能力的责任。
  ［表演的］本质就在于［表演者］要对观众承担展示交流能力的责任。
  承担责任这一作为判断表演的标准的［本质性］因素。
  承担责任对于我们所说的意义上的表演是本质性的。②

用"责任"（responsibility）形式界定"表演"（performance）或表演"框架"（frame）的本质，③说明鲍曼的第一关注，并不是表演"框架"的艺术性审美的经验性实然性外在特征，而是表演"框架"的伦理性责任的先验（或准先验）应然性"内在特质"（intrinsic quakities，④或译"内在品性"、⑤"内在品质"⑥）即"表演的本质"。⑦如果说前者通过现象学主观性观念直观就能够直观到，那么后者则不能通过现象学主观性观念直观而直观到，因为"责任"不是"言语共同体"对表演"框架"的"实践命名"。

---

  ① "表演建立或者展现了一个阐释性框架，被交流的信息将在此框架之中得到理解，这一框架至少与另一框架——字面意义的框架——形成对照。"［美］鲍曼：《作为表演的口头艺术》，杨利慧、安德明译，广西师范大学出版社2008年版，第9页。
  ② ［美］鲍曼：《作为表演的口头艺术》，杨利慧、安德明译，广西师范大学出版社2008年版，第8、86、108、131、161页。
  ③ "鲍曼把责任（responsibility）当作界定'表演'的一个关键术语……表演理论更关注的是交流的形式而非内容。'总之，我们非常需要的是：表演的一种形式诗学'。"户晓辉：《民间文学的自由叙事》，社会科学文献出版社2014年版，第97页。"表演是一种形式关系，因而对这种表演的研究才会是一种形式诗学"。同上引书，第98页。"本质在于这种表演的形式而非表演的内容。"同上引书，第99页。
  ④ ［美］鲍曼：《作为表演的口头艺术》，杨利慧、安德明译，广西师范大学出版社2008年版，第12、108、131页。
  ⑤ ［美］鲍曼：《作为表演的口头艺术》，杨利慧、安德明译，广西师范大学出版社2008年版，第70、77、104页。
  ⑥ ［美］鲍曼：《作为表演的口头艺术》，杨利慧、安德明译，广西师范大学出版社2008年版，第161页。
  ⑦ ［美］鲍曼：《作为表演的口头艺术》，杨利慧、安德明译，广西师范大学出版社2008年版，第6、8、49页。

> 表演……此术语可以在与审美没有关联的意义上用来指代交流的实际施行。……将表演概念化为社会实践，并没有直接导引至艺术性［的理论］范畴，而我们则将表演作为一种特殊的交流模式，与艺术［的理论］范畴联系了起来。并非所有的口头传统的实践都［在理论上］呈现出同样的艺术特性和精湛的技巧。……将表演仅仅当作……［理论视野中］任何口头艺术的实践，并不能很好地增进我们对于口头艺术作为一种独特的言说方式的理解。很清楚，我们需要的是将表演自身作为一种［实践视野中］特殊的交流方式的［客观理性］观念。……［表演］突出了艺术交流进行的［实践］方式，而不仅仅是它［在理论认识中］所指称的［文学艺术体裁形式和题材］内容。……表演并非是［理论视野中］对于某一口头文学形式［和艺术内容］的任何实践，而是［实践视野中］由互动关系所界定的表达方式或框架的一种。①

这就是说，鲍曼之所以在表演"框架"与叙事"体裁"之间喜新厌旧，更实质的原因，不是鲍曼发现了在理论认识上更顺手的民俗分类、分级标准，而是因为，作为理论概念（兼有实践观念）的"体裁"很难被用作能表象表演"框架"的交流责任形式本质的实践理性概念（理念），所以鲍曼才休弃"本族体裁"而迎取了更易于被用来表象表演的交流责任形式本质的"框架"概念。所以，尽管看起来，表演"框架"不过是"传统体裁"，②例如神话、传说、故事、歌谣、戏曲等在外延上的进一步扩展，还可以再加上"暗示""开玩笑""模仿""翻译""引用"等非传统性体裁（鲍曼统称为"框架"），③从而表演仍然"与一些特殊的［传统性］体裁相关"。但实际上，鲍曼用来区分

---

① ［美］鲍曼：《作为表演的口头艺术》，杨利慧、安德明译，广西师范大学出版社2008年版，第65、103、131、152页。

② "体裁……即可通过文化来界定的、传统的语言交流类型。"［美］鲍曼：《作为表演的口头艺术》，杨利慧、安德明译，广西师范大学出版社2008年版，第29页。

③ "表演作为一种框架与字面意义的交流相对照，但是我们也许应该从一开始就清楚地说明，在这两种框架之外，还有其他的框架。比如：暗示……开玩笑……模仿……翻译……引用……"［美］鲍曼：《作为表演的口头艺术》，杨利慧、安德明译，广西师范大学出版社2008年版，第10—11页。

第三章 神话学革命的理论概念—实践理念转折点 273

"是表演"与"不是表演"①或"非表演"②的表演"框架"的判断标准，不是出于信仰或非信仰心理态度的体裁意向形式的特殊性（文化）判断标准，而是承担或不承担交流责任形式的伦理意向形式的普遍性（超文化）判断标准。前者（心理学的体裁意向形式）可以是现象学主观性观念直观的结果，甚至可以是认识论感性经验直观的结果（所以也残留着阿默思所言"实证主义最后的遗迹"）；而后者（伦理学的责任意向形式）——即作为交流"本质"的"责任"——则只可能是先验论客观性理念演绎的结果。

> 表演与一些特殊的［传统性］体裁相关，这构成了［"言语共同体"］社区之中表演的模式性的一个重要方面。实际上，表演与体裁之间的联系同以文本为中心的文化客位［理论认识］研究方法［阿默思所谓"实证主义最后的遗迹"——笔者补注］所解释的联系相比，存在更多的有待［实践反思地来］解决的问题。③

当然，在阿默思那里，"本族体裁"已经是对"实践命名"予以主观性观念直观而反思还原的现象学剩余物，而不仅仅是理论认识地给予经验性现象以感性直观的表象物，所以笔者才能够（在本书第四节）断言，鲍曼把阿默思止步的地方用作了再次出发的起点，即通过将"本族体裁"转换为表演"框架"，通过表演"框架""思考"地"推论出"内在于表演"框架"的"普适法则""普遍原则"的实践理性表演"责任"的客观理念（客观性演绎），而不是仅仅直观"本族体裁""实践命名"的主观观念（主观性直观）。当然，尽管鲍曼已经认识到，表演"框架"的交流责任的普遍逻辑形式和伦理意向形式标准（先验论或实践论标准），不同于"本族体裁"的比较普遍性"信实性"或非

---

① ［美］鲍曼：《作为表演的口头艺术》，杨利慧、安德明译，广西师范大学出版社2008年版，第202页。
② ［美］鲍曼：《作为表演的口头艺术》，杨利慧、安德明译，广西师范大学出版社2008年版，第202—203页。
③ ［美］鲍曼：《作为表演的口头艺术》，杨利慧、安德明译，广西师范大学出版社2008年版，第30页。

"信实性""取态"的心理意向形式标准(现象学标准或认识论标准),但鲍曼仍然将表演"框架"置于"言语共同体""本土语文学"的文化特殊性经验性(理论认识)语境条件("社区之中表演")予以"思考"和"推论"而浑然不觉其自相矛盾。鲍曼的这一做法,最终让鲍曼自己在解决"存在更多的有待解决的[实践反思]问题"时,与阿默思一样,最终陷入"实证主义最后的遗迹"泥潭而难以自拔,当然,这是后话。但是,尽管如此,鲍曼在阿默思之后,继续推进了神话学的现象学—先验论革命,将阿默思手中臻于至境的现象学主观性观念直观方法,继续地扭转为先验论客观性理念演绎方法,则是有目共睹的学术史或学科史观念事实。

第八节　表演的责任与判断力的职责

对鲍曼来说,有些名为"表演"的表演,就"不是得到表演"[①] 或者"并非真正的表演"(true performance)。[②] 鲍曼区分了表演的形式和"不是表演的形式"、[③]"非表演的形式"。[④] 鲍曼认为,"对于民族志工作者来说饶有趣味的事情就是你要发现,在哪里什么是表演而在哪里它又不是表演"。[⑤] 也就是说,判断表演"是表演"与"不是表演"或"非表演"的"标准的[本质性]因素"是一个看表演能否承担起有效交流的普遍逻辑形式和责任意向形式的主观间普遍性实践观念。因此,鲍曼"与审美没有关联""没有直接导引至艺术性范畴""并非是对于某一口头文学形式的任何实践"而纯粹表示交流或表示纯粹交流的

[①] [美] 鲍曼:《作为表演的口头艺术》,杨利慧、安德明译,广西师范大学出版社2008年版,第40页。

[②] [美] 鲍曼:《作为表演的口头艺术》,杨利慧、安德明译,广西师范大学出版社2008年版,第8页。

[③] [美] 鲍曼:《作为表演的口头艺术》,杨利慧、安德明译,广西师范大学出版社2008年版,第202页。

[④] [美] 鲍曼:《作为表演的口头艺术》,杨利慧、安德明译,广西师范大学出版社2008年版,第202—203页。

[⑤] [美] 鲍曼:《作为表演的口头艺术》,杨利慧、安德明译,广西师范大学出版社2008年版,第203页。

第三章 神话学革命的理论概念—实践理念转折点

"表演"概念十分接近康德所云"不属于这里作为鉴赏判断的部分,但却毕竟能够用做其[鉴赏判断的主观]原理"。因而纯粹交流的"表演的责任"也就非常接近康德关于审美鉴赏的反思性判断力自己给自己立法的"反思性判断力原则"①或职责,康德称为"方法论的最为一般的准则"。②

> 反思性的判断力的职责……需要一个原则……这样一个先验原则,③ 反思性的判断力只能当做法则自己给自己确立,不能从别处拿来……因为这只是反思性的判断力,这个[反思性判断力把职责当做法则的]理念把它[即反思性判断力的职责]用做原则……这种能力由此是给自己立法……④[反思性]判断力的一个主观原则(准则)⑤……给它自己指定法则[即一个"当做法则""用作原则"的"主观原则""主观原理"的"主观准则"],人们可以把这法则称为……特殊化法则[即被当作法则的准则]……⑥反思性的判断力在这样一些情况下就必须充当它自己的原则;这原则由于并不是客观的……所以只应当用做["平常的人类知性"的"反思性判断力"]认识能力的合目的应用的主观原则,亦即对某一类对象进行反思的主观原则。因此,与这样一些情况相关,反思性的判断力有自己的[被"当做法则""用作原则"的"主观原则"

---

① [德]康德:《判断力批判》,李秋零译,载《康德著作全集》第 5 卷,中国人民大学出版社 2007 年版,S. 179—180,第 188—190 页。"鉴赏恰恰是这样的""在自己本身里面寻找原则"。同上引书,S. 284,第 295 页。

② [德]康德:《实践理性批判》,韩水法译,商务印书馆 1999 年版,S. 161,第 176 页。

③ "职责",邓晓芒译作"任务"。"反思性的判断力的任务是从自然中的特殊上升到普遍,所以需要一个原则……"[德]康德:《判断力批判》,邓晓芒译,人民出版社 2002 年版,第 14 页。

④ [德]康德:《判断力批判》,李秋零译,载《康德著作全集》第 5 卷,中国人民大学出版社 2007 年版,S. 179—180,第 188—190 页。

⑤ "反思性的判断力的准则。"[德]康德:《判断力批判》,李秋零译,载《康德著作全集》第 5 卷,中国人民大学出版社 2007 年版,S. 437,第 455 页。"理性纯然的理论应用的准则。"同上引书,S. 439,第 458 页。"反思的判断力的准绳。"同上引书,S. 441,第 459 页。"理论上反思性的判断力的种种准则。"同上引书,S. 454,第 474 页。

⑥ [德]康德:《判断力批判》,李秋零译,载《康德著作全集》第 5 卷,中国人民大学出版社 2007 年版,S. 184—186,第 193—195 页。

"主观原理"的主观]准则……①

与康德的"主观原则"一样，鲍曼的"责任"②也是表演者"自己给自己确立［法则］""［自己］给它自己指定法则"即自己"给自己立法"而"当做法则""用作原则""充当它自己的原则"的主观准则，即表演作为有效交流（至少是比较地普遍的有效交流）实践的普遍逻辑形式和伦理意向形式的主观原则或主观原理。但为什么不是客观法则而只是被"当做法则""用作原则"的主观准则呢？因为康德讨论的是（审美鉴赏）判断力的原则，既不是理论理性规定他者（他人、他物）的普遍原理也不是实践理性自我规定或交互规定的普遍原则，而只是判断力自我反思应该采用哪种客观原理的主观原则，③ 所以只能称为"主观准则"④——"准则最初［自由］的主观根据……是无法探究

---

① ［德］康德：《判断力批判》，李秋零译，载《康德著作全集》第5卷，中国人民大学出版社2007年版，S.385，第400页。"把这种准则当做普遍法则。"［德］康德：《道德形而上学》，张荣、李秋零译，载《康德著作全集》第6卷，中国人民大学出版社2007年版，S.452，第463页。

② "在康德哲学中，'责任'（duty）是一个核心概念……莱维纳斯则用responsibility［鲍曼也用responsibility］来表示'责任'，这种'责任'同样来源于'尊重'，但不是'尊重'自己理性的道德法则，而是通过'回应'（response）'他者'来尊重'他者'。"孙向晨：《面对他者——莱维纳斯哲学思想研究》，第七章第二节"莱维纳斯与康德的道德自律"，生活·读书·新知三联书店2008年版，第277—278页。"在莱维纳斯眼中，康德式的论述依旧不能使我们遇见真正的'他者'。因为康德还是基于'我'来理解道德法则，基于尊重我自己的理性来尊重'他人'，无法遇到真正的'他人'。"同上引书，第278页。

③ "有些理论家是终生都不能实践的，因为他们缺乏判断力：例如，有些医生或法学家，他们的学习成绩很好，但要他们提出建议时，他们却不知道自己应该怎么办。"［德］康德：《论通常的说法：这在理论上可能是正确的，但在实践上是行不通的》，［德］康德：《历史理性批判文集》，何兆武译，商务印书馆1990年版，第176—177页。

④ "我把一切不是从客体的性状、而是从理性对这个客体的知识的某种可能完善性的兴趣中取得的主观原理称之为理性的准则。所以就有一些思辨理性的准则，它们只是基于理性的思辨兴趣之上，尽管看起来似乎这些准则是些客观的原理。如果那些只是调节性的原理被看做了构成性的，那么它们就可能作为一些客观原理而发生冲突，而只有理性的一种不同的兴趣，它引起的是一种思维方式的分化。实际上理性只有一个惟一的兴趣，而它的诸准则的争执只是满足这种兴趣的那些方法的一种差异性和交互的限制而已。"［德］康德：《纯粹理性批判》，邓晓芒译，人民出版社2004年版，A666/B694，第521页。"没有一条基于客观的根据，而只是基于理性的兴趣，因此它们可以更准确地被称为准则而不是原则。"同上引书，A667/B695，第522页。

第三章 神话学革命的理论概念—实践理念转折点

的"① ——当然,判断力自我反思的主观准则一旦被用作实践理性自我或交互规定的伦理责任,那么"责任"作为鲍曼所谓"构成了［即规定了有效交流的表演］事件不可缺少的评判特征"②的普遍逻辑形式和伦理意向形式,即康德所言"置身于别人的立场""站在别人的地位上思维"以达成相互交流与相互评判的"合［实践］目的应用""合［实践］目的地运用"的"特殊化法则",实际上也就被用作主观间客观的规定性普遍法则了,尽管"看起来是最自然的准则"。③

平常的人类知性的以下［主观］准则虽然不属于这里作为［审美］鉴赏判断的部分,但却毕竟能够用做其**[审美鉴赏的主观]原理的阐明**。它们是如下［主观］准则:1. 自己［独立］思维;2. 站在别人的地位上思维;④ 3. 任何时候都与自己一致地思维。第一个准则是无成见的思维方式的准则,第二个准则是开阔的思维方式的准则,第三个准则是一以贯之的思维方式的准则。⑤ 至于［"平常的人类知性"］思维方式的第二个准则,我们通常都习惯于把其才能不堪大用的人称为有局限的(狭隘的、不开阔的对立面)。然而在这里,我们说的不是［理论］认识能力,而是合目的

---

① ［德］康德:《纯然理性界限内的宗教》,李秋零译,载《康德著作全集》第6卷,中国人民大学出版社2007年版,S.51,第52页。

② ［美］鲍曼:《作为表演的口头艺术》,杨利慧、安德明译,广西师范大学出版社2008年版,第32页。

③ "在一个居住地由自然为了互相帮助而联合起来的理性存在者""这一准则看起来是最自然的准则"。［德］康德:《道德形而上学》,张荣、李秋零译,载《康德著作全集》第6卷,中国人民大学出版社2007年版,S.453,第464页;S.452,第463页。

④ 反思性判断力的主观准则,康德也称之为"不被视为唯我主义"的"多元主义""先天原则":"如果鉴赏判断必须不被视为唯我主义,而是根据其内在本性,亦即由于它自己,而不是由于别人从自己的鉴赏中提供的例子,必然地被看做多元主义的,如果人们把它评价成一个可以同时要求每个人都应当赞同的判断,那么,它就必须以某个(不论是客观的还是主观的)先天原则作为基础,这个先天原则是人们通过探查心灵变化的经验性法则所永远也达不到的;因为这些经验性的法则只是让人们认识判断是如何作出的,而不是要求判断应当如何作出,确切地说,这要求根本就是无条件的;这类要求是鉴赏判断以之为前提条件的,因为鉴赏判断要懂得把愉悦与一个表象直接地联结起来……因为若不是鉴赏拥有这些先天原则,它就不可能能够裁定别人的判断,并对别人的判断,哪怕只是以某种权利的外表来作出赞同或者拒斥的表示。"［德］康德:《判断力批判》,李秋零译,载《康德著作全集》第5卷,中国人民大学出版社2007年版,S.278,第289—290页。

⑤ ［德］康德:《判断力批判》,李秋零译,载《康德著作全集》第5卷,中国人民大学出版社2007年版,S.294,第306页。

地运用认识能力的［反思性判断力］思维方式：这种思维方式，无论人的自然天赋［即"平常的人类知性"］所达到的范围和程度多么小，仍表明一个人具有开阔［即能够"置身于别人的立场""站在别人的地位"］的思维方式，如果他把如此之多的别人都如同被封闭在其中的主观的私人判断条件置之度外，并从一个普遍的立场（他惟有通过置身于别人的立场才能规定这个立场）出发对他自己的判断加以反思的话。①

将鲍曼"表演的责任"② 与康德"反思性判断力原则"相比较，可以启发我们思考，鲍曼何以把"责任"用作判断"是表演"与"不是

---

① ［德］康德：《判断力批判》，李秋零译，载《康德著作全集》第 5 卷，中国人民大学出版社 2007 年版，S. 295，第 307 页。康德这段话的汉语译文另见［德］康德《判断力批判》，邓晓芒译，人民出版社 2002 年版，第 137 页；［美］阿伦特：《康德政治哲学讲稿》，贝纳尔编，曹明等译，上海人民出版社 2013 年版，第 108 页。

② "从根本上说，作为一种口头语言交流的模式，表演存在于表演者对观众承担展示自己交流能力的责任。这种交流能力依赖于能够用社会认可的方式来说话的知识和才能。从表演者的角度说，表演要求表演者对观众承担展示自己达成交流的方式的责任，而不仅仅是交流所指称的内容。从观众的角度来说，表演者的表述行为由此成为品评的对象，表述行为达成的方式、相关技巧以及表演者对交流能力的展示的有效性等，都将受到品评。……因此，表演会引起对表述行为的特别关注和高度意识，并允许观众对表述行为和表演者予以特别强烈的关注。"［美］鲍曼：《作为表演的口头艺术》，杨利慧、安德明译，广西师范大学出版社 2008 年版，第 12 页。"卡巴瑞体现了马尔加什高地人的表演范畴。参与卡巴瑞表演，就意味着要对观众承担展示自己对传统卡巴瑞形式的掌握能力的责任，并接受观众对自己的演说质量的品评。"同上引书，第 14 页。"在表演所具有的这种意义上，交流行为是被展示，被客体化，在一定程度上被从其语境背景中提取出来，并交由观众进行仔细审查。因此，表演会引起对交流行为的特别关注和高度意识，并允许观众对其以及表演者予以特别强烈的关注。表演使表演者在交流上负有责任，也赋予观众对表演者的相关技巧以及表演完成的有效性进行品评的责任。"同上引书，第 68—69 页。"表演是一种交流性展示的模式，其中表演者对观众承担着展示交流技巧的责任，它凸显的是话语生产行为得以完成的方式，而不仅仅是交流行为可能担负的其他多种功能。在表演中，叙事行为本身被框定为一种展示：它被客体化，并在一定程度上被从语境背景下抽离出来，允许观众对其内在品性以及引起的反响自由地进行阐释性、品评性的仔细审查。"同上引书，第 77 页。"表演……在一定程度上从其语境中提取出来，由观众进行自由而仔细的观察……允许观众以特别的热情来仔细观察表演和表演者。表演既使得言说者承担着交流的责任，也为观众分派了评价表演者达成表演的相关技巧与有效性的责任……表演的相对支配性将取决于表演者在展示交流技巧和有效性方面对观众所承担的责任的程度。"同上引书，第 85 页。"表演被理解为一种特殊的交流模式，它依赖于表演者对观众所承担的展示技巧和效力的责任。表演凸显的是交流得以完成的艺术性方式，而不仅仅是交流行为的其他特征。从观众的角度说，表达行为得以完成的技巧及其有效性因此受到公开的品评。在表演中，表达行为也体现出可用于经验升华的特征；表达行为本身的内在品性被加以鉴赏。在这一表述中，（转下页）

第三章 神话学革命的理论概念—实践理念转折点

表演"或"非表演",以及表演"程度"("强度")、"范围"的本质条件,尽管这一本质条件的判断标准在康德那里只不过是判断力("平常的人类知性")自己反思地给自己立法的一项主观观念的主观准则,但是在被用作自己给自己立法的规定性原理或原则时,我们完全可以进一步视之为广义地实践(包括审美鉴赏判断)观念的客观法则,而不仅仅是"特殊化法则"(至少是比较普遍性法则)。然而,尽管在一定的意义上说,交流本身就是实践的责任(或称"义务"、"职责");但是,如果不是"以其道德的完善性彼此间推进交往",[①]而仅仅是功利性交往或非功利性审美鉴赏交往,那么仅仅属于交流本身的表演责任,就还不是道德实践原则即客观法则因而仍然只是作为一般实践原则的客观规则即比较普遍性原理。但鲍曼所言"表演的责任",并不能仅仅被理解为实践的主观准则,作为判断表演是不是表演的"本质性因素","表演

(接上页)观众被明确地涵盖在内,这清楚地表明,这一研究表演的方法是社会互动性的影响。表演者—观众之间的互动对表演具有模塑性的影响。一个表演者会改造自己的表演,以影响他/她的观众,并期待得到观众的品评作为回应。同样,观众的反应对于表演的展开过程也具有相应的影响。"同上引书,第104页。"我将表演理解为一种元交流的框架,其本质在于表演者对观众承担着展示交流能力的责任,它突出了艺术交流进行的方式,而不仅仅是它所指称的内容。因此,在这一意义上谈表演,说话行为本身便被框定为展示,它在一定程度上从其语境背景中被客体化、被提取出来,并由观众进行自由而仔细的审查。从观众的角度来说,表演者的表述行为由此公开成为品评的对象,表述行为达成的方式、相关技巧以及表演者对交流能力的展示的有效性等,都将受到品评。"同上引书,第131页。"在表演中,表演者要对观众承担展示自己交流技巧的责任。"同上引书,第198页。"我曾主要针对口头艺术提出了这样一种观点,即把表演视为一种交流的模式,一种言说的方式。其本质就在于要对观众承担展示交流能力的责任,突出使交流得以完成的方式,而不仅仅是交流行为可能提供的其他多种功能。在表演的这一意义上,言说本身被设计成一种展示对象,一定程度上从其语境背景中提升出来并受到观众的评价和考察。这样,从观众的角度来看,表演者的交流行为在其完成方式、相关技巧和表演展示效果等方面,都会受到品评。此外,它还有助于通过对表达行为本身内在品质的现场欣赏来得到经验的升华。由此可见,我们可以把表演理解成对诗学功能的展演,这种展演正是言说艺术的本质。"同上引书,第161页。"表演是表演者在展示交流能力方面为观众承担的责任,其使交流行为得以完成的相关技巧和效果受到观众的评价,而这一点远远大于交流行为可能提供的其他多种功能。"同上引书,第180页。"我把表演理解为一种交流模式,一种言说方式,其本质在于承担起向听众展示交流技巧的责任,在交流方式的指涉内容之上和之外,突显出达成交流的方式。"Richard Bauman,*Story*,*Performance*,*and Event*:*Contextual Studies of Oral Narrative*,Cambridge University Press,1986,p.3. 汉语译文转引自户晓辉《民间文学的自由叙事》,社会科学文献出版社2014年版,第97页。

① "以其道德的完善性彼此间推进交往(交往的义务,社会性),不把自己孤立起来(离群索居),不仅是对自己的义务,而且是对他人的义务……做到这一点,本身就是德性义务。"[德]康德:《道德形而上学》,张荣、李秋零译,载《康德著作全集》第6卷,中国人民大学出版社2007年版,S.473,第485页。"理性不是拿来'自我孤立的,而是要和他人一起融入共同体'。"[美]阿伦特:《康德政治哲学讲稿》,贝纳尔编,曹明等译,上海人民出版社2013年版,第62页。

的责任"本质上依赖于其主观准则背后的客观道德法则,没有后者的支撑,前者就无以被实施。但这同时也就意味着,支撑表演的主观准则的客观法则,无法像巴斯科姆那样,通过对心理现象的经验性直观而归纳出来;甚至无法像阿默思那样,通过对主观观念的现象学直观而还原出来(观念还原),①因而只能通过对支撑表演的主观观念(主观准则)的客观理念(道德法则)的先验演绎而反思地还原出来(本质还原)。因此,在鲍曼看来,有些表演之所以"不是表演"或者"非表演",不

---

① "根本不可能援引任何可靠的实例来说明那种出于纯粹的义务而行动的意向,尽管有些事情的发生可能会与义务所要求的相符合,但它是否真正出于义务而发生,从而具有某种道德价值,却始终是还可疑的。……实际上,绝对不可能凭借经验完全确定地断言一个单个事例,说其中某个通常合乎义务的行动的准则是仅仅建基于道德的根据及其义务的表象之上的。因为虽然有时有这种情况,我们通过最严厉的自省,也无法找到任何东西,除了义务的道德根据之外,能有足够的力量推动我们做出这样那样的善行、付出如此巨大的牺牲;但由此我们根本不能有把握地断定,确实完全没有任何隐秘的自爱冲动,藏在那个理念的单纯假象之下,作为意志真正的规定性的原因……但事实上,即使进行最严格的审查,我们也绝不可能完全走进背后隐藏的动机,因为,如果谈论的是道德价值,那么问题就不取决于人们看到的行动,而取决于人们看不到的那些内部的行动原则。"[德]康德:《道德形而上学奠基》,杨云飞译,邓晓芒校,人民出版社 2013 年版,S. 406—407,第 31—32 页。"如果人们更贴近地看看这些行动孜孜以求的东西,就会到处遇到那个总是赫然醒目的心爱的自我,这些行动的意图正由这自我出发,而不是出于多半会要求自我克制的那个义务的严格命令。一个人,甚至根本不用与德行为敌,只需要成为一个冷静的观察者,不至于把对善的最热切的愿望立即看成善的现实,就会在某些时刻怀疑:这个世界上甚至是否确实能见到任何真正的德行。"同上引书,S. 407,第 33 页。"但我们还是不能通过例证肯定地阐明,意志在这里并无其他的动机而只是由法则决定的,尽管看上去似乎如此;因为对羞耻的隐秘恐惧,或许还有对其他危险的模糊担忧,都总是可能对意志发生影响的。当经验所告诉我们的只不过是我们对一个原因的毫无知觉的时候,谁又能通过经验来证明那个原因的非存在呢?"同上引书,S. 419,第 50 页。"即使单纯禀好才是意志的决定根据,前者(合法性)也是可能……"[德]康德:《实践理性批判》,韩水法译,商务印书馆 1999 年版,S. 81,第 88 页。"对于人来说,如此看穿他自己的内心深处,以至于他往往只是在一个行动中就能完全确知,其道德意图的纯粹性和意向的纯洁性是不可能的,即便他毫不怀疑这个行为的合法性……就每一次行为而言,究竟有多少纯粹道德的内容处于意向中,对他们自己来说依然是隐秘的。"[德]康德:《道德形而上学》,张荣、李秋零译,载《康德著作全集》第 6 卷,中国人民大学出版社 2007 年版,S. 393—392,第 405 页。"理性不能对人那毕竟必须是先行的伪善倾向作出进一步的说明,因为自由的一个行为不能(像一个自然结果一样)按照全都是现象的结果和其原因的联系这一自然法则来演绎和解释。"同上引书,S. 431,第 441 页。"人的心灵的深度是无法探究的。谁感觉到自己遵循义务的动机,他就充分地了解自己,这种遵循究竟是不是完全出自法则的表象,或者是否另一些着眼于好处(或者为了防止一种害处),并且借其他机会也完全可能为恶习所利用的感性冲动在同时起作用。但是,说到作为道德目的的完善性,虽然在理念上(客观上)只有一种德性(作为准则的道德力量),但在事实上(在主观上)却又大量具有异质性状的德性,在它们中间,如果人们想寻找的话,不可能不发现某种非德性(尽管它们正是因为德性而通常不使用恶习的名称)。但是,自我认识永远不使我们充分了解种种德性的总和是完备的还是有欠缺的,它可以说明只有不完全的义务才是完全的。因此,就我们自己人格中的人性这一目的而言对自己的一切义务都只是不完全的义务。"[德]康德:《道德形而上学》,张荣、李秋零译,载《康德著作全集》第 6 卷,中国人民大学出版社 2007 年版,S. 447,第 457—458 页。

是因为这些表演事实上缺乏审美鉴赏（如阿默思例举的"韵律"）艺术表现形式的经验性特征（客观事实），而是因为这些表演被（诸表演者之一的）观众/听众判断为不符合表演应该承担的有效交流的普遍逻辑形式和责任意向形式的伦理—道德的先验理性标准（主观观念）。这就是说，表演的艺术表现形式的经验性标准，可以根据认识论感性直观—知性概念的客观性方法予以规定性判断，而支撑了表演有效交流在逻辑上的普遍形式和在意向上的责任形式的主观准则所根据的客观法则的先验标准，却只能借助现象学观念直观的主观性方法和先验论理念演绎的主观间客观性方法予以反思性判断。这样，鲍曼根据表演有效交流的普遍逻辑形式和责任意向形式的先验判断标准，以及根据这一先验判断标准，表演所承担的有效交流责任在逻辑上的形式普遍性（范围）和在意向上的形式必然性（强度、强烈程度），① 将表演划分为：（1）"承担完全的责任"② 的"完全表演"（full performance）③ 或"完整表演"；④（2）未承担完

---

① "表演框架可被视为能以不同的强度来利用。"［美］鲍曼：《作为表演的口头艺术》，杨利慧、安德明译，广西师范大学出版社2008年版，第28页。"口头艺术可以被解释为在强度和范畴上都有差异。"同上引书，第28页。"表演的强烈程度，表演框架就是以不同的表演程度，在由文化所界定的一个特定范围的言说方式中发挥作用的。"同上引书，第28页。"表演的相对支配性将取决于表演者在展示交流技巧和有效性方面对观众所承担责任的程度。在一个连续统一的范围内，它可以包含从连续的完整表演到短暂的突破性进入的表演——即对表演功能的瞬间的接触……"同上引书，第85页。"表演的相对统摄性依赖于表演者对观众承担展示交流的精湛技巧的责任的程度。这一责任的范畴可能从持续的、完全的表演到短暂的、突破性进入的表演不等。"同上引书，第106页。"表演的相对支配地位将取决于与其他交流性功能相比，表演者对观众承担展示交流的技巧和有效性的程度。它的范围会沿着一个连续统一体而有变化：从持续不变的、完全的表演到稍纵即逝的、突破性进入的表演。在这两极之间的也许就是有限定的或者协商性的表演……我们必须把考察的范围扩展到有限定的、不确定的、协商性的、变换的或者部分的表演——在这些例子中，表演者也许并不希望对其观众承担全部的展示交流能力的责任。这正是本文所关心的。"同上引书，第133页。
② ［美］鲍曼：《作为表演的口头艺术》，杨利慧、安德明译，广西师范大学出版社2008年版，第28页。
③ ［美］鲍曼：《作为表演的口头艺术》，杨利慧、安德明译，广西师范大学出版社2008年版，第31、80、106、132—133、152—153、186、206页。"完全的责任。"同上引书，第28页。"持续不变的、完全的表演""稍纵即逝的、突破性进入的表演"。同上引书，第132页。"完全责任""完全的能力"。同上引书，第141页。"表演的突破性进入。"同上引书，第149页。"完全的责任。"同上引书，第151页。"突破性地进入了完全的艺术性的表演。"同上引书，第152页。"突破性进入的表演。"同上引书，第153页。鲍曼对"完全表演"的解释并不完全等同于笔者对"完全表演"的理解。在鲍曼那里，"完全表演"指的是"以形式和明显或假定的……案例为中心"而不是以表演责任的先验理念为中心；所以鲍曼担心，"假如我们对完全的表演授以优先权，我们就会有所失去"对其他表演例如"完全不是表演"或者"不完全是表演"的表演的关注。同上引书，第80页。
④ ［美］鲍曼：《作为表演的口头艺术》，杨利慧、安德明译，广西师范大学出版社2008年版，第85页。

全责任的"非完全的表演"① 或"部分的表演";② （3）完全不承担责任的"非表演"或"不是表演"。由于判断表演"是"还是"不是"表演的"表演的责任"最终依赖于支撑了表演主观准则的客观道德法则，但客观的道德法则并不能够在表演的主观准则中直观地显现，所以，"表演的责任"背后是否最终存在着一个客观的法则，就成了一个悬拟的疑案。进而鲍曼为"判断"表演之为表演而规定的"承担责任"这一"本质性因素"，就是只能是主观上（偶然或或然）而不是客观上（必然）的"标准"，其结果就是，鲍曼表演理论最终还是没有能够实现阿默思将民俗提升为"普适法则""普遍原则"的实践理想。但是，现在仍然有一种可能，能够让我们证明"表演的责任"背后存在着支撑了表演的主观准则的客观法则，这就是表演者在经验中先于表演经验就"对表演的否认"。

    一个说话的人会在某个特定时候对听众/观众承担表演的责任，但别的时候他就不要求听众/观众对他［预先声明的非表演承担起］进行品评［的责任］——"我会给你讲这个故事，但是我不是在为你做表演。"……有时会遇到这样的情况：某位故事讲述家会说："好吧，我知道这故事，我也会讲给你听，但我不是在表演，我对表演不承担责任"；"我会［非表演地］'报道'给你听，或者［非表演地］给你概述故事的梗概，或者［非表演地］引用别人的讲述，但我不是在表演"。……并不意味着每一次言说这些［传统］体裁或者交流形式都必然是一次表演……人们也许会知道一个故事，但是他们也许会觉得自己缺乏相关的讲述技巧以［便负责任而有效地］把它表演出来。比如一个故事讲述者会说："我知道这个

---

① "有限度地表演。"［美］鲍曼：《"表演"新解》，杨利慧译，《民间文化论坛》2015年第1期。"有限定的表演。"［美］鲍曼：《作为表演的口头艺术》，杨利慧、安德明译，广西师范大学出版社2008年版，第69页。"有限定的或者协商性的表演。"同上引书，第132页。"有限定的、不确定的、协商性的、变换的或者部分的表演。"同上引书，第133页。"非完全的、变换的表演。"同上引书，第134页。"缺乏完全的叙述。"同上引书，第143页。"缺乏表演。"同上引书，第153页。"表演缺失。"同上引书，第145页。"草率的表演（performance in a perfunctory key）。"同上引书，第31页。

② ［美］鲍曼：《作为表演的口头艺术》，杨利慧、安德明译，广西师范大学出版社2008年版，第133页。

第三章 神话学革命的理论概念—实践理念转折点

故事，这是我祖母讲的，虽然我会转述给你听，但这是她的表演，而不是我的表演。"另一个例子是"排练"，排练的时候表演者是在［自己］练习，他也不要求这个时候对他［的并非承担交流责任］的表演技巧、能力进行评价，他不［认为自己］是在表演［地交流］。① 被高度期待加以表演的一个童话故事、一段演说或者任何其他类型的说话，却可能恰与表演相反，而是被报道、证明、模仿、排练、转播、翻译、引用或者概要总结［这里，鲍曼将"报道""证明""模仿""排练""转播""翻译""引用""概要总结"统统排除出应该承担交流责任的表演范畴，不符合鲍曼"表演即交流"的定义——笔者补注］。与此相似的，它也可能被有限度地表演［即交流］，就像一个讲述人或者公共发言人愿意讲述一个故事或者发表一段演说，其中表演是常有的一种表现［或交流］模式，却觉得自己不能、不合格、不权威，或者不愿意对完全的、无条件的表演承担责任。也可以注意一个讲述人可以富于变化地出入表演［和非表演的不同"框架"］：比如，当他觉得自己有能力表演时，会在故事的一些段落中"突破性地进入"表演，但是当他觉得自己缺乏充分的知识，没有能力或者没有信心去应对表演时，又退回到报道［等非交流的表演］模式中。用同样的方法，一个参与者在被推向观众立场的过程中，可能希望用退出互动或者充当观察者或者旁观者的其他角色，来拒绝［承担表演的责任］这样的荣耀，逃脱［观众/听众对其是否已承担起表演的责任进行伦理性］品评的要求。②

---

① ［美］鲍曼：《作为表演的口头艺术》，杨利慧、安德明译，广西师范大学出版社2008年版，第200—201页。

② ［美］鲍曼：《"表演"新解》，杨利慧译，《民间文化论坛》2015年第1期。"对表演的否认"有两种情况：（1）虚假的否认："传统上用以标示表演的手段也可能是表面上否认自己具有任何真正的交流能力，即对表演的否认……这样的否认与承担展示交流能力的责任并不相矛盾，而是对礼节和行为举止规范的让步，因为在这些礼节和举止规范中，妄自尊大是受到贬抑的。在这样的情形下，对表演的否认既是一种道德姿态，用以平衡表演所引起的对表演者的高度关注，同时其本身也是对表演的一种标定方式。"［美］鲍曼：《作为表演的口头艺术》，杨利慧、安德明译，广西师范大学出版社2008年版，第25—26页；（2）真诚的否认："女性表演者被自发地认定为欲望与道德沦丧的对象。"同上引书，第78页。"但事实上这（转下页）

因此，鲍曼认为，如果表演的"实践者既不承担展示交流能力的责任，也不对其表达完成的方式获得的品评承担责任，不对品评保持敏感"，[①] 那么，"在此案例中该表演体裁不是得到表演"[②] 而只是得到了"非表演"或"不是表演"的表演。这样，通过鲍曼提供的"对表演的否认"，即表演者因感受到"表演的责任"主观准则背后的客观法则（其实客观法则内在于主观准则）的道德压力而在主观上"拒绝""不希望""不要求""不愿意"承担有效交流的表演责任而"逃脱品评"的经验性现象，就以反例的方式反向地证明（反证）[③] 了表演的一般实践理性主观准则内在地蕴涵的纯粹实践理性客观法则即道德法则的先验理念，以及表演者对表演内在地蕴涵的——表演应该是承担起有效交流在逻辑上的普遍形式和在意向上的责任形式的——先验理念的主观意识。

这样，通过鲍曼"对表演的否认"的田野反例，我们反倒容易理解鲍曼为什么用有效交流的普遍逻辑形式和责任意向形式来阐明"表演的本质"：表演内在地蕴涵了有效交流的普遍逻辑形式和责任意向形式的先验理念，以及表演者对表演内在地蕴涵的有效交流的普遍逻辑形式和责任意向形式的先验观念的主观意识。换句话说，在鲍曼看来，表演的"本质性因素"不是可以经验性地直观的客观事实对象（例如阿默思

（接上页）位说话人却并不愿意为完整展示其精湛技巧而承担责任，不愿意公开接受观众的品评。"同上引书，第108页。"表演者也许并不希望对观众承担全部的展示交流能力的责任。"同上引书，第133页。"在缺乏继续叙述行为的能力的基础上构成了对表演的否认。"同上引书，第139—140页。"不愿意对恰当地叙事承担责任。"同上引书，第143页。"并不承担表演它的责任。"同上引书，第143页。"否认了承担表演该文本的责任。"同上引书，第144页。"不愿意对他的听众承担展示故事讲述技巧和有效性的责任。"同上引书，第151页。"首先是缺乏能力，其次是缺乏知识，这两者构成了布什先生之所以没有能力进行叙事表演的基础。"同上引书，第152页。"感觉到能力有限而对于承担责任持有模棱两可的态度。"同上引书，第154页。实际上无论在（1）、（2）哪种情况下，表演者都承认表演应该是负责任的表演。

① ［美］鲍曼：《作为表演的口头艺术》，杨利慧、安德明译，广西师范大学出版社2008年版，第40页。
② ［美］鲍曼：《作为表演的口头艺术》，杨利慧、安德明译，广西师范大学出版社2008年版，第40页。
③ 吕微：《"表演的责任"与民俗学的"实践研究"——鲍曼〈表演的否认〉的实践民俗学目的—方法论》，《民间文化论坛》2015年第1期；载吕微《民俗学：一门伟大的学科——从学术反思到实践科学的历史与逻辑研究》，中国社会科学出版社2015年版，第十章，第340—376页。

第三章　神话学革命的理论概念—实践理念转折点　285

"韵律"），甚至不是可以现象学地直观的主观观念对象，而只能是先验论地演绎的主观间客观地的理念对象。这就是说，自由主体（道德本体）不像自然客体（现象）那样，仅仅根据自然法则（知性概念）而无目的地实在，而是遵从（或者违背）自由法则的表象（理性理念即理念）而有目的地实践。如果说自然法则构成了客体实在的本质，则自由法则的表象就构成了主体自由实践的本质。这样，鲍曼通过对主体自由实践的主观观念而演绎地还原出主观观念的先验条件的客观理念即表演的"本质性因素"，就是顺理成章的事情。

这样，鲍曼就用自己的田野经验的反例，证明了阿默思不曾证明的东西。即阿默思的现象学主观性观念（"实践命名"）直观方法，只能还原共同体文化实践（"小群体内的艺术性交流"）的主观艺术—伦理准则（"本族体裁分类体系"），却不能进一步还原出共同体文化实践（"表演"）的客观道德法则（"责任"），因为后者无法通过经验现象而只能通过经验现象的反面例证从反方向演绎地推论（反证）出来。① 我

---

① "虽然我现在尚未看出这敬重基于什么根据。"［德］康德：《道德形而上学奠基》，杨云飞译，邓晓芒校，人民出版社2013年版，S.403，第26页。"没有任何经验能够提供哪怕只是推论出这样毋庸置疑的法则之可能性的理由。"同上引书，S.408，第34页。"所有的德性概念都完全先天地在理性中有自己的位置和起源，这无论在最普通的人类理性中还是在最高程度的思辨理性中都同样是如此，它们绝不能从任何经验的、因此只是偶然的知识中被抽象出来。"同上引书，S.411，第38页。"关于人的自然本性的某些被以为的经验中并不足以阐明自由（当然这也是绝对不可能的，只能先天地加以阐明）。"同上引书，S.447—448，第91页。"在我们自身中，以及在人的本性中，我们都不能证明自由是某种现实的东西。"同上引书，S.448，第93页。"好像它的意志即使就自在的本身来说并在理论哲学中也会被有效地宣称为自由的一样。"同上引书，S.448，第91—92页。"我认为把自由仅仅当做由理性存在者单纯在理念中为自己的行动所提供的根据，对我们的意图来说是足够的，我之所以选取这一道路，是因为这样我就可以不必担在其理论方面也证明自由的责任了。因为，即令后一方面仍悬而未决，那些法则毕竟适用于一个只能在自己特有自由的理念下行动的存在者，它们将会对一个现实地自由的存在者加以约束。这样我们就能够摆脱理论压给我们的负担了。"同上引书，S.448"注释①"，第92页。"行动只是作为那种原因性的现象而被发现；然而，这些现象的可能性却不能从这种我们并不认识的原因性中看出来。"同上引书，S.453，第100页。"他意识到一个善良意志，这个善良意志按照他自己的认可，为他的作为感官世界成员的恶的意志制定了法则，他通过冒犯这一法则而认识到了这一法则的权威。"同上引书，S.455，第102页。"从意志来说，一切人都把自己设想为自由的……尽管如此，自由不是经验概念，也不可能是经验概念，因为，即使经验表现出和在自由的前提下被设想为必然的那样一些要求的反面，这自由也仍然保持着……因此，自由只是理性的一个理念，其自在的客观实在性是可疑的。"同上引书，S.455，第102—103页。"自由是一个单纯的理念，它的客观性不能以任何方式按照自然法则被阐明，从而也不能在任何可能的经验中被阐明；所以，正因为它本身绝不能按照（转下页）

（接上页）任何一种类比来配上一个实例，它就绝不能被理解，或者哪怕只是被认出来。"同上引书，S. 459，第108页。"对于我们人来说完全不可能去解释，作为法则的准则的普遍性，从而德性如何以及为什么会使我们感到关切。"同上引书，S. 460，第110页。"使这一点可被理解正好是我们不能解决的课题。"同上引书，S. 462，第113页。"无法经验地描述的因果性概念，这就是自由概念。"［德］康德：《实践理性批判》，韩水法译，商务印书馆1999年版，S. 15，第13页。"在理性存在者受本能刺激的意志之中，人们便能够见及准则与他认识到的实践法则的冲突。"同上引书，S. 19，第17页。"无条件的—实践的事情的认识从何开始，是从自由开始，抑或从实践法则开始？它不能从自由开始；因为我们既不能直接意识到自由，盖缘自由的最初概念是消极的，也不能从经验中推论出自由概念，因为经验只让我们认识到现象的法则，从而认识到自然的机械作用，自由的直接对立面。"同上引书，S. 29，第29—30页。"我们（一旦我们为自己拟定了意志的准则，立刻就）直接意识到道德法则首先展现在我们面前。"同上引书，S. 29，第30页。"他之所以能够做某事，乃是由于他意识到他应当做这事，并且在自身之中认识到自由，而如无道德法则自由原本是不会被认识到的。"同上引书，S. 30，第31页。"道德法则仿佛是作为一个我们先天地意识到而又必定确实的纯粹理性的事实被给予的，即便我们承认，人们不能够在经验中找到任何完全遵守道德法则的实例。"同上引书，S. 47，第50页。"在意志的概念之中已经包含了因果性概念，从而在纯粹意志的概念中就包含了具备自由的因果性概念，也就是说，这种因果性不能是为自然法则所决定的，从而任何经验直观都是不能够作为其实在性的证明的。"同上引书，S. 55，第59页。"我们不能认识纯粹实践法则作为动力的力量，而只能认识对于感性动力的抗拒。"同上引书，S. 78—79，第85页。"实践理性之所以不能将其作用表达在行为之中，只是因为主观的（本能的）原因妨碍了它。"同上引书，S. 79，第86页。"通过愉快或痛苦的情感让人辨认出来。"同上引书，S. 92，第100页。"有效原因的自由就其可能性说是根本无法洞见的，在感觉世界里尤其如此。……然而依然还有许多人始终相信他们能够依照经验的原则诠释这种自由，就如诠释任何其他自然能力一样，并且将自由看作心理学的特性，对它的诠释仅仅取决于关于心灵性质和意志动力的精确研究，而不是将它看作关于位居感觉世界（事实上这就是唯一的关键）的存在者的因果性的先验断定。"同上引书，S. 94，第102页。"关于这种自发性的决定并不能够给出任何自然的解释。"同上引书，S. 99，第108页。"人们在每一次回想许久以前所行之事时而起的悔恨之情也是以此为基础的；这是一种由道德意向引起的痛苦感受，由于它无法有助于挽回已经形成的事件，所以在实践上是空洞的，甚至会是荒谬的，但是这种悔恨之情作为痛苦仍然是完全合法的，因为当事关我们理智的实存的法则（道德法则）时，理性并不承认任何时间差别，而只是追问：这个事件是否作为行动而属于我，然后总是从道德上把它与这种感受结合起来，不管这个事件是刚才发生的，或是早已发生的。"同上引书，S. 98—99，第107—108页。这样，康德就在没有"对这个主体的一种理智直观……在缺乏这种直观的情况下"（同上引书，S. 99，第108页），间接证明了每一个人对道德法则的主观必然性意识。"自由概念是一个纯粹的理性概念，正因为如此，它对理论哲学而言是超验的，也就是说，它是这样一个概念，不可能在某种可能的经验中给它提供任何恰当的例证，因此，它并不构成一种对我们而言可能的理论知识的任何对象。"［德］康德：《道德形而上学》，张荣、李秋零译，载《康德著作全集》第6卷，中国人民大学出版社2007年版，S. 221，第228页。"德（转下页）

们可以设想,如果鲍曼仅仅采用现象学主观性观念直观方法,那么鲍曼就会像阿默思一样,只能还原出来表演的主观相对性、比较普遍性文化准则,而无法还原出表演的严格普遍性、客观必然性道德法则。于是,为了还原表演的主观伦理准则(责任)的"本质性因素"的判断标准,鲍曼就只能进一步搁置阿默思的现象学观念直观的主观性还原方法,转而采用更彻底的现象学观念直观＋先验论理念演绎的主观间客观性还原方法。当然,对此方法论原则,尽管未曾有过明示,但鲍曼还是在字里行间为自己的方法论原则埋下了一些暗示。否则,鲍曼对"表演的责任"的本质还原,就会或者沦落为偶然或或然性判断,或者冒充为我们

(接上页)性论的这一原理,作为一个绝对命令式,不可以作任何证明,但完全可以从纯粹实践理性出发作一种演绎。在人与自身及他人的关系中能够是目的的东西,就是纯粹实践理性面前的目的;因为纯粹实践理性就是一种一般的目的能力,……规定行动的准则(后者在任何时候都包含着一个目的)……纯粹理性不能先天地要求任何目的,除非它把这样一些目的同时宣布为义务;这些义务在这种情况下就叫做德性义务。"同上引书,S.395,第408页。"伦理义务必须不是按照赋予人的遵循法则的能力来评价,而是相反,道德能力必须按照无条件地发布命令的法则来评价,因而不是按照我们关于人是怎样的经验性知识来评价,而是按照关于人依据人性的理念应当是怎样的理性知识来评价。"同上引书,S.404—405,第417页。"在道德实践关系中不可理解的自由特性通过理性对内在立法意志的影响使自己显露出来。"同上引书,S.418,第427页。"任意自由的概念,并不是先行于对我们里面的道德法则的意识,而是仅仅从我们的任意可被作为一种无条件命令的道德法则所规定推论出来的。只要我们扪心自问,我们是否确定无疑地和直截了当地自觉到了一种能力,能够借助坚定的决心克服越轨的任何无论多么大的动机,就会马上信服上面这种说法。每一个人都不得不承认,如果出现这样一种情况,他并不知道自己是否会决心动摇。但尽管如此,义务却无条件地命令他:他应该对自己的决心保持忠诚。他由此正当地推论出:他必须也能够这样做,因而他的任意是自由的。"[德]康德:《纯然理性界限内的宗教》,李秋零译,载《康德著作全集》第6卷,中国人民大学出版社2007年版,S.49"注释①",第50页。"[加缪《堕落》]描写了一个人拒绝这种无条件命令,未救助落水者,因此长时期无法逃避自己的生活有无意义这一问题。"何光沪:《宗教、道德与爱的维度》,载罗秉祥、万俊人编《宗教与道德之关系》,清华大学出版社2003年版,第231页。"从康德主义中,人们抽象出一种不听命于与存在之关系的意义。这一参照来自一种伦理道德并非偶然——这种伦理道德当然是理性的,因为其准则具有普遍性——在存在之上设想一种意义的这一方式是一种伦理学的必然结果,这也并非偶然。"[法]勒维纳斯:《上帝·死亡和时间》,余中先译,生活·读书·新知三联书店1997年版,"康德之阅读(续)",第71页。"'自由'这一概念不是一个得自观察的经验概念,而最多只是能由经验观察反证它存在的一个超验概念。"黄裕生:《有第三条道路吗?——对自由主义和整体主义国家学说的质疑与修正》,载《江苏行政学院学报》2014年第1期。

人（类）并不拥有的"理智直观"或"理性直观"①——但康德认为人类并不具备这样的能力——的神秘主义"独断"。②

对表演的有效交流的普遍逻辑形式和责任意向形式的现象学＋先验论本质还原，让鲍曼有理由认为，表演至少能够发挥并承担"社会互动的基本原则、规范"③的伦理功能。鲍曼特别提醒同人注意"由［表演的交流］互动关系所界定的表达方式或框架"的"伦理［ethics］和审美的性质"④或"艺术与伦理［ethical］方面［的］价值"⑤——按照

---

① "我们并不能从理性先行的材料中，譬如从自由意识（因为这种意识不是预先被给予我们的）中，把它勾稽出来，而且还因为它作为一个先天综合命题把自己自为地强加给我们，而这个命题是既非建立在纯粹直观上面，亦非建立在经验直观上面的；是否如果我们设定意志自由，这个命题就同时是分析的？但是对此，自由作为一个肯定的概念，就需要一种理智直观，而在这里我们完全不可以认定这种直观。"［德］康德：《实践理性批判》，韩水法译，商务印书馆1999年版，S.31，第32页。"作为存在者本身，它意识到它是一个能够在事物的理智秩序中被决定的此在，虽然这不是缘于有关他自己的一种特殊的直观。"同上引书，S.42，第44页。"自由……的可能性并不需要任何（对于一个理智世界的）先天直观，而这种直观作为超感性的东西，即使在这种情况下对于我们来说也必定是不可能的。"同上引书，S.45，第48页。"一个自由意愿的决定……对于这种意愿，诚然不能给予任何与之完全符合的直观，但是这种意愿却先天就有一条纯粹实践法则构成其基础……"同上引书，S.65，第71页。"人是自由的。如果我们对于同一个主体还能够有另外一种鉴识（但这当然是完全没有授予我们的，而代替它的，我们只有理性概念），也就是对这个主体的一种理智直观，那么我们就会明了……在缺乏这种直观的情况下，道德法则使我们确信……"同上引书，S.99，第108页。"神圣性在唯一一个对理性存在者之此在的理智直观里一览无余。"同上引书，S.123，第135页。"超感性的直观。"同上引书，S.136，第148页。

② "如果我们把一个概念视为包含在另一个构成一条理性原则的客体概念之下的，并按照这条原则来规定它，那么，我们对这个概念（尽管它应当是经验性地有条件的）的处理就是独断的。"［德］康德：《判断力批判》，李秋零译，载《康德著作全集》第5卷，中国人民大学出版社2007年版，S.396，第411页。"道德性，就它而言我们是不受自然的合作约束的，所以它在可能性上是先天地肯定的和独断地确定的。"同上引书，S.453，第473页。"神秘主义还与道德法则的纯粹性和崇高性相互一致。"［德］康德：《实践理性批判》，韩水法译，商务印书馆1999年版，S.71，第77页。

③ ［美］鲍曼：《作为表演的口头艺术》，杨利慧、安德明译，广西师范大学出版社2008年版，第87页。

④ ［美］鲍曼：《作为表演的口头艺术》，杨利慧、安德明译，广西师范大学出版社2008年版，第33页。

⑤ ［美］鲍曼：《作为表演的口头艺术》，杨利慧、安德明译，广西师范大学出版社2008年版，第29页。"一般认为，社群主义在伦理学上直接导源于黑格尔关于Moralität（道德）与Sittlichkeit（伦理生活）之间的区分。前一个术语指抽象或普遍的道德原则，后一个术语指对每一个社群而言的特定的伦理原则［前者接近康德所云客观的道德法则，后者接近主观的行为准则——笔者补注］。"俞可平：《社群主义》，中国社会科学出版社2005年版，第162页。"［Shermis指出：］道德这一术语常常用作伦理的同义词，但它们之间存在着大量的（转下页）

康德的说法，这里的艺术情感鉴赏判断只能"仿佛是作为义务而要求于每个人"①——从方法论的角度看，鲍曼之所以能够达成对"表演的本质"至少"表演的部分本质"②的本质还原，乃因为，鲍曼在一定程度上悬置了表演的艺术内容和艺术形式（如"韵律"）等——按照阿默思的说法，这些都是可以在经验性语境中感性地直观的——经验性现象。于是，表演有效交流的普遍逻辑形式和责任意向形式的（准）先验本质，才得以向鲍曼本人显现出来。正是立足于本质还原的先验论方法，鲍曼才可以说，表演理论关注的是表演"交流的［艺术性］指涉内容之上和之外"的表演交流的伦理形式。或至少可以说，"不仅仅是交流所指称的［艺术］内容"的经验性主观观念（现象），更是被"突出"、被"突显"的表演"由互动关系所界定的表达方式或框架"的普遍逻辑形式和责任意向形式的主观间客观性先验理念，即"表演要求表演者对观众承担展示自己达成交流的方式的责任，而不仅仅是交流所指称的［艺术］内容"，③"而这一点［责任形式的伦理功能又］远远大于交流行为可能提供的其他多种［例如艺术］功能"，④亦即复数的诸表

（接上页）区别。亚里士多德认为区别之一是，伦理学指行为的理论，而道德指的是实践。"［英］罗斯特：《黄金法则》，赵稀方译，华夏出版社 2000 年版，第 6、9 页"注释［1］"。关于此处的两段引文，杨利慧给笔者的来信中指出："第一处鲍曼使用的是名词 ethics，第二处是形容词 ethical。意思都是一样。我们在翻译时，一般都是把 ethics 译为'伦理'，而不会译为'道德'。鲍曼在文章中强调的也是伦理，而不是道德。"鉴于鲍曼使用的术语是 ethics（伦理）而不是 morals（道德），则，在黑格尔的意义上，鲍曼对表演伦理性的界定，接近康德对实践的主观准则的定义。因此，在本文中，笔者也在康德与黑格尔的意义上，使用"伦理"一词界定表演的主观准则，而使用"道德"一词界定表演的客观法则。在此，谨向杨利慧表达诚挚的谢意！"［民间文学的］形式不仅指民间文学的各种体裁叙事形式，而且指民间文学体裁叙事的行为方式和伦理形式。"户晓辉：《民间文学的自由叙事》，社会科学文献出版社 2014 年版，第 33 页。"民间文学的本质在于体裁叙事行为的伦理条件。"同上引书，第 134 页。

① ［德］康德：《判断力批判》，李秋零译，载《康德著作全集》第 5 卷，中国人民大学出版社 2007 年版，S. 296，第 308 页。
② ［美］鲍曼：《作为表演的口头艺术》，杨利慧、安德明译，广西师范大学出版社 2008 年版，第 49 页。
③ ［美］鲍曼：《作为表演的口头艺术》，杨利慧、安德明译，广西师范大学出版社 2008 年版，第 12 页。"它突出了艺术交流进行的方式，而不仅仅是它所指称的内容。"同上引书，第 131 页。
④ ［美］鲍曼：《作为表演的口头艺术》，杨利慧、安德明译，广西师范大学出版社 2008 年版，第 180 页。"不仅仅是交流行为可能担负的其他多种功能。"同上引书，第 77 页。"不仅仅是交流行为可能提供的其他多种功能。"同上引书，第 161 页。"不仅仅是交流行为的其他特征。"同上引书，第 104 页。"在交流方式的指涉内容之上和之外，突显出达成交流的方式。"Richard Bauman, *Story, Performance, and Event: Contextual Studies of Oral Narrative*, Cambridge University Press, 1986, p. 3. 汉语译文转引自户晓辉《民间文学的自由叙事》，社会科学文献出版社 2014 年版，第 97 页。

演者（演员和观众/听众）应该（应当）共同（交互、互动）地承担起先验地内在于"表演的对话性"①的普遍逻辑形式和责任意向形式的伦理功能应然的交流有效性。这样，由于先验地内在于表演的普遍逻辑形式和责任意向形式的交流有效性伦理功能，只是诸表演者自己给自己立法而自我规定和交互规定的表演本质的一个应然的"当做法则"（实际上也就是客观道德法则）的先验理念，则鲍曼给予"表演"概念的本质界定（"本质性因素"的判断标准），就不是理论地认识表演现象的经验性概念，②而是实践地认识表演本质的准先验观念甚至就是先验理念。于是，据此表演的"本质性因素"的判断标准，则"无论在特定的文化和历史背景中衡量这种［表演］责任的［经验性］标准和［现象］尺度是什么"，③为了判断某一次甚至每一次表演"是表演"还是"不是表演"或"非表演"，都需要把表演的"内在的形式"④"内在存在形式"⑤——"一般意愿的形式原则"⑥——从表演的经验性语境中

---

① ［美］鲍曼：《作为表演的口头艺术》，杨利慧、安德明译，广西师范大学出版社2008年版，第80页。

② "概念……仅仅指向一个对象的可能性。"［德］康德：《判断力批判》，李秋零译，《康德著作全集》第5卷，中国人民大学出版社2007年版，S.402，第418页。

③ ［美］鲍曼：《作为表演的口头艺术》，杨利慧、安德明译，广西师范大学出版社2008年版，第79页。

④ ［美］鲍曼：《作为表演的口头艺术》，杨利慧、安德明译，广西师范大学出版社2008年版，第161页。

⑤ 户晓辉：《民间文学的自由叙事》，社会科学文献出版社2014年版，第174页。"民间文学体裁叙事的表演行为不仅具有自身的形式，而且具有自身的实践目的。它不是为了其他目的或者服务于其他东西，而是为了实现自身的形式或目的……其实，形式就是目的，形式意志也是目的意志……或冲动。"同上引书，第103页。"'我们'：民间文学体裁叙事行为的纯粹发生形式和条件。"同上引书，第134页。"胡适、周作人、郑振铎没有做到的事情，正是户著的努力方向，于是，在胡适的白话文学形式研究（1922年）之后九十多年，郑振铎的俗文学形式研究（1938年）之后的近八十年，户著终于接过了先驱者们手中的民间文学实践的纯粹形式和内在目的研究的接力棒，竟然实现了先驱者们未竟的遗愿，进而超越了前人，贡献了一部出人意表地'返本开新'的民间文学实践研究（范式）的倾心杰作，即一部自从民间文学（学科）诞生以来难能可贵的哲学民俗学（或民俗学的形而上学）的理论著作，完成了从民间文学—民俗学实践的内容目的论到形式目的论的哥白尼革命。"吕微：《民俗学：一门伟大的学科——从学术反思到实践科学的历史与逻辑研究》，中国社会科学出版社2015年版，第十二章"接续民间文学的伟大传统——从实践民俗学的内容目的论到形式目的论 户晓辉《民间文学的自由叙事》解读"，第513页。

⑥ ［德］康德：《道德形而上学奠基》，杨云飞译，邓晓芒校，人民出版社2013年版，S.400，第21页。

(尽管鲍曼谨慎地强调只能"在一定程度上")提升、提取或抽取、抽离出来,①才可能在表演的"其他多种[例如艺术]功能"现象之上或之外,让诸表演者(演员、观众/听众)根据表演的"本质性因素"判断标准,在不受经验性语境的"[经验性]标准和[现象]尺度"的限制条件下,予以自由、平等(公开、公正)——"置身于别人的立场""站在别人的地位上思维"——的反思判断。即"唤起和满足观众[/听众、演员]对于[内在于表演的普遍逻辑形式和责任意向]形式的期待"。②现在,如果"表演的本质"即表演的普遍逻辑形式和责任意向形式作为表演的"本质性因素"判断标准,只可能是内在地蕴涵于被诸表演者"当做法则"的普遍逻辑形式和责任意向形式的主观间客观性先验理念,因而只能通过先验论主观间客观性理念演绎而还原("思考""推论")的应然(应该、应当)本质,而不是通过经验性直观+知性概念而规定的实然现象,甚至不是通过现象学主观性观念直观而还原的准应然条件,则鲍曼就进一步推进了阿默思清除"实证主义最后的遗迹"的现象学努力。尽管鲍曼自己对自己实际上可能使用的现象学—先验论还原方法并没有正面的理论陈述,我们仍然可以设想,除非使用现象学—先验论的还原方法,表演应然地有效交流的普遍逻辑形式和责任意向形式的伦理准则乃至其根据的道德法则,就不可能作为现象学—先验论演绎的剩余物呈现在我们面前。反过来说,如果我们不是把鲍曼设想为一位现象学—先验论方法论的实践者,那么,长时间停滞于经验性语境条件方法的"表演理论"(就像中国学者一贯理解和解释的那样)③,如何可能通过(至少"在一定程度上")将表演从经验性语境

---

① "在一定程度上被从其语境背景中提取出来。"[美]鲍曼:《作为表演的口头艺术》,杨利慧、安德明译,广西师范大学出版社2008年版,第68—69页。"在一定程度上被从语境背景下抽离出来。"同上引书,第77页。"在一定程度上从其语境中提取出来。"同上引书,第85页。"从其所处的语境中抽取出来。"同上引书,第111页。"在一定程度上使之从周围的情境中提升出来。"同上引书,第112页。"在一定程度上从其语境背景中被客体化、被提取出来。"同上引书,第131页。"一定程度上从其语境背景中提升出来。"同上引书,第161页。

② [美]鲍曼:《作为表演的口头艺术》,杨利慧、安德明译,广西师范大学出版社2008年版,第78页。

③ "框架是一个有限定的、阐释性的语境。"[美]鲍曼:《作为表演的口头艺术》,杨利慧、安德明译,广西师范大学出版社2008年版,第10页。"我们将表演行为看作是情境性的行为,它在相关的语境中发生,并传达着与该语境相关的意义。"同上引书,第31页。参见刘晓春《从"民俗"到"语境中的民俗"——中国民俗学研究的范式转换》,载《民俗研究》2009年第2期。

提升、提取或抽取、抽离出来，还原表演的"本质性因素"的先验判断标准。

第九节 技术性实践与道德性实践

对于鲍曼表演理论本身来说，有效交流责任作为表演的本质规定性，并非实践上清晰的命题。换句话说，如果不是我们通过先验论客观性理念演绎的方法还原出表演伦理的道德条件，我们甚至无法认识到，表演仅仅作为现象学主观性观念直观还原的剩余物，其"交流"究竟是基于（出于）功利性目的的文化性交际、社会性交往等"技术性〔technische〕实践"交流，还是基于（合于甚至出于）非功利性目的的纯粹"道德性实践"[1] 交流？进而"责任"究竟是基于（出于）

---

[1] "技术性实践"不同于"道德性实践"。康德称前者的根据为一般实践理性的"实践的规则"（praktische Regel），后者的根据为纯粹实践理性的"道德的法则"。〔德〕康德：《道德形而上学奠基》，杨云飞译，邓晓芒校，人民出版社2013年版，S.389，第5页。技术性实践，康德也称为"熟练技巧"（熟巧，Geschicklichkeit）的实践，也就是以自然概念的感性—经验性对象为目的和手段的明智、熟巧的实践。"实践的意图要么是熟巧的意图，要么是德性的意图，前者指向随意的和偶然的目的，后者则指向绝对必然的目的。"〔德〕康德：《纯粹理性批判》，邓晓芒译，人民出版社2004年版，A823/B851，第623—624页。"图型如果不是按照一个理念、即出自理性的主要目的，而是经验性地按照偶然显露出来的意图来勾画的，它就提供技术性的统一性。"同上引书，A833/B861，第630页。"一种有关达到某些随意目的的熟巧的科学。"同上引书，A839/B867"注释①"，第634页。"所有的科学都有一个实践的部分，这个部分由以构成的是这样的任务，即某个目的对我们来说要是可能的，以及这样的命令，即如何能够实现这一目的。所以，这些命令一般地说可以称为熟巧的命令。"〔德〕康德：《道德形而上学奠基》，杨云飞译，邓晓芒校，人民出版社2013年版，S.415，第44页。"在最狭隘的意义上，人们可以把选择实现他自己最大福利的手段的那种熟巧称为明智。"同上引书，S.416，第45页。"要么是熟巧的规则，要么是明智的建议，要么是德性的诫命（法则）。"同上引书，S.416，第46页。"人们可以把第一类命令也称为技术的（属于技艺），第二类称为实用的（属于福利），第三类称为道德的（属于一般的自由行为，即属于道德）。"同上引书，S.416—417，第46页。"只要很容易给出幸福的确定概念，那么明智的命令就会与熟巧的命令完全一致。"同上引书，S.417，第47页。"明智命令……与熟巧命令的区别就只在于，后者的目的仅仅是可能的，而前者的目的却的给定的。"同上引书，S.419，第49页。"数学或自然科学中所谓的实践命题本来应该称作技术命题。因为这些学科完全无关乎意志决定；它们仅仅指示足以产生某种结果的可能行为的多样性，因而与表示因果联接的所有命题一样是理论的。谁既然喜欢结果，那么他也就必须容忍原因。"〔德〕康德：《实践理性批判》，韩水法译，商务印书馆1999年版，S.26"注释①"，第25页。"如果规定因果性的概念是一个自然概念，那么，诸原则就是技术实践的；但如果它是一个自由概念，那么，诸原则就是道德实践的……前一类原则就属于理论哲学（作为自然学说），后一类原则却完全独立地构成第二部分，亦即〔作为　（转下页）

第三章 神话学革命的理论概念—实践理念转折点

主观相对性（比较普遍性）文化准则的伦理规则或规矩，抑或基于（合于甚至出于）客观必然性（严格普遍性）道德法则的伦理义务、责任或职责？因而鲍曼所谓"表演的责任"，或者如王杰文所言"相当于中国人所谓'做什么像什么'"的主观必然性文化准则或"习惯"①——

（接上页）道德学说的］实践哲学。"［德］康德：《判断力批判》，李秋零译，载《康德著作全集》第5卷，中国人民大学出版社2007年版，S.172，第181页。"一切技术实践的规则（亦即艺术和一般技巧的规则，或者也有作为对人及其意志施加影响的一种技巧的明智的规则），就它们的原则基于概念的而言，必须只被算做对理论哲学的补充，因为它们仅仅涉及事物按照自然概念的可能性。"同上引书，S.172，第181页。"因为意志并不纯然服从自然概念，而是也服从自由概念。"同上引书，S.172，第181页。"它们全都仅仅包含技巧的规则，这些规则因而只是技术实践的，为的是产生一种按照原因和结果的自然概念而有可能的结果，这些自然概念既然属于理论哲学，就服从作为出自理论哲学（自然科学）的纯然补充的那些规范，因而不能要求在一种被称为实践哲学的特殊哲学中有任何位置。"同上引书，S.173，第182页。"并不是由于这些规范是实践的，因为即使它们的原则完全取自自然的理论知识（作为技术上实践的规则），它们也能够是实践的；而是由于它们的原则根本上不是借自永远以感性为条件的自然概念。"同上引书，S.173，第182页。"如果规则是实践的，理性却并不因而马上就是立法的，因为这些规则也可能是技术实践的。"同上引书，S.175，第184页。"对自然能够（外在地和内在地）被人利用来达到的各种各样的适应性和技巧……自然目的将会是人的文化。"同上引书，S.430，第447—448页。"一个有理性的存在者一般而言对随便什么目的的适应性（因而是在他的自由中的适应性）的产生就是文化。因此，惟有文化才能够是人们有理由就人类而言归之于自然的最终目的。但是，并非任何文化都足以成为自然的这个最终目的。技巧这种文化当然是对一般而言促进目的的适应性的最重要的主观条件；但是，它毕竟不足以在规定和选择自己的目的方面促进意志。"同上引书，S.431—432，第449—450页。"技巧在人类中不借助于人们中间的不平等也许就不能得到发展。"同上引书，S.432，第450页。"道德上的实践理性与技术上的实践理性就其原则而言是有本质区别的。"同上引书，S.455，第475页。"哲学不能把实践的部分（与理论的部分相邻）理解为技术实践的学说，而只能理解为道德实践的学说。"［德］康德：《道德形而上学》，张荣、李秋零译，载《康德著作全集》第6卷，中国人民大学出版社2007年版，S.217—218，第225页。"技术实践理性。"同上引书，S.384，第397页；S.387，第400页。"在同一个德性作为合义务地（依照其合法性）行动的熟练技巧被称做 virtus phaenomenon［作为现象的德性］，而作为对出自义务（由于其道德性）的这些行动的坚定意念被称做 virtus noumenon［作为本体的德性］……"［德］康德：《纯然理性界限内的宗教》，李秋零译，载《康德著作全集》第6卷，中国人民大学出版社2007年版，S.14，第15页。对于理论理性来说，熟巧的技术性实践服从自然法则、自然概念，因而在客观上是普遍地必然的，但对于实践理性的任意意志、选择了熟巧地服从自然法则、自然概念的技术性实践反而在主观上是偶然或或然的。

① "鲍曼是说这个能力是社区集体地共享的；比如京戏的票友与戏子之间的共识，不是这个圈子里的人不能理解；而康德似乎是说他们之间之所以能够理解的前提，这也 （转下页）

"在这里我们注意把单单为义务提供根据的法则与那事实上就是义务的法则区别开来（譬如，人类的需求所要求于我的东西的法则，与之相对的，人类的权利所要求于我的东西的法则，后者指本质性的职责，但前者仅仅指非本质的职责）①——或如笔者所云，"表演的责任"建立在客

（接上页）就是说，人人都有这个能力。他们并不在同一个层次上说话。这是社会学科与哲学之间的区别，并不矛盾。我对表演的理解是：1，表演只是一种交流框架，其他如引用、陈述、嘲弄，报道等。2，每一种框架都有责任的问题在。在这个意义上，所谓'责任'相当于中国人所谓'做什么像什么'，表演者与观众对于'什么'有共识，尊重并遵循共识才是'负责任的'。""我基本上认为，您的立论基础是基于国人对鲍曼的误解，而鲍曼本人并不该为此负责。"录自王杰文给笔者的来信。"'真正的表演'被民俗学界定为对'台下'负责，负责任地提供一种类型，有意识地面向评论。然而，人们可能是进入类型，而不是进入其表演。讲述也未必是表演；报告也不是表演；不同的社会、群体与个人对于表演的程度、态度、评价都可能不同，表演可以在一个情境的过程中出现或者消失。这样的话，表演就不应当被简单地视为一个个体内在能力的外在展示，它也可能呈现出内在地互动性的、社会性的特征，从而超越了个体的贡献。"王杰文：《表演研究：口头艺术的诗学与社会学》，学苑出版社2016年版，第235页。"那是一次演出，自己因为台下来了不少明星和记者而紧张得走神了，不仅说错了台词，之后又用过火的表演去弥补。演出后，洪琛来到后台劈头就责问：'你今天怎么了，你不进戏，老走神……台下坐的什么观众，与你有什么想干？你是演员，演员的天职就是向观众负责，你不应该让观众失望！'洪琛的训斥让他终身难忘，在以后的演剧生涯中他永远记住了'演员的天职是向观众负责'。"严平：《青草绿了又黄了：寻找战火中的父辈》，人民文学出版社2019年版，第78—79页。"主观必然性，即习惯。"［德］康德：《实践理性批判》，韩水法译，商务印书馆1999年版，S.12，第10页。"［休谟］所要求的无非是，在原因概念方面认定一个单纯主观意义的必然性即习惯来代替客观意义的必然性。"同上引书，S.13，第11页。"习惯（一种主观必然性）。"同上引书，S.51，第54页。"休谟用习惯代替原因概念的客观必然性。"同上引书，S.52，第56页。"取而代之的是观察知觉过程中的习惯。"同上引书，S.53，第57页。康德认为，道德实践意志的主观必然性并非基于"习惯"，"这个'应当'真正说来是一种意愿……行动的那种必然性就只教做'应当'，而主观必然性就区分于客观必然性了"。［德］康德：《道德形而上学奠基》，杨云飞译，邓晓芒校，人民出版社2013年版，S.449，第93页。"道德的这个'应当'是他自己作为理知世界的成员的必然的意愿，而且只是就他同时把自己看做感官世界的一个成员而言，才被他设想为'应当'。"同上引书，S.455，第102页。"欲望的主观根据是动机（Triebfeder），意愿的客观根据是动因（Bewegungsgrund）；因此，就有建基于动机的主观目的和取决于对每一个理性存在者都有效的动因的客观目的的区别。"同上引书，S.427，第61页。

① ［德］康德：《实践理性批判》，韩水法译，商务印书馆1999年版，S.159，第174页。"使依照道德的法则进行判断成为自然的、与我们自己的自由行为以及对别人自由行为的观察相伴随的研习，使之仿佛成为习惯，并且我们通过首先发问：这个行为是否客观地合乎道德的法则，并且合乎哪一种道德法则，而使这个判断敏锐起来。"同上引书，S.159，第174页。

观必然性道德法则与对道德法则的主观必然性意识的基础上。① 我们承认,对"表演的本质"的上述两种解读都能够成立——正如我们已经"听其言观其行",却仍然无法"察其志"地断然决定该言行背后的真正目的——也正是因为上述两种解读都能够成立,就需要我们进一步解读上述两种解读之间应否以及能否相互联结的逻辑关系,否则,人(言—行—志)就不可能有"一以贯之"的应然本质,而只可能把人自

---

① "行为的方式,意志的准则。"[德]康德:《实践理性批判》,韩水法译,商务印书馆1999年版,S.60,第65页。"这种准则决不能够叫做法则,但仍然能够叫做理性地方实践规矩。"同上引书,S.62,第67页。康德把实践原理(规则和原则)区分为主观的Maxime(汉译"准则",英译norm或criterion)与客观的Gesetz(汉译"法则",英译law):"实践的法则当它同时又是行动的主观根据、也就是主观原理时,它就叫作准则。对德性的纯粹性和后果的评判是按照理念进行的,对道德法则的遵守则是按照准则进行的。"[德]康德:《纯粹理性批判》,邓晓芒译,人民出版社2004年版,A812/B840,第616页。"准则是意愿的主观原则;客观原则(即,如果理性能完全控制欲求能力的话,也能在主观上用做所有理性存在者的实践原则的那种原则)就是实践法则。"[德]康德:《道德形而上学奠基》,杨云飞译,邓晓芒校,人民出版社2013年版,S.401"注释①",第22页。"准则是行动的主观原则,必须和客观原则,即实践法则相区别。准则包括被理性规定为与主体的条件(经常是主体的无知甚至爱好)相符合的实践规则,从而是主体据此而行动的原理;法则却是对一切有理性的存在者都有效的客观原则,和据此应当行动的原理,也就是一个命令。"同上引书,S.420"注释①",第52页。"行动法则的意识:行动的主观原理,即准则,任何时候都必须这样来选取,使得它们也能客观地,即普遍地作为原理而有效,从而能充当我们自己的普遍立法。"同上引书,S.449,第93页。"准则虽然是原理,但不是命令……法则必须充分决定作为意志的意志。"[德]康德:《实践理性批判》,韩水法译,商务印书馆1999年版,S.20,第18页。"使某些行动成为义务的原理是一种实践法则。行动者出自主观的根据使之成为自己的原则的规则,叫做他的准则;因此,即便法则相同,但行为者的准则却可能大相径庭。"[德]康德:《道德形而上学》,张荣、李秋零译,载《康德著作全集》第6卷,中国人民大学出版社2007年版,S.225,第232页。"准则是主观的行动原则,主体自己使这原则成为自己的规则(也就是说,它想如何行动)。反之,义务的原理是理性绝对地,因此客观地要求于主体的东西(它应当如何行动)。"同上引书,S.225,第233页。"准则在此被视为仅仅获得资格进行一种普遍立法的主观原理。"同上引书,S.389,第402页。"行动的准则可以是任意的,而且仅仅受制于作为行动的形式原则的、一种普遍立法的资格的限制性条件。"同上引书,S.389,第402页。"准则恰恰在于每个人的实践理性的主观自律,因此不是其他人的举止,而是法则必须充当我们的动机。"同上引书,S.480,第490页。"应予指出的是,至少在有些场合,康德把准则刻画为'主观的法则'。"[美]阿利森:《康德的自由理论》,陈虎平译,辽宁教育出版社2001年版,第121页。

身交付给宿命的偶然或或然性来安排了。① 就人自身"言—行—志"的技术性实践交流目的与道德性实践交流目的，以及主观性文化准则与客观性道德法则——类似于尚未考虑责任形式的叙事"体裁"与暂时搁置文化形式的表演"框架"——这两种目的、原则之间的可能关系而言，二者之间或者是分析性关系，或者是经验性综合关系。但是，基于技术性实践交流目的的主观文化准则（并非所有的主观文化准则都基于技术性实践交流目的）与基于道德性实践交流目的的客观道德法则之间的关系，作为分析性关系，是完全不可能的，就像基于幸福目的的实践原则与基于道德目的的实践原则，因为这是两种完全异质（经验性和先验）目的的原则。② 而技术性实践交流目的的主观文化准则与道德性实践交流目的的客观道德法则之间的经验性综合关系，虽然可以偶然或或然地现实实现，却不是必然地可能的。我们既能够现实地在经验现象中感性地直观到合于（不是出于）道德性实践交流目的的客观道德法则的技术性实践交流目的的主观文化准则，也能够现实地在经验现象中感性地直观到不合于道德性实践交流目的的客观道德法则的技术性实践交流目的的主观文化准则。由此，两种目的、原则在经验现象中的现实性联结，就只能在主观上理论地判断为偶然或或然地任意的经验性综合。但是，基于道德性实践交流目的的客观道德法则与基于技术性实践交流目的的主观文化准则，作为在客观上纯粹实践理性对于任意的先验综合关系，却不仅是可能的而且是必然地可能的。这是因为，尽管我们只可能（但可疑地）偶然或或然地在经验现象中感性地直观到基于（合于）道德性实践交流目的的客观道德法则的现实性，却仍然可能且必然可能通过直观技术性实践交流目的的主观文化准则的主观观念而演绎地还原出

---

① "这样，人们就必须给盲目的机会保留权利，而一切理性的应用就此中止了。"［德］康德：《实践理性批判》，韩水法译，商务印书馆1999年版，S. 51-52，第55页。"这样做无异于把这个存在者交付给盲目的机运。"同上引书，S. 95，第103页。"行为的宿命。"同上引书，S. 101，第110页。"这一义务仅仅是思辨哲学的责任，以便它为实践哲学扫清道路。因此，并不由哲学家的随心所欲来确定，是要清除这个表面上的冲突，还是要原封不动地保留着它；因为在后一种情况下，与此有关的理论就是无主的财产，宿命论者就能够理直气壮地占有这笔财产，并把一切道德从它的被以为是没有名目地占有的财产中驱赶出去。"［德］康德：《道德形而上学奠基》，杨云飞译，邓晓芒校，人民出版社2013年版，S. 456，第104—105页。

② "在我们受劝告而行之事与我们有义务去行之事之间，确实有着很大的差别。"［德］康德：《实践理性批判》，韩水法译，商务印书馆1999年版，S. 36，第39页。

内在于——仿佛是分析地内在于、其实是超验综合地内在于——技术性实践交流目的的主观文化准则的道德性实践交流目的的客观道德法则的客观理念。否则，人的"言—行—志"就会因仅仅是技术性实践交流目的的主观文化准则的主观相对性（即便是比较普遍性的主观相对性）而不可能一以贯之了。反过来说，唯当技术性实践交流目的的主观文化准则合于（甚至出于）超验综合地内在于自身的道德性实践交流目的的客观道德法则，即前者先验地就有能力把超验综合地内在于自身的后者"当做法则""用作原则"（实际上也就是法则），人的"言—行—志"才必然可能（尽管并非必然现实）是"任何时候都与自己一致"的一以贯之的道德实践，借用鲍曼表演理论的话说就是，在伦理上应该且能够承担起普遍有效交流责任的"完全表演"或"完整表演"。

但是现在，我们就陷入了一种先验逻辑的实践辩证法（或辩证论），即：如果技术性实践交流目的的主观文化准则与道德性实践交流目的的客观道德法则之间的关系，作为分析关系，是完全不可能的，而作为经验性综合关系，只可能是偶然或或然地现实的；那么，如果在经验性现象中，技术性实践交流目的的主观文化准则（主观观念）在主观上并不必然地以道德性实践交流目的的客观道德法则（先验理念）为前提，我们为何且又如何断言：道德性实践交流目的的客观道德法则超验综合地内在于技术性实践交流目的的主观文化准则，并且在客观上构成了后者的必然可能性条件？现在，如果技术性实践交流目的的主观文化准则在主观上不是基于（合于甚至出于）内在于自身的道德性实践交流目的的客观道德法则，那么，仅仅是技术性实践交流目的的主观文化准则，在逻辑上"就会陷入到纯然不可理解和自相矛盾之中，至少会陷入到一种不确定的、模糊的和反复无常的混乱之中"。[1] 尽管如此，我们仍然不能否认，技术性实践交流目的的主观文化准则在主观上基于（合于甚至出于）道德性实践交流目的的客观道德法则这种事情还是经常发生，面对这一"尽管经验足够经常地证实这种事情曾经发生……但我们却无法理解发生这种事的［必然］可能性"，[2] 甚至对康德来说也

---

[1] ［德］康德：《道德形而上学奠基》，杨云飞译，邓晓芒校，人民出版社2013年版，S. 404，第27页。

[2] ［德］康德：《道德形而上学》，张荣、李秋零译，载《康德著作全集》第6卷，中国人民大学出版社2007年版，S. 226，第234页。

是一个难题。

人以及他人对人自身来说既是感性客体（经验性现象），同时人以及他人作为人自身又是理性主体（先验本体）和交互的理性主体（交互的先验本体）。职是之故，"平常的人类知性"（反思性判断力）——作为人以及他人的人的"理性的主观［限制］条件"——自己给自己任意地约法（不是"立法"而是在准则与法则之间自由选择）的主观观念中，就既可能选择技术性实践交流目的的主观文化准则，也可能选择道德性实践交流目的的客观道德法则。但是，在人（即便是一个坏人）的主观观念中，即便没有选择道德性实践交流目的的客观道德法则，道德性实践交流目的的客观道德法则也仍然内在于他（以及任何人）的主观观念当中，即内在于其选择的技术性实践交流目的的主观文化准则当中。之所以会如此，乃因为，在理性主体的主观观念中，尽管其主观准则与客观法则分别起源于受感性影响（尽管不被其所规定）的任意选择的自由意志和理性立法的自由意志，①但这两种异质的意志毕竟内在地共存于人自身的"同一个意志"②或"同一个意愿"③当中——康德反思地演绎出意志内部的纯粹实践理性普遍自我立法的意志和一般实践理性自由任意选择的意志——现在，这两种内在地共存于人的同一个意愿当中的异质意志之间的关系因其异质性而不可能"仅仅是分析的"④"一个分析原理"，⑤但可能因外在条件（社会、历史的文化、生活对意志）的外在影响而偶然或或然现实地是一个合乎自然的假言命令经验性综合命题，却应然（应该、应当）即必然可能因内在条件（内在的理性形式对意志、内在的法则形式对准则）的内在决定而必然可能地是一个出于自由而行于自律的定言命令先

---

① 吕微：《两种自由意志的实践民俗学——实践民俗学的知识谱系与概念间逻辑》，节录本发表于《民俗研究》2018年第6期。
② ［德］康德：《道德形而上学奠基》，杨云飞译，邓晓芒校，人民出版社2013年版，S.440，第80页；S.454，第101页。
③ ［德］康德：《道德形而上学奠基》，杨云飞译，邓晓芒校，人民出版社2013年版，S.440，第80页；S.441，第82页。
④ ［德］康德：《道德形而上学奠基》，杨云飞译，邓晓芒校，人民出版社2013年版，S.445，第87页。
⑤ ［德］康德：《实践理性批判》，韩水法译，商务印书馆1999年版，S.48，第51页。

验综合命题。① 这是因为，纯粹理性先验地内在于意志，所以意志自由的自律决定就是必然可能的，"因为在这样一种关系里面，他愿望什么，他也就能做什么"。②

因为自由的理念使我成为一个理知世界的一员，因此，如果我只是这样一个成员，我的一切行动就会在任何时候都［必然可能］符合意志的自律了，但由于我同时直观到自己是感官世界的成员，所以这些行动应当符合意志的自律，这个定言［命令］的应当表现为一个先天综合命题，因为在我的被感性欲望刺激的意志之上，还［超验综合地］加上了同一个意志的［纯粹理性的客观］理念，而这个［纯粹理性的］意志却是属于知性世界的、纯粹的、对其自身来说实践的，它按照理性包含着前一个意志［也是内在于前一个意志］的至上条件。……意志自律是意志的这种性状，通过该性状，同一个意志［中的纯粹理性］对于它本身就是一个法则。从而自律的原则就是：只能这样去选择，使自己选择的准则同时作为普遍的法则被一起包含在同一个意愿中。这个实践规则是一个［定言］命令，也就是说每个理性存在者的意志都将它作为条件而必然受它约束，这是不能通过单纯剖析［—分析］在其［意志］中出现的概念就得到证明的，因为它是一个［超验反思的］综合命题；我们必须超越对［意志作为理论］客体的知识，进到对主体［意志反思］的批判，即对实践理性的批判，因为这个不容置疑地下命令的综合命题必须能够被完全先天地认识。③

---

① 责任既是理性通过普遍立法强制地规定任意的客观必然性，同时也是任意出于敬重情感反思地信仰理性的主观必然性，从而就成就人在道德上自由自律的实践。于是，在人（类）的理性规定性＋理性信仰反思性的双向自由自律意向形式的普遍立法且必然可能行出法则的存在方式——即人（类）的本原性（道德神圣性）、本真性（超验真实性）实践方式——中，由于理性和任意，尽管是"同一个意志"但却是"同一个意愿"内部异质的意志，所以才有"同一个意愿"内部的异质意志之间先验综合规定性与超验综合反思性的双向意向形式间关系即意志自律的必然可能性。如果完全只是"同一个意志""同一个意愿"，那么意志—意愿自身的内部关系就"仅仅是分析的"。

② ［德］康德：《实践理性批判》，韩水法译，商务印书馆1999年版，S.37，第39—40页。

③ ［德］康德：《道德形而上学奠基》，杨云飞译，人民出版社2013年版，S.454，第101页；S.440，第80页。

这就是说，如果作为客观理念的道德法则外在于任意的主观观念的文化准则，那么任意的主观观念的文化准则至多只能（非自律实然地）合于而不是出于客观理念的道德法则，但是，如果客观理念的道德法则内在于任意的主观观念的文化准则，那么任意的主观观念的文化准则就不仅可能而且必然可能——尽管不是必然现实——（应然而自律地）合于甚至出于客观理念的道德法则。反过来说则是，客观理念的道德法则必然可能自由地强制、自律地规定主观观念的文化准则，从而这个"应当"就"表现为一个先天综合命题"，而纯粹理性内在地蕴涵于意志，反过来纯粹理性内在地规定任意，也是同样的先验综合命题。

对康德来说，纯粹理性内在于意志与客观理念的道德法则内在于主观观念的文化准则——二者之间的关系不可能是分析的内在性而是超验—先验综合的内在性——毕竟是一个二而一、一而二的"纯粹实践理性的事实"。所谓"理性的事实"，即尽管尚未实现但必然可能（不是必然现实）实现的经验事实，是说：（1）客观理念的道德法则内在于主观准则（道德法则的存在），即"理性的事实"的"客观类型"；（2）道德法则的客观理念内在于主观观念（对道德法则存在的意识），即"理性的事实"的"主观类型"。胡塞尔现象学主观性观念直观—观念还原的反思方法仅仅直接地证成了主观观念及其主观准则，而康德先验论客观性理念演绎—本质还原的反思方法则进一步反证了内在于主观准则的客观法则以及内在于主观观念的客观理念。由此，主观观念、主观准则才反过来成为一个可理解的"理性的事实"。就像阿默思使用现象学主观性观念直观的反思方法还原了共同体的主观观念（"实践命名"）及其文化准则（"本族体裁分类体系"），而鲍曼则（尽管并没有自觉地）使用先验论客观性理念演绎的反思方法，通过道德现象的实践反例（"对表演的否认"），还原了内在于表演者的主观观念的客观理念（对"表演的责任"意识）以及内在于表演的文化准则的道德法则（"表演的责任"）。由此，阿默思的"本族体裁分类体系"的"实践命名"才成为通往民俗"普适法则""普遍原则"的现象学通道。这样，只有站在先验论客观性理念演绎而不是仅仅站在现象学主观性观念直观的反思方法论立场上，表演理论才会认为，任何表演者从主观观念和主观准则出发，都必定会认为，凡表演都应该具有普遍有效的交流形式，凡表演都应该承担普遍有效的交流责任。即便某一位表演者的主观观念认为，他本人的某一次"不是表演"的"非表演"可以例外地不承担普遍有效的交流责任，并把该主观观念采纳为自己这一次表演的主观准则，但该表演者本人仍然必定认为，不应该把他本人的这一次未承担普遍有效交流责任的"不是表演"的"非表演"的主观观念、主观准则裁成"表演一般"的客观理念、客观法则，否则，表演就不可能作为普遍有效的交流形式，进而该表演者就与其他表演者一样，无法再受益于表演的交流责任的普遍有效性。这样，鲍曼"对表演的否认"田野案例就以反例——因责任能力的匮乏而退出表演，反而证成了表演在主观上被认为是应该承担普遍有效交流责任的表演，进而证成了承担伦理责任的主观观念所依据的道德责任的客观理念——的反向方式反证了对道德法则的客观理念就内在于表演者的主观观念，而客观法则的道德责任就内在于表演的主观准则的伦理责任，否则，表演作为普遍有效的交流形式，就是必然不可能的。

表演应该承担普遍有效交流的道德责任的客观理念，内在于表演者的主观观念，是易于理解的命题，但是，表演应该是承担普遍有效交流的道德责任的客观法则，内在于表演的主观准则，则是不易于理解的命题。但"表演的责任"的主观准则作为一个必然可能合于甚至出于道德法则的定言命令，端赖于"法则内在于准则"这样一个纯粹实践理性的先验综合命题，即表演者把表演的主观伦理责任准则裁成客观道德责任法则的主观必然可能性的客观必然可能性条件，即表演的客观道德责任法则实际上就是内在于表演的主观伦理责任准则的普遍有效交流形式，因此，表演的主观准则才必然可能以自由地自己规定自己的自律方式被裁成客观法则，否则，准则被裁成法则，就不是必然可能的。我们可以像康德那样理解"法则内在于准则"命题：所谓表演——我们在这里临时用鲍曼的"表演"代替康德的"实践"——的客观法则就是内在于主观准则的普遍形式，或者说准则本身的普遍形式。即，在排除了表演的主观准则的杂多目的（例如艺术）——动机对象的质料——内容表象之后，表演的主观准则就只剩下表演自身的普遍形式，或者说以普遍有效交流为目的的先验—纯粹意向形式了。任何表演（实践）都内在地具有有效交流的普遍形式，或者说以普遍有效交流为目的的先验—纯粹意向形式，否则表演（实践）就不成其为表演（实践）了，不能想象表演没有有效交流的普遍形式，或者说没有有效交流目的的普遍意向形式。因此，任何表演（实践）的主观准则，都包含了质料和形式这两方面的规定性，就像任何叙事都包含了不同的故事题材内容规定性和信仰—非信仰体裁形式规定性那样。表演的主观准则的质料—内容可以是不同的经验性（例如不同感性的幸福）甚至先验（同一理性的道德）特殊目的—动机表象，但表演的主观准则的形式却只能是先验的同一性普遍形式或普遍理性意向形式。康德认为，先验地内在于实践（表演）的主观准则的普遍形式或者普遍理性意向形式就是先验地内在于主观准则的客观法则即道德法则。换句话说，对康德来说，所谓"道德法则"（在逻辑上）首先只是一条先验的纯粹形式的普遍形式化道德规定性，而内在于实践（表演）的主观准则的客观法则，就是这样一条先验的纯粹形式的普遍形式化道德规定性。而有了这样一条先验的纯粹形式的普遍形式化道德规定性的道德法则、客观法则，实践者（表演者）就能够据以检验其主观准则是否合于甚至出于纯粹形式的普遍形式化道德规定性。就像在"对表演的否认"中，表演者根据先验地内在于表演的主观准则中的客观法则，以及先验地内在于表演者主观观念中对客观法则的意识，将"对表演的否认"裁成合于甚至出于道德责任的道德实践。

　　先验地内在于实践（表演）的主观准则的客观法则，并不能够通过对实践（表演）的经验性现象的感性直观和知性认识（理论认识）而客观地表象，也不可以通过对实践（表演）者的主观观念、主观准则的现象学直观（实践反思的观念还原）而主观地表象，但可以也能够通过对先验地内在于实践（表演）的主观准则的客观法则，以及先验地内在于实践（表演）者的主观观念的客观理念的先验论演绎（实践反思的本质还原）而主观间客观地表象。这里我们可以套用一句康德的话说：倘若我们抽去表演的主观准则的目的—动机（无论经验性还是先验的例如叙事的题材内容质料规定性）表象以及表演的主观准则的外在特殊形式（经验性形式例如神话的信仰心理形式），那么就只剩下先验地内在于表演的主观准则的内在普遍形式（纯粹普遍性形式），以及先验地内在于表演的主观准则的主观观念的内在普遍性意向形式（纯粹普遍性意向形式）——即表演的纯粹"内在的形式"或"内在存在形式"——即表演的客观法则亦即表演的道德法则。因此，所谓实践（表演）的客观法则即道德法则，对康德来说，就可以用一句同语反复的命题来表达：所谓"法则"就是准则的普遍合法则性的逻辑形式（理性事实的客观类型），①或者，所谓"法则"就是准则的普遍合法则性的意向形式（理性事实的主观类型）。这样，准则普遍合法则性的普遍形式，以及准则合法则性的普遍意向形式，简单地说就是：准则的普遍合法则性。

> 如果一个理性存在者应当将他的准则思想为普遍［法则］的实践原则，那么，他只能把这些准则思想为这样一种原则，它们不是依照［这些主观准则的经验性特殊］质料而是依照［这些主观准则的先验普遍性］形式包含着意志的决定根据。……倘若我们抽去法则［此处的"法则"应该就是下文所言"主观的—实践的原则，亦即准则"——笔者补注］的全部质料，即意志的每一个［主观经验性特殊质料］对象（作为决定根据），那么其中就剩下普遍立法［即普遍合法则性］的单纯形式了。于是，一个理性存在者或者完全不能把他主观的—实践的原则，亦即准则同时思想为普遍法则，或者他就必须认定，它们据以使自己适应普遍立法的那个［准则的普遍合法性］纯粹形式，就可以使它们自为地成为实践法则。②

---

① "这样行动，你意志的准则始终能够同时用作普遍立法的原则。"［德］康德：《实践理性批判》，韩水法译，商务印书馆1999年版，S.30，第31页。

② ［德］康德：《实践理性批判》，韩水法译，商务印书馆1999年版，S.27，第26—27页。支持"法则内在于准则"的立论的康德文本如下："意志就像站在十字路口中央一样，正处在本身是形式性的先天原则和本身是质料性的后天动机之间，而由于它毕竟总需为某种东西所规定，所以当一个出于义务的行动发生时，它就必定被一般意愿的形式原则所规定，因为所有的质料原则都被从它那里抽掉了。"［德］康德：《道德形而上学奠基》，杨云飞译，邓晓芒校，人民出版社2013年版，S.400，第21—22页。"一个出于义务的行动……对意志来说剩下来能够规定它的，客观上只有法则，主观上只有对这种实践法则中的纯粹敬重，因而只有这样一条准则，即……遵守这样一条法则。"同上引书，S.400—401，第22页。"既然我从意志那里排除了所有可能会由于遵守任何一条法则而从它产生出来的冲动，那所剩下的就只是一般行动的普遍的合法则性，唯有这种合法则性才应该充当意志的原则，也就是说，我绝不应当以其他方式行事，除非我也能够愿意我的准则果真成为一个普遍的原则。"同上引书，S.402，第24页。"如果我设想一个定言命令，那么我立即就能知道它包含的内容。因为定言命令除法则外，只包含符合这条法则的准则的必然性，但这法则却不包含限制自己的条件，所以除了行动准则所应与之符合的那个一般法则的普遍性之外，便没有什么剩下来，而定言命令真正说来单单只把这种符合表象为必然的。"同上引书，S.420—421，第51—52页。"理性并未想到把这个原则以如此普遍的形式分离出来。"同上引书，S.403，第27页。"所有的准则都（转下页）

（接上页）具有……一种立足于普遍性的形式。"同上引书，S. 436，第74页。"自身作为普遍法则的对象的这个准则。"同上引书，S. 447，第90页。"一个绝对善良的意志就是一个其准则总能把自身视做普遍法则而包括在自身内的意志。"同上引书，S. 447，第90页。"作为一个法则的准则之普遍有效性条件……仅仅按照其形式条件，即依照作为法则的意志准则之普遍性。"同上引书，S. 458，第107页。"作为法则的准则的普遍性。"同上引书，S. 460，第110页。"作为法则的准则。"同上引书，S. 461，第111页。"在剥离一切质料，即客体的知识之后，给我剩下的只是形式，即……准则的普遍有效性的实践法则。"同上引书，S. 462，第112页。"凡是准则都具有普遍的形式，但是不是真正能够具有普遍性，或者是不是你就愿意它成为普遍的，那就另当别论了……一般说，凡是你提出一个行为的准则来，它就意味着具有一定的普遍性，至少你就是把它当作普遍性来看待的……但毕竟不能否认，所有的准则都具有一种立足于普遍性的形式……一切准则都是立足于普遍性的形式……"邓晓芒：《康德〈道德形而上学奠基〉句读》（下），人民出版社2012年版，第586—587页。"他的准则，倘使相反被当作每一个理性存在者的意志的规则，那么它在同一个准则中就不能自相一致了。"［德］康德：《实践理性批判》，韩水法译，商务印书馆1999年版，S. 19，第17页。"实践规则的单纯形式决定意志。"同上引书，S. 24，第23页。"准则……是否能够采取一个法则的形式。"同上引书，S. 27，第27页。"准则的单纯立法形式。"同上引书，S. 28，第28页。"法则的单纯形式。"同上引书，S. 28，第28页。"准则的单纯立法形式。"同上引书，S. 29，第29页。"因为实践法则的内容，亦即准则的客体，是决不能以经验之外的方式被给予的，但是自由意志必须既独立于经验的（即属于感性世界的）条件，又是可以决定的：因此，一个自由意志必须既独立于法则的质料，又在法则之中觅得其决定根据。但是，在一条法则里面，除了法则的质料之外，无非就只包含着立法的形式。因此，这个立法形式，就其包含在准则之中而言，是唯一能够构成意志的决定根据的东西。"同上引书，S. 29，第29页。"单纯的法则形式。"同上引书，S. 31，第31—32页。"意志准则的形式。"同上引书，S. 31，第32页。"法则的客观形式。"同上引书，S. 31，第32页。"把一条只服务于原理的主观形式的法则通过一般法则的客观形式设想为一个决定根据，就至少不是不可能的了。"同上引书，S. 31，第32页。"通过一个准则必定具有的单纯的普遍立法形式来决定意愿。"同上引书，S. 33，第34页。"自律本身就是一切准则的形式条件。"同上引书，S. 33，第35页。"对质料加以限制的法则的单纯形式。"同上引书，S. 34，第36页。"置于准则的立法形式里面。"同上引书，S. 35，第37页。"依照这个纯粹理性的形式、实践的原则，那通过我们的准则而可能的普遍立法的单纯形式必定构成意志无上的和直接的决定根据。"同上引书，S. 41，第44页。"意志准则的普遍立法形式。"同上引书，S. 48，第51页。"准则的法则形式。"同上引书，S. 62，第67页。"法则无视对象而给准则颁行单纯的法则形式。"同上引书，S. 63，第69页。"唯有形式的法则，亦即唯有那条规定理性只让其普遍立法的形式成为准则的无上条件的法则，能够先天地是实践理性的决定根据。"同上引书，S. 64，第69页。"因为这个法则的是单纯形式的（这就是说，它单单要求准则的形式是普遍立法的），所以它作为决定根据抽掉了一切质料，从而抽掉了愿欲的一切客体。"同上引书，S. 109，第120页。"准则形式。"同上引书，S. 112，第123页。"一个准则究竟如何才能与自己一致呢？"［德］康德：《道德形而上学》，张荣、李秋零译，载《康德著作全集》第6卷，中国人民大学出版社2007年版，S. 376，第388页。"当其准则被当做普遍的法则时，通过与自身的一致。"同上引书，S. 380，第393页。"准则的普遍合法则（转下页）

没有表演的主观准则不是先验地内涵有效交流的普遍形式，没有表演者的主观观念中不是先验地内涵有效交流责任的普遍意向形式。换句话说，任何实践的主观准则（例如共同体在主观上任意约定的各种职业规矩、文化规则）及其主观观念，都先验地内涵合（道德）法则性的普遍形式，以及合（道德）目的性的普遍意向形式，否则这些表演——实践的原则就称不上"原则"，其原则意识也就称不上原则意识了。①

（接上页）性的纯然形式。"［德］康德：《纯然理性界限内的宗教》，李秋零译，载《康德著作全集》第6卷，中国人民大学出版社2007年版，S.3，第4页。邓晓芒反对"普遍立法的法则形式在准则之中"的说法："这个里头一个是意志的准则，一个是普遍立法的原则，普遍立法的原则并没有包含在意志的准则这样的概念里面，它们不是分析性的关系，而是综合性关系。所以那把这个两个概念连接起来，作成一个命令式，这完全是综合起来的。意志的准则如果本身包含着普遍立法的原则，那就会是一个分析判断，但是这里没有，而是两个完全相外在的概念连接在一起。意志的准则不包含普遍立法的原则，意志的准则是主观的，它可以是任意的，可以是以经验的东西作为前提，它怎么能从自身中推出普遍立法的原则的呢？它怎么可能包含基本法则呢？它本身的概念推不出普遍立法的原则。"邓晓芒：《康德〈实践理性批判〉句读》（上），人民出版社2019年版，第482页。支持邓晓芒立论的康德文本如下："准则之中的哪些形式适合于普遍立法，哪些不适合，这一点极其庸常的知性不经指教也能区别。"［德］康德：《实践理性批判》，韩水法译，商务印书馆1999年版，S.27，第27页。"准则在这种方式下决不能在自身之中包含普遍的—立法的形式。"同上引书，S.33，第35页。"这个准则就不是让自己表现在普遍立法的形式之中。"同上引书，S.34，第35页。

① "理性的寻求统一性这一法则是必然的，因为我们没有这种统一性就不会有任何理性，而没有理性就不会有知性的任何连贯的运用，并且在缺乏这种连贯运用的地方也就不会有经验性真理的任何充分的标志了，所以我们必须就这种标志而言把自然的系统统一性绝对地预设为客观上有效的和必然的。"［德］康德：《纯粹理性批判》，邓晓芒译，人民出版社2004年版，A651/B679，第511页。"每个人都必定会同意，一条法则，如果要被看做是道德的，即看做责任的根据，它自身就必须具有绝对的必然性……任何建立在单纯经验的原则之上的其他规范，甚至一个在某一方面看来是普遍的规范，只要它有一丝一毫，也许只有一个动因是置身于经验性的根据上的，那么它虽然可以叫做一条实践的规则，却绝不能叫做一条道德的法则。"［德］康德：《道德形而上学奠基》，杨云飞译，邓晓芒校，人民出版社2013年版，S.389，第4—5页。"我们有什么权利把或许只是在偶然条件下对人类有效的法则，当成适用于每一理性存在者的普遍规范，加以无限制地敬重？"同上引书，S.408，第34页。"由于道德法则应该一般地适用于每一个理性存在者，而就将它们从一般理性存在者的普遍概念中引申出来……必要时就直达连实例都离开了我们的那些理念那里。"同上引书，S.412，第39—40页。"出于对每一个这样的理性存在者本身都有效的根据……作为理性的原则适用于每一个人。"同上引书，S.413，第41页。"我们实际上承认定言命令的有效性，并且……带着对它的最大敬重。"同上引书，S.424，第57页。"义务应当是行动的实践上无条件的必要性；所以，它必须适用于一切理性存在者，而且唯因如此它也才是全部人类意志的一个法则。"同上引书，S.425，第（转下页）

"规则""规矩"之所以被特别地被为"准则"而不是被直接地称为"法则",乃因为其作为原则的普遍形式以及其原则意识的普遍意向形式,尚局限在主观准则内部而承载了有待接受普遍合法则性形式以及普遍合目的性形式的有效性检验的杂多(经验性、准先验甚至先验)目的—动机的质料—内容,因而暂时仅仅具备在自身内部的比较普遍性以及在自身外部的主观相对性有效性。但是,任何主观规矩、规则"自身之下"或自身之内的客观原理、原则,即便暂时尚未对主体主观上发生

(接上页)58 页。"用来作为意志自我规定的客观基础的,就是目的,而目的如果单纯由理性给予,就必然对所有理性存在者同样有效。"同上引书,S. 427,第 61 页。"既然德性对我们来说,只是就我们作为理性存在者而言才被当做法则,它就必定也对所有的理性存在者都有效。"同上引书,S. 447,第 91 页。"我们的理性的一切运用的一个根本的原则,就是把它的知识一直推进到对必然性的意识(因为没有这种必然性,它就不会是理性的知识)。"同上引书,S. 463,第 114 页。"实践原理是包含着意志一般决定的一些命题,这种决定在自身之下有更多的实践规则。如果主体以为这种条件只对他的意志有效,那么这些原理就是主观的,或者是准则〔Maximen〕;但是,如果主体认识到这种条件是客观的,亦即对每一个理性存在者的意志都有效,那么这些原理就是客观的,或者就是实践法则〔Gesetz〕。"〔德〕康德:《实践理性批判》,韩水法译,商务印书馆 1999 年版,S. 19,第 17 页。"我为此而承认的实践法则必须具有普遍立法的资格;这是一个同一性命题,因而是自明的。"同上引书,S. 27,第 27 页。"德性原则成为意志最高的形式的决定根据,理性就宣称这个德性原则对于一切理性存在者乃是一个法则,只要理性存在者一般具有意志,亦即具有通过规则的表象来决定其因果性的能力,因而只要理性存在者有能力依照原理行动,从而也就是有能力依照先天的实践原则(因为只有它才具有理性所要求于原理的那种必然性)行动。"同上引书,S. 32,第 33 页。"道德法则之所以被思想为客观必然的,乃是因为它对每一个具有理性和意志的人应当都有效。"同上引书,S. 36,第 38—39 页。"本身无需任何正当性证明根据的道德法则不但证明了自由的可能性,而且证明了它在那些承认这条法则对自己有强制作用的存在者身上具有现实性。"同上引书,S. 47,第 50 页。"道德法则……仅仅就它们能够被看出是有先天根据的和必然的而言,它们才作为法则有效。"〔德〕康德:《道德形而上学》,张荣、李秋零译,载《康德著作全集》第 6 卷,中国人民大学出版社 2007 年版,S. 215,第 222 页。"准则不会具有一个法则自身的普遍性,而这种普遍性对承担义务来说毕竟是必要的……因为只有这样,你的准则(行善的原则)才换得普遍立法的资格,一切义务法则都建立在这上面。"同上引书,S. 451,第 461—462 页。"每一个信条都有道德的势力。而道德要有力量的话,非有普遍性不可。社会系统底维持,权利义务底互惠,以及分工合作底可能,都要靠着普遍的行为标准,都要靠着每个社会分子都知道所期望者是在甚么地方。道德底规律而不被人所期望,而不期望得可靠,便没有成为规律的可能。原始社会以内,完全没有根据裁判与惩罚的法律,所以原始组织原始文化底基础所以能够形成,全凭不假外力的道德规律;所以道德规律,自然具有绝顶的重要。然而这样道德规律底可能,必要靠着社会以内没有私家的道德教训,没有个人的行为标准,没有伦理的派别,没有道德意见上的分歧,但有共信共守的普遍规律。所以道德底教训必得是公开的,全体一致的。"〔英〕马林诺夫斯基:《巫术 科学 宗教与神话》,李安宅译,中国民间文艺出版社 1986 年版,第 49 页。

第三章 神话学革命的理论概念—实践理念转折点

效力，但作为先验地内在于主观准则的普遍合法则性纯粹形式，或者普遍合目的性纯粹意向形式——即实践的"内在的形式"或"内在存在形式"——仍然具备超越主观准则并且将主观准则裁成客观法则即道德法则的严格普遍性的必然可能性。现在，对于鲍曼来说，如果"表演的本质"就是在搁置了表演的主观准则的目的—动机（格林兄弟的故事题材的质料—内容）、外在形式（博尔尼、博厄斯、马林诺夫斯基、巴斯科姆的叙事体裁的信仰心理—态度形式），以及外在形式的主观观念（阿默思："本族体裁分类体系"的"实践命名"）之后的现象学—先验论还原方法的反思剩余物，那么，所谓"表演的本质"就是先验地内在于表演的主观准则而被"当做法则"而有效交流的道德责任普遍形式与道德责任的普遍意向形式，即表演的道德法则和表演者对道德法则的普遍意识。这样，鲍曼（如果他有所自觉）就能够把"表演的本质"即"表演的责任"的"标准""因素"建立在道德法则的先验基础上。尽管在事实现象中，我们只能经验地直观表演的客观现象（博尔尼、博厄斯、马林诺夫斯基、巴斯科姆）；在观念表象中，我们只能现象学直观表演的主观观念，而只有在理念表象中，我们才能先验地演绎表演的客观理念。现在，一旦认识到任何表演，无论"是表演"还是"不是表演"、"非表演"的表演，都建立在内在于自身主观准则的客观法则即道德法则的先验基础上，没有不建立在内在于自身的主观准则的客观法则即道德法则的先验基础上的表演，即便是"非表演""不是表演"的表演。没有客观法则即道德法则的先验基础，任何表演都不可能是具有普遍责任（意向）形式（负责任）的表演；有了客观法则即道德法则的先验基础，任何表演才必然可能（不是必然现实）把自身的主观准则裁成客观法则即道德法则（"当做法则"），进而把自身裁成"完全的表演""完整的表演"即自身的主观准则与内在的客观法则相一致（"与自己一致地思维""一以贯之的思维"）的表演，因而是逻辑上自洽的表演。反过来说，任何"非完全的表演""部分的表演"乃至"不是表演""非表演"的表演，都是自身的主观准则与内在的客观法则不一致的表演，即不能够"与自己一致地思维""一以贯之的思维"的表演，因而是逻辑上不自洽的表演，即逻辑上自相矛盾、自我冲突、自行瓦解的表演。表演在逻辑上的自洽与不自洽，都决定于先验地内在于表演主观准则的客观法则的必然可能性，而不是道德法则经验地外在于主观准则的偶然或或然现实性。

这样，通过搁置阿默思"本族体裁分类体系"及其体裁形式的"实践命名"而还原到"表演的责任"的主观准则（比较普遍性）伦理形式进而客观法则的（严格普遍性）道德形式，鲍曼就在一定程度上实现了阿默思"从民俗的分类中推论出……命名体系中的普遍原则""思考民俗的普世性"的学科理想。虽然，鲍曼还只是"在一定程度上"推进了阿默思民俗学现象学思想，然而无论如何，鲍曼表演理论刚刚起步的先验论客观性理念演绎方法，对于我们反思地还原神话学的民间文学—民俗学、人类学现象学—先验论革命进程，大有裨益。神话学家们可由此"推论出"：神话有可能并不仅仅是叙事的信仰体裁形式，就像"表演的本质"并不仅仅属于"是表演"的表演，同时也属于所有"不是表演""非表演"的表演，因而是先验地内在于任何表演的主观准则的普遍责任形式和普遍责任意向形式。但是，神话学家们能否借助鲍曼（并不自觉）的方法论贡献就直接继续地推进神话学的民间文（艺）学—民俗学、人类学现象学—先验论革命，笔者现在尚不能给予充分的判断，我们还要对鲍曼的方法论贡献及其局限做进一步讨论。

第十节　主观的文化伦理准则与客观的普遍道德法则

无论"交流"还是"责任"，鲍曼都没给予表演理论的这些基本概念以进一步的伦理学说明。因而"交流"与"责任"作为实践概念在道德上的内涵是含糊的，即，"交流"有可能只是出于技术性实践目的的文化性、社会性交际，而不是合于（甚至出于）道德性实践目的的伦理性交往，而"责任"有可能只是文化共同体（相对于内部）的主观相对性、（相对于外部的）比较普遍性职责——就像王杰文批评的那样只是"做什么像什么"的职业规矩或规则——而不是人类社会的严格普遍性、客观必然性义务。之所以会带来这样的结果，乃因为，当表演理论接近于还原出表演作为负责任的表演的道德必然可能性这一实践理论结果的当口，为了从现象中识别出"是表演"还是"不是表演"、"非表演"的"框架"，鲍曼却止步或犹疑于表演的经验性语境条件与

第三章 神话学革命的理论概念——实践理念转折点 309

（准）先验语境条件之间；进而面对作为表演责任主观准则的先验基础的客观法则即道德法则的空门，鲍曼自己却没能踢出临门的一脚。当然，鲍曼毕竟有比阿默思更"先验"的地方，即鲍曼通过搁置表演的经验性叙事（艺术兴趣）题材内容质料的文化规定性和经验性外在信仰（心理态度）体裁形式的主观规定性，还原到表演的（准）先验内在责任形式的普遍规定性和客观规定性，因而借助先验论重新解读的表演理论——从普遍性理论认识到文化性实践反思再到普遍性实践反思——我们看到，鲍曼表演理论转折性地加快了神话学的现象学—先验论革命步伐，因而凭借其对表演的普遍性责任形式的伦理性理解和解释，鲍曼就能够充满信心地不断追问：

> 究竟是人类的哪一种［表演的责任伦理形式的］基本特性导致我们成为社会的一员？……我们可以利用什么［表演的伦理责任形式］来使我们成为社会的人？[1]

对于鲍曼来说，能够让我们成为"社会的一员""社会的人"的"基本特性"就是内在于表演的伦理责任形式或责任伦理形式。由于认识到伦理的责任形式较之叙事的体裁形式（博尔尼、博厄斯）和信仰的心理形式（马林诺夫斯基、巴斯科姆）来说，是更重要的社会化之路，鲍曼才特别提醒同人注意"表演的伦理和审美的性质"、表演在"艺术与伦理方面［的］价值"。但是，根据鲍曼的逻辑，如果表演的责任并不能够在表演的现场（经验性语境）中出场、到场，即被直观到——毕竟，表演的"责任"不是一个知性概念，而是一个理性观念即演绎"超感性的客体"[2] 的"先验的谓词"[3]——那么表演者就只可能作为自然共同体的一员，而不可能成为自由社会的人。所以现在，如果表演的主观文化准则应该合于（甚至出于）表演的客观道德法则，而

---

[1] ［美］鲍曼：《作为表演的口头艺术》，杨利慧、安德明译，广西师范大学出版社 2008 年版，第 234、241 页。

[2] ［德］康德：《道德形而上学》，张荣、李秋零译，载《康德著作全集》第 6 卷，中国人民大学出版社 2007 年版，S. 226，第 234 页。

[3] ［德］康德：《判断力批判》，李秋零译，载《康德著作全集》第 5 卷，中国人民大学出版社 2007 年版，S. 182，第 191 页。

表演者主观观念的主观准则形式，也应该就是内在于主观准则的客观法则——毕竟，这只能对表演现象的先验论客观性理念演绎反证方法而反思地还原出来——那么，民间文（艺）学—民俗学家们应否以及能否通过经验性语境而感性地直观到作为表演的表演？这是鲍曼提出的问题，也是鲍曼陷入的难题。即，鲍曼本人并没有像笔者为他设想的那样，通过先验论客观性理念演绎的反证方法反思地还原出表演的纯粹道德责任形式这一"导致"或"使"我们成为"社会的一员""社会的人"的"人类……基本特性"，于是我们看到，在鲍曼提供给我们用以识别作为表演的表演的诸多"标定"中，除了"对表演的否认"（道德实践的经验反例）的主观观念的观念直观之外，大多属于阿默思所言"实证主义最后的遗迹"，即能够感性地直观——用鲍曼自己的话说就是"经验性地确定"——而理论地认识的文学体裁形式、艺术题材内容（就像阿默思说的"韵律言语"）等外在性、经验性事实对象的现象表象，而且这些现象表象——除了含混的"求助传统作为表演责任的参照标准"和比较明确的"对表演的否认"——几乎都不能被用作表演的责任本质（不是艺术本质）的伦理判断标准。

    特殊的符码；比喻性的语言；平行关系；特殊的辅助语言特征；特殊的套语；求诸传统；对表演的否认。
    特殊的套语、使说话或者动作风格化、求诸传统以作为表演者责任的参照标准，乃至于对表演的否认。
    特殊的套语、形式上的技巧、比喻性语言、求诸传统以为表演者应当承担的责任提供参照的标准、特殊的语域，甚至对表演的否认。
    特殊的建构框架的套语；形式上构成范式的规则或手段；特殊的讲话风格或语域；特殊的身体动作；通常与表演相连的特殊场景；否认表演。
    特殊的套语、言说的风格化，求诸传统作为表演者所承担责任的参照标准、特殊的符码。
    （1）特殊的框架套语；（2）形式上的方法；（3）特殊言说风格的应用；（4）比喻性的语言；（5）求诸传统；（6）为表演而预

第三章 神话学革命的理论概念—实践理念转折点 311

留的专门的场景；乃至（7）对表演的否认。①

用表演"框架"取代"本族体裁"，鲍曼的本意也许就是为了能够现象学地直观诸表演者的主观观念，甚至就是为了能够先验论地演绎表演的客观理念，但是看来在这方面，鲍曼还是失败了。其失败的原因根本上就在于，鲍曼坚持认为，"标定"表演之所以是表演的判断标准，只能到"言语共同体"即阿默思所言"面对面"的"小群体"当中去"经验性地确定"，因为，与阿默思把"体裁"理解为"本族体裁"一样，鲍曼也把"表演"仅仅理解为"社区中的表演"。②

> 表演……需要通过民族志研究在每一种文化和社区中去发现。
> 标定表演的框架，以便使该框架中发生的所有交流，都能在该社区中被理解为表演。
> 这里我想说明的一个基本观点是：我们必须要经验性地确定在一个特定社区中，哪些是特殊的、惯常被用以标定表演的手段。尽管这些手段也许会具有地区的和类型的模式以及［比较］普遍性的倾向，但是它们常常会由于社区的不同而存在差异。③

当然这也情有可原，因为"责任"作为表演的"内在品质"的理性观念，只能先验地演绎——或者通过道德实践的经验性反例而反向——地"推论"出来，而不可能经验性地直观，甚至现象学地直观到。但是，对社区表演的客观现象的经验性直观加上对诸社区表演者主观观念（现象学现象）的现象学直观的双重效果，在鲍曼的头脑里产生了经验性的幻觉，让鲍曼误以为，可以不加先验论客观性理念演绎反思还原地就把"经验性直观+现象学直观"用作便利、顺手的方法论工具——鲍曼的表演"标定"列表就是一个"现象直观+表象直观"

---

① ［美］鲍曼：《作为表演的口头艺术》，杨利慧、安德明译，广西师范大学出版社2008年版，第17—26、70、78、86、107—108、131—132页。
② "一个社区中的表演范围。"［美］鲍曼：《作为表演的口头艺术》，杨利慧、安德明译，广西师范大学出版社2008年版，第29页。
③ ［美］鲍曼：《作为表演的口头艺术》，杨利慧、安德明译，广西师范大学出版社2008年版，第6、17、26—27页。

的混合物、混血物——于是，通过经验性现象直观＋现象学表象直观而直观到的诸社区表演者主观的表演责任观念，就被限制在"言语共同体""小群体"内部的经验性语境条件下；进而现在，我们通过经验性语境＋（准）先验语境条件而能够直观的"完全表演""完整表演"，就可能（也现实地）沦落为一个没有道德性实践目的标准而只有技术性实践目的标准的表演。

"说废话"［或者例如汉语语境条件下的"说荤段"——笔者补注］用伦理标准去衡量［其内容］，获得的是负面的评价，可是它却包含着一系列带有［普遍（至少是比较地）有效交流效果的］浓厚表演因素的言语行为，在审美［而不是伦理］范畴中受到高度评价以及饶有兴趣的欣赏。与理想的道德［理念］体系相反，真实的道德［实施］体系常常会对狼藉的［非道德］声名持宽容态度，这种情形比人类学家所相信的要多；而表演与狼藉的［非道德］名声之间存在着联系，这一点已经被［经验性直观地］常常注意到。①

由于在"说废话""说荤段"的表演中，因演员负责任地热情投入和观众/听众负责任地热烈响应的交流既普遍又有效（"带有浓厚表演因素"），因此，只有按照鲍曼为表演——无论"以往的表演"还是"当下的表演"②——制订的"在特定的文化和历史背景中衡量这种［普遍有效交流］责任的［外在性、经验性］标准和［现象］尺度"，而不是按照鲍曼为表演制订的"对当前承担责任这一作为判断表演的标准的［本质性］因素"③的判断标准，我们才可能说，"说废话""说

---

① ［美］鲍曼：《作为表演的口头艺术》，杨利慧、安德明译，广西师范大学出版社2008年版，第34页。早在20世纪30年代，郑振铎就已经指出："许多民间的习惯与传统的观念，往往是极顽强的黏附于其中。任怎样也洗刮不掉。所以，有的时候，比之正统文学更要封建的，更要表示民众的保守性些。"郑振铎：《中国俗文学史》（上），作家出版社1954年版，第5页。
② ［美］鲍曼：《作为表演的口头艺术》，杨利慧、安德明译，广西师范大学出版社2008年版，第79页。
③ ［美］鲍曼：《作为表演的口头艺术》，杨利慧、安德明译，广西师范大学出版社2008年版，第86页。

第三章　神话学革命的理论概念—实践理念转折点　313

荤段"属于"完全表演"或"完整表演"。但是，这样负责任且普遍有效地交流的"完全表演"或"完整表演"，我们却完全不能够肯定其严格普遍性—客观必然性的道德价值。尽管"说废话""说荤段"具有促进特定共同体（社区、地方、国家、民族、阶级、性别、职业……）认同的文化准则或职业规则的主观相对性—比较普遍性的伦理意义。①就此而言，鲍曼使用认识论客观性现象直观方法结合现象学主观性表象直观方法而给出的诸表演者的主观观念以及表演的主观准则，是以止步于先验论客观性理念演绎方法对表演的客观理念的客观法则即道德法则的本质还原为代价的，如果鲍曼没有将现象学主观性观念直观的观念还原方法，进一步推进到先验论客观性理念演绎的本质还原方法。也许对此，鲍曼并非完全没有意识甚至认识，正如在《13世纪冰岛的表演与荣誉》一文中鲍曼的出色研究所显示的，表演作为特定共同体"整个""核心""主导"的"价值体系"或"意义系统"的符号展示，只能参与该共同体自身社会、历史的文化、生活结构的广泛和持续的"建构""强化"与"维持"，而无法超越共同体文化的自我限制。

　　在任何一个试图理解对于道德价值的要求怎样在社会生活行为中通过交流得到实现和认可的努力当中，都包含了一种建立在审美基础上的［艺术］表演部分，而那种社会生活行为，往往可以充当这些［艺术］表演的社会结构与经济方面的依据和结果……即受道德支配的社会结构也许在很大程度上是通过表演、以艺术的方式得到实现的。……文化表演自身可能是主要的话语模式，它们投射在［艺术］感觉形象和［艺术］表演行为中，而不是投射在有秩序的、明显的、能够用［概念］语言清晰地说出的价值观或信仰当中——这种价值观或信仰，指的是人们对于［道德性的］终极现实的理解以及这些［道德性的终极］现实对于行动所具有的含义。②

---

① "每一个言语共同体的成员，都有多种说话的语言方式，而作为一种参考性的分析框架，其中任何一种方式都并不比其他方式更加优越。因此，我们能谈论一个社区中语域或者特定的言语形式之间的差异，但不是谈论其中的偏离。"［美］鲍曼：《作为表演的口头艺术》，杨利慧、安德明译，广西师范大学出版社2008年版，第19页。
② ［美］鲍曼：《作为表演的口头艺术》，杨利慧、安德明译，广西师范大学出版社2008年版，第73、189—190页。

同时鲍曼也意识到甚至认识到，经验性语境条件下的艺术表演现象仅仅"对于［特定时代、地域的特定民族—文化共同体的主观相对性、比较普遍性］道德体系的比较研究具有重要的意义"，① 却并不能代替对"更大的［人类共同体］有关主要道德意义"② 的严格普遍性与客观必然性的先验阐明（"对于［道德性的］终极现实的理解"），以及"这些［道德性的终极］现实对于行动所具有的意义"，尽管"在冰岛社会，艺术性的口头表演和对荣誉［等特定共同体价值、意义］的表演，是更大的［人类共同体］有关主要道德意义的表演复合体中互相依赖的组成要素"。③ 因此，如果仅仅凭借现象学主观性观念直观而还原了特定共同体的主观准则、文化（伦理）规则对共同体内部来说的比较普遍性和对共同体外部而言的主观相对性意义，而不是进一步借助先验论客观性理念演绎而还原出人类共同体的客观法则、普遍（道德）原则——无论对共同体内部来说还是对共同体外部而言——的严格普遍性、客观必然性价值，我们就会丧失对伦理规则之于技术性目的的工具性"相对之善"（例如"勇猛、慷慨、热诚等荣誉品质"）④ 和道德法则之于道德性目的本身的"绝对之善"（例如"兼爱""博爱"）的理性规定性判断力。

---

① ［美］鲍曼：《作为表演的口头艺术》，杨利慧、安德明译，广西师范大学出版社 2008 年版，第 188—189 页。
② ［美］鲍曼：《作为表演的口头艺术》，杨利慧、安德明译，广西师范大学出版社 2008 年版，第 188 页。
③ ［美］鲍曼：《作为表演的口头艺术》，杨利慧、安德明译，广西师范大学出版社 2008 年版，第 188 页。
④ "下决心时的勇敢、果断、坚毅，作为气质上的属性，无疑从很多方面看是善的、值得希求的；但它们也可能成为及其恶劣和有害的，假如想运用这些自然禀赋并由此而将自己的特有性状称为性格的那个意志并不善良的话。对那些由幸运所赋予的东西，情况同样如此。权力、财富、荣誉，甚至健康，以及生活状况整个的美满如意，也即所谓的幸福，会使人骄傲，因而经常使人狂妄……在激情和情欲方面的适度、自制、冷静审慎，不仅对多种意图来说是善的，而且看起来甚至构成了人的内在价值的一部分；不过要把它们无限制地宣称为善的，那还差得远（即便它们被古人无条件地赞扬）。因为没有善良意志的诸原理，这些属性极有可能成为恶，一个恶棍的冷血不仅会使他变得更加危险，而且会使他在我们眼中直接变得比他不是如此冷血将会被认为的要更加值得让人憎恶。"［德］康德：《道德形而上学奠基》，杨云飞译，邓晓芒校，人民出版社 2013 年版，S. 393—394，第 11—12 页。"冰岛早期社会中荣誉角色和相关的道德价值已是学术界广泛讨论的话题。"［美］鲍曼：《作为表演的口头艺术》，杨利慧、安德明译，广西师范大学出版社 2008 年版，第 178 页。

第三章 神话学革命的理论概念—实践理念转折点

让我们在一个例子里面看看，是否在把一个行为表象为高贵的和慷慨的行为的观念里，比当这个行为被单纯地表象为与严肃的道德法则相联系的职责时，动机有更大的主观推动力量。某个人冒着巨大的生命危险奋力从船难事故中救助他人，最后因此献出生命；这个行为虽然一方面算作职责，但是另一方面并且太半也算作功业的行为，不过我们对于这个行为的高度尊重，或许由于对自己的职责这个概念而大为减弱，在后一种情况下职责看来罹受了侵犯。为保卫祖国慷慨捐躯是更为重要的，然而它是不是如此完满的职责[可类比于鲍曼"完全的表演"——笔者补注]，以至于无需命令就自动地献身于这个目标，仍然是尚存一些疑虑的；并且这个行为没有模范和促使起而仿效的充分力量。但是，倘若它是无可怀疑的职责，违反它本身就损害了道德法则而无需瞻顾人类福利，并且似乎践踏了它的神圣性，那么我们向以牺牲一切对于我们全部禀好最内在的部分始终有价值的东西而遵守职责的做法，奉上完满的高度敬重……①

当然，这并不是说表演的主观准则、文化（伦理）规则就不能直接地以客观法则、普遍（道德）原则为先验根据，或者，表演之所出的主观准则、文化（伦理）规则，就不会合于（甚至出于）客观法则、普遍（道德）原则；相反，在经验性语境中，表演之所出的主观准则、文化（伦理）规则合于（甚至出于）客观法则、普遍（道德）原则，也是经常的事情——但我们也经常地难以区分合于客观法则的主观准则与出于客观法则的主观准则——因此，鲍曼才有条件而含混地坚持说："受道德支配的社会结构也许在很大程度上是通过表演、以艺术的方式得到实现的"。② 即，诸表演者通过表演"在观众面前展示道德价值的

---

① [德] 康德：《实践理性批判》，韩水法译，商务印书馆1999年版，S.158，第172—173页。

② [美] 鲍曼：《作为表演的口头艺术》，杨利慧、安德明译，广西师范大学出版社2008年版，第190页。

[艺术] 符号"，①"在这些 [表演] 事件中，一个社会的 [道德] 象征符号和价值观念被呈现和展演给观众"。② 反过来说，"道德价值则通过这种表演而获得展演和持续"③，于是我们认识到，"[道德] 价值标准的展示"④ 在 "维持 [共同体] 整个价值体系"⑤ 方面，从而表演 "对社会范畴的操控……建构和强化的社会意义表达中的特定意义系统"⑥ 方面，能够承担且发挥马林诺夫斯基所谓 "文化宪章" 的功能目的及功能效果。但是，也许正是这种 "建立在审美基础上的 [价值符号] 表演"，让民间文（艺）学—民俗学家们在停留于经验论客观性现象直观＋现象学主观性表象直观的方法论阶段时，就对 "完全表演" "完整表演" 的道德性（不只是伦理性）产生了现象学—经验论的理论幻觉，即当 "表演……体现、实践着某一社区的核心意义和价值"，⑦ "加强群体所拥有的主导价值观"⑧ 的时候，诸表演者表达的观念表象被不加反思地判断为合于（甚至出于）严格普遍性、客观必然性的道德理念，而不是仅仅出于比较普遍性、主观相对性的伦理观念。例如，尽管 "在早期冰岛，荣誉不是被看作先天的、内在的 [道德] 品质，而是必须通过那些展示勇猛、慷慨、热诚等荣耀品质的表演行为——也就是说通过展示道德 [这里应该说的是 '伦理'——笔者补注] 价值的符

---

① ［美］鲍曼：《作为表演的口头艺术》，杨利慧、安德明译，广西师范大学出版社2008年版，第181—182页。
② ［美］鲍曼：《作为表演的口头艺术》，杨利慧、安德明译，广西师范大学出版社2008年版，第77—78页。
③ ［美］鲍曼：《作为表演的口头艺术》，杨利慧、安德明译，广西师范大学出版社2008年版，第188页。
④ ［美］鲍曼：《作为表演的口头艺术》，杨利慧、安德明译，广西师范大学出版社2008年版，第188页。
⑤ ［美］鲍曼：《作为表演的口头艺术》，杨利慧、安德明译，广西师范大学出版社2008年版，第188页。
⑥ ［美］鲍曼：《作为表演的口头艺术》，杨利慧、安德明译，广西师范大学出版社2008年版，第96—97页。
⑦ ［美］鲍曼：《作为表演的口头艺术》，杨利慧、安德明译，广西师范大学出版社2008年版，第104页"注释 [4]"。
⑧ ［美］鲍曼：《作为表演的口头艺术》，杨利慧、安德明译，广西师范大学出版社2008年版，第95页。

号——才能够获得"。①

但是现在，即便我们把"说废话""说荤段"等非道德、不道德（不一定反道德）的表演案例排除在外，我们也仍然会发现，一些属于"某一社区的核心意义和价值"或某一"群体所拥有的主导价值观"，尽管是"从［当时、］当地的生活中陶冶出来的合理做法"，②仍然仅仅具有主观准则、文化（伦理）规则的主观相对性、比较普遍性的合法性，而不具备客观法则、普遍（道德）原则的严格普遍性、客观必然性的合理性。仍如鲍曼《13世纪冰岛的表演与荣誉》指出的："在强大的父权社会中，显著的性别隔离本身构成了荣誉与耻辱合体的［主观准则或文化（伦理）规则的］基石"，③而"对荣誉的表演"，仅仅相关于13世纪的冰岛社会，"荣誉准则［才］构成了伦理的核心"。④换句话说，即便"在冰岛社会，艺术性的口头表演和对荣誉的表演，［只能够］是更大的［共同体］有关主要道德意义的表演复合体中互相依赖的组成要素"，因而我们也就只能说，13世纪冰岛社会的表演复合体只是参与了特定共同体的社会结构和历史进程的主观相对性、比较普遍性主观准则、文化（伦理）规则的实践建构，而并非严格普遍性、客观必然性的客观法则、普遍（道德）原则的实践建构。但是，只要我们沿着胡塞尔与康德开辟的现象学主观性观念直观的表象还原与先验论客观性理念演绎的本质还原之路不懈地前行，我们就必然可能从表演者的主观观念与表演的主观准则中，还原出表演者的普遍合法则性目的的客观理念即对道德法则的意识（"理性的事实"的"主观类型"），以及内在于表演的主观准则的普遍合法则性形式的客观法则即道德法则（"理

---

① ［美］鲍曼：《作为表演的口头艺术》，杨利慧、安德明译，广西师范大学出版社2008年版，第179页。

② "人类学家的使命，就在于指出非西方文化中那些表面上与征服自然的目的距离甚远的形式，也是从当地的生活中陶冶出来的合理做法。"费孝通：《全球化与文化自觉——费孝通晚年文选》，方李莉编，外语教学与研究出版社2013年版，第74页。

③ ［美］鲍曼：《作为表演的口头艺术》，杨利慧、安德明译，广西师范大学出版社2008年版，第190页。

④ "在萨迦所描绘的世界里，荣誉准则构成了伦理的核心。"［美］鲍曼：《作为表演的口头艺术》，杨利慧、安德明译，广西师范大学出版社2008年版，第177页"注释［12］""译者注"。

性的事实"的"客观类型")。①

第十一节　自律的道德责任与自由的信仰义务

尽管鲍曼并未专注于神话，但以鲍曼为代表的表演理论对我们认识神话的本质具有重要的现象学—先验论目的论—方法论启示意义。因为，正是通过对叙事的艺术体裁形式的经验性现象的现象学悬搁，以及对信仰心理形式的现象学现象（心理现象的观念表象）的先验论悬搁，民间文（艺）学—民俗学家们才最终使用先验论的客观性理念演绎方法还原出表演的理性责任（或义务、职责）形式这一判断表演之为表演的"本质性因素"的理念表象。这就是说，伦理—道德的责任理念不可能"发源于"（尽管可能"开始于"）艺术现象和心理现象观念表象的偶然或或然现实性经验（包括现象学经验）条件，而只可能"发源于"理性表象的必然可能性先验条件，即"存在于一个通过先天根据来规定意志的理性的理念中"。② 因此，民间文（艺）学—民俗学的

---

① "现在，这里出现了一个问题：难道在启蒙运动之前，人类就不曾生活在伦理规范之中吗？尽管人们生活在不同文化所规定的特定的伦理规范当中，但这些受不同文化（历史时间和社会空间的生活）条件影响而规定的特定的伦理规范（例如'三纲五常'的'君为臣纲、父为子纲、夫为妻纲'……'三从四德'的'未嫁从父、出嫁从夫、夫死从子'以及'妇德、妇言、妇容、妇功'）毕竟也是道德呀？但这个问题难不倒康德。康德区分了真道德和伪道德（或假道德），康德指出，只有'出于'纯粹实践理性—自由意志自我立法的道德法则，而不是仅仅'合于'他人立法的理性意志的道德法则（鲁迅：这就为'吃人'的伪善提供了可乘之机）的道德，即自律而不是他律的道德才是真道德，否则就可能是假道德或伪道德。以此，康德就把实然的伦理他律的传统现实（仍然没有摆脱动物服从外在的自然法则的本能状态）和应然的道德自律的启蒙理想（人借助自我内在立法的纯粹实践理性—自由意志状态）划分开来。这就是说，他律的道德（德性）固然已经在一定程度上体现了人（通过他人的理性而获得）的自由（在一定程度上摆脱了动物本能），但自律的伦理（道德）才体现了真正的人（每一个人通过自己的理性而获得）的自由。前者我们可以称之为民的自由，但只有后者我们才可以称之为公民（真正自由的人）的自由。"吕微：《回答陈连山的问题：单向启蒙还是相互启蒙？——纪念中国民间文学学科100周年》，载北京大学中文系民间文学教研室编《从启蒙民众到对话民众——纪念中国民间文学学科180周年国际学术研讨会论文集》，2018年10月。

② "当我们已经从我们的实践理性的普通运用中引出了我们前述的义务概念之后，绝不能由此推出，我们是把它当做一个经验概念来处理了……却并不因此而怀疑这种德性概念的正当性……因为这一义务，作为一般的义务，先行于任何经验，而存在于一个通过先天根据来规定意志的理性的理念中。"［德］康德：《道德形而上学奠基》。杨云飞译，人民出版社2013年版，S.406，第31页；S.408，第33—34页。

神话学家们才可能通过"表演的责任"这一"与自由的无上原则相关联的先天实践概念",① 不仅为厘清博厄斯、马林诺夫斯基和巴斯科姆以来神话体裁信仰形式严重地依赖于个体和共同体主观信仰态度形式的心理现象经验性条件的"实证主义最后的遗迹",而且为把包括神话信仰叙事实践在内的"本族体裁"和表演"框架"所蕴涵的仅仅对某一个或某一些表演者比较普遍地有效的交流责任形式的主观观念—文化准则的一般实践理性,安置在对每一个即所有的表演者都严格普遍地有效的交流责任形式的客观理念—道德法则的纯粹实践理性的基础上,开辟了先验论客观性理念演绎的反思—还原通道。

表演的责任形式之所以能够被用作包括神话在内的所有民间文(艺)学—民俗学视野中的体裁叙事和非体裁叙事实践的"本质性因素"的判断标准,乃因为,普遍有效的交流责任形式是内在于任何表演(包括非表演)实践"框架"② 的主观准则的客观必然(先验地具有)的逻辑形式,以及内在于任何表演者(演员/观众、听众)主观观念的客观必然(先验地具有)的意向形式,尽管这一责任的逻辑形式、意向形式在"言语共同体""小群体"的经验性语境条件下,往往实然地附着了技术性实践的伦理责任的逻辑形式、意向形式的主观相对性、比较普遍性经验内容,而不是应然地自我"补充"了"先天所与"的道德性实践的道德责任的逻辑形式、意向形式的主观间客观性、严格普遍性先验质料,因而只能被实践为共同体的主观准则或文化规则。这就是说,在任何一次表演的主观准则中,表演都必然(应然)地具备普遍有效交流责任的客观逻辑形式,而在任何一个表演者的主观观念中,表演都必然(应然)地具有普遍有效交流责任的客观意向形式。尽管在现实中某些表演是不负责任的表演,而某个表演者把自己(临时)排除在负责任的表演者之外,但该表演的主观准则中的客观法则仍然且必然规定了该表演应当是负责任的表演,而该表演者的主观观念中的客观

---

① [德] 康德:《实践理性批判》,韩水法译,商务印书馆1999年版,S.66,第71页。
② "'民俗的实践'(the doing of folklore)。"[美] 鲍曼:《作为表演的口头艺术》,杨利慧、安德明译,广西师范大学出版社2008年版,第4页。"表演同使用或实践有关。"同上引书,第84页。"最一般性地讲,'表演'是在'行动'(doing)或者'实践'(practice)的意义上被使用的……将表演视为实践……"同上引书,第103页。"将表演作为实践。"同上引书,第104页。"表演观融合了在更加一般的意义上将表演作为实践的观点。"同上引书,第105页。"作为实践的表演。"同上引书,第159页。

理念仍然且必然规定了该表演者应该是负责任的表演者。即便有表演者在主观上不承担表演的责任（鲍曼："对表演的否认"），却是从相反的方向以反例的方式反证了该表演者实际上在客观上承认（反证）了表演应该是负责任的表演，而表演者应该是负责任的表演者，因而表演的责任以及表演者对表演责任的意识始终都内在于表演的主观准则和表演者的主观观念（康德："理性的事实"的"客观类型"和"主观类型"）。换句话说，表演的责任之所以必然是内在于表演的主观准则的普遍逻辑形式即客观法则，对表演的责任意识之所以必然是内在于表演者的主观观念的普遍意向形式即对客观法则的客观理念，乃因为，责任，最终不是以在时间中的表演的主观准则的经验普遍性的逻辑形式，也不是以表演者的主观观念的经验普遍性的观念形式为决定根据，而是最终以内在于表演的主观准则的普遍逻辑形式即客观法则亦即道德法则，以及内在于表演者的主观观念的普遍理念形式即对道德法则的意识为决定根据。这就是说，在表演者通过主观观念自我规定了表演责任的主观准则的经验普遍性逻辑形式和意向形式的决定根据之前，表演者就已经自我规定了表演责任的主观准则的先验普遍性逻辑形式和意向形式——用维特根斯坦的话说就是，在词语、命题的经验性使用之前，词语、命题的使用者先验地就已经知道词语、命题的不同使用方式——否则，没有内在于表演责任的主观准则的严格普遍性逻辑形式即客观法则亦即道德法则，没有内在于表演者的主观责任观念的严格普遍性意向形式即对客观法则亦即道德法则的责任理念，就不会有任何出于责任的表演的必然可能性，甚至不会有对承担表演责任的否认（这已经肯定了表演应该是负责任的表演）——而至多只会有合于责任的表演的偶然或或然现实性，因而人们也就不会说到表演的"本质性因素"了。

表演（者）之所以必然可能是自律地负责任的表演（者），乃因为，作为表演的"本质性因素"的"表演的责任"（或表演的义务、职责）将表演的主观准则与内在于主观准则的客观法则，以及表演者的主观观念与内在于主观观念的客观理念，也就是说将表演（者）的经验性条件与表演（者）的先验条件，不是在时间、空间条件上外在地而是从逻辑条件上内在地联结起来。尽管在经验性直观中，表演的责任往往被表象为特定时间、空间条件下特定共同体的临时性或"在地化"主观相对性、比较普遍性文化准则、规则或规矩，但如果责任原本就是

第三章 神话学革命的理论概念—实践理念转折点 321

一个先验地关涉了主体（个体、共同体）间或主观间客观的实践理性原则或理念，那么其自身就必然内涵严格普遍性的逻辑形式和意向形式要求——"义务［、责任或职责］的履行在于认真的意志的［严格普遍性意向］形式"①——否则，如果不是以"表演的责任"的客观必然性、严格普遍性法则的逻辑形式和意向形式而自持，那么任何表演，不仅出于道德性法则—理念的严格普遍性逻辑形式和意向形式的表演，甚至出于技术性准则—观念的表演也都必将是不可能的。因为，我们如何能够在没有客观必然性、严格普遍性逻辑形式和意向形式的责任条件下，就在经验性条件下行出普遍有效的交流责任？但为了能够行出普遍有效的交流责任，即便仅仅是两个个体之间的交流责任，②也都需要严格普遍性的逻辑形式和意向形式，即"义务概念由之发源的地方"。③这样，（普遍有效交流的）责任也就能够通过自身作为内在于主观准则的普遍逻辑形式的客观法则即道德法则，以及作为内在于主观观念的普遍意向形式的客观理念即对道德法则的意识，从表演的主观准则和表演者的主观观念的内部，将表演的普遍逻辑形式即责任和表演者的普遍意向形式即责任理念联结起来，④成就了一个纯粹实践理性（客观法则规定主观准则、客观理念规定主观观念）的先验综合命题。⑤

----

① ［德］康德：《判断力批判》，李秋零译，载《康德著作全集》第 5 卷，中国人民大学出版社 2007 年版，S. 451，第 471 页。

② "仔细考察可以把言语循环重建出来的个人行为……这种行为至少要有两个人参加：这是使循环完整的最低限度的人数。"［瑞］索绪尔：《普通语言学教程》，高名凯译，岑麒祥等校注，商务印书馆 1980 年版，第 32 页。

③ ［德］康德：《道德形而上学奠基》，杨云飞译，邓晓芒校，人民出版社 2013 年版，S. 412，第 40 页。

④ "出于尊重法则而产生的行为的必要性……成为联结理性的道德法则和责任行为的纽带。"刘静：《正当与德性——康德理论的反思与重构》，中国社会科学出版社 2015 年版，第 151 页。

⑤ 康德先后用过 Pflicht、Verbindichkeit、Zurechung、Schuldikeit、Obliegenheit，表达了大致相同的意思。Pflicht，邓晓芒《纯粹理性批判》中译本、杨云飞《道德形而上学奠基》中译本、邓晓芒《实践理性批判》中译本译作"义务"，韩水法《实践理性批判》中译本译作"职责"。Verbindichkeit，邓晓芒《纯粹理性批判》中译本、韩水法《实践理性批判》中译本译作"义务"，邓晓芒《实践理性批判》中译本、杨云飞《道德形而上学奠基》中译本译作"责任"，邓晓芒《判断力批判》中译本译作"义务、责任、职责"。Schuldikeit，邓晓芒《实践理性批判》中译本译作"职责"，韩水法《实践理性批判》中译本译作"本分"。Zurechung，韩水法、邓晓芒《实践理性批判》中译本译作"责任"。Obliegenheit，邓晓芒《判断力批判》中译本译作"义务"。Immanuel Kant, *Groundwork of the Metaphysics of Morals*, A German-English Edition, Edited by Jens Timmermann, English Translation by Mary Gregor, （转下页）

(接上页) Revised by Jens Timmermann, Permission of Cambridge University Press, First published 2001. Immanuel Kant, *Kritik der praktischen Vernunft*, Leipzip Verlag von Felik Meiner, 1920. Immanuel Kant, *Critique of Practical Reason*, Translated and Edited by Mary Gregor, Cambridge University Press, 1977. "在康德伦理学中，义务［obligationg］是指人类意志对道德法则的一般性依赖，而职责［duty，德文 Pflicht］是出于义务的行为必然性。义务不仅表示职责也表示权利。然而，对大多数哲学家来说，义务和职责可交替使用，都是对应该做的事情的规定。'职责和他人的要求之间的联系清楚地表现于这种事实：我们把"义务"用作"职责"的同义词。'"（诺威尔·史密斯《伦理学》，1954 年版，第 200 页）布宁、余纪元编著：《西方哲学英汉对照辞典》，人民出版社 2001 年版，第 698 页。在本书中，笔者没有区分义务、责任与职责，就像康德也经常不区分义务、责任与职责那样，不加区分地将 Pflicht、Verbindichkeit、Zurechung、Schuldikeit、Obliegenheit 都译作"责任""义务"或"职责"。"义务和职责。"［德］康德：《实践理性批判》，韩水法译，商务印书馆 1999 年版，S. 32，第 34 页。"特殊性质的义务……人们负有责任的一种特殊性质的行动。"［德］康德：《道德形而上学》，张荣、李秋零译，载《康德著作全集》第 6 卷，中国人民大学出版社 2007 年版，S. 220，第 227 页。"外在的义务（外在行动的责任）。"同上引书，S. 220，第 227—228 页。"义务或者责任……义务和责任……"同上引书，S. 224，第 231 页。"对目的准则的责任就叫做德性义务。"同上引书，S. 395，第 408 页。但有时康德又区分地使用义务、责任与职责。"义务是某人有责任采取的行动。因此，义务是责任的质料，而且，义务（在行为上看）可能是同样的义务，尽管我们可能以不同的方式有责任。"同上引书，S. 222，第 230 页。根据康德，义务、责任或职责，都是先验理念。"出自道德法则的义务对自由的每一种特殊的运用都仍然有效。"［德］康德：《纯粹理性批判》，邓晓芒译，人民出版社 2004 年版，A810/B838，第 615 页。"当我们已经从我们的实践理性的普通运用中引出我们前述的义务概念之后，绝不能由此推出，我们是把它当做一个经验概念来处理了。"［德］康德：《道德形而上学奠基》，杨云飞译，邓晓芒校，人民出版社 2013 年版，S. 406，第 31 页。"义务，作为一般的义务，先行于任何经验，而存在于通过先天根据来规定意志的理性的理念中。"同上引书，S. 408，第 33—34 页。"在实践上，即在理念中，把这种自由作为条件加之于意志的一切任意行动。"同上引书，S. 461，第 111 页。"将……职责思想设立为人类一切道德性的无上生活原则。"［德］康德：《实践理性批判》，韩水法译，商务印书馆 1999 年版，S. 86，第 93 页。"合乎这些法则的职责。"同上引书，S. 33，第 34 页。"道德法则和与之相关的责任。"同上引书，S. 96，第 105 页。"依照道德法则的责任。"同上引书，S. 97，第 105 页。"把后者［至善］立为我们努力的对象，乃是道德法则为我们造就的职责。此外，在这里一切因此都是无私的，仅仅以职责为基础。"同上引书，S. 129，第 141—142 页。"道德法则要求对它的遵守出于职责而非偏爱。"同上引书，S. 158，第 172 页。"与严肃的道德法则相联系的职责。"同上引书，S. 158，第 172 页。"道德法则作为应用我们的自由的形式上的理性条件，独自就使我们负有义务，无须依赖某个目的来作为质料上的条件。"［德］康德：《判断力批判》，李秋零译，载《康德著作全集》第 5 卷，中国人民大学出版社 2007 年版，S. 450，第 469 页。"义务的规定本来绝对只能由纯粹理性先天地提供。"［德］康德：《道德形而上学》，张荣、李秋零译，载《康德著作全集》第 6 卷，中国人民大学出版社 2007 年版，S. 217，第 224 页。"义务概念直接与法则相关（即使我还抽掉了作为法则的质料的一切目的）；就像义务的形式原则在'要如此行动，使你的行为准则能够成为一个普遍法则'的绝对命令式中已经显示的那样。"同上引书，S. 388—389，第 401—402 页。由于义务、责任或职责始终被法则所规定，并且决定了准则的法则意识动机， （转下页）

第三章 神话学革命的理论概念—实践理念转折点

［道德法则的定言］命令只是表达一般意愿的客观法则与这个或那个理性存在者意志的、比如人类意志的主观不完善性之间的关系的公式。①

一个［任意］意志与这个［道德］法则的关系就是在义务［或责任、职责的］名下的依赖性，这种依赖性就意味着对［任意］行为的一种强制性，尽管是凭借单纯理性和其客观法则的一种强制性，这种行为因此就称为职责……②

在一种对每个人都很自然而且每个人都作为义务而要求于别人的关系中……③唯有职责和本分是我们必须赋予我们［的任意］与道德法则的关系的名称。④

这样，责任（不同于主观准则但也不完全等同于客观法则）就表现为实践理性规定任意的普遍逻辑形式和普遍意向形式的双层关系。即，既是主体间的客观法则、客观理念强制地规定主体的主观观念、主观准则的客观必然性（道德实践的客观动力即动因），同时也是主体的主观观念通过主观准则反思地敬重客观法则、客观理念的主观必然性（道德实践的主观动力即动机）。于是"责任"（或"义务""职

（接上页）所以有时候，康德将义务、责任或职责与法则并举，有"义务法则"和"职责法则"及"天职的法则"之说。"道德法则和义务……责任的概念。"［德］康德：《道德形而上学奠基》，杨云飞译，邓晓芒校，人民出版社 2013 年版，S. 391，第 7 页。"职责法则。"［德］康德：《实践理性批判》，韩水法译，商务印书馆 1999 年版，S. 82，第 89 页。"职责法则。"同上引书，S. 85，第 93 页。"天职的法则。"同上引书，S. 87，第 94 页。"作为职责之职责的纯粹法则。"同上引书，S. 158，第 173 页。"职责的法则。"同上引书，S. 161，第 176 页。"义务法则。"［德］康德：《道德形而上学》，张荣、李秋零译，载《康德著作全集》第 6 卷，中国人民大学出版社 2007 年版，S. 424，第 433 页；S. 449，第 459 页；S. 451，第 462 页。"促进一切理性存在者的终极目的（幸福，就其与义务一致而可能来说）的意图毕竟正是由义务的法则交付的。"［德］康德：《判断力批判》，李秋零译，载《康德著作全集》第 5 卷，中国人民大学出版社 2007 年版，S. 471"注释①"，第 493 页。"自由的法则（责任和负责能力）。"［德］康德：《纯然理性界限内的宗教》，李秋零译，载《康德著作全集》第 6 卷，中国人民大学出版社 2007 年版，S. 35，第 35 页。

① ［德］康德：《道德形而上学奠基》，杨云飞译，邓晓芒校，人民出版社 2013 年版，S. 414，第 42 页。
② ［德］康德：《实践理性批判》，韩水法译，商务印书馆 1999 年版，S. 32，第 33 页。
③ ［德］康德：《判断力批判》，李秋零译，载《康德著作全集》第 5 卷，中国人民大学出版社 2007 年版，S. 353，第 368 页。
④ ［德］康德：《实践理性批判》，韩水法译，商务印书馆 1999 年版，S. 82，第 89 页。

责"）的概念就有了两种用法，一是指合于法则（普遍逻辑形式）的责任行为的客观性质【用法 A】，二是指出于法则（普遍意向形式）的行为责任的主观动机（意识、意向）【用法 B】。① 对于前者，我们甚至可以通过对经验现象或现象学经验现象而得到规定性的"纯然理论认识"或现象学经验的观念直观；对于后者，我们却只能通过还原经验现象或现象学经验性现象的先验条件的理念演绎而达成反思性的"实践认识"。

  对于任何立法（它可以是内在的或者外在的行动，而且这些行动要么先天地通过纯然的理性，要么通过另一个人的任意来作出规定）来说，都需要两个部分：首先是法则［在逻辑上的普遍形式］，它把应当发生的行动在客观上表现为必然的，就是说，它使行动［在客观上］成为义务【用法 A】；其次是动机［在意向上的普遍形式］，它把对这种行动的任意的［准则］规定根据在主观上与法则的表象联结起来；所以第二个部分就是：法则使义务成为动机【用法 B】。通过第一部分，行动［"通过事实使之成为真实的"② 在客观上］被表现为义务，这就是对任意的可能规定根据亦即实践规则的一种纯然理论认识【用法 A】；通过第二部分，如此行动的责任就在主体中与一般任意的一个规定根据［即对道德法则

---

  ① "在这里我们注意把单单为义务提供根据的法则与那事实上就是义务的法则区别开来（譬如，人类的需求所要求于我的东西的法则，与之相对的，人类的权利［Recht/right］所要求于我的东西的法则，后者指定本质性的职责，但前者仅仅指定非本质的职责），从而教授如何区别汇聚在一个行为里的如此不同的职责。另一个必须予以注意之点是如下的质问：这个行为是否（在主观上）为了道德法则的缘故发生的，因而是否它不仅具有作为行为的正确性，而且还具有作为依照准则的意向的德性价值？……前者单单针对人们的所行之事，而不关心人们为什么如此行事的动机。"［德］康德：《实践理性批判》，韩水法译，商务印书馆 1999 年版，S. 159，第 174 页；S. 152，第 166 页。这段话邓晓芒译作："同时我们也教导要注意把单纯给责任提供一个根据的那种法则与事实上本身就是责任性的法则区别开来……人类的需要所要求我们的那种东西的法则，反之则是人类的权利所要求我们的那种东西的法则，其中后者所颁布的是本质性的义务，前者所颁布的则只是非本质性的义务……因而教导要区别汇集在一个行动中的那些不同的义务。"邓晓芒：《康德〈实践理性批判〉句读》下卷，人民出版社 2019 年版，第 490 页。

  ② ［德］康德：《道德形而上学》，张荣、李秋零译，载《康德著作全集》第 6 卷，中国人民大学出版社 2007 年版，S. 411，第 423 页。

的普遍意向形式〕结合起来【用法 B】。①

就像马林诺夫斯基说过的，神话宪章的强制与原始心理的信仰，也就是康德所言道德法则的客观存在与对道德法则的主观意识即"理性的事实"的客观类型与主观类型。

> 道德法则……对于每一个有限的理性存在者的意志则是一条职责法则，一条道德强制性的法则【用法 A】，一条通过对法则的敬重以及出于对其职责的敬畏而决定有限的理性存在者的行为的法则【用法 B】。其他的主观原则不应当被看作是动力；因为否则行为虽然能够一如法则所规定的那样发生【用法 A】，但是，因为它尽管是合乎职责的，却不是出于职责的，所以趋于行为的意向就是不道德的，而这种意向正是这个立法的关键所在【用法 B】。②
> 使某些行动成为义务的原理是一种实践法则【用法 A】。行动者出自主观的根据使之作为自己的原则的规则，叫做他的准则【用法 B】；因此，即便法则相同，但行动者的准则却可能大相径庭。③
> 一个行为和义务法则的一致就是合法则性（合法性）〔用法 A〕。——行为准则和法则的一致就是行为的道德性【用法 B】。但是，准则是主观的行为原则，主体自己使这原则成为自己的规则（也就是说，它想如何行动）【用法 B】。反之，义务的原理是理性绝对地，因此客观地要求于主体的东西（它应当如何行动）【用法 A】。④

从纯粹实践理性普遍立法的自由意志及其客观理念、客观法则（道德法则）强制规定一般实践理性任意选择的自由意志的主观观念、主观准则（文化规则）的客观必然性来说，所谓"表演的责任"（客观法则）【用法 A】就是：

---

① ［德］康德：《道德形而上学》，张荣、李秋零译，载《康德著作全集》第 6 卷，中国人民大学出版社 2007 年版，S. 218，第 225—226 页。
② ［德］康德：《实践理性批判》，韩水法译，商务印书馆 1999 年版，S. 82，第 89 页。
③ ［德］康德：《道德形而上学》，张荣、李秋零译，载《康德著作全集》第 6 卷，中国人民大学出版社 2007 年版，S. 225，第 232 页。
④ ［德］康德：《道德形而上学》，张荣、李秋零译，载《康德著作全集》第 6 卷，中国人民大学出版社 2007 年版，S. 225，第 233 页。

如果义务是一个应当含有意义和含有为我们的行动现实立法的概念，它就只能以定言命令而绝不能以假言命令来表达……然而我们还未做到先天地证明这类命令的现实地存在，证明有一种绝对的、无须任何［感性经验的特殊］动机而独立地下命令的实践法则，以及服从这个法则就是义务……因为义务应当是行动的实践上无条件的必要性；所以，它必须适用于一切理性存在者，而且唯因如此它也才是全部人类意志的一个法则。①

如果这些准则不是［作为任意选择的有限理性存在者］由其［自然］本性已经必然地与作为普遍立法的理性存在者的这一［普遍形式的道德法则的］客观原则一致，那么根据这［道德］原则行动的必然性就叫做实践的强制，即义务……根据这条原则行动的实践必然性，也即义务。②

一个并不绝对善良的［任意］意志对自律原则（道德强制）的依赖性就是责任……一种出于责任的行动客观必要性，称为义务……我们在义务的概念上，想到的是对法则的服从……③

我必然会把知性世界的法则视为对我的命令，并把符合这种原则的行动视为义务。④

依据这条［普遍形式的道德］法则而排除了一切出于禀好的决定根据的行为是客观地实践的，这种行为称作职责，后者由于这种排除而在其概念里面包含了实践的强制性，亦即包含了对于行为的决定，无论这些行为是如何不情愿地发生的。⑤

对于人和一切被造的理性存在者来说，道德的必然性就是强制性，亦即义务，每一个以此为基础的行为都被表象为职责，而不是

---

① ［德］康德：《道德形而上学奠基》，杨云飞译，邓晓芒校，人民出版社 2013 年版，S. 425，第 57—58 页。

② ［德］康德：《道德形而上学奠基》，杨云飞译，邓晓芒校，人民出版社 2013 年版，S. 434，第 71 页。

③ ［德］康德：《道德形而上学奠基》，杨云飞译，邓晓芒校，人民出版社 2013 年版，S. 439，第 79 页。

④ ［德］康德：《道德形而上学奠基》，杨云飞译，邓晓芒校，人民出版社 2013 年版，S. 454，第 100—101 页。

⑤ ［德］康德：《实践理性批判》，韩水法译，商务印书馆 1999 年版，S. 80，第 87 页。

表象为自己所中意的或可能会中意的行事方式。①

让人类的一切善行都委制于那放在他们眼前的职责的管教，这种职责不允许人们热衷于虚幻的道德完满性。②

把遵循这个法则的根本动力不是置于所愿望的遵循法则的后果之中，而只是置于职责的表象之中，盖缘获得这种后果的配当就在于忠实地遵守职责。③

法则的直接表象和作为职责而对法则的客观必然的遵守，必须被表象为行动的根本动力。④

在这里行动作为义务的客观必然性……道德法则必须被表现为命令（而符合这些法则的行动则被表现为义务）。⑤

义务的必然性对于实践理性来说是非常清楚的……义务本身……在实践上是［客观］必然的。⑥

人们负有责任的一种特殊性质的［强制］行动。⑦

责任是服从理性［道德法则］的绝对命令式的一个自由行动的必然性。⑧

绝对命令式由于表示就某些行动而言的一种责任，所以是一条道德实践的法则。但是，由于责任不只包含实践的［客观］必然性（这类东西表示一个一般的法则），而且还包含强制，因此，上述命令式要么是要求的法则，要么是禁止的法则，根据做还是不做被表现为义务而定。⑨

---

① ［德］康德：《实践理性批判》，韩水法译，商务印书馆1999年版，S.81，第88页。
② ［德］康德：《实践理性批判》，韩水法译，商务印书馆1999年版，S.86，第93—94页。
③ ［德］康德：《实践理性批判》，韩水法译，商务印书馆1999年版，S.129，第141页。
④ ［德］康德：《实践理性批判》，韩水法译，商务印书馆1999年版，S.151，第165页。
⑤ ［德］康德：《判断力批判》，李秋零译，载《康德著作全集》第5卷，中国人民大学出版社2007年版，S.403，第420页。
⑥ ［德］康德：《判断力批判》，李秋零译，载《康德著作全集》第5卷，中国人民大学出版社2007年版，S.470—471，第492页。
⑦ ［德］康德：《道德形而上学》，张荣、李秋零译，载《康德著作全集》第6卷，中国人民大学出版社2007年版，S.220，第227页。
⑧ ［德］康德：《道德形而上学》，张荣、李秋零译，载《康德著作全集》第6卷，中国人民大学出版社2007年版，S.222，第229页。
⑨ ［德］康德：《道德形而上学》，张荣、李秋零译，载《康德著作全集》第6卷，中国人民大学出版社2007年版，S.222—223，第230页。

义务和责任一般而言都是表述某些行动的客观的和实践的必然性的概念。①

义务的原理是理性绝对地,因此客观地要求于主体[任意]的东西(它应当如何行动)。②

义务概念自身就已经是通过法则来强迫(强制)自由任意的概念;这种强制可以是一种外在的强制或者自我强制。道德命令式通过其绝对的表述(无条件的应当)宣布了这种强制,因而强制并不关涉一般理性存在者(其中可能也有神圣的存在者),而是关涉作为理性的自然存在者的人,人还不够神圣,他们虽然承认道德法则的威望本身,有可能会一时感到违背它的愉快,甚至当他们遵从它时,也仍然不乐意(借助抵制他们的偏好)这样做,而这正是强制之所在。——但是,既然人毕竟是一个自由的(道德的)存在者,义务概念所包含的就只能是自我强制(仅仅通过法则的表象),如果所考虑的是内在的意志规定(动机)的话;因为只有这样,才有可能把那种强制与任意的自由结合起来,但这样一来,义务概念也将是一个伦理学概念。③

通过义务的纯然表象依照义务的形式法则的强制。一切义务都包含着一个由法则而来的强制的概念。④

义务是由其自己的立法理性而来的一种道德强制。⑤

义务发布命令,并且以一种道德的(按照内在自由法则可能的)强制来伴随其命令。⑥

---

① [德]康德:《道德形而上学》,张荣、李秋零译,载《康德著作全集》第6卷,中国人民大学出版社2007年版,S.224,第231页。
② [德]康德:《道德形而上学》,张荣、李秋零译,载《康德著作全集》第6卷,中国人民大学出版社2007年版,S.225,第233页。
③ [德]康德:《道德形而上学》,张荣、李秋零译,载《康德著作全集》第6卷,中国人民大学出版社2007年版,S.379—380,第392—393页。"任意的自由。"同上引书,S.226,第234页;S.378,第390页。
④ [德]康德:《道德形而上学》,张荣、李秋零译,载《康德著作全集》第6卷,中国人民大学出版社2007年版,S.394,第407页。
⑤ [德]康德:《道德形而上学》,张荣、李秋零译,载《康德著作全集》第6卷,中国人民大学出版社2007年版,S.405,第417页。
⑥ [德]康德:《道德形而上学》,张荣、李秋零译,载《康德著作全集》第6卷,中国人民大学出版社2007年版,S.405,第418页。

任何一个义务概念都包含有因法则（作为道德的、限制我们自由［任意］的命令式）而来的客观强制，并且属于给予规则的实践知性。①

义务的承担……［就是］道德的强制。②

从一般实践理性任意选择的自由意志（任意）的主观观念通过主观准则敬重客观法则（道德法则）、客观理念乃至纯粹实践理性普遍立法的自由意志（纯粹理性）本身的主观必然性来说，所谓"表演的责任"（或义务、职责）（主观准则）又可以进一步区分为合于责任的合法性责任【用法B.1】与出于责任的道德性责任【用法B.2】，即康德对"人类职责的职责……分类"，③ 这种分类不是对"职责与违反职责"④ 甚至"完满的和不完满的职责"⑤ 的内容分类，而是对合于责任与出于责任的两种"责任的方式（而不是其行动的客体）"⑥ 的分类，因为责任行为的客体总表现为"对同一个原则的依赖"，⑦ 因而在内容上"义务可能是同样的义务，尽管我们可能以不同的方式有责任"。⑧

义务是由敬重法则而来的行动的［主观］必然性【用法

---

① ［德］康德：《道德形而上学》，张荣、李秋零译，载《康德著作全集》第6卷，中国人民大学出版社2007年版，S.437—438，第448页。
② ［德］康德：《道德形而上学》，张荣、李秋零译，载《康德著作全集》第6卷，中国人民大学出版社2007年版，S.487，第497页。
③ ［德］康德：《实践理性批判》，韩水法译，商务印书馆1999年版，S.8，第7页。
④ ［德］康德：《实践理性批判》，韩水法译，商务印书馆1999年版，S.11 "注释①"，第9页。
⑤ ［德］康德：《实践理性批判》，韩水法译，商务印书馆1999年版，S.66，第72页。
⑥ ［德］康德：《道德形而上学奠基》，杨云飞译，邓晓芒校，人民出版社2013年版，S.424，第56页。
⑦ ［德］康德：《道德形而上学奠基》，杨云飞译，邓晓芒校，人民出版社2013年版，S.424，第56页。
⑧ ［德］康德：《道德形而上学》，张荣、李秋零译，载《康德著作全集》第6卷，S.222，第230页。

B. 2】。①

　　出自对实践法则的纯粹敬重的行动的［主观］必要性，就是那构成义务的东西【用法 B. 2】。②

　　义务这个概念……包含了一个善良意志（gutter Wille）的概念【用法 B. 2】。③

　　合乎职责的行为【用法 B. 1】。④

　　对合乎［甚至出于］职责的行为采取这样一种关切不是［感性］禀好所劝告的，而是理性通过实践法则所绝对地命令的和实际地［强制］产生的，由此之故，它就拥有了一个完全特殊的名称，即敬重。于是，职责概念对于行为［的性质］要求它与法则的客观一致【用法 A】，对于行为的准则却要求对法则的主观敬重，作为由法则决定意志的唯一方式【用法 B. 2】。关于合乎职责而发生的行为的意识【用法 B. 1】，与出于职责，亦即出于对法则的敬重而发生的行为的意识【用法 B. 2】之间的区别，就依赖于此；即使单单禀好才是意志的决定根据，前者（合法性）也是可能【用法 B. 1】，但后者（道德性），即道德价值却必须安置在如下的情形里面：行为出于职责，亦即单纯为法则的缘故才发生【用法 B. 2】。一切道德判断中最为重要的就是，格外准确地注意一切准则的主观原则，这样，行为的一切道德性才被安置在行为出于职责和出于对法则的敬重［的主观］必然性之中【用法 B. 2】，而不是安置在行为出于对行为可能产生的东西［即快乐或幸福结果］的热爱和倾心的必然性之中。⑤

　　敬重始终依赖于某个实例持于我们之前的那种职责意识，并且

---

① ［德］康德：《道德形而上学奠基》，杨云飞译，邓晓芒校，人民出版社 2013 年版，S. 400，第 22 页。
② ［德］康德：《道德形而上学奠基》，杨云飞译，邓晓芒校，人民出版社 2013 年版，S. 403，第 26—27 页。
③ ［德］康德：《道德形而上学奠基》，杨云飞译，邓晓芒校，人民出版社 2013 年版，S. 396，第 17 页。
④ ［德］康德：《实践理性批判》，韩水法译，商务印书馆 1999 年版，S. 38，第 41 页。
⑤ ［德］康德：《实践理性批判》，韩水法译，商务印书馆 1999 年版，S. 81，第 88 页。

第三章　神话学革命的理论概念—实践理念转折点

敬重也决不会有异于道德根据的其他根据【用法 B.2】。①

应当出于职责【用法 B.2】。②

职责，即对法则［在主观上］的敬重【用法 B.2】。③

行为出于职责【用法 B.2】。④

出于法则【用法 B.2】。⑤

行为完全出于对职责的敬重【用法 B.2】。⑥

对职责的敬重……作为唯一真正的道德情感【用法 B.2】。⑦

将合乎职责的行为的主观决定根据【用法 B.1】，亦即这种行为的道德动力置于别处，而不是置于法则本身之中。⑧

对法则的敬重【用法 B.2】。⑨

职责……树立起一条法则，这条法则［强制地］自动进入心灵［用法 A］，甚至还赢得不情愿的尊重【用法 B.2】。⑩

出于职责【用法 B.2】。⑪

行为之发生不仅合乎职责（按照适意的情感）【用法 B.1】，而且出于职责【用法 B.2】，这必须是一切道德教育的真正目的。⑫

合乎职责……虽然能够便利道德准则的效用，但不产生这种［道德性］效用。因为如果行为不仅仅应当包含合法性【用法 B.1】，而且也应当包含道德性，那么在准则中的所有一切都必须

---

① ［德］康德：《实践理性批判》，韩水法译，商务印书馆 1999 年版，S.81 "注释①"，第 88 页。
② ［德］康德：《实践理性批判》，韩水法译，商务印书馆 1999 年版，S.84，第 92 页。
③ ［德］康德：《实践理性批判》，韩水法译，商务印书馆 1999 年版，S.85，第 92 页。
④ ［德］康德：《实践理性批判》，韩水法译，商务印书馆 1999 年版，S.85，第 92 页。
⑤ ［德］康德：《实践理性批判》，韩水法译，商务印书馆 1999 年版，S.85，第 92 页。
⑥ ［德］康德：《实践理性批判》，韩水法译，商务印书馆 1999 年版，S.85，第 92—93 页。
⑦ ［德］康德：《实践理性批判》，韩水法译，商务印书馆 1999 年版，S.85，第 93 页。
⑧ ［德］康德：《实践理性批判》，韩水法译，商务印书馆 1999 年版，S.86，第 93 页。
⑨ ［德］康德：《实践理性批判》，韩水法译，商务印书馆 1999 年版，S.86，第 93 页。
⑩ ［德］康德：《实践理性批判》，韩水法译，商务印书馆 1999 年版，S.86，第 94 页。
⑪ ［德］康德：《实践理性批判》，韩水法译，商务印书馆 1999 年版，S.88，第 96 页。
⑫ ［德］康德：《实践理性批判》，韩水法译，商务印书馆 1999 年版，S.117，第 129 页。

指向作为决定根据的法则表象【用法 B.2】。①

一个行为和义务法则的一致就是合法则性（合法性）【用法 B.1】——行为准则和法则的一致就是行为的道德性【用法 B.2】。②

主观上被描述为道德情感的对法则的敬重，与对人的义务的意识是一回事。正因为如此，显示对作为道德的（极为高看其义务的）存在者的人的敬重，本身也是他人对他拥有的一项义务，是他不能放弃其要求的一项法权【用法 B.2】。③

义务之所以既能够表象客观的行为、行动、活动及其结果、效果，又能够表象行为、行动、活动的主观目的、动机，是因为"义务"是跨越了理论和实践两个世界的经验性概念兼先验理念，就像任意选择的自由意志，一方面能够在经验现象中显现，另一方面又是一个实践理性的先验概念（理念）。

> 如果我们把自己思考为自由的，我们就把自己作为成员置身于知性世界，并认识到意志的自律连同其结果，即道德性；然而，如果我们把自己设想为负有义务的，我们就把自己看做既属于感官世界，但同时却又属于知性世界的。④

而从意志对任意在理性上普遍立法地强制规定的客观必然性，与任意对意志在情感上自由选择地反思敬重的主观必然性的双向意向形式而言，"如果我们把自己设想为负有义务的，我们就把自己看做既属于感官世界，但同时却又属于知性世界的"，"所以，我必然会把知性世界

---

① ［德］康德：《实践理性批判》，韩水法译，商务印书馆 1999 年版，S.118，第 129—130 页。
② ［德］康德：《道德形而上学》，张荣、李秋零译，载《康德著作全集》第 6 卷，中国人民大学出版社 2007 年版，S.225，第 233 页。
③ ［德］康德：《道德形而上学》，张荣、李秋零译，载《康德著作全集》第 6 卷，中国人民大学出版社 2007 年版，S.464，第 475 页。
④ ［德］康德：《道德形而上学奠基》，杨云飞译，邓晓芒校，人民出版社 2013 年版，S.453，第 99 页。

第三章 神话学革命的理论概念—实践理念转折点

的法则视为对我的命令，并把符合这种原则的行动视为义务"，① 从而"任意就获得的［责任或义务、职责］表象"② 的"主观必然性就区分于客观必然性"，③ 进而"行为的客观决定根据必须始终同时［却也］是行为的唯一主观充分的决定根据"。④

　　对于法则的敬重不是［自动地就］趋于德性的动力，而是在主观上被视作［客观］动力的德性［法则］本身［引起的主观力量］。⑤

　　纯粹实践理性的真正［客观］动力就具有这样的性质；它无非就是纯粹道德法则本身，只要后者让我们察觉到我们自己的超感性存在的崇高性，并且从主观方面在人之中产生了对于人自己高级天职的敬重。⑥

　　道德法则……对于每一个有限的理性存在者的意志则是一条职责法则，一条道德强制性的法则，一条通过对法则的敬重以及出于对其职责的敬畏而决定有限的理性存在者的行为的法则。其他的［任意性］主观原则不应当被看作是动力；因为否则行为虽然能够一如法则所规定它的那样发生，但是，因为它尽管是合乎职责的，却不是出于职责的，所以趋于行为的意向［形式］就是不道德的，而这种意向［形式］正是这个立法中的关键所在。⑦

亦即，"关于合乎职责而发生的行为的意识，与出于职责，亦即出于对法则的敬重而发生的行为的意识之间的区别，就依赖于此""一切

---

① ［德］康德：《道德形而上学奠基》，杨云飞译，邓晓芒校，人民出版社2013年版，S.454，第100—101页。
② ［德］康德：《道德形而上学奠基》，杨云飞译，邓晓芒校，人民出版社2013年版，S.451，第96页。
③ ［德］康德：《道德形而上学奠基》，杨云飞译，邓晓芒校，人民出版社2013年版，S.449，第93页。
④ ［德］康德：《实践理性批判》，韩水法译，商务印书馆1999年版，S.72，第78页。
⑤ ［德］康德：《实践理性批判》，韩水法译，商务印书馆1999年版，S.76，第82页。
⑥ ［德］康德：《实践理性批判》，韩水法译，商务印书馆1999年版，S.88，第96页。"高级天职"（Bestimmung），邓晓芒译作"更高使命"。［德］康德：《实践理性批判》，邓晓芒译，人民出版社2003年版，第121页。
⑦ ［德］康德：《实践理性批判》，韩水法译，商务印书馆1999年版，S.82，第89页。

道德判断中最为重要的就是，格外准确地注意一切准则的主观原则，这样，行为的一切道德性才被安置在行为出于职责和出于对法则的敬重[的主观]必然性之中"。这样，运用康德的先验论理念演绎的反思还原方法，我们就认识到，鲍曼所谓"表演的本质"——包括"是表演"与"不是表演""非表演"——的表演的"本质性因素"，并非鲍曼在"言语社区"（阿默思："小群体"）内部孜孜以求的经验性诸"标定"，而是内在于任何表演的主观准则的普遍逻辑形式即客观法则亦即道德法则的纯粹理性强制表演者任意的主观观念的先验综合规定性以及表演者任意的主观观念敬重纯粹理性道德法则的超验综合反思性意向形式，即表演（也就是实践）的出于责任的双向逻辑—意向形式结构。① 因此，

---

① "人们把这样一种知识称之为先天的（a priori），并将它们与那些具有后天的（a postenriori）来源、即在经验中有其来源的经验性的知识区别开来。"[德] 康德：《纯粹理性批判》，邓晓芒译，人民出版社 2004 年版，B2，第 1 页。"我把一切与其说是关注于对象，不如说是一般地关注于我们有关对象的、就其应当为先天可能的而言的认识方式的知识，称之为先验的。"同上引书，A11—12/B25，第 19 页。"既然（如先验感性论所证明的）有纯粹的直观，也有经验性的直观，那么也很有可能在对象的纯粹思维和经验性的思维之间找到某种区别。在这种情况下，就会有一种在其中不抽掉知识的全部内容的逻辑；因为这种逻辑将只包含对一个对象的纯思维的规则、它将排除一切具有经验性内容的知识。它还将讨论我们有关对象、而又不能归之于对象的知识来源……并非任何一种先天知识都必须称之为先验的，而是只有那种使我们认识到某些表象（直观或概念）只是先天地被运用或只是先天地才可能的、并且认识到何以是这样的先天知识，才必须称之为先验的（这就是知识的先天可能性或知识的先天运用）……只有关于这些表象根本不具有经验性的来源，以及何以它们还是能够先天地与经验对象发生关系的这种可能性的知识，才能称之为先验的……所以先验的和经验性的这一区别只是属于对知识的批评的，而不涉及知识与对象的关系……一门关于纯粹知性知识和理性知识的科学的理念，用来完全先天地思维对象。这样一门规定这些知识的来源、范围和客观有效性的科学，我们也许必须称之为先验逻辑，因为它只与知性和理性的法则打交道，但只是在这些法则与对象先天地发生关系的范围内，而不是像普遍逻辑那样，无区别地既和经验性的知识、又和纯粹理性知识发生关系。"同上引书，A55—57/B79—82，第 54—55 页。"我们可以把那些完全限定在可能经验范围之内来应用的原理称为内在原理，而把想超出这一界限之外的原理称为超验的原理。但我并不把这些超验的原理理解为范畴的先验的运用或误用，后者只不过是未受到本应由批判而来的束缚的判断力的一个错误，这个判断力没有充分注意到纯粹知性惟一允许它起作用的那个基地的界限；相反，我把它们理解为一些现实的原理，它们鼓励我们拆除所有那些界标，而自以为拥有一个在任何地方都不承认有什么边界的全新的基地。所以，先验的和超验的并不是等同的。我们在前面所阐述的纯粹知性原理只应当具有经验性的运用，而不能具有先验的、即超出经验范围之外的运用。但一条取消这些限制甚至要求人们跨越这些界限的原理，就叫作超验的。如果我们的批判能够做到揭示这些僭越的原理的幻相，则前一类只有经验性运用的原理就与后一类原理相反，可以称为纯粹知性的内在的原理。"同上引书，A295—296/B352—353，第 260 页。"因为知性的一切综合原理都具有内在的运用；而为了一个（转下页）

第三章　神话学革命的理论概念—实践理念转折点　335

（接上页）最高存在者的知识却需要对这些原理作某种先验的运用……"同上引书，A636/B664，第502页。"但这个问题在这里显然是综合性的，并要求把我们的知识扩展到超出经验的一切边界之外，也就是达到一个应当与我们的单纯理念相符合的存在者的存有，而这个理念又是永远不可能有任何一个经验比得上的……一切原理都只具有内在的有效性……"同上引书，A637—638/B665—666，第502—503页。"这些先验理念按照一切估计来看将会有其很好的、因而是内在的运用，哪怕当它们的意义被误会而被视为关于现实之物的概念时，它们在应用中可能是超验的，并正因此而是欺骗性的。"同上引书，A643/B671，第506页。所以，"先天的"是指知性概念（范畴），而"先验的"是指知性概念在理论上的经验性使用，而"超验的"是指理性概念（理念）在实践上的超经验使用。对于理论理性来说，知性概念的经验性使用是内在的，而知性概念的先验使用是逾界的，但对于实践理性来说，理性概念的超验使用是内在的，而非逾界的。"一般实践理性批判就有责任去防范以经验为条件的理性想要单独给出意志决定根据的狂妄要求。只有纯粹理性的应用，倘若这种理性的存在得到证明的话，才是内在的；相反，自封为王的以经验为条件的理性应用则是超验的，并且表现在完全逾越自己领域之外的种种无理要求和号令中。这与能够就思辨应用中的纯粹理性所说的，刚好是相反的情形。"[德]康德：《实践理性批判》，韩水法译，商务印书馆1999年版，S.16，第14页。"在其从事思辨时始终与其理念一起成为逾界的理性，能够首次领受了客观的、虽然仅仅是实践的实在性，并且理性的超验的应用就能够转变为一种内在的应用（即理性通过理念自身成为在经验领域中起作用的原因）。"同上引书，S.48，第51页。"思辨理性如果这样逾越经验，它就应该指明，根据和后果的逻辑关系如何能够以综合的方式应用到与感性直观不同的另外一种直观上去，亦即本体的原因是如何可能的。"同上引书，S.49，第52页。"从以感性为条件的东西向超感性的东西迈出悠远的一步，以完成我们对于根据层面的认识，并且圈定其界限；然而在那些界限和我们所认识的东西之间，始终有一条填不满的无底鸿沟。"同上引书，S.55，第59页。"我们丝毫不鼓励纯粹理论理性经由这种在超感性事物之上但仅仅出于实践意图的运用，沉溺于逾界的东西。"同上引书，S.57，第61页。"这里所应当表象的不是直观如何由其中的杂多构成，而仅仅是与直观相应而有条件的对象的实存如何（在知性里面而与知性相连接）增加到条件的实存上去；这样，我们就可以为感觉世界里面彻底的有条件者（既就因果性而言，又就事物本身的偶然的此在而言）设置一个思维世界之中的、尽管未经规定的无条件者，并且使综合成为超验的。"同上引书，S.104，第114页。"理智世界的现实性就以决定的方式被给予了我们，更确切地说是就实践的瞻顾而言被给予我们的，这种决定从理论的目的来看会是超验的（逾界的），而从实践的目的来看则是内在的。"同上引书，S.105，第115页。"唯有自由概念允许我们无需逾出我们之外而为有条件者和感性的东西寻得无条件者和理智的东西。"同上引书，S.105，第115页。"倘若我把理念理解为不能够从经验之中相应地得到任何东西的完满性，那么道德理念也不因此是逾界的。"同上引书，S.127"注释①"，第140页。"对于思辨理性系超验的东西，在实践理性里是否成了内在的东西？的确如此，但是仅仅在实践的意图方面。"同上引书，S.133，第146页。"思辨理性的理念在其本身尚非认识；不过它们仍然是（超验的）思想，在其中没有什么东西是不可能的。"同上引书，S.135，第147页。"对它［理性的纯粹实践能力］来说，所有那些理念都是超验的和没有对象的。在这里，它们成为内在的和构成的，因为它们是实现纯粹实践理性的必然客体（至善）的可能性根据；因为否则它们便是超验的和思辨理性单纯的规范原则，后者没有责成思辨理性去认定一个逾越经验的新客体，而仅仅责成它在经验之中的应用趋近完整。"同上引书，S.135，第148页。在本书中，笔者没有刻意区分"先验的"（transzendental）与"先天的"（a priori），而统一用"先验的"一词表象意志出于纯粹理性对任意的综合规定（强制），而用"超验的"（transzendent）一词表象任意出于敬重对纯粹理性以及纯粹理性情感的综合反思（信仰）。

鲍曼才能够将表演的"本质性因素"最终建立在纯粹实践理性普遍立法在自由意志及其严格普遍性、客观必然性道德法则（责任、义务或职责），而不是仅仅建立在一般实践理性任意选择的自由意志，甚至非理性信仰心理的主观相对性、比较普遍性主观准则（"本族体裁分类体系"、文化宪章）的基础上，从而鲍曼才可能信心满满地说，"承担责任对于我们所说的意义上的表演是本质性的""承担责任这一作为判断表演的标准的［本质性］因素"，同时也就证明了只有进一步搁置现象学主观性观念直观的反思方法，而上升到先验论客观性理念演绎的反思方法，才必然可能还原地阐明表演责任的"本质性因素"。

康德把道德法则归结为道德实践的纯粹实践理性意志的决定根据和"意志的动力"，① 进一步又把意志的决定根据和意志的动力，区分为"意志的客观决定根据"② —客观动力，以及"意志的主观决定根据"③ —主观动力④——可类比于康德"纯粹实践理性事实"以及贝克"理性的事实"的"客观类型"（道德法则先验的客观实在性）与"主观类型"（对道德法则的先验意识的主观观念性）——意志的客观决定根据以及意志作为客观动力就是纯粹实践理性普遍立法自由意志（纯粹理性）出于道德法则（普遍逻辑形式）对一般实践理性任意选择的自由意志（任意）的强制规定，⑤ 而意志的主观决定根据以及意志作为主

---

① ［德］康德：《实践理性批判》，韩水法译，商务印书馆1999年版，S.72，第78页。

② "行为的客观决定根据。"［德］康德：《实践理性批判》，韩水法译，商务印书馆1999年版，S.72，第78页。"一般意志的客观决定根据。"同上引书，S.74，第80页。"纯客观的决定根据。"同上引书，S.75，第82页。

③ "意志的主观决定根据。"［德］康德：《实践理性批判》，韩水法译，商务印书馆1999年版，S.72，第78页。"行为唯一的主观充分的决定根据。"同上引书，S.72，第78页。"意愿的主观决定根据。"同上引书，S.74，第80页。"行为的主观决定根据，即动力。"同上引书，S.75，第82页。"行为的主观决定根据。"同上引书，S.86，第93页。"主观的意志决定。"同上引书，S.90，第98页。

④ "道德名义之下的……情感……不充任客观道德法则本身的基础，而只是充任使这个法则本身成为准则的动力。"［德］康德：《实践理性批判》，韩水法译，商务印书馆1999年版，S.76，第82—83页。"对于道德法则的敬重是唯一而同时无可置疑的道德动力，并且这种情感除了仅仅出于这个根据的客体之外就不指向任何客体。"同上引书，S.78，第85页。"遵守法则的动力。"同上引书，S.79，第86页。"敬重成为准则的动力。"同上引书，S.83，第90页。

⑤ "义务概念自身就已经是通过法则来强迫（强制）自由任意的概念。"［德］康德：《道德形而上学》，张荣、李秋零译，载《康德著作全集》第6卷，中国人民大学出版社2007年版，S.379，第392页。

第三章 神话学革命的理论概念——实践理念转折点

观动力则是任意（意向形式）对纯粹实践理性和道德法则的敬重反思。由于道德法则起源于纯粹理性，因而"对于这条法则［的起源］而言，并无情感发生"①——康德称之为"不动情的义务"②——但是毕竟，任意对纯粹实践理性道德法则的敬重即"通过禀好所遭遇的瓦解……［而］施于情感的否定作用本身［所产生的也］是情感"③ 的一种"特殊情感"④——康德称为"道德情感"⑤——即"真正德性的、直接奉

---

① ［德］康德：《实践理性批判》，韩水法译，商务印书馆1999年版，S.72—75，第81页。

② "不动情的义务……德性必然以不动情为前提……道德上的不动情：此时出自感性印象的情感之所以失去了对道德情感的影响，只是由于对法则的敬重总的来说要比上述情感更强有力。"［德］康德：《道德形而上学》，张荣、李秋零译，载《康德著作全集》第6卷，中国人民大学出版社2007年版，S.408，第420—421页。

③ ［德］康德：《实践理性批判》，韩水法译，商务印书馆1999年版，S.72—73，第79页。

④ "无需以实践情感或道德情感的名义设定任何一种先行于道德法则并构成其基础的特殊情感。"［德］康德：《实践理性批判》，韩水法译，商务印书馆1999年版，S.75，第81页。"独特的情感。"同上引书，S.76，第83页。"特殊的感受。"同上引书，S.92，第100页。"道德情感，仿佛是一种特殊的感觉（道德感觉）。"［德］康德：《道德形而上学》，张荣、李秋零译，载《康德著作全集》第6卷，中国人民大学出版社2007年版，S.387，第400页。"道德感觉……特殊的感觉……道德情感。"同上引书，S.400，第412页。

⑤ "敬重是一种情感……是通过一个理性概念自己造成的情感……凡是我直接认做是我的法则的东西，我这样都是怀着敬重的，这种敬重仅仅是指那种不借助于其他对我感官的影响而使我的意志服从于一条法则的意识。通过法则而对意志的直接规定以及对这种规定的意识就叫做敬重，以至于敬重被看做是法则作用于主体的结果，而不是法则的原因……敬重的对象只是法则，而这法则又是我们自己加于自身，但毕竟是作为本身必然地加于自身的……对一个人格的敬重其实只是对法则的敬重，他在这方面给我们提供了榜样……一切道德上所谓的关切只在于对法则的敬重。"［德］康德：《道德形而上学奠基》，杨云飞译，邓晓芒校，人民出版社2013年版，S.401"注释①"，第23—24页。"道德情感这个被以为是特殊感官的东西，却毕竟还是更接近于德性及其尊严，因为这种感官证明了德行的荣誉，即把我们对德行的愉悦和尊敬直接地归之于德行。"同上引书，S.442，第83页。"人们对道德法则实际上抱有一种关切，我们把这种关切在我们之中的根基称为道德情感，它曾被一些人错误地说成是我们的道德评判的准绳，其实，它必须被视为法则施加于意志的主观效果，只有理性才提供了它的客观根据。为了使理性独自对受感性刺激的理性存在者的'应当'加以规范的东西成为所愿意的，无疑还需要理性的一种引起对履行义务的愉快感或愉悦情感的能力，因而需要理性的一种原因性，来按照理性的原则规定感性。但是，完全不可能看出，也就是先天地理解到，一个在自身之中不包含任何感性成分的单纯观念如何会产生出一种愉快或者不快的感觉；因为这是一种特殊种类的因果性，对于它，和对于所有的因果性一样，我们根本不能先天地规定任何东西，因此必须仅仅询问经验。但是，既然经验所能提交在手的因果关系只不过是两个经验对象之间的关系，而在这里，纯粹理性单凭理念（这理念根本不为经验提供任何对象）却应当是某个固然处在经验之中的结果的原因，所以，对于我们人来说完全不可能去解释，作为法则的准则的普遍性、从而德性，如何以及为什么会使我们感到关切。只有一点是肯定的：法则之所以对我们具有效力，不是因为它引起兴趣［因为这是他律，是实践理性对感性的依赖性，（转下页）

(接上页)即对某种作为根据的情感的依赖性,借此实践理性绝不可能在道德上是立法的],而是因为它对作为人的我们有效,由于它[法则]从我们的作为理智的意志中,因而从我们的真正自我中产生出来,它才引起我们的关切……"同上引书,S. 460—461,第 109—111 页。"道德性和职责的概念必须先行于有关这种满足的筹算,而决不能从这种满足中引申出来。人们必须事先估量我们所谓职责的重要性,道德法则的尊严,以及个人遵守道德法则时在他们自己眼里得出的直接的价值,以便在意识到他们与道德法则相契合时感到满足,并且在他们能够自责违反道德法则时感到痛苦的切责。因此,人们在认识这种义务之前不能感到满足或心灵不安,也不能使后者成为前者的基础。人们必须至少已经大体正直,才能够形成这些感受的表象。此外,一旦人类的意志因自由之故能够直接由道德法则决定时,我根本不否定,比照这个决定根据的经常练习最终可以在主观上造成一种对自己满足的情感;相反,建立和培养这个从根本上唯一名实相符的道德情感,甚至属于职责;但是,职责概念不能从这种情感推导出来,否则我们必须思想一种法则情感本身,并且使只能由理性来思想的东西成为感觉对象;这倘若还不成其为一个十足的矛盾,它也会完全取消了职责概念,而较为精致的、时而与粗俗的禀好相冲突的禀好的单纯机械作用就会取而代之。"[德]康德:《实践理性批判》,韩水法译,商务印书馆 1999 年版,S. 38,第 42 页。"一种特殊的感受……对法则的敬重才产生的,没有人对无论何种禀好有这种敬重的情感,人们只对法则才有这种情感。"同上引书,S. 92,第 100 页。"欲求能力决定的意识始终是对于由这种决定所产生的行为觉得惬意的根据;但是,这种快乐,这种自得的惬意,不是行为的决定根据,而单单直接通过理性的意志决定才是快乐情感的根据,并且这一向是欲求能力的一种纯粹实践的决定,不是情感的决定。"同上引书,S. 116,第 128 页。"并不建立在任何兴趣之上,但却产生出某种关切;一切纯粹的道德判断都是这样的判断。"[德]康德:《判断力批判》,李秋零译,载《康德著作全集》第 5 卷,中国人民大学出版社 2007 年版,S. 205 "注释①",第 212 页。"实践的客观必然性,在那里通过充当自由行动的存在者们的规则的一种纯理性意志的概念,这种愉悦就是一个客观法则的必然性结果。"同上引书,S. 237,第 245—246 页。"我不能先天地把一种确定的情感(愉快或者不快)与任何一个表象相结合,除非那里有一个规定意志的先天原则在理性中作为基础;这时愉快(在道德情感中)就是这个先天原则的后果。"同上引书,S. 289,第 301 页。"这些情感都直接地与最纯粹的道德意向相联系,感恩、顺从和谦恭都是义务的特殊心情。"同上引书,S. 446,第 465 页。"把他的意志的陶冶一直提升到最纯粹的德性意向,亦即法则同时成为他的合乎义务的行为的动机,并且出自义务来服从法则,这就是内在的道德实践的完善性,这种完善性由于是他自己心中的立法意志对据此行动的能力施加的作用的一种情感,因此是道德情感,仿佛是一种特殊的感觉(道德感觉)……就好像它先行于理性,或者也能够根本不需要理性的判断似的,但它毕竟是一种道德上的完善,亦即使每一个同时是义务的特殊目的成为对象。"[德]康德:《道德形而上学》,张荣、李秋零译,载《康德著作全集》第 6 卷,中国人民大学出版社 2007 年版,S. 387,第 400 页。"良知就是……实践理性。因此,良知的关系不是与一个客体的关系,而是仅仅与主体的关系(通过其行为激发道德情感)。"同上引书,S. 400,第 412 页。"一种道德的感性论虽然不是道德形而上学的一个部分,但却是其主观的展示:在这里,伴随着道德法则的强制性力量的情感,可以使人感受到那种力量的效用,以便对纯然感性的刺激赢得优势。"同上引书,S. 406,第 419 页。"意志确实是必须要有动机;但动机并不是某种预先给定的、得自物理感觉的、作为目的的对象,而只不过是无条件的法则本身而已;意志把它的感受看作是无条件的强制时,就叫作道德感;因此这一道德感也就不是意志规定的原因而是它的效果,如果这种强制不是事先在存在于我们身上的话,我们就一点也不会在自己身上察觉到它了。"[德]康德:《论通常的说法:这在理论上可能是正确的,但在实践上是行不通的》,载[德]康德《历史理性批判文集》,何兆武译,商务印书馆 1990 年版,第 186—187 页。

献于法则的意向［形式］"，① 也可以称之为责任情感（或义务情感、职责情感）。但要注意的是，责任（或义务、职责）产生了情感但不是产生于情感——"根本上唯一名实相符的道德情感，甚至属于职责；但是，职责概念不能［相反地］从这种情感推导出来"②"先于这种［对道德法则的情感］意向［形式］和思想方式，在主体之中完全不会有任何对于一般道德价值的情感"③——因而现在，尽管我们人类理性无法理解任意何以能够因纯粹实践理性道德法则的普遍逻辑形式的规定性客观动力而产生了反思性意向形式的主观动力敬重情感即道德情感，④但我们至少能够解释任意先验地具有的"承担敬重［情感］的这种存在者的感性"⑤ 的"易感性"⑥ 先验意向形式能力条件——这种"易感

---

① ［德］康德：《实践理性批判》，韩水法译，商务印书馆1999年版，S.147，第161页。
② ［德］康德：《实践理性批判》，韩水法译，商务印书馆1999年版，S.38，第42页。
③ ［德］康德：《实践理性批判》，韩水法译，商务印书馆1999年版，S.116，第127页。
④ "理性不想通过一个条件，即借助任何意志被作为根据的关切来做这件事情，这一点是不能责怪它的，因为那样一来，这法则就不会是道德法则，即自由的至上法则了。"［德］康德：《道德形而上学奠基》，杨云飞译，邓晓芒校，人民出版社2013年版，S.463，第114—115页。"一种单纯理智的理念对于情感的这种影响是无法为思辨理性所解释的。"［德］康德：《实践理性批判》，韩水法译，商务印书馆1999年版，S.80，第86页。"不可探究的起源。"［德］康德：《道德形而上学》，张荣、李秋零译，载《康德著作全集》第6卷，中国人民大学出版社2007年版，S.399，第412页。
⑤ ［德］康德：《实践理性批判》，韩水法译，商务印书馆1999年版，S.76，第82页。
⑥ "善在根据这种法则而行动的人格本身中就已经存在于当下了。"［德］康德：《道德形而上学奠基》，杨云飞译，邓晓芒校，人民出版社2013年版，S.401，第23页。"人们对道德法则实际上抱有一种关切，我们把这种关切在我们之中的根基称为道德情感。"同上引书，S.460，第109页。"这样一些道德性状，如果人们不具有它们，也就不可能有义务使自己拥有它们。——它们是道德情感、良知、对邻人的爱和对自己的敬重（自重），不存在拥有它们的责任；因为它们是作为对义务概念的易感性的主观条件，而不是作为客观条件为道德性奠定基础。它们全都是感性的，而且是先行的，但却自然的心灵禀赋，可以被义务概念所激发；拥有这些禀赋，并不能被看作义务，相反，它们是每个人都具有的，而且凭借它们每个人都可以被赋予义务。——对它们的意识不具有经验性的起源，而只能是作为道德法则对心灵的作用，在一种道德法则的意识之后发生。道德情感只是对于出自我们的行动的义务法则相一致或者相冲突这种意识的愉快或者不快的易感性。但是，任意的一切规定都是从可能的行动的表象出发，通过对行动或者其后果感兴趣的愉快或不快的情感，而达成事实的；在这里，感性的状况（内感官受刺激的状况）要么是一种病理学的情感，要么是一种道德的情感。——前者是一种先行于法则的表象的情感，而后者则只能是继法则的表象而起的情感。现在，不可能存在任何拥有一种道德情感或者获得这样一种道德情感的义务，因为一切责任意识都把道德情感当做基础，以便意识到蕴涵在义务概念中的强制；而是每个人（作为一个道德存在者）心中原本就有这种道德情感；但是，责任只能在于培养这种情感，甚至通过对其不可探究的起（转下页）

性"是我们先于经验不得不设定的"向善"意向形式的先验能力的"人格性禀赋"。①此外,尽管"一切情感都是感性的"、"主观的"和"本能的",②但是"那构成我们一切禀好基础的感性情感……〔仍然〕是我

（接上页）源的惊赞来强化它,做到这一点,乃是通过指出,它是如何排除一切病理学的刺激并在其纯洁性上通过纯然的理性表象恰恰最强烈地激发出来的。把这种情感称为道德感觉并不恰当,因为感觉这个词通常被理解为一种理论的、与一个对象相关的感知能力;与此相反,道德情感（例如一般而言的愉快或不快）是某种纯然主观的东西,它并不提供认识。——没有人不具有任何道德情感;因为如果对这种感受完全没有易感性,人在道德上就会死了,而如果道德的生命力不再能对这种情感造成任何刺激,那么,人性就会化为纯然的动物性,而且会不可逆转地混杂进大量其他的自然存在者之中……我们对（道德的）善与恶同样很少有一种特殊的感觉,而是有自由任意对自己被纯粹实践理性（及其法则）所推动的易感性,而这就是我们称之为道德情感的东西。"〔德〕康德:《道德形而上学》,张荣、李秋零译,载《康德著作全集》第6卷,中国人民大学出版社2007年版,S. 399—400,第411—412页。"易感性……自然本身所给予的。前一种情感是自由的,因此被称为同情性的（自由的感觉共township性）,基于实践理性……惟独对第一种情感才存在责任。"同上引书,S. 456—457,第468页。"共通感毕竟是自然置入我们心中的冲动之一,去作出义务表象独自不会去完成的事情。"同上引书,S. 457,第469页。

① "作为一种有理性同时又能够负责任的存在者,人具有人格性的禀赋……人格性的禀赋是一种易于接受对道德法则的敬重,把道德法则当做任意的自身充分的动机的素质。这种易于接受对我们心中的道德法则的纯然敬重的素质,也就是道德情感。这种情感自身还没有构成自然禀赋的一个目的,而是仅仅当它是任意的动机时,才构成了自然禀赋的一个目的。由于这种道德情感只有在自由的任意把它纳入自己的准则中的时候才是可能的,所以,这样一种任意的性质就是善的特性;善的特性一般与自由任意的任何特性一样,都是某种只能获得的东西。但尽管如此,要使它可能,就必须有一种禀赋存在于我们的本性中,在这种禀赋之上,绝对不能嫁接任何恶的东西。只不过,不能把道德法则的理念,连同与它不可分割的敬重,确切地称做一种人格性的禀赋,它就是人格性本身（完全在理知的意义上看,它就是人性的理念）。但是,我们把这种敬重作为动机纳入自己的准则,其主观根据显得就是人格性的一种附加物,因而理应被称做一种为了人格性的禀赋。"〔德〕康德:《纯然理性界限内的宗教》,李秋零译,载《康德著作全集》第6卷,中国人民大学出版社2007年版,S. 26—28,第25—27页。

② "人们不免奇怪,有些原本敏锐的人竟然能够相信:只要分清那与快乐联结的表象是发源于感觉,抑或发源于知性,便可以找到低级欲求能力和高级欲求能力之间的区别。因为当我们追问欲求的决定根据,而把它置于对任何一种事物所期待的愉悦里面时,那么问题就非关令人愉快的对象的表象源自何处,而只是它使人如何愉快了。一个表象纵然居于并且发源于知性,但是它只有通过设定主体中的快乐情感才能决定意愿,那么这个表象之所以是意愿的决定根据,就完全取决于内感觉的性质,也就是取决于后者能被它刺激起愉快来这一点。各种对象的表象无论如何不同,无论是知性表象,甚至是与感觉表象相对立的理性表象,它们所借以从根本上成为意志的决定根据的那种快乐情感皆为同一种类,这不仅在于它时时只能在经验中被认识,而且也在于它所刺激的是欲求能力中表现出来的同一个生命力,并且在这样一种关系中,它与其他决定根据无非只能有程度上的差异而已。否则,人们如何能够比较两个依其表象方式完全不同的决定根据的大小,以便优先选择那最能刺激欲求能力的决定根据呢?……如果意志的决定依赖于他出于随便什么原因而期待的愉悦或不愉悦,那么他是通过何种表象方式受到刺激的,对他来说都完全是一样的……那么他就不问那些表象是知性表象还是感 （转下页）

们称为敬重的这种［道德］感受的［感性］条件"，①在此双重感性（"易感性"和"本能"）意向形式能力的先验条件下，任意才可能因理性的"激发"而非感性的"刺激"②而导致了敬重情感即道德情感的反思性意向即对道德法则的意识这一道德实践的主观动力。但是，尽管道德情感以有限理性主体的"易感性"先验感性形式能力为主观动力条件，但却始终是以任意被强制规定的道德法则的纯粹实践理性普遍逻辑形式为客观动力条件。在《实践理性批判》"纯粹实践理性的动力［Triebfeder/incentive］"这一章，康德反复强调"道德法则［作为客观］的动力"。③

（接上页）性表象，而只问在最长的时间内它能够为他带来多少和多大的愉快。"［德］康德：《实践理性批判》，韩水法译，商务印书馆1999年版，S.23，第21—22页。"在主体之中并非先行就有或与道德性相称的情感。这是不可能的，因为一切情感都是感性的。但德性意向的动力必须是超脱一切性条件的。"同上引书，S.75，第82页。"每一种情感本身，乃是本能的。"同上引书，S.75，第81页。"主观的（本能的）。"同上引书，S.79，第86页。"在此处感性完全不是被看作直观能力，而被单纯看作情感（它能够是欲求的主观根据），而有鉴于此纯粹实践理性不许可进一层的划分。"同上引书，S.90，第98页。"敬重，而非愉悦或享受幸福才是这样一种东西，对于它不可能存在一种构成理性的基础并且先于理性的情感（因为这总是感性的和本能的）。"同上引书，S.117，第129页。"无论情感由什么所激发，它都始终是自然的。"［德］康德：《道德形而上学》，张荣、李秋零译，载《康德著作全集》第6卷，中国人民大学出版社2007年版，S.377，第389页。

① "那构成我们一切禀好基础的感性情感虽然是我们称为敬重的这种感受的条件。"［德］康德：《实践理性批判》，韩水法译，商务印书馆1999年版，S.75，第82页。"敬重是施于理性存在者的情感之上的作用，从而是施于理性存在者的感性之上的作用，它以道德法则让其承担敬重的这种存在者的感性，从而以这种存在者的有限性为前提。"同上引书，S.76，第82页。"人的这样一种情感，这种情感虽然并非独自就已经是道德的，但毕竟至少为此准备了感性的那种对道德性有很多促进作用的情调。"［德］康德：《道德形而上学》，张荣、李秋零译，载《康德著作全集》第6卷，中国人民大学出版社2007年版，S.443，第453页。

② "受禀好刺激的理性主体。"［德］康德：《实践理性批判》，韩水法译，商务印书馆1999年版，S.75，第81页。"受到感性刺激的意志。"同上引书，S.76，第82页。

③ "一种并无经验渊源而被先天地认识的肯定的情感的根据。"［德］康德：《实践理性批判》，韩水法译，商务印书馆1999年版，S.73，第80页。"对道德法则的敬重是一种情感，它产生于理智的根据。"同上引书，S.73，第80页。"理智原因。"同上引书，S.75，第81页；S.79，第85页。"这种情感的决定原因存在于纯粹实践理性之中。"同上引书，S.75，第82页。"道德名义之下的……情感仅仅是由理性导致的。"同上引书，S.76，第82页。"情感……是不能够与任何本能情感相比较的……它看来只听命于理性，并且只听命于纯粹实践理性。"同上引书，S.76，第83页。"单纯理智的理念对于情感的这种影响。"同上引书，S.80，第86页。"情感……通过一个先行的（客观的）意志决定和理性的因果性而可能的。"同上引书，S.80，第87页。"在每一个有限的理性存在者那里，这样一种情感是与道德法则的表象不可分割地联结在一起的。倘若这种敬重情感是本能的，从而是一种以内感觉为基础的快乐情感，那么想要发现它与任何先天理念的联结，就会是徒劳无功的。但现在它是这样一种情感，单纯关涉实践的东西，并且仅仅依照法则的形式而非由于法则的客体才与法则的表象相联系。"同上引书，S.80，第87页。

为了道德法则的缘故，以及为了求得道德法则对于意志的影响，人们不得寻求其他任何会抛却道德法则的［感性］动力。①

我们必须先天地指明的，不是道德法则何以在自身给出了一个［主观］动力，而是它［本身］作为一个［客观］动力，在［人的］心灵上产生了（更恰当地说，必须产生）什么作用。②

唯一的途径就是谨慎地决定，在什么方式之下，道德法则成为［客观］动力，以及因为［客观］动力是［道德］法则。③

对于法则的敬重不是趋于德性的［客观］动力，而是在主观上被［任意］视作［客观］动力的德性本身。④

纯粹实践法则作为［客观］动力的力量。⑤

禁止将合乎职责的行为的主观决定根据，亦即这种行为的［客观］道德动力置于别处，而不是置于法则本身之中。⑥

纯粹实践理性的真正［客观］动力就具有这样的性质；它无非就是纯粹道德法则自身。⑦

这样，在价值上自我"自在地肯定"⑧的道德法则的纯粹理性强制规定有限理性存在者的任意的"影响""作用"就首先是否定性的，即纯粹实践理性普遍立法的自由意志（纯粹理性）对一般实践理性任意选择的自由意志（受感性影响但不被其规定的任意）⑨的否定⑩——这种否定性产生的情感首先不是敬重而是痛苦，因而完全不同于起源于感

---

① ［德］康德：《实践理性批判》，韩水法译，商务印书馆1999年版，S. 72，第78页。
② ［德］康德：《实践理性批判》，韩水法译，商务印书馆1999年版，S. 72，第78—79页。
③ ［德］康德：《实践理性批判》，韩水法译，商务印书馆1999年版，S. 72，第78页。
④ ［德］康德：《实践理性批判》，韩水法译，商务印书馆1999年版，S. 76，第82页。
⑤ ［德］康德：《实践理性批判》，韩水法译，商务印书馆1999年版，S. 78—79，第85页。
⑥ ［德］康德：《实践理性批判》，韩水法译，商务印书馆1999年版，S. 86，第93页。
⑦ ［德］康德：《实践理性批判》，韩水法译，商务印书馆1999年版，S. 88，第96页。
⑧ "法则仍然是某种自在地肯定的东西。"［德］康德：《实践理性批判》，韩水法译，商务印书馆1999年版，S. 73，第80页。
⑨ "从这些情感中、但却通过理性的合作而产生出各种准则来……"［德］康德：《道德形而上学奠基》，杨云飞译，邓晓芒校，人民出版社2013年版，S. 427，第60—61页。
⑩ "在我们的自我意识中贬损我们。"［德］康德：《实践理性批判》，韩水法译，商务印书馆1999年版，S. 74，第81页。"对主体的感性施加了影响。"同上引书，S. 75—76，第82页。

第三章 神话学革命的理论概念—实践理念转折点 343

性本能的快乐、幸福情感,① 也不同于起源于理性理智的愉悦、幸福情感②——但是,纯粹理性的道德法则(普遍逻辑形式)从客观上对任意

---

① "不能够与任何本能的情感相比较。"[德]康德:《实践理性批判》,韩水法译,商务印书馆1999年版,S.76,第83页。

② "道德的至上原理及其基本概念是先天的知识,但它们却不隶属于先验—哲学,因为它们虽然不把愉快和不愉快、欲望和爱好等等这些全都有经验性起源的概念作为其道德规范的基础,但毕竟在义务概念里不得不把它们作为应当被克服的障碍,或是作为不应被当作活动根据的刺激作用,而必然一起纳入到对纯粹德性体系的构思中来。因此先验—哲学是一种仅仅思辨性的纯粹理性的人生智慧。因为一切实践的东西,就其包含动机而言,都与属于经验性知识来源的情感相关。"[德]康德:《纯粹理性批判》,邓晓芒译,人民出版社2004年版,A14—15/B28—29,第21页。"一切实践的概念都是指向合意或讨厌、也就是愉快和不愉快的对象的,因而至少是间接地指向我们的情感的对象。但由于情感不是对物的表象能力,而是处于全部认识能力之外的,所以我们判断的要素只要与愉快或不愉快相关、因而作为实践的判断要素,就不属于先验哲学的范围,后者只与纯粹的先天知识相关。"同上引书,A801/B829"注释①",第609页。"在1797年《道德形而上学》中康德将智性愉悦定义为一种由欲求能力的规定而引起的实践愉悦。"周黄正蜜:《康德共通感理论研究》,商务印书馆2018年版,第82页。"康德将道德感归属于另一个看似矛盾的概念之下——智性的情感(智性的愉悦)。"同上引书,第80页。"康德将智性愉悦的概念作为智性和感性的一种组合,虽然这种组合在他的哲学框架中却显得矛盾……显然,由于涉及经验中个体的情感,智性的愉悦不可能属于先验哲学的一部分,即它并不能用以解释认知、道德和审美何以先天可能的问题,但却可以解释作为理性—感性存在者的人如何可能感知和接受先天的知性和理性原则,并在这种接受中不断地实践这些智性活动的。"同上引书,第82页。拜尔勒认为:智性愉悦"是关于'知性的单纯的、纯粹的客体',但这种客体作为一种本体却是我们所无法认识的,客观的智性愉悦'只能(直接地)存在于就其客体而言的知性和理性的因果性。理性的因果性考虑到其诸表象的对象是自由。因此纯粹智性愉悦只存在于理性法则协和一致的自由运用中。'"同上引书,第81页。"根据道德感的产生可将其分为两种类型:1. 出于对道德法则和人格的尊重而产生的敬重,并作为道德行为的动力起作用;2. 对于自己和他人行为的道德性的意识——即行为是否遵守道德法则——而产生的情感。根据情感与实践行为的关系,李明辉将这两种情况区分为'被表象行为的前效果'和'已完成行为的后效果'。"同上引书,第66页。即"沉浸于道德情感的方式"([德]康德:《道德形而上学》,张荣、李秋零译,载《康德著作全集》第6卷,中国人民大学出版社2007年版,S.453,第464页)可以区分为(1)对法则的敬重;(2)对敬重的满意。关于后者:"一旦人类的意志因自由之故能够直接由道德法则决定时,我根本不否认,比照这个决定根据的经常练习最终可以在主观上造成一种对自己满足的情感;相反,建立和培养这个从根本上唯一名实相符的道德情感,甚至属于职责……"[德]康德:《实践理性批判》,韩水法译,商务印书馆1999年版,S.38,第41—42页。"当灵魂看见神圣的法则超越自己及其有缺陷的本性之上时,就相信自己亦同样程度地上升。"同上引书,S.77—78,第84页。"就纯粹实践理性而言单单称作自赞。"同上引书,S.81,第88页。"事实上,品行端正的人如非首先意识到自己的品行端正,他就不可能发觉自己是幸福的……而他的境况原本是可以包括这种愉悦的。"同上引书,S.116,第127页。"这种快乐,这种自得的惬意,不是行为的决定根据,而单单直接通过理性的意志决定才是快乐情感的根据,并且这一向是欲求能力的一种纯粹实践的决定。"同上引书,S.116,第128页。"消极的惬意……不依赖任何特殊情感的和不可更动的满足的唯一来源,并且这种满足能够称作理智的满足。"同上引书,(转下页)

（接上页）S. 117，第129页。"对自己状况的否定的惬意，亦即满足，而它在源头上就是对自己人格的满足。自由本身因这样一种方式（也就是间接地）就能成为一种享受……与人们仅能够归于至上存在者的自满自足相类似。"同上引书，S. 118，第130页。"对他们人格的价值的满足。"同上引书，S. 127，139页。"让自己沉醉于这样一类愉快。"同上引书，S. 152，第166页。"人类的本性能够达到如此高度的升华。"同上引书，S. 158，第173页。"理性与其先天地依照原则规定所应当发生的东西的能力，在事物的这样一种秩序里感到满意。"同上引书，S. 160，第175页。"心灵也被造得易于接受来自其他源泉的满足的感受……一个内在的、甚至人们原本从未正确认识的能力，内在自由，向他们揭示了出来的时候，内心得以轻松起来。"同上引书，S. 160—161，第176页。"人们可以把与欲求（对其表象如此刺激人的那种对象的欲求）必然相结合的那种愉快称为实践的愉快：不论它是欲求的原因还是结果……如果愉快只能就欲求能力的先行规定而起，那么，它将必须被称为理智的愉快，对象上的兴趣就必须被称为一种理性兴趣……在必须仅仅假定一种纯粹的理性兴趣的地方，我们不能把偏好的兴趣强加给它，但是，为了方便语言的应用，我们却可以承认对只能是一种理智愉快之客体的东西的偏好有一种源于理性兴趣的习惯性欲求，在这种情况下，偏好就不会是这后一种兴趣的原因，而是它的结果了，而且我们可以把它称为不受感官约束的偏好（理智的偏好）。"［德］康德：《道德形而上学》，张荣、李秋零译，载《康德著作全集》第6卷，中国人民大学出版社2007年版，S. 212—213，第219—220页。"某种不依据经验性原因的道德上的幸福，而这是一个自相矛盾的荒唐说法。——因为能思维的人每当战胜了恶习的诱惑、意识到自己已经履行了自己那常常艰巨的义务之后，就处于一种灵魂的宁静与满足状态，人们完全可以把这种状态称为幸福，在其中德性就是他自己的报酬。——于是，幸福论者就说，这种极乐、这种幸福就是他为什么要合乎德性地行动的真正动因，不是义务概念直接规定着他的意志，而是仅仅借助预期的幸福，他才被推动去履行自己的义务。——但现在很明显，既然他只能指望从已经履行自己的义务这种意识获得德行的报酬，因此，这种意识就必须先行发生；也就是说，在他想到幸福将是遵循义务的后果之前，而且在他没有想到这一点的时候，他就必须认为自己有责任履行自己的义务。他在自己的原因论中陷入了循环论证。也就是说，只有当他意识到自己遵循义务时，他才能希望是幸福的（或者内心有福的），但是只有他预见到通过遵循义务他将使自己幸福时，他才能被打动去遵循自己的义务。——但是，这在这种玄思中也是一个矛盾。因为一方面，他应当遵循自己的义务，而不先问一下，这对他的幸福将有什么作用，因而是出自一个道德上的根据；但另一方面，他毕竟只是在他可以指望这将给他带来的幸福时，才能为了他的义务而承认某种东西，因而是依据病理学的原则，而这恰恰是前者的反面。……为了使人依照法则行动而必须走在对法则的遵循之前的愉快是病理学的，而且行事方式遵从的是自然秩序；但是，为了被感觉到而法则必须走在其前面的愉快则处于道德秩序中。——如果不注意这一区别，如果幸福（幸福原则）取代自由（内在立法的自由原则）被确立为原理，其后果便是一切道德的安乐死（平和的死亡）。"［德］康德：《道德形而上学》，张荣、李秋零译，载《康德著作全集》第6卷，中国人民大学出版社2007年版，S. 377—378，第389—390页。"对自己的人格及其特有的道德行为的满足，因而是对他的所作所为的满足。"同上引书，S. 387，第400页。"在仅仅意识到在自己的正直时感到自己幸福。"同上引书，S. 388，第401页。"就广义的责任而言出现了其伦理回报的主观原理（确切地说是为了使这些义务尽可能接近一种狭义的责任的概念），亦即按照德性法则对它们的易感性的主观原则，也就是一种道德上的愉快的原则，这种愉快超出了纯然的对自己的满意（这只能是否定性的），而且人们赞美它们：说德性在这种意识中就是它自己的酬报。如果这种功德是人对他人的功德，即促成他人的自然的、被所有人承认的目的（使他人的幸福成为自己的幸福），那么，人们就可以把这称为（转下页）

第三章 神话学革命的理论概念—实践理念转折点

的否定作用却"激发"了任意在主观上产生了情感（意向形式）的反作用，即因任意被否定而引发的痛苦情感却反过来导致了道德法则在价值上被肯定为敬重的情感对象——这样一种矛盾的情感让康德也曾经疑惑："它是这样一个情感……既不能够算作愉快也不能够算作痛苦"[①]——但就是任意的这种建立在痛苦情感上对道德法则在价值上的敬重情感，成为任意在道德实践中的主观决定根据和主观动力。[②]

尽管敬重是一种情感，但它却不是通过受［感性本能］影响而接受的情感，而是通过一个理性概念［并通过"人格性禀赋"的"易感性"先验感性意向形式而］自己造成的［道德］情感，并由此与所有前一类情感，即可以归于爱好或恐惧的情感，具有特殊的区别。凡是我直接认做是我的法则的东西，我这样看都是怀着敬重的，这种敬重仅仅是指那种不借助于其他对我感官的影响而使我的［任意］意志服从于一条法则的意识。通过法则而对意志的直接规定以及对这种规定［而"导致""唤起"］的意识就叫做敬重，以至于敬重被看做是法则［否定性地］作用于主体［那受感性影响的任意］的结果，而不是法则的原因。敬重本来就是对一种有损于我的自爱的价值的表象。所以敬重乃是这样一种东西，既不被看做是爱好的对象，也不被看做是恐惧的对象，虽然它与这两者都同时有某种类似之处。所以敬重的对象只是法则，而这法则又是我们自己加于自身，但毕竟是作为本身必然地加于自身的。作为法则，我们无须征求自爱的意见而服从于它；作为由我们自己加于自身的东

（接上页）甜美的功德，对它的意识带来一种道德上的享受，人们愿意通过同喜同乐而沉浸在这种享受中；然而，苦涩的功德，亦即对于他人的真正福祉来说，即便他人没有认出它就是福祉，毕竟也（在无法辨认的、吃力不讨好的事情上）促成它，却通常没有这样一种反作用，而是只会造成对自己的满意，虽然在后一种情况下这种功德还会更大些。"同上引书，S. 391，第 404 页。"德性就是它自己的目的，就它为人作出的功德而言，它也是它自己的酬报……德性本身作为它自己的目的，其价值远远胜过一切用处和一切经验性的目的，以及它本来可能作为自己的后果带来的好处。"同上引书，S. 396—397，第 409—410 页。"尽管德性（就其与人的关系，不是与法则的关系而言）有时也可以叫做有功德的，而且值得称赞，但它毕竟必须独自就像它是自己的目的一样，也被看作自己的酬报。"同上引书，S. 406，第 418 页。

① ［德］康德：《实践理性批判》，韩水法译，商务印书馆 1999 年版，S. 80，第 87 页。
② "情感的主观作用。"［德］康德：《实践理性批判》，韩水法译，商务印书馆 1999 年版，S. 81，第 87 页。"法则在主观上产生的关切。"同上引书，S. 81，第 88 页。

西，它［即敬重］却是我们意志的后果，并且在第一种情况下它类似于恐惧，在第二种情况下类似于爱好……一切道德上所谓［出于理性情感］的关切只在于对法则的敬重①……既不是恐惧，也不是爱好，而是唯有对法则的敬重，才是能够给予行动某种道德价值的那种动机。②

作为［意志的客观］动力的道德法则［对任意］的作用仅仅是否定的，并且这个［客观］动力本身是能够被先天地认识的。因为一切禀好和每一种感觉冲动都建立在情感之上的，所以（通过禀好所遭遇的瓦解）施于情感的否定作用本身［产生的也］是情感。从而我们能够先天地洞见到：作为意志［的客观］决定根据的道德法则，由于抑制［即否定］了我们的一切［任意的］禀好，必定导致一种情感，这种情感可以名之为痛苦［''由道德意向引起的痛苦感受''③］，并且在这里我们有了第一个，也许唯一的情形，在这种情形下，我们能够从概念出发先天地规定认识（这里便是纯粹实践理性的认识）与快乐或不快的关系。④

但是，因为这种法则仍然是某种自在地肯定［其自我价值］的东西，也就是说，是理智的因果性的形式，亦即自由的形式，所以它［道德法则］同时就是敬重的对象，因为它针对主观［上受感性影响的任意］的对抗，亦即我们之中［任意］的禀好［以］削弱自负，并且因为它甚至平负自负，亦即贬损自负，它［道德法则］就是最大敬重的对象，⑤ 从而也就是一种并无经验渊源而被先天地认识的［被］肯定的情感的根据［和敬重的对象］。于是，对于道德法则的敬重是一种情感，它产生于理智的根据，并且这种

---

① ［德］康德：《道德形而上学奠基》，杨云飞译，邓晓芒校，人民出版社 2013 年版，S. 401 "注释①"，第 23—24 页。
② ［德］康德：《道德形而上学奠基》，杨云飞译，邓晓芒校，人民出版社 2013 年版，S. 440，第 79 页。
③ ［德］康德：《实践理性批判》，韩水法译，商务印书馆 1999 年版，S. 98，第 107 页。
④ ［德］康德：《实践理性批判》，韩水法译，商务印书馆 1999 年版，S. 72—73，第 79 页。
⑤ "法则是敬重的对象。"［德］康德：《纯然理性界限内的宗教》，李秋零译，载《康德著作全集》第 6 卷，中国人民大学出版社 2007 年版，S. 6 "注释①"，第 7 页。"义务成为极大的敬重的对象"，S. 6 "注释①"，第 8 页。

第三章 神话学革命的理论概念—实践理念转折点

［敬重］情感是我们完全先天地认识的唯一情感，而其必然性我们也能够［先验地］洞见到。①

某种东西的表象，作为我们意志的决定根据，在我们的自我意识中贬损我们［的受感性影响的任意］，那么这种东西在其是［被］肯定的和［道德法则作为客观］决定根据的范围之内，自为地唤起［任意的情感］对它的敬重。于是，道德法则也在主观上是［任意］敬重［对象］的根据。②

道德法则……能够对情感产生作用；这种作用一方面仅仅是否定的，另一方面，更确切地说相对于纯粹实践理性的受限制的［、即"人们不得寻求其他任何会抛却道德法则的动力"而是"将对人本身的尊重限制在遵守其纯粹法则的条件之上"的］根据，是肯定的；对于后者，就无需以实践情感或道德情感的名义设定任何一种先行于道德法则并构成其基础［即起源于感性本能］的特殊情感。③

这种对于情感的否定作用（不悦），犹如对于情感的所有影响亦即每一种情感本身，乃是本能的。但是，作为道德法则意识的［主观动力］作用，从而［受禀好刺激的理性主体］在与一个理智原因，亦即无上立法者的纯粹实践理性主体的关联之中，这个受禀好刺激的理性主体的情感虽然［被］称为贬损（理智的蔑视），但是在与贬损的肯定根据即法则的关联之中，这个情感同时就是对法则的敬重。对于这条法则而言，并无［感性本能的］情感发生，但是因为这条法则排除了［任意的］抵抗，所以依据理性的判断，清除障碍也就等同于对［道德法则作为客观动力的］因果性的一种肯定促进。因此，这种情感现在也可能称为对道德法则的敬重情感；而出于这两个［痛苦与敬重的］理由，它也可以称为道德情感。④

道德法则，一如它通过纯粹实践理性乃是行为的［准则］形式

---

① ［德］康德：《实践理性批判》，韩水法译，商务印书馆1999年版，S.73，第80页。
② ［德］康德：《实践理性批判》，韩水法译，商务印书馆1999年版，S.74，第81页。
③ ［德］康德：《实践理性批判》，韩水法译，商务印书馆1999年版，S.74—75，第81页。
④ ［德］康德：《实践理性批判》，韩水法译，商务印书馆1999年版，S.75，第81页。

决定根据,一如它乃是善恶名义下行为对象的虽系质料却纯客观的决定根据,因而［在对法则的敬重情感之中］也就是这种行为的主观决定根据,即［意志的主观］动力;因为它对主体的感性施加了［否定的］影响,产生了一种促进法则去影响意志的［肯定性］情感。这里在主体之中并非先行就有或与道德性相称的情感。这是不可能的,因为一切情感都是感性的。但是［道德法则］德性意向的［客观］动力必须是超脱一切感性条件的。相反,那构成我们一切禀好基础的感性情感虽然是我们称为敬重的这种［道德］感受的［感性］条件,但这种［道德］情感的决定原因存在于纯粹实践理性之中,并且就其源泉而论这种感受不是［感性的、］本能的,而必定意味着是出于实践的［否定］作用的。这是因为道德法则的表象褫夺了自爱的影响,褫夺了自负的幻想,减少了纯粹实践理性的障碍,而其客观法则优先于感性冲动［而被肯定价值］的表象就产生了出来,从而依据理性的判断通过摒弃配重,客观法则的重要［肯定］性相对地(就受到感性刺激的意志而言)实现了。这样,对于法则的敬重就不是［自身就］趋于德性的［感性本能的主观］动力,而是在主观上被视为［客观］动力的德性本身［的作用结果］,因为纯粹实践理性通过排除与其相对的自爱的一切要求,使现在唯一具有［否定］影响的法则获得了［肯定的］威望。①

这种(道德名义之下的)［敬重而非愉悦的］情感仅仅是由理性导致的。它并不用来判断行为,更不充任客观德性法则本身的［感性本能］基础,而只是充任使这个法则本身成为准则的［客观］动力。但是,人们能够以什么名称比较恰当地授予这个特殊的情感,而它是不能够与任何［感性］本能情感相比较的?它是这样一种独特的情感,它看来只听命于理性,并且只听命于纯粹实践理性。②

敬重远非一种快乐的情感,因而相对于某一个人时我们仅仅不

---

① ［德］康德:《实践理性批判》,韩水法译,商务印书馆 1999 年版,S. 75—76,第 82 页。

② ［德］康德:《实践理性批判》,韩水法译,商务印书馆 1999 年版,S. 76,第 82—83 页。

第三章　神话学革命的理论概念—实践理念转折点

情愿地让位给它。①

对于法则的敬重是唯一而同时无可置疑的［主观］道德动力，并且这种情感除了仅仅出于这个［道德法则的肯定］根据的客体［即敬重对象］之外就不指向任何客体。在理性的判断之中，道德法则首先客观地和直接地决定意志；而自由，其因果性只能是由法则决定的，恰恰就在于如下一点：［道德法则］将一切禀好，从而将对人本身的尊重限制在遵守其纯粹法则的条件之上。现在这种限制在情感上发生了一种［否定］作用，产生了不快的感受，这是能够依据道德法则先天地认识到的。但是，因为这种限制到此为止单单是否定的作用，由于发源于纯粹实践理性的［否定］影响，它首先在禀好乃是主体的决定根据的范围内抑制了主体的［感性本能］活动，从而抑制了有关主体个人价值的意见（这种价值若与道德法则不相契合就变得一无足取），于是，这个法则对于情感的作用就单单是贬损，后者我们虽然能够先天地洞察，但是于此我们不能［通过经验］认识纯粹实践法则作为［客观］动力的力量［的否定性现象］，而只能认识对于感性动力的抗拒［现象］。不过，因为这同一个法则客观上，亦即在纯粹理性的表象里，确是意志的一个直接的决定根据，因而这种贬损仅仅相对于法则的纯洁性才发生，于是，在感性方面道德自尊的降低即贬损，就是在理智［原因］方面对法则的道德尊重即对法则的实践尊重的提升；一言以蔽之，依据法则的理智原因，对法则的敬重就是一种可以先天地认识的肯定情感。因为每一次减少某个活动的障碍就是促进这个活动本身。但是，承认道德法则便是意识到出于客观根据的实践理性的活动，实践理性之所以不能将其［肯定］作用表达在行为［现象］之中，只是因为主观的（本能的）［“对抗”"抵抗"或"障碍"］原因妨碍了它。因此，对于道德法则的敬重，在这个法则通过贬损自负而弱化禀好障碍性的［否定］影响的范围内，必须被看作是法则对于情感的肯定然而却间接的作用；从而它也必须被看作是活动的主观根据，亦即被看作遵守法则的［主观］动力以及一种适合法则的生活的准则的［主观］根据……在动力是由理性表象出来的范围之

---

① ［德］康德：《实践理性批判》，韩水法译，商务印书馆1999年版，S.77，第84页。

内，[出于理性的情感] 关切意味着意志的一个动力。因为法则本身在一个善良意志里面必定是动力，所以道德的关切是单纯实践理性的一个纯粹非感觉 [起源] 的关切。①

　　一种单纯理智的理念对于情感的这种 [通过否定作用而唤起肯定作用的] 影响是无法为思辨理性所解释的，并且我们也不必感到奇怪我们必须满足于如下一点，即我们所能先天地洞察到的确只限于：在每一个有限的理性存在者那里，这样一种情感是与道德法则的 [纯粹理性] 表象不可分割地联结在一起的。……它是这样一个情感，单纯关涉实践的东西，并且仅仅依照法则的形式而非法则的客体才与法则的表象相联系，从而既不能够算作愉快也不能够算作痛苦，然而产生了对于遵守法则的一种 [出于理性情感的] 关切，这种关切我们称为道德的关切。于是，对法则采取这样一种关切（或者对于道德法则本身的敬重）的能力其实就是道德情感。②

　　对于意志自由地屈服于法则的意识 [即"道德法则意识"]，并且还与一种不可避免的、虽然只是由自己的理性加于一切禀好之上的约束联结在一起，乃是对法则的敬重。这条要求并且也激起了这个敬重的法则，如我们所见，无非是道德的法则（因为没有别的法则排除一切禀好对意志的直接影响）。依照这条 [道德] 法则而排除了一切出于禀好的决定根据的行为是客观地实践的，这种行为称作职责，后者由于这种排除而在其概念里面包含了实践的强制性，亦即包含了对于行为的 [强制] 决定，无论这些行为是如何不情愿地发生的。这个自这种强制性的意识发源的 [敬重] 情感并不像由感觉对象所产生的情感那样是本能的，而仅仅是 [纯粹理性地] 实践的，亦即是通过一个先行的（客观的）意志决定和理性的因果性而可能的。于是，作为对于法则的屈服，以及作为命令（这个命令宣告了对于感性方面受刺激的主体的约束），这个情感不包含任何快乐，反而在这个范围内包含附着于行为的不快。但是另一方面，因为这种约束只是由自己理性的立法施加的，所以它也

---

① [德] 康德：《实践理性批判》，韩水法译，商务印书馆1999年版，S. 78—79，第85—86页。
② [德] 康德：《实践理性批判》，韩水法译，商务印书馆1999年版，S. 80，第86—87页。

第三章 神话学革命的理论概念——实践理念转折点

包含着升华，并且这种对情感的主观作用，就纯粹实践理性是其唯一是原因而论，也能够就纯粹实践理性而言单单称作自赞，因为我们认识到自己只是受法则而非任何其他关切的决定，并且从现在起意识到一个完全不同的、由法则在主观上产生的关切，后者是纯粹实践的和自由的；对合乎职责的行为采取这样一种关切不是禀好所劝告的，而是理性通过实践法则所绝对地命令的和实际地产生的，由此之故，它就拥有了一个完全特殊的名称，即敬重。①

康德特别重视纯粹实践理性普遍立法的自由意志（理性）的道德法则（普遍逻辑形式）作为客观动力（客观决定根据）对受感性本能影响（但不被感性规定）② 的一般实践理性任意选择的自由意志（任意）的理性否定性作用而"唤起"的任意对道德法则的肯定性情感反作用，即对道德法则的敬重情感而导致任意决定其主观准则合于甚至出于客观法则（意向形式）的主观动力（主观决定根据），而主观准则不仅合于客观法则而且甚至出于客观法则，正是所有实践真正的道德性之所在。

我们如何能够裁成实践理性的法则进入人类的心灵，以及裁成它们对于这种心灵的准则的影响，亦即任何能够使客观的实践理性在主观上也成为实践的。……这个[道德实践]无上的原因不仅应当包含自然与理性存在者意志的[客观]法则契合一致的根据，而且也应当包含自然与[对]这个法则的表象[在主观上]契合一致的根据，只要他们[有限理性存在者]将这个法则置为意志的无上决定根据，从而不仅包含自然与道德[法则在客观]形式上的契合一致，而且也与作为他们[的主观]动机的他们德性契合一致的根据，也就是包含着与他们的意向契合一致的根据。③

---

① [德]康德：《实践理性批判》，韩水法译，商务印书馆1999年版，S.80-81，第87—88页。
② "任意由于其概念就已经适合于不受他人的任意甚至以物理的方式来强制，除非把它规定为一个目的。"[德]康德：《道德形而上学》，张荣、李秋零译，载《康德著作全集》第6卷，中国人民大学出版社2007年版，S.381，第394页。
③ [德]康德：《实践理性批判》，韩水法译，商务印书馆1999年版，S.151，第165页；S.125，第137页。

而主观准则合于甚至出于客观法则，即内在于任何表演者的主观观念以及内在于任何表演的主观准则的普遍逻辑形式即道德法则对任意的否定（强制地规定），反过来任意的意向形式肯定（反思地敬重）道德法则的双向逻辑—意向形式，也就是任何实践的责任（或职责、义务）形式，如果实践的责任（或职责、义务）形式就是道德法则对任意的强制，以及任意对道德法则的"行为的［普遍逻辑］形式决定根据"及其"行为对象的虽系质料却纯客观的决定根据"——而不是"仅仅依照法则的［普遍］形式而非由于法则的［经验性］客体才与法则的表象相联系"——的敬重情感，也就是"意志自由地屈服于法则的意识"（简称"道德法则意识"），那么，现在，唯有任意实践的敬重情感意向形式的"实践形式"，① 才能够把准则合于法则的技术性实践，提升为准则出于法则的道德性实践，也正因如此，"行为的一切道德性才被安置在行为出于职责和出于对法则的敬重必然性之中"。

道德实践的客观决定根据—客观先验动力即理性的客观法则（普遍逻辑形式）与道德实践的主观决定根据—主观先验动力即任意的主观准则（意向形式）之间的双向逻辑—意向形式关系就是如此，即理性的道德法则对任意的强制规定与任意对道德法则的理性的反思敬重的"德行，亦即处于斗争之中的道德意向"② 形式即道德实践的责任（或职责、义务）形式的双向逻辑—意向性——这责任并不仅仅以合于普遍有效交流责任的逻辑形式为目的，更是以出于普遍有效交流责任的意向形式为目的——反思敬重的道德情感虽然以先验感性形式特别是"易感性""人格禀赋"的先验感性意向形式能力为条件，但并非起源于以先验感性形式甚至先验"易感性"意向形式为条件的任意即一般实践理性任意选择的自由意志，而是起源于纯粹实践理性普遍立法的自由意志。现在，如果反思敬重的意向形式作为道德实践的责任（或职责、义务）形式，表象了任意"对于［自身］与这个法则符合一致的意向

---

① "单纯的实践形式就在于准则充任普遍立法的适用性。"［德］康德：《实践理性批判》，韩水法译，商务印书馆 1999 年版，S. 74，第 80 页。"道德法则，一如它通过纯粹实践理性乃是行为的形式决定根据。"同上引书，S. 75，第 82 页。"仅仅依照法则的形式而非法则的客体才与法则的表象相联系。"同上引书，S. 80，第 87 页。

② ［德］康德：《实践理性批判》，韩水法译，商务印书馆 1999 年版，S. 84，第 92 页。

[形式]的确信[Gewißheit/certainty]"① 关系——"唯有[敬重的]职责和本分是我们必须赋予我们与道德法则的[符合一致的意向形式的确信]关系的名称"——那么，我们甚至有理由把道德实践的责任（或职责、义务）形式即因反思地确信而敬重的情感意向形式，称之为起源于纯粹实践理性道德法则的任意的信仰情感意向形式，即由道德法则所导致的确信意向和敬重意向的纯粹实践理性情感信仰意向形式。

> 这里不知不觉地在推论中掺杂进了寓于每一个人心中并最内在地感动着他的道德证明根据……因此，实际上只有道德的证明根据才带来确信，而且也只有在每一个人都最内在感到自己的赞同[敬重]的道德考虑中才产生这种确信。……[即]自由的视之[道德法则]为真，并且惟有作为这样一种[自由的]视之为真才能与主体的道德性相一致。②

这样说来，道德责任（或职责、义务）也就是纯粹实践理性情感的信仰，亦即意志（任意）对自身（理性）在情感上的确信。因此，如果说人是理性存在者，那么除非理性通过情感信仰理性自身，人甚至不可能作为、成为理性的道德实践者。这是因为，理性的道德实践建立在理性情感的信仰基础上，没有理性对理性自身在情感上的信仰即理性对理性自身敬重的确信，理性自身在实践上就是不可能的；固然，并不是所有的信仰（对信念的信任）都可以被称为"敬重"。

康德区分了敬重与偏好、畏惧、惊异，甚至区分了敬重与景仰。③

---

① "唯有对与这个法则符合一致的意向的确信，才是一切人格价值的首要条件，一切先于这种确信的非分要求都是错误的违背法则的。"[德]康德：《实践理性批判》，韩水法译，商务印书馆1999年版，S.73，第79页。

② [德]康德：《判断力批判》，李秋零译，载《康德著作全集》第5卷，中国人民大学出版社2007年版，S.477—478，第499—500页；S.469"注释①"，第491页。

③ [德]康德：《实践理性批判》，韩水法译，商务印书馆1999年版，S.76，第83页。人对道德法则的敬重和畏惧是联结在一起的，特别是当道德法则作为神的诫命与神的惩罚联结在一起的时候，对神的畏惧（因"头顶三尺有神灵"而"人在做天在看"）在经验中的确是道德实践的主观动力，尽管畏惧不容许被先验地用作道德实践的客观动力。"每一个人都会把道德法则视为命令，但如果道德法则不是先天地把相应的后果与它们的规则连结起来，（转下页）

（接上页）因而具有预兆作用和威胁作用的话，道德法则就不会是命令。但道德法则如果不是包含在一个必然存在者里，即包含在那个惟一能使这样一个合目的性的统一成为可能的至善中的话，则道德法则也不会具有那种作用。"［德］康德：《纯粹理性批判》，邓晓芒译，人民出版社2004年版，A811—812/B839—840，第616页。"'预兆'也可以改成'承诺'或者是'许诺'……这就更明确一些。"邓晓芒：《康德〈纯粹理性批判〉句读》（下），人民出版社2010年版，第1235页。"在这里惟一感到可疑的一点是：这种理性信念建立在道德意向的前提之上。如果我们放弃这一点，而假定有一个在道德法则方面完全无所谓的人，那么理性所提出的这一问题就成为一个仅仅思辨的课题，这样一来，它虽然还能够以出自类比的有力根据来支持，但却达不到最顽固的怀疑癖也不得不向其屈服的那样一些根据的支持。但在这个问题上没有人是摆脱一切兴趣［利害］的。因为，尽管他可能由于缺乏善良的意向而与道德兴趣隔绝了，但即使在这种情况下也仍然足够使他畏惧上帝的存有和来世了。因为要做到这点并不要求别的，只要他起码不能借口没有确定性，既没有见到这样一个存在者也没有见到来生的可能，就行了，因为这必须通过单纯的理性，因而无可置疑地得到证明，所以他为此将不得不阐明这两者的不可能性，而这肯定是没有任何有理性的人能够接受的。这将是一种消极的信念，它虽然不能产生道德和善良意向，但毕竟可以产生它们的类似物，就是说，能够有力地遏制恶劣意向的发作。"［德］康德：《纯粹理性批判》，邓晓芒译，人民出版社2004年版，A829—830/B857—858，第627—628页。"仿佛我们某一天能够做到这一点：我们无需对法则的敬重，因为后者是与畏惧或至少与犯规的担心联结在一起的。"［德］康德：《实践理性批判》，韩水法译，商务印书馆1999年版，S.81—82，第88—89页。"出于敬重法则的合乎法则的意向，从而是关于犯规的持续倾向的意识。"同上引书，S.128，第140页。"畏惧或希望作为动力不容许被立为基础，它们如果成为原则，就会摧毁行为的整个道德价值。"同上引书，S.129，第142页。"心灵的道德力量就会逐渐养成，上帝和永恒就会以令人生畏的威严……持续不断地立在我们眼前。犯规之事应当予以避免，受命之事要予以施行；但是，因为行为应当所由从出的意向是不能由命令灌注进去的，否则这里对活动的鞭策当下就是在手头的外在的，这样，理性首先就无需自行努力，以通过法则尊严的生动表象积蓄力量来抵抗禀好，在这种情况下，大多数合乎法则的行为就会因畏惧而发生，仅有少数合乎法则的行为会因希望而发生，而根本没有合乎法则的行为会因职责而发生；可是，在至上智慧眼中唯一维系个人价值乃至世界价值的行为的道德价值，就根本不会实存了。"同上引书，S.147，第160—161页。"我们心中的道德法则确实没有预许我们某种东西或以之威胁我们，而要求我们无私的敬重。"同上引书，S.147，第161页。"我们确实不能否认，为了把一个未受过教育的或粗野的心灵带到道德-善的轨道上来，需要一些预备性的指导，或以他个人的利益诱导他，或以损失来威吓他；一当这些机械工作，这种襁褓产生了某种效果之后，纯粹道德的动机就必须为其导入心灵。"同上引书，S.152，第166页。"这样一个人，即使他后来能够确信他起初怀疑的东西，也因那种思维方式而依然是一个一钱不值的人；尽管他就结果而言如历来所要求的那样一丝不苟地履行义务，但却是出自惧怕，或者是出自追求报酬的意图。"［德］康德：《判断力批判》，李秋零译，载《康德著作全集》第5卷，中国人民大学出版社2007年版，S.452，第471页。"如果是对道德法则的敬重完全自由地按照我们自己的理性的规范向我们显示我们的规定的终极目的，我们就以完全有别于病理学的恐惧的真诚敬畏，把一种与这终极目的及其实现协调一致的原因一起接纳入我们的道德景仰，并自愿地服从于它。"同上引书，S.481—482，第504页。"人对天生是自己的审判者的自己的义务……每个人都有良知，发现自己由于一个内在的审判者而受到监视、威胁，并且一般而言受到尊重（和畏惧在一起的敬重）。"［德］康德：《道德形而上学》，张荣、李秋零译，载《康德著作全集》第6卷，中国人民大学出版社2007年版，S.437—438，第448页。"如果他的意志不是旨在其臣民的福祉，那么，他也就不能使自己的臣民承担顺从他的义务。"［德］康德：《论神义论中一切哲学尝试的失败》，李秋零译，载《康德著作全集》第8卷，中国人民大学出版社2010年版，S.257"注释①"，第261页。

第三章 神话学革命的理论概念—实践理念转折点

出于感性本能的偏好、畏惧、惊异和景仰，也可以导致信仰，但都无法与出于理性且以"易感性"禀赋为先验条件（当然也以感性本能为先验条件）的情感而导致的信仰即理性情感信仰相比肩——"道德理念……从主观上来看，它叫做虔诚"①——这是因为，任何出于感性的信仰都仅仅是在主观观念上相对地（最多是对共同体在主观上比较普遍地）有效的"置信"（Überredung）的信念或信仰（例如出于个人主观信仰心理意向形式），而唯有出于理性的敬重情感的信仰才是在主观间客观（严格普遍）理念上地有效"确信"（Überzeugung）②的信念或信仰，进而构成了任何主观有效性"置信"信仰的客观有效性"确信"信仰前提、基础或无条件条件；尽管实践理性"主观［间客观］上的充分性""确信"信仰并不能用理论理性"客观上的充分性""确定性"（Gewißheit）认识来衡量。③

> 原理必须树立在［纯粹理性］概念之上，在一切其他［情感］基础上面只有心血来潮［的偶然或或然现实性］，后者不能为个人裁成道德价值，甚至不能裁成对自己的［纯粹实践理性普遍立法自由意志的］信任（Zuversicht/confidence）［甚至"信仰"］，而若无这种信任［甚至"信仰"］，他的道德意向和这样一种［道德］品格的［理性情感的信任或信仰］意识，人类之中的至善，就完全不能够发生。这些概念如果要成为在主观上实践的，它们就不应当［仅仅］保持为德性的客观法则，以便在与一般人类的关联中让人景仰［按照康德自己的说法，此处应该说"敬重"——笔者补注］，让人高度尊重，相反必须在与人及其个体的联系中观察它们

---

① ［德］康德：《纯然理性界限内的宗教》，李秋零译，载《康德著作全集》第6卷，中国人民大学出版社2007年版，S. 197，第203页。

② "视其为真是我们知性中的一桩事情，它可以是建立在客观的根据上，但也要求在此作判断的人内在中有主观原因。如果这件事对每个人，只要他具有理性，都是有效的，那么它的根据就是客观上充分的，而这时视其为真就叫作确信［Überzeugung］。如果它只是在主观的特殊性状中有其根据，那么它就称之为置信［Überredung］。"［德］康德：《纯粹理性批判》，邓晓芒译，人民出版社2004年版，A820/B848，第621页。

③ "主观上的充分性叫作确信［Überzeugung］（对我自己而言），客观上的充分性叫作确定性［Gewißheit］（对于任何人而言）。"［德］康德：《纯粹理性批判》，邓晓芒译，人民出版社2004年版，A822/B850，第623页。

的［主观］表象；因为在这里那条法则虽然出现在配当无上敬重的［客观性普遍逻辑］形式中，却并非出现在那么令人喜欢的［主观性意向］形式里：仿佛它属于他已经自然而然地习惯了的因素，相反，它迫使他抛弃这些［习惯］因素，自我克制，献身于更高的［、更普遍的道德］因素，在这种情况下他只有以勤勉、以对退步的不断忧虑才能维持自己。一言以蔽之，道德法则要求对它的遵守出于职责而非出于偏爱，后者［即偏爱］是人们完全不能够［也完全］不应当预先设定的。①

这样，由于建立在主观间客观性的严格普遍有效性基础上的纯粹实践理性普遍立法的自由意志的信仰情感意向形式即道德责任（或职责、义务）意向形式，不同于建立在个体或共同体主观有效性基础上的非理性信仰心理（马林诺夫斯基"原始心理"）意向形式，甚至不同于建立在共同体主观间比较普遍有效性基础上的一般实践理性任意选择的自由意志的信仰情感（顾颉刚"古史传说"；阿默思"本族体裁"）意向形式，后两者最终只是偶然或或然地现实的，而前者才是先验地必然可能的。这样，根据康德关于"道德责任＝理性强制＋敬重情感的理性信仰"的道德实践的普遍逻辑形式＋意向形式的双向形式结构理论，我们就能够把任何表演的主观条件的偶然或或然现实性，奠定在表演的客观条件即内在于表演的主观准则的普遍逻辑形式即客观法则（道德法则）以及内在于表演者的主观观念的客观理念的意向形式的必然可能性基础上。这是因为，唯有后者——这是我们唯一能够先验地认识即"预先设定"的人自身的理性情感信仰的先验意向形式（包括先验意向对象）能力——才是理性存在者能够作为理性存在者的先验条件，而理性存在者所有其他的经验性（偏好、畏惧、惊异、景仰）意向形式能力，都在此基础上才可能是属于人的意向形式能力，否则，经验性的意向就只

---

① ［德］康德：《实践理性批判》，韩水法译，商务印书馆1999年版，S. 157—158，第171—172页；Immanuel Kant, *Kritik der praktischen Vernunft*, Leipzip Verlag von Felik Meiner, 1920, S. 157－158, p. 199；Immanuel Kant, *Critique of Practical Reason*, Translated and Edited by Mary Gregor, Cammbridge University Press, 1977, S. 157－158, p. 130。

第三章 神话学革命的理论概念—实践理念转折点

能是"动物的任意"而不是属于人的"自由的任意"。①

于是，现在，我们或许可以尝试回答鲍曼的问题了，即，"究竟是人类的哪一种基本特性导致我们成为社会的一员？""我们可以利用什么来使我们成为社会的人？"也许正是为了回答这些问题，鲍曼才搁置了阿默思的"本族体裁"而还原出表演的"框架"，因为只有后者的"责任形式"（普遍的客观逻辑形式和可能的主观意向形式）才有可能通达联结理性和任意的道德责任的主观意向形式即敬重情感的理性信仰意向形式（而前者还掺杂了诸多一般理性甚至非理性意向形式）——"一种对每个人都很自然而且每个人都作为义务而要求于别人的［意向形式］关系"——这种意向形式关系不仅构成了内在于表演的"本质性因素"，也构成了内在于非表演的"本质性因素"，② 否则任何表演（包括非表演）都不可能是属于人的"自由的任意"实践了，除非理性理性地信仰理性自身，从而"依凭全部人类理性"③"先天地在自身包含着一条它所持有的寻求［客观］法则的［主观］原则"④ 即"必然的认识［客观］原则的种种［主观］规则"⑤ 的意向形式原则，亦即"每个人都作为义务而要求于别人"而"当做法则""用作原则"的

---

① "我目前只是在实践的理解中使用自由这个概念，而在这里排除了先验意义上的自由概念，后者不能经验性地预设为解释现象的根据，相反，它本身对于理性是一个问题……就是说，有一种任意仅仅是动物性的（arbitrium brutum），它只能由感性冲动来规定，亦即从病理学上来规定。但那种不依赖于感性冲动、也就是能通过仅由理性所提出的动因来规定的任意，就叫作自由的任意（arbitrium liberum［拉丁文：'自由的任意'——译者］），而一切与这种任意相关联的，不论是作为根据还是后果，都称之为实践的。实践的自由可以通过经验来证明。因为，不仅是刺激性的东西，即直接刺激感官的东西，在规定着人的任意，而且，我们有一种能力，能通过把本身以更为间接的方式有利或有害的东西表象出来，而克服我们感性欲求能力上的那些印象；但这些对于我们的整体状况方面值得欲求的、即好的有利的东西的考虑，是建立在理性之上的。所以理性也给出了一些法则，它们是一些命令，亦即客观的自由法则，它们告诉我们什么是应该发生的，哪怕它也许永远也不会发生，并且它们在这点上与只涉及发生的事的自然法则区别开来，因此也被称之为实践的法则。"[德]：康德：《纯粹理性批判》，邓晓芒译，人民出版社2004年版，A801-802/B829-830，第610页。

② "民间文学：本源的伦理关系和信仰情感。"户晓辉：《民间文学的自由叙事》，社会科学文献出版社2014年版，第171—174页。

③ [德]康德：《判断力批判》，李秋零译，载《康德著作全集》第5卷，中国人民大学出版社2007年版，S.293，第306页。

④ [德]康德：《判断力批判》，李秋零译，载《康德著作全集》第5卷，中国人民大学出版社2007年版，S.177，第186页。

⑤ [德]康德：《实践理性批判》，韩水法译，商务印书馆1999年版，S.35，第37页。

"反思性的判断力的职责",否则任何道德实践甚至非道德实践在逻辑上都是不可能的。这样,我们才可以说,鲍曼之于普遍有效交流责任意向形式的表演理论,为克服阿默思通过"小群体内的艺术性交流"以还原"本族体裁分类体裁"而残留的"实证主义最后的遗迹",贡献了更彻底的现象学—先验论主观性概念直观+客观性理念演绎的目的论—方法论,尽管鲍曼在自己身后仍残留了诸多经验主义"遗迹"。尽管鲍曼并没有专门瞩目于神话,却也为神话学的民间文(艺)学—民俗学现象学—先验论革命,打通了实践目的论与实践认识方法论的理论可能性通道,从而继续了自格林兄弟以来,经博尔尼、博厄斯、顾颉刚、马林诺夫斯基、巴斯科姆、阿默思一路走来对神话的客观性普遍逻辑形式和主观性意向形式的双向形式结构即神话"本质性因素"的不断追问。当然,这同时也就意味着,即便我们像阿默思、鲍曼那样坚持现象学"新经验论"神话学对"神话"(也可以使用不同文化间"家族类似"的其他词语例如古典汉语的"洪范""本纪")"本族体裁"的"实践命名",也仍然可以有条件地承认理论神话学"神话"概念的经典定义即"格林定义"——神话是对"神的故事"的真实性、神圣性信仰叙事体裁实践——的"普遍主义""本质主义"字面意义和用法价值的正当性;当然,条件是我们要把理论概念的"普遍主义""本质主义"认识论规定性理论使用方式转换为实践理念的"普遍主义""本质主义"存在论反思性实践使用方式,而这也正是美国民俗学的现象学"新经验论"所主张的(阿默思:"从民俗的分类中推论出……普遍原则"),更是中国民间文(艺)学—民俗学实践范式的先验论所主张的。因而现在,如果神话现象——这里可以指任何一项处在"本族体裁分类体系"最高等级的宪章(理性强制)—信仰(情感敬重)功能形式的"第一叙事""神圣叙事",而无论其是否被"实践地命名"为"神话"——是对超验(超自然)真实性和超越性(道德性)神圣性故事题材对象(质料—内容)的信仰叙事体裁形式实践,那么,我们就有充分的理由认为,建立在"易感性"先验感性和纯粹理性意向形式先验条件下内在性强制(规定)—敬重(反思)的理性—任意双向责任的普遍逻

第三章　神话学革命的理论概念—实践理念转折点

辑—意向形式,是任何神话现象的"原型"(Prototypon)①或"原型世界"(natura archetypa)②("蓝本""标尺""准绳""基底""草图"③)——就像主观的伦理准则以内在于自身的普遍形式即客观法则亦即道德法则为先验条件(如"对表演的否认"所反证的)——如果就现象(原型或原型世界即"蓝本"或"蓝本"世界的"摹本"[ectypa]④或"摹本世界"[natura ectypa])⑤来说,神话首先意味着人(类)的理性规定任意以及任意反思理性的普遍逻辑形式和意向形式的理性—信仰间关系;其次,神话最终意味着人(类)从理性意向形式界限之内超越到理性意向形式之外而理性地信仰一个超越性意向对象。而这也就是说,如果不是建立在纯粹理性意向形式条件(在现象中表现为因敬重情感而理性地信仰的道德神话)的前提下,而是建立在一般理性或心理意向形式条件(在现象中表现为因畏惧情绪而非理性地崇拜的自然神话、政治神话……)的基础上——二者都能够在历史时间、社会空间的文化生活语境条件中经验地直观到——神话现象就会只是偶然或或然现实地是"历史"的(就像大林太良等所断言的那样),⑥而不是(对人的存在来说)必然可能地是"永恒"的。但是现在,如果我们将神话信仰叙事体裁的实践现象奠立在人(类)出于敬重情感对道德神圣性和超验真实性意向对象的理性信仰意向形式的先验基础上,那么神话就必然可能与人的存在相始终,因为建立在人(类)的理性—信仰意向形式的先验基础上的神话(谨慎些说"神话原型")是人(类)之所以能够始终在道德上成为人、作为人而存在的无条件条件——"行为

---

① [德]康德:《纯粹理性批判》,邓晓芒译,人民出版社2004年版,A578/B606,第462页。
② [德]康德:《实践理性批判》,韩水法译,商务印书馆1999年版,S.43,第46页。
③ "蓝本""摹本"。[德]康德:《纯粹理性批判》,邓晓芒译,人民出版社2003年版,A568—570/B596—598,第456—457页。"标尺。"同上引书,A569—570/B597—598,第457页。"准绳。"[德]康德:《纯粹理性批判》,邓晓芒译,人民出版社2003年版,A674/B702,第527页。"基底。"同上引书,A678/B706,第529页。"整体轮廓(monogramma,草图)。"同上引书,A833/B861,第630页。
④ [德]康德:《纯粹理性批判》,邓晓芒译,人民出版社2004年版,A578/B606,第462页。
⑤ [德]康德:《实践理性批判》,韩水法译,商务印书馆1999年版,S.43,第46页。
⑥ "任何神话都是用想象和借助想象以征服自然力,支配自然力,把自然力加以形象化;因而,随着这些自然力之实际上被支配,神话也就消失了。"[德]马克思:《〈政治经济学评判〉导言》,载《马克思恩格斯选集》第2卷,人民出版社1972年版,第113页。

的一切道德性才被安置在行为出于职责和出于对法则的敬重必然性之中"——的先验自由（也是实践自由）的天赋（与生俱来、生而具有的）自由（平等）权利与自律（道德）能力（即 right-ability 或 right-cabability；注意，这里不是说的自然力量或社会权力即 force 或 power）。而现在，如果在理论认识论中，由"神话"概念规定的信仰叙事体裁就已经被视为神话现象的"本质性因素"（自博尔尼以来就越来越如此），那么在实践本体论中，我们又有什么理由拒绝将理性情感信仰的普遍逻辑—意向形式的先验规定性—超验反思性双向形式结构设想、设定为神话现象的神话本体、神话原型，进而把建立在理性情感信仰意向形式基础上的叙事（例如历史叙事）或论理现象，① 也实践地命名为"神话"。理性情感信仰的双向逻辑—意向形式是内在于人（类）的所有实践（包括道德性实践和非道德性实践）的经验性现象的先验—超验存在条件，如若没有纯粹理性情感信仰的双向逻辑—意向形式（这是我们能够先验地认识的），人的所有心理—情绪甚至一般理性情感的意向形式（这是我们能够经验地认识的）都是不可能的，因为后者的先验能力（权利）无不是建立在前者的先验能力（权利）的基础上，而这一点可以通过先验论客观性理念演绎反思方法（例如道德法则在经验现象中的反例）而还原地阐明，即，如果我们搁置了任何实践（叙事、表演）的经验性客体（例如叙事、表演的故事题材内容质料规定性）的意向对象，且进一步搁置了任何实践（叙事、表演）的非理性信仰心理的感性意向形式（这种感性意向形式当然有其自身的先验条件），那么就只剩下内在于任何实践（叙事、表演）的理性情感信仰的先验意向形式。但我们却不能反过来说，在搁置了理性情感信仰的先验意向形式之后，还能够在逻辑上剩下感性意向形式及其经验性意向对象，因为后者是以前者为逻辑上在先的无条件条件，即人之所以能够成为人、作为人而存在的"不可还原的因素"，② 亦即如果搁置这个因素，一物

---

① "论理形式的神话。"吕微：《神话何为——神圣叙事的传承与阐释》，社会科学文献出版社 2001 年版，"结语：'黑色'的意义——神话究竟是什么？"，第 428 页。

② ［美］伊利亚德：《神圣的存在：比较宗教的范型》，晏可佳、姚蓓琴译，广西师范大学出版社 2008 年版，"作者前言"，第 1 页。

就不再具有能被规定为该物"本质性因素"的严格普遍性、客观必然性。① 而人的存在的感性意向形式及其经验性对象,则必然不可能作这样的设想与设定。于是,现在,当我们面对诸多(自然、社会、政治、文化……)神话现象以及各种叙事现象、表演现象、实践现象的先验条件予以先验论客观性理念演绎的反思还原剩余物,即内在于所有实践现象的主观准则的客观法则即道德法则的先验规定性普遍逻辑形式,以及内在于所有实践主体的主观观念的客观理念即出于敬重情感理性地信仰的超验反思性意向形式的双向逻辑—意向形式的形而上学结构,神话学家称之为"神话",也就是再合适不过的事情了,如果神话学家们执意将神话与人作为自由主体(道德本体)的本真性(信仰的超验真实性)、本原性(实践的超越神圣性;只有道德性才真正有资格被称为"神圣性")存在相关联的话。

> 我们所具有的衡量我们行动的标尺,无非是我们心中的这种神圣的人的行为。②
>
> 作为道德存在者的人们的品性,亦即人的内在自由、生而具有的神圣。③
>
> 准则必然与自律法则协调一致的意志,是神圣的、绝对善良的意志。④
>
> 最为完满的道德意向,然而它作为没有一个创造物能够达到的神圣性的理想,仍然是我们应当接近并且在一个不断却无限的进程中为之努力的榜样。

---

① "我们把一个存在者的禀赋既理解为它所必需的成分,也理解为这些成分要成为这样一个存在者的结合形式。倘若它们必然地属于这样一个存在者的可能性,它们就是源始的;但是,假如该存在者即使没有它们也自身就是可能的,它们就是偶然的。"[德] 康德:《纯然理性界限内的宗教》,李秋零译,载《康德著作全集》第 6 卷,中国人民大学出版社 2007 年版,S. 28,第 27 页。

② [德] 康德:《纯粹理性批判》,邓晓芒译,人民出版社 2004 年版,A569/B597,第 456 页。

③ [德] 康德:《道德形而上学》,张荣、李秋零译,载《康德著作全集》第 6 卷,中国人民大学出版社 2007 年版,S. 420,第 429 页。

④ [德] 康德:《道德形而上学奠基》,杨云飞译,邓晓芒校,人民出版社 2013 年版,S. 439,第 79 页。"神圣性。"同上引书,S. 435,第 73 页。

道德法则是神圣的（不可侵犯的）。① 人的确是足够罪恶的，但在其个人里面的人道对于他必定是神圣的。

意志与道德法则的完全切合是神圣性，是一种没有哪一个感觉世界的理性存在者在其此在的某一个时刻能够达到的完满性。

神圣性乃是它［上帝］的命令一丝不苟地要求的，以合乎它派给人手一份应得的至善方面的公正性，这种神圣性在唯一一个对理性存在者之此在的理智直观里一览无余。……唯上帝能够综观……意识到他自己人格的卓越的上帝。

道德法则是神圣的（不宽容的），并且要求道德的神圣性，虽然人能够达到的一切道德完满性始终只是德行，亦即出于敬重法则的合乎法则的意向。

道德的神圣性被指定为他们甚至今生的准绳，但是与道德相称的福利，即洪福仅仅被表象为在永恒中可以达到的；因为道德的神圣性必定始终是理性存在者在其每一种状态中的举止的原型，并且趋于这种神圣性的进步就是在今生也是可能的和必然的。

我们人格之中的人道对于我们自身必定是神圣的，因为它是道德法则的主体，从而是那些本身乃神圣的东西的主体，一般来说，正是出于这个缘故并且与此相契合，某些东西［即"我们人格之中的人道"］才能够被称为神圣的。②

但这样的神话也就不仅仅是传统、经典理论意义上的神话现象——

---

① "神圣的法则。"［德］康德：《实践理性批判》，韩水法译，商务印书馆1999年版，S.77，第84页。"神圣法则的威望。"同上引书，S.83，第90页。"神圣性的道德性。"同上引书，S.84，第91页。"这个严肃神圣的规矩。"同上引书，S.85，第93页。"道德法则将被完全褫夺去它的神圣性。"同上引书，S.123，第134页。"对于意志神圣性的完全获致。"同上引书，S.123，第134页。"职责的神圣性。"同上引书，S.159，第174页。"神圣的义务。"［德］康德：《道德形而上学》，张荣、李秋零译，载《康德著作全集》第6卷，中国人民大学出版社2007年版，S.455，第466页。"神圣法则。"［德］康德：《论神义论中一切哲学尝试的失败》，李秋零译，载《康德著作全集》第8卷，中国人民大学出版社2010年版，S.257"注释①"，第260页。

② ［德］康德：《实践理性批判》，韩水法译，商务印书馆1999年版，S.83，第90—91页；S.87，第94—95页；S.122，第134页；S.123，第135页；S.127，第139页；S.128，第140页；S.129，第141页；S.131—132，第144页。

各类信仰叙事体裁形式的原始神话、自然神话、社会神话、历史神话、政治神话、文化神话……乃至道德神话（故事题材内容质料规定性例如"神祇故事""圣人故事"+信仰叙事体裁形式规定性的"本族体裁"）的叙事表演实践现象——而是所有叙事现象、表演现象乃至实践现象的理性情感信仰的普遍逻辑—意向形式的"原型世界"。因此，就作为人的存在的无条件条件的理性情感信仰的普遍逻辑—意向形式而言，康德有理由说，"道德法则导致宗教"①"道德必然导致宗教"②"道德不可避免地要导致宗教"。③ 如果人的存在的无条件条件的理性信仰对象即纯粹理性本身"象征"地设想、设定为一个超越性（实践的道德神圣性、信仰的超验真实性）意向对象（神圣意志的神或者上帝），那么在宗教（理性情感的信仰）作为道德实践的实现条件的理论意义上，人们就完全可以说："认定至上的理智存在者的此在与我们的职责意识是联结在一起的"④"认定上帝的此在，在道德上是必然的""拥有宗教是

---

① "道德法则导至宗教，亦即导至一切职责乃上帝的命令而非上帝的制裁的认识，亦即它们不是外在意志任意的、自身偶然的训示，而是每一个自由意志自身的本质的法则。"［德］康德：《实践理性批判》，韩水法译，商务印书馆1999年版，S.129，第141页。
② ［德］康德：《纯然理性界限内的宗教》，李秋零译，载《康德著作全集》第6卷，中国人民大学出版社2007年版，S.6"注释①"，第8页。
③ ［德］康德：《纯然理性界限内的宗教》，李秋零译，载《康德著作全集》第6卷，中国人民大学出版社2007年版，S.6，第7页。
④ ［德］康德：《实践理性批判》，韩水法译，商务印书馆1999年版，S.126，第138页。"一种道德神学（伦理神学）则是从自然中的理想存在者的道德目的（它能够先天地被认识）推论到那个原因及其属性的尝试。"［德］康德：《判断力批判》，李秋零译，载《康德著作全集》第5卷，中国人民大学出版社2007年版，S.436，第455页。"关于最高存在者的一个基于完全不同的理性应用（实践的理性应用）的理念，在我们里面先天地作为基础，是它敦促我们补充一种自然神学关于自然中种种目的的元始根据的有缺陷的表象，直至使之成为神祇的概念。"同上引书，S.438—439，第457页。"以这样的方式，一种神学也就直接地导向了宗教，也就是说，导向了对我们的义务是神的诫命的知识：因为对我们的义务和在其中由理性交付给我们的终极目的的知识能够首先确定地产生出上帝的概念，因而这个概念就其起源而言就已经与对这个存在者的责任不可分割了……如果是对道德法则的敬重完全自由地按照我们自己的理性的规范向我们显示我们规定的终极目的，我们就以完全有别于病理学上的恐惧的真诚敬畏，把一种与这终极目的及其实现协调一致的原因一起接纳入我们的道德景仰，并自愿地服从于它。"同上引书，S.481—482，第503—504页。"只有通过纯粹道德的原理，才能实施从德性论向宗教的跨越，因为若不然，这种宗教的认信就会是不纯正的。"［德］康德：《道德形而上学》，张荣、李秋零译，载《康德著作全集》第6卷，中国人民大学出版社2007年版，S.478，第488页。

人对自己的义务"。如果宗教也属于广义的神话，① 那么神话学家也就同样有理由说：拥有神话是人对自己的道德义务，认定神的此在在道德上是必然的。如果出于（至少是合于）道德性是人之为人（作为人、成为人）的无法再还原（"不可［再］化约"）的存在方式。

但是，一旦我们设定了人的"天职"即纯粹实践理性强制规定任意，而任意出于敬重情感而反思地信仰纯粹实践理性的双向意向形式结构，即内在于任何实践（表演、叙事）的普遍逻辑—意向形式责任（义务、职责），② 我们也就设定了人之所以能够作为人、成为人而存在的客观必然性动力（动因）与主观必然性动力（动机）的无条件条件，即经验性神话（包括自然神话的各种社会、历史、政治、伦理神话）现象的先验—超验神话原型。因此，神话学家们现在应该修正"神话是一民族之为一民族的基石"（谢林）、"无法想象竟会存在着一个没有神话的民族"（谢林）、"所谓神圣叙事，是指一种社会文化赖以存在的基本叙事形式"（陈连山）的经典论断为"神圣叙事乃是人类社会赖以存在的基础"（陈连山）。这就是说，如果"将对人本身的尊重限制在遵守其纯粹法则的条件之上""唯有对与这个法则符合一致的意向的确信，才是一切人格价值的首要条件，一切先于这种确信的非分要求都是错误的违背法则的"③ "凭借因遵守法则让我们感受到的肯定的价值，职责的法则找到了通过对于我们自己的敬重进入我们自由的意识的方便

---

① ［德］卡西尔：《宗教观念的演化》《宗教思想的连续阶段》，载［德］卡西尔《语言与神话》，于晓等译，生活·读书·新知三联书店1988年版，第45、84页。

② "正因为民间文学体裁叙事的表演是一种公共的实践行为，所以，鲍曼才以卓越的洞见认为表演的本质在于为表演者和观众都赋予的责任……因此，这种责任不是表演者和观众的主观心理中是否明确意识到或者是否承认的责任，而是表演客观上要求的责任。"户晓辉：《民间文学的自由叙事》，社会科学文献出版社2014年版，第102页。"在心理层面，除了上述有明确形式意志的讲述人之外，也有不表现出或者不关心形式问题的表演者……在民间文学体裁叙事行为的具体表演过程中，表演者的心理是多变的甚至可能是捉摸不定的，当然也是因人而异的，有人想改变传统的形式而不能，有人不想改变已有的用语而不成，因此，民间文学的形式意志、风格意志或形式冲动主要指的不是民间文学体裁叙事表演者的心理动机，而是每一种民间文学体裁叙事行为都有各自的形式规定和形式目的。"同上引书，第106页。

③ ［德］康德：《实践理性批判》，韩水法译，商务印书馆1999年版，S.73，第79页。

之门",① 那么,除了内在于任何经验性实践(叙事、表演)现象的先验神话原型,还有什么能够作为"民族的基石"(谢林)"社会的表象"(涂尔干)"文化的宪章""人类的基础"(卡西尔)?进而面对鲍曼提出的问题:"究竟是人类的哪一种基本特性导致我们成为社会的一员?""我们可以利用什么来使我们成为社会的人?"我们也就能断然地回答:唯有神话。

所谓"人的本原的存在方式"是说,人之作为人、人之成为人(区别于动物的)最根本的存在条件,就是:人对道德性存在的信仰方式。没有道德性的存在,人无以作为人、人无以成为人;而道德性的存在,对于人来说,无疑是一种超越(动物)性的存在。进而这种超越性的存在,对于(遗传了动物性的)人来说,也就是一种神圣性的存在。人的这种道德性、超越性、神圣性存在,对于人自身来说,既是最本原[应然]的存在,也是最本真[必然可能]的存在。只有在对人自身最本原、最本真的道德性、超越性、神圣性存在的信仰条件下,人才能因信仰而作为人、成为人。而神话所讲述的正是人如何能够作为人、成为人的信仰形式——并非信仰心理形式(心理学的信仰形式会随着语境条件的变化而变化),而是信仰存在形式(信仰作为存在形式本身不会随着语境条件的变化而变化)——的故事("神话"形式的单纯定义)。人可以非宗教[仪式而外在]地存在,但不可能非信仰(非神话)[而内在]地存在,在非信仰(非神话)的存在条件下,人不可能作为、成为有道德的人;而能够作为、成为有信仰的人、有道德的人,是人的先验的自由(权利和能力)。②

---

① [德]康德:《实践理性批判》,韩水法译,商务印书馆1999年版,S.161,第176页。"所有[自由、上帝、灵魂不朽]这三个概念彼此相联结为一个宗教成为可能;因此,我们在自身中拥有一条原则,它有能力把我们里面的超感性的东西的理念,但由此也把我们之外的超感性的东西的理念,规定成一种知识,哪怕只是在实践中的意图中可能的知识……因此,自由的概念(作为一切无条件的实践法则的基本概念)能够把理性扩展到那些(感性经验)界限之外,在那些界限之内任何自然概念都必定仍然毫无希望地受着限制。"[德]康德:《判断力批判》,李秋零译,载《康德著作全集》第5卷,中国人民大学出版社2007年版,S.474,第496页。

② 吕微:《神话作为方法——再谈"神话是人的本原的存在"》,《民间文化论坛》2017年第5期,见本书下册"附录三"。

这样，我们也就能够以不同于马林诺夫斯基的方式阐明马林诺夫斯基"神话宪章的非理性—信仰心理功能说"，即，神话现象的宪章理性强制—信仰心理崇拜的功能目的和功能效果，不仅仅是在时间中建立在某个（某些）人主观非理性信仰心理态度的偏好、畏惧、谄媚、惊异甚至景仰的（功利性）意向形式的先验自然能力基础上，而是在逻辑上首先建立在每个（所有）人主观间客观、普遍、必然可能的因纯粹实践理性自由意志道德法则（普遍逻辑形式）的理性强制规定性而导致的任意出于敬重情感的理性信仰反思性的双向意向形式的天赋（与生俱来、生而具有）的自由（平等）权利与自律（纯粹理性—"易感性"道德）能力的先验基础上。对于人（人物而非动物）的自由（纯粹理性和任意）来说，尽管在时间中，自然神话作为道德神话的"预科"①（史前形态）一般现实地先于道德神话，但在逻辑上，道德神话却必然地先于自然神话——道德神话现象毕竟比自然神话现象更自洽地表象了神话原型，而自然神话多是并非自洽地表象神话原型——这是因为，唯有纯粹实践理性情感信仰的（道德性）意向形式才构成了人之所以能够作为人、成为人的无条件条件；而若无此无条件条件，则仅仅是一般实践理性信仰心理的功利性（工具性）意向形式，人性（人格、人道）的存在就必定沦落为动物性的存在。但人的幸运在于，纯粹实践理性情感信仰的神话意向形式"自动进入［每个人的］心灵"，"要求并且也激起这个敬重的法则，如我们所见，无非是道德的法则"，而无待于每个人的偏好、畏惧、谄媚、惊异甚至景仰等情绪心理意向形式。但这样一来，民间文（艺）学—民俗学的神话学家们对人的本原性（实践的道德神圣性）、本真性（信仰的超验真实性）存在方式即纯粹实践理性情感信仰的先验规定

---

① "前者［自然神学］自然而然地先行于后者［道德神学］。因为如果我们想以目的论的方式从世界上的事物推论到一个世界原因，那么，首先就必须有自然的种种目的被给予，然后我们就可以为这些目的寻找一个终极目的，并为这个终极目的寻找这个至上原因的因果性原则。"［德］康德：《判断力批判》，李秋零译，载《康德著作全集》第 5 卷，中国人民大学出版社 2007 年版，S. 436—437，第 455 页。"自然神学是一种被误解的自然目的论，惟有作为神学的准备（预科）才是可用的。"同上引书，S. 442，第 461 页。"一种自然的（真正说来是自然目的论的）神学却至少可以用做真正的神学的预科，因为它通过对它提供了丰富材料的种种自然目的的考察，为自然不能提出的一种终极目的的理念提供了诱因；因而虽然能够使一种为了理性最高的实践应用而充分地规定上帝概念的神学的需要变得明显，但却不能产生这样的神学并把它充分地建立在其证据上面。"同上引书，S. 485，第 508 页。

第三章 神话学革命的理论概念——实践理念转折点

性—超验反思性双向意向形式的神话原型结构的形而上学阐明,就为神话学家们克服理论神话学的经典命题即马林诺夫斯基"神话(非理性)心理起源说"与弗雷泽"神话(理论)理性起源于说",① 裁成康德式"神话理性情感信仰起源说"打开了一扇超验综合还原的原理之门。

在本书中,笔者之所以视弗雷泽"神话理性起源说"与马林诺夫斯基"神话心理起源说"为基于"纯粹思辨理性[即理论认识]的一个分析原理"② 的神话学"实践"命题,乃因为,在上述两种神话起源说当中,神话都被视为达成某种实践理性的现实(包括伦理和功利)目的的理论理性实用手段。尽管目的和手段之间的关系是两种不同实践条件的经验性综合,但就任意因意愿某种现实性实践目的而必然意愿某种实用性实践手段来说,看似不同的意愿在同一个任意中却是分析的同一性关系,因而在康德看来这只能是"一个分析的实践命题"。③ 但是,

---

① 博尔尼"神话=理智的努力"或"神话=理性活动"说,是对弗雷泽关于神话"满足人们有理性的渴望","神话源于理性(myth has its source in reason)"这一"在1921年提出的定义的修正"。[美]巴斯科姆:《口头传承的形式:散体叙事》,朝戈金译,载[美]邓迪斯编《西方神话学读本》,广西师范大学出版社2006年版,第31—33页。巴斯科姆既引用了马林诺夫斯基《原始心理与神话》的"神话源于原始心理说",也援引了弗雷泽的"神话源于理性说",但巴斯科姆没有在心理与理性之间做出明确区分。同上引书,第17、32页。Sir James George Frazer, Apollodorus (London, 1921), pp. xxvii—xxxi;转引自 Bascom, *The Forms of Folklore: Prose Narratives, Sacred Narrative: Readings in the Theory of Myth*, Edited by Alan Dundes, University of California Press, 1984, pp. 25-26。

② [德]康德:《实践理性批判》,韩水法译,商务印书馆1999年版,S.48,第51页。

③ "一个熟巧的[假言]命令如何可能,大概无须特别的探讨。任何人想要达到这种目的,也会(只要理性对他的行动有决定性的影响)要求对该目不可或缺的那个必要的、在其控制范围内的手段。这一命题就意愿而言是分析的;因为在把某个客体作为我的结果来意愿时,我的原因性就已经被设想为行动的原因,即设想为手段的应用了,并且,命令正是从对这一目的的、意愿的概念中,就已经引出达到这一目的所必需的行动的概念了(把手段本身规定为是针对既定目标的,这当然包含有综合命题,但这些综合命题并不涉及根本,即意志活动,而只涉及使客体实现出来)……如果我知道只有通过这个做法所设想的结果才会发生,那么当我想完成这一结果,我也就愿意做出这一结果所要求的行动,这就是一个分析命题;因为,把某物表现为通过我以某种发生才得以可能的结果,与把我表现为考虑到结果而以这种方式行动,完全是一回事。只要很容易给出幸福的确定概念,那么明智的命令就会与熟巧的命令完全一致,并且同样也会是分析的。因为在这种两种情形中同样都是:谁想要达到目的,也就(必然按照理性的要求)愿意有为此力所能及的独特的手段。"[德]康德:《道德形而上学奠基》,杨云飞译,邓晓芒校,人民出版社2013年版,S.417—418,第46—47页。"如果我们假定能够可靠地给定达到幸福的手段,明智命令就会成为一个分析的实践命题;因为它与熟巧命令的区别就只在于,后者的目的仅仅是可能的,而前者的目的却是给定的;但既然两者都只是对于人们预设为想要作为目的的东西的一个手段,所以,对于想达到目的的人要求他对于手段有愿望,这种命令在这两种情况下都是分析的。"同上引书,S.419,第49页。"只包含行动的可能性根据——这行动的结果就是目的——的东西,就叫做手段。"同上引书,S.427,第61页。"实践的规则始终是理性的产物,因为它制定作为手段的行为,以达到作为目标的结果""这是一个同一性命题,因而是自明的。"[德]康德:《实践理性批判》,韩水法译,商务印书馆1999年版,S.20,第18页;S.27,第27页。

应然地与人的存在相始终并作为、成为其无条件条件的道德性实践的双向逻辑—意向形式，对康德来说是一个"先天综合实践命题"。①

义务［或责任、职责］概念自身就已经是通过［道德］法则来强迫（强制）自由任意的［自律］概念。② 我不以来自任何一种爱好［即一般实践理性的目的亦即理论理性能认识的目的］的条件为前提，而是先天地、从而必然地（虽然只是客观地，即在某个对所有主观动因都有完全的强制力的［纯粹实践理性目的的］理性理念之下），把意志与行为联结起来。所以这是一个实践命题，这个命题不是把行动的［纯粹理性］意愿，从另一个已被预设的［感性］意愿中分析地引导出来（因为我们没有如此完善的［纯粹理性］意志），而是把这［感性］意愿与一个理性存在者的［纯粹理性］意志的概念，作为在它［感性意愿］之中没有包含的东西，直接地联结起来。……意志自律是意志的这种性状，通过该性状，同一个意志［的理性］对于它本身［的任意］（不依赖于意愿［Wollen］对象的所有性状）就是一个法则。从而自律的原则就是：只能这样去选择［索绪尔也这样说过"您必须选择这个……"］，使自己选择的准则同时作为普遍的［道德］法则被一起包含在同一个［意志的理性—任意的］愿意中。这个实践规则是一个命令，也就是说每个理性存在者的意志都将它作为［客观］条件而必然受它约束，这是不能通过单纯剖析［即"分析"③］在其［自律原则］中出现的概念［"普遍立法的理性意志"［Wille］和"自由选择的任意意志"［Willkür］概念，因为这是不同性质的意志，因而不能通过分析其中的一个概念而说明另一个概念——笔者补注］就得到证明的，因为它是一个［先验］综合命题……它［这个先验综合命题］的原则必定是一个定言命令，而这一定言命令所命令的，不

---

① ［德］康德：《道德形而上学奠基》，杨云飞译，邓晓芒校，人民出版社 2013 年版，S. 420，第 51 页。

② ［德］康德：《道德形而上学》，张荣、李秋零译，《康德著作全集》第 6 卷，中国人民大学出版社 2007 年版，S. 379，第 392 页。

③ "这个剖析，Zerliederung 就是分解、解析，也可以翻译成分析，但是为了要跟那个 Analyse 区分开来，译作剖析。"邓晓芒：《康德〈道德形而上学奠基〉句读》（下），人民出版社 2012 年版，第 629 页。

第三章　神话学革命的理论概念——实践理念转折点　369

多不少正好是［理性强制任意的］自律。……这个定言［命令］的应当表现为一个先验综合命题，因为在我的被感性欲望刺激的［任意］意志之上，还加上了同一个意志的［普遍立法的理性］理念，而这个［普遍立法的理性］意志却是属于知性世界的、纯粹的、对其自身来说是实践的，它按照理性［的道德法则］包含着前一个［任意］意志的至上条件。①

这样，将纯粹实践理性的意志与一般实践理性的任意以先验综合强制规定＋超验综合敬重反思的双向逻辑—意向形式的理性信仰道德实践的责任形式命名为神话现象的神话原型，一方面是说，人的理性携道德法则对人本身、人自身道德人格的神圣性、真实性的无限展现（道德法则的存在），以及据此对人的任意（作为被规定的意向对象）的强制；另一方面是说，人的任意携敬重情感对道德法则所展现的人自身、人本身道德人格（作为被反思的意向对象）的敬重的"无限宝重"②（对道德法则的存在意识）。前者（作为规定性的普遍逻辑形式）是对后者（作为被规定的意向对象）的客观必然性先验动力，而后者（作为反思性的意向形式）是对前者（作为被反思的意向对象）的主观决定根据和主观必然性超验动力。这就是说，人之作为、成为人而存在的无条件条件，即双向逻辑—意向形式的意向对象，既不是外在的超自然对象或自然对象，也不是对超自然对象或自然对象的非理性信仰心理和理性认识，而首先就是纯粹实践理性信仰情感的意向形式本身，即人之所以能够成为人、作为人的道德性意向形式的存在方式。而这就意味着，如果有什么与人的存在相始终的神话，那就只可能是因道德而起的神话，即康德式的"神话（纯粹实践理性信仰情感）道德起源论"。在"神话（纯粹理性信仰情感）道德起源论"的基础上，马林诺夫斯基"神话（非理性）心理起源说"、弗雷泽"神话（理论）理性起源说"才可能被安置在神话学理论整体"框架"的一个恰当位置上，即特定文化共同体"本族体裁分类体系"叙事制度下的信仰叙事形式的神话"体裁实践"③现象都不过是先验神话原型在经验中生成、显现的神话现象。

---

①　［德］康德：《道德形而上学奠基》，杨云飞译，邓晓芒校，人民出版社2013年版，S. 420"注释①"，第51页；S. 440，第80页；S. 454，第101页。
②　［德］康德：《实践理性批判》，韩水法译，商务印书馆1999年版，S. 80，第86页。
③　户晓辉：《民间文学：转向文本实践的研究》，《中国社会科学》2014年第8期。

但是，现在，即便实践神话学家们阐明了神话现象的神话原型，即人的纯粹实践理性情感信仰双向逻辑—意向形式，亦即人的本原性（实践的道德神圣性）、本真性（信仰的超验真实性）存在方式——套用康德的话说就是"纯粹实践理性情感信仰的事实"的"客观类型"（道德法则存在的普遍性逻辑形式）与"主观类型"（对道德法则存在的必然可能性意识形式）——也就是人的"同一个意志"的普遍立法自由意志通过道德法则强制任意选择的自由意志的先验综合规定，以及任意选择的自由意志对普遍立法的自由意志及其道德法则出于敬重情感的超验综合反思的自由—自律的双向逻辑—意向形式，人们仍有理由质疑，神话学家们还原出来的人的本原性、本真性存在方式，就一定是神话现象的本体原型吗？固然，神话学家们通过搁置神话叙事的信仰心理形式、"本族体裁"形式而还原出神话实践的道德责任形式，开辟了通往人的本原性、本真性存在的"小路"或"小径"，① 但即便如此，实践神话学家们仍然不敢贸然地将作为任何实践"内在的形式"或"内在存在形式"的道德责任形式，直接地设想为神话现象的本体原型。这是因为，如果实践神话学家已经认为，神话原型应然地是人（类）超越经验性存在的超验存在的超验信仰，那么仅此，实践神话学家们就尚未成功地"提供一个入口"，让已经还原出来的神话原型既"接近［普通人的理性信仰］情感"也"更接近［普通人对理性信仰情感的］直观"。② 但是现在，实践神话学家们对神话原型的理念演绎的逻辑"推

---

① "［神话研究］不好说坦途在前，或者甚至说不上有一条标记不明的小路。"［德］卡西尔：《神话思维》，黄龙保、周振选译，柯礼文校，中国社会科学出版社1992年版，第7页。"在实践的意图中，自由的小径毕竟是唯一的、在它之上使得我们的行为举止应用自己的理性成为可能的道路。"［德］康德：《道德形而上学奠基》，杨云飞译，邓晓芒校，人民出版社2013年版，S. 455，第103页。

② "上述表现道德原则的三种公式［普遍自然形式公式、先验目的质料公式、超验自律综合公式］，从根本上说只是同一法则的多个公式而已，其中任何一种自身都结合着其他两种。然而它们之中毕竟有一种差别，虽然这差别与其说是客观—实践上的，不如说是主观的，即为的是使理性的理念（按照某种类比）更接近直观，并由此更接近情感。……但是，如果人们同时想给德性法则提供一个入口，那么引导同一个的行动历经上述三个概念，并由此使它尽可能地接近直观，这是很有用的。"［德］康德：《道德形而上学奠基》，杨云飞译，邓晓芒校，人民出版社2013年版，S. 436—437，第74—75页。"最普通的知性也可以形成这种意见，尽管可能是按自己的方式，通过他称之为情感的那种判断力的模糊区分而做到的……然而，他们又立刻通过把这不可见的东西感性化，也就是说，想使它成为直观的对象……"同上引书，S. 450—452，第96—97页。"使其规则的表述得更适合于运用。"同上引书，S. 404，第28页。

第三章　神话学革命的理论概念—实践理念转折点

论中包含着一个隐秘的循环"① 论证，即陷入"一种理性的辩证论"：②我们一方面用理性来理解信仰的必然性；另一方面又用信仰来理解理性的可能性。换句话说，当我们用理性解释了信仰的合理性基础，同时我们也就用信仰解释了理性的合法性前提，但我们也就无法通过二者之间互为因果的关系同时为二者提供一个能够避免循环论证的"第三者"根据。③ 因此，所谓"道德导致宗教"也就成了人的意志对人的意志本身——尽管是人的"同一个意志"中的一个意志（任意）对另一个意志（理性）或者相反——在情感上"理性的信仰"，也就是我们自己"对于我们自己的敬重"。因此，"理性的信仰"也就还不是对超越人的纯粹理性善良意志的神圣意志（并非人的神圣意志而是神的神圣意志）的礼赞，而仅仅是"就纯粹实践理性［意志］而言的单单称作自赞"即纯粹理性对自己的满意，因而疏离于一般的普通人对神话信仰的意向对象（神）的情感与直观。那么，人的本原性、本真性存在是否还有必要被设想、设定为对神的神圣意志的礼赞呢？——因为现在，把纯粹理性的道德神圣性（神的道德神圣性只是人的道德神圣性的象征）作为人的存在的无条件条件即设想为神话原型就已经足够了；因而是否还需要一个实质上的神的道德神圣性作为人的存在的无条件条件——"在这里还不能立即指出［其必要性和充分必要性］……而是还需要做一些［对纯粹理性的批判性］准备工作"。但是"如果没有预先准备好一个对这种理性能力本身的批判，我们就不可以冒险作这样的运用"，④而且"我们要看一看，人们是否能做到这一点"？⑤ 现在，人的纯粹理

---

① "似乎在我们从自由到自律，又从自律到德性法则的推论中包含着一个隐秘的循环，也就是我们是不是把自由的理念仅仅只是为了德性法则才奠定为基础，以便然后再从自由中推论出德性法则……"［德］康德：《道德形而上学奠基》，杨云飞译，邓晓芒校，人民出版社2013年版，S.453，第99页。

② ［德］康德：《道德形而上学奠基》，杨云飞译，邓晓芒校，人民出版社2013年版，S.455，第103页。

③ "因而对这个法则我们将根本指不出什么根据……但我们永远不能把它作为一个可证明的命题建立起来。"［德］康德：《道德形而上学奠基》，杨云飞译，邓晓芒校，人民出版社2013年版，S.453，第99页。

④ ［德］康德：《道德形而上学奠基》，杨云飞译，邓晓芒校，人民出版社2013年版，S.445，第87页。

⑤ ［德］康德：《道德形而上学奠基》，杨云飞译，邓晓芒校，人民出版社2013年版，S.429，第64页。

性的神话原型就像道德法则的定言命令那样还"只是被假定〔即设想〕为定言的，因为人们如果要想说明义务概念，就必须作出这样〔定言命令〕的假定"，① 但是即便已经"存在着一些定言地下命令的实践命题，这将不会〔因为仅仅对纯粹理性的先验论客观性理念演绎就〕独立地得到证明"。② 换句话说，对于纯粹理性能否作为人的存在的无条件条件的神话原型，理性存在者还需要做一个"理性的实验"，以证明纯粹理性是否具有颁布定言命令的资格。

> 这样一个〔神话〕实践的先天综合命题是如何可能的，以及为什么它是必然的，这是一个课题，这个课题的解答不再处于道德形而上学〔阐明与先验阐明〕的范围之内，我们在这里也没有断言这命题的真理性，更没有伪称在我们的权限之内拥有对它的一个证明。我们只是通过展现一度已经普遍通行〔即已经得到演绎地证明的神话原型〕的德性概念来表明：意志的自律不可避免地与这个命题联系在一起，或者毋宁说就是它的基础。因此，任何人若把德性〔的神话原型概念〕当做某种东西，而不是当做一个没有真实性的虚构的理念，就必须同时承认这里提出的德性〔神话原型概念〕的原则。所以……〔以上各章的内容〕仅仅是分析的〔现象学直观还原和演绎的先验论本质还原〕。既然德性〔的神话实践〕绝非幻象，由此也就得出，如果〔神话的〕定言命令以及与它一起意志自律都是真实的，而且作为一种先天原则是绝对必然的，就需要一种纯粹实践理性的可能的综合运用……③

即通过纯粹实践理性的一种先验综合使用的"理性的实验"，来检验纯粹理性作为人的存在的无条件条件的神话原型的可能性，以及，如果纯粹理性无法担当起这种可能性，作为其替代方案的神话原型的必然可能性条件又是什么？

---

① 〔德〕康德：《道德形而上学奠基》，杨云飞译，邓晓芒校，人民出版社2013年版，S. 431，第67页。

② 〔德〕康德：《道德形而上学奠基》，杨云飞译，邓晓芒校，人民出版社2013年版，S. 431，第67页。

③ 〔德〕康德：《道德形而上学奠基》，杨云飞译，邓晓芒校，人民出版社2013年版，S. 444—445，第86—87页。